부모
상담

아픔을 딛고
자유와 성숙으로

PARENT COUNSELING

전현민 저

학지사

　우리는 어떤 역할을 하면서 살아간다. 사람마다 다르겠지만 부모로, 학생으로, 자식으로, 직장상사로, 부하직원으로, 교사로 다양한 역할을 하면서 살아간다. 아마도 다 잘해 내기는 쉽지 않을 것이다. 그래서 시간이 지나면 좀 더 잘할 걸 하는 후회를 누구나 한다. 그중에서도 부모 역할은 살면서 후회하지 않고 정말 잘하고 싶은 역할이다. 다른 어떠한 역할보다 부모 역할이 가장 어렵고 힘들다는 것은 세상의 모든 부모가 공감하는 일이다.

　자식을 기르다 보면 아이가 어릴 때부터 부모 역할이 힘든 경우도 있지만, 대다수는 자식을 낳고 기르는 것이 행복하고 감사하며 때로는 마음의 여유를 가지면서 어떻게 하면 더 잘 기를 수 있을까 하는 마음으로 최선을 다하게 마련이다. 하지만 아이가 사춘기에 접어들면서 이전과 뭔가 달라졌다는 느낌이 들고, 어느 순간에는 아주 극도로 어렵고 힘든 상황에 놓이기도 한다. 아이들이 10대가 되면 이진과는 아주 딴판으로 행동한다든지, 어릴 때보다 많이 퇴행한다든지, 기분 변화가 심해져서 자주 가족과 다투게 된다든지 하면서 집안은 심리적 위기에 빠지게 된다. 또한 부모는 부모 나름대로 갱년기와 퇴직, 경제적 어려움, 부모의 죽음과 같은 심각하고 힘들고 슬픈 일들을 겪게 되고, 아이들은 아이들대로 자신의 정체성을 찾는 데 힘들어하고 혼란스러워한다. 이렇게 갑자기 휘말려 들어가는 듯한 소용돌이 속에서 지금까지 잘해 왔다고 여겼던 부모 역할이 삐걱거리고 순식간에 혼란에 빠질 수 있다.

사실 이러한 위기는 어떤 특정한 가정에만 일어나는 것이 아니라 우리 모두의 가정에서 일어날 수 있는 일이고, 어떻게 보면 자식을 기르는 지구촌 전체의 고민이자 아픔일 것이다.

이 책은 자식을 기르면서 너무나 힘들고 외로워 고통스러울 때 부모인 나를 되돌아보면서 자신이 해 왔던 부모 역할을 들여다보고 어떤 점을 고쳐 나가고 또 어떤 점을 개발해야 하는지 알고 싶다는 마음이 절실할 때 분명 도움이 될 것이다.

끝으로 이 책이 나오기까지 도움을 준 모든 분께 감사의 마음을 전하고 싶다. 먼저, 부모상담 강의를 요청해 주신 경희사이버대학교 상담심리학과 고정은 교수님께 특별히 감사의 말을 드린다. '부모상담' 강의를 3년 정도 하면서 강의한 자료들을 책으로 써 보겠다는 의욕을 가질 수 있었기 때문이다. 또한 그동안 부모상담을 열심히 수강해 준 경희사이버대학교의 학생들에게도 깊은 감사의 말을 전한다. 이 책이 나올 수 있도록 애써 주신 학지사의 김진환 사장님 그리고 세련된 편집과 세심한 교정을 해 주신 안정민 선생님께도 감사드린다.

마지막으로, 이 책은 가족을 위해 애쓰다가 세상을 떠난 아버지, 따뜻하고 헌신적인 어머니 그리고 관대하고 수용적인 남편 이민규와 친화적이고 창의적인 아들 이효진이 있었기에 쓸 수 있었다.

2019년 10월
전현민

차례

Part IV   10대 아이와 잘 지내기

8

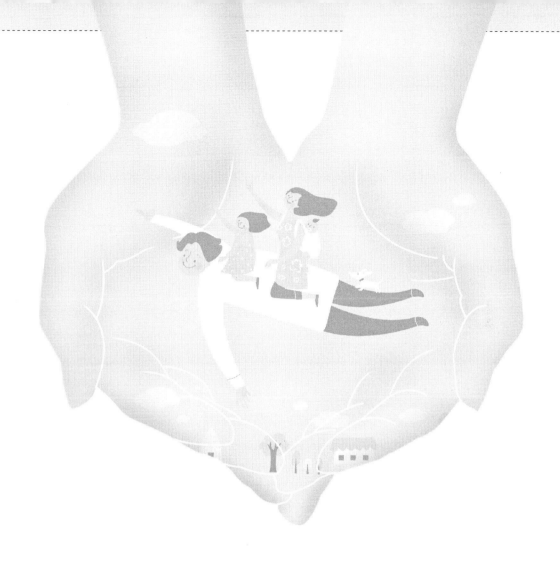

Part **I**

부모와 아이에 대한
객관적 이해 높이기

Chapter 1

부모란?

이 장에서는 부모가 되기 위해 먼저 생각해 보아야 할 내용들을 다룬다. 좋은 부모가 되기 위해 어떤 점들을 갖추어야 할지 알아볼 수 있으며 부모 자신의 열등한 부분들을 점검해 보는 시간을 가질 수 있다.

주요 내용

1. 부모가 되려면?
2. 좋은 부모가 되는 데 방해가 되는 요소
3. 부모가 노력해야 할 세 가지

주요 질문

1. 나의 부모는 나를 어떤 양육방식으로 길렀는가?
2. 나의 양육방식에 부정적인 영향을 미치는 요인은 무엇인가?
3. 가정을 위해 부모인 내가 고쳐야 할 점은 무엇인가?

1. 부모가 되려면?

부모는 가족을 이끌어 가는 지도자이다. 가정을 꾸리면서 행복하고 보람 있는 순간들도 많지만 생각지도 못한 크고 작은 시련들도 만만치 않게 많다. 이러한 시련들을 극복하고 최선을 다해서 좋은 방향으로 가족 구성원들이 나아갈 수 있도록 계속 고민해야 할 것이다. 그렇게 하기 위해서는 좋은 부모가 되고 싶은 마음가짐이나 의욕만으로는 부족하고, 여러 중요한 지식과 방법을 익혀야 한다. 복잡한 현대 사회에서 아이들을 키우는 데는 수많은 유혹과 장애물이 많다. 이러한 현대 사회에서 나의 아이를 정신적으로, 육체적으로 건강하게 기르고 나의 가족을 온전하게 유지하기 위해서 가장 먼저 해야 할 근본적인 것은 부모인 나 자신을 들여다보는 일이다.

부모가 되었다고 해서 갑자기 성숙해지거나 정신이 더 건강해지는 것은 아니다. 어른이 되어서도 건강하지 않은 사람들도 많다. 어렸을 때 부모로부터 억압이나 학대를 받고 힘들고 슬픈 경험을 많이 했다면 정신적으로 건강하기 어려울 수도 있다. 정말 어쩌다 부모가 되고 아이를 갖게 된 것에 대해 감동하고 기뻐하지만, 아이를 키우면서 자신의 부모에게서 보고 배운 대로 생각 없이 습관대로 아이를 키우기가 쉽다. 혹은 자신의 부모의 양육방식이 너무 싫고 힘들었기 때문에 무조건 자신은 정반대로 아이를 키우겠다고 마음먹기도 한다. 이처럼 자신이 부모로부터 어떤 양육을 받았는지는 현재 자신의 아이들을 양육할 때 어떤 형태로든 많은 영향을 주게 마련이다. 또한 자신이 고쳐야할 점을 알고 고치려고 노력해도 습관적으로 나쁜 행동들을 반복하기 때문에 가정 내에 잘못된 양육방식이 대물림되기 쉽다. 그렇다고 부모가 가정의 지도자로서 계속 고치지 않고 이제까지의 습관대로 하려고 한다면 상황은 점점 더 나쁘게 흘러갈 수밖에 없다.

이렇게 대를 이어 물려지는 나쁜 양육방식이나 습관들을 인식하지 않으면 부모는 자신의 행동을 고치기보다는 '방어적으로' 행동할 수밖에 없게 된다. 즉, 자신의 문제라고 생각하기보다는 상대 배우자의 잘못을 계속 트집 잡고 자식에게 책임을 물으면서 끊임 없이 남 탓을 하게 된다. 하지만 아무리 배우자나 자식에게 문제들을 고치라고 끊임없이 지적하고 잔소리를 해도 상황은 더 악화되고 고쳐지지는 않는다. 이러한 악순환의 굴레에서 벗어나려면 가장 먼저 자신을 들여다보아야 한다. 결국 고쳐 나갈 수 있는 것은 부모인 자기 자신일 뿐이다.

　아마도 우리 모두는 어쩌다가 부모가 되는데 거의 모두 심각한 자격 미달일지도 모른다. 결혼을 하고 아이를 낳고 부모 역할을 하면서 잘못 하고 문제가 생길 때 부모 역할이 난생 처음이어서 잘 못한다고 말하기도 어렵다. 어느 누구도 자신의 아이를 낳고 부모가 되면 처음이니까 실수해도 된다고 생각하고 싶지는 않을 것이다. 좋은 부모가 되고 화목하고 건강한 가정을 꾸리기를 원한다면 아이를 갖기 전에 부부는 임상심리학자인 토니 험프리스(Tony Humphreys)가 제시한 조건들을 생각해 볼 필요가 있다(윤영삼 역, 2006).

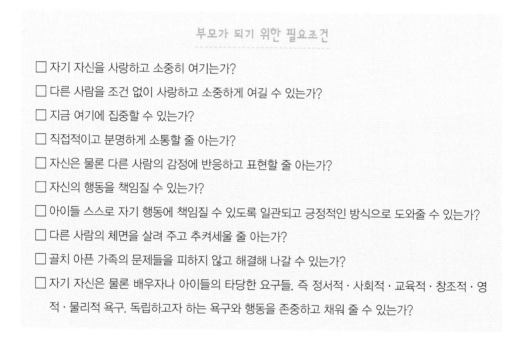

부모가 되기 위한 필요조건

☐ 자기 자신을 사랑하고 소중히 여기는가?

☐ 다른 사람을 조건 없이 사랑하고 소중하게 여길 수 있는가?

☐ 지금 여기에 집중할 수 있는가?

☐ 직접적이고 분명하게 소통할 줄 아는가?

☐ 자신은 물론 다른 사람의 감정에 반응하고 표현할 줄 아는가?

☐ 자신의 행동을 책임질 수 있는가?

☐ 아이들 스스로 자기 행동에 책임질 수 있도록 일관되고 긍정적인 방식으로 도와줄 수 있는가?

☐ 다른 사람의 체면을 살려 주고 추켜세울 줄 아는가?

☐ 골치 아픈 가족의 문제들을 피하지 않고 해결해 나갈 수 있는가?

☐ 자기 자신은 물론 배우자나 아이들의 타당한 요구들, 즉 정서적 · 사회적 · 교육적 · 창조적 · 영적 · 물리적 욕구, 독립하고자 하는 욕구와 행동을 존중하고 채워 줄 수 있는가?

　앞으로 부모가 될 사람이든 이미 부모가 된 사람이든, 이 물음에 진지하게 답해 보길 바란다. 이 질문들을 보면 우선 부모 되기 참 힘들다는 생각이 들 것이다. 기준이 너무 높아 보이기도 하다. 하지만 중요한 것은 이런 질문들에 대답하면서 부모가 되기 위해 어떤 점들을 노력해야 하는지 알 수 있고 스스로 어떤 점이 부족한지 깨닫고 그것을 고쳐 나가려고 노력하는 마음가짐을 가질 수 있다는 것이다. 사실, 자신의 나약함을 인정하고 결점을 인식하고 잘못을 사과하고 고치고 배우면서 성장할 마음이 있다면 이미 좋은 부모라고 할 수 있다.

2. 좋은 부모가 되는 데 방해가 되는 요소

1) 부모의 불행한 어린 시절

사실 현재의 결혼생활이 행복하고 아이들이 그런대로 잘 자라 주면 자신의 불행했던 어린 시절에 대해서 일부러 의식적으로 생각해 보지는 않는다. 너무 행복하고 만족스러운 생활을 하면 비극적이고 불행한 과거가 있더라도 기꺼이 수용하거나 무시할 수 있고 긍정적으로 재해석할 수 있다. 그러나 결혼을 하고 아이를 낳고 기르다 보면 어느 한 순간에는 너무나 행복하여 과거까지 아름답다는 생각이 들 때도 있지만 누구나 그런 행복하고 즐거운 나날이 계속되지는 않는다. 역경이나 시련은 갑자기 한꺼번에 찾아오기도 한다. 어느 날 갑자기 모든 것이 꼬인다는 생각이 들고 어디서부터 잘못된 것인지 생각해야 하는 시점에 놓이게 된다.

아마도 결혼생활에서 자식을 기르면서 행복하고 보람 있다고 말할 수 있다면 그것은 인생에서 아무런 문제가 일어나지 않았다는 것을 의미하는 것이 아니라 여러 가지 삶의 사건들을 온 힘을 다해 헤쳐 나왔고 위기들을 지혜롭게 잘 해결해 왔다는 말일 것이다.

어떤 계기로든 자신이 살아온 어린 시절이나 가정환경을 곰곰이 생각하다 보면 자신의 결혼생활이 어릴 적 보았던 부모의 결혼생활과 비슷하거나 부분적으로 어떤 좋지 않은 문제 행동들을 그대로 배워서 자신의 가족들에게도 여전히 반복하고 있다는 느낌을 받은 적이 있을 것이다. 부부싸움을 하다가 불같이 성질을 내고, 아이에게 비꼬는 말투를 내뱉고, 욕설을 하고, 남과 비교하고, 협박하고, 평가하는 등 어릴 적 부모가 했던 부정적인 행동을 그대로 배우자와 아이에게 하고 있을 수 있다.

'아! 이런 행동이나 말은 나의 아버지가 했던 것들인데 내가 똑같이 하고 있구나.'

'엄마가 나에게 했던 말을 내 아이에게 그대로 하고 있네.'

'아! 부모가 나에게 했던 말이나 행동 때문에 너무 괴로웠는데 지금 내가 내 아이에게 똑같이 하고 있다니.'

어린 시절로 돌아가 부모가 자신에게 한 말과 행동이 어떻게 영향을 미쳤는지를 분명히 인식해야 한다. 이릴 적 부모의 잘못된 말과 행동으로 공포나 두려움, 분노와 수치심, 슬픔과 무력감을 느꼈던 것을 기억할 수 있다. 안타까운 것은 부모인 나로 인해서 내 아이와 아내 혹은 남편도 지금 그와 같은 비참하고 불행한 감정을 느낄지도 모른다는 것이다. 이제 더 이상 그런 경험을 누구에게도 물려주지 않겠다는 다짐을 해야 한다. 물론 좋은 부모를 만난 사람들은 부모의 좋은 점들을 기억하고 부모의 좋은 양육을 실천하면 될 것이다.

하지만 어릴 적 부모가 자신에게 했던 행동들로 인해 많이 슬프고 괴로웠던 사람들은 자신의 부모가 주지 못했던, 자기 자신을 깊게 존중하고 사랑하고 가족 구성원을 이해하고 배려하는 법을 먼저 배워야겠다.

이처럼 건강한 부모가 되려면 남편이든 아내든 자기 부모의 잘못된 그림자를 인식하고 그 그림자에서 벗어나는 연습을 해야 한다. 더 이상 부모가 자신에게 물려준 잘못된 습관이나 행동을 하지 않겠다는 강한 의지가 필요하다. 부모의 잘못된 행동이나 사고 패턴들이 이제 자신의 인생을 지배하고 휘두르지 못하도록 해야 한다. 부모로부터 독립한다는 것은 그들을 무시하고 보지 않고 멀리한다는 의미는 아니다. 이제 살아오는 동안 부모인 자신을 힘들게 하고 억눌러 왔던 부모의 잘못된 양육방식, 사고방식으로부터 독립하고 자유로워져야 한다.

15

2) 부모의 정서적 열등감

부모인 나 자신이 정서적으로 열등한지 알 수 있는 방법이 있다. 즉, 자신이 얼마나 쉽게 기분이 상하는지 살펴보면 알 수 있다. 쉽게 기분이 상한다는 것은 어릴 적 학대를 받았거나 크고 작은 부정적인 사건들을 많이 경험해서 마음이 이미 많이 약해져 있고 불안정하다는 것을 의미한다. 그래서 조금이라도 불쾌한 일이 생기면 견디지 못하고 나약해지고 쉽게 감정적이게 된다.

자신감이 넘치는 부모는 자신의 능력이나 자질을 스스로 잘 알고 있다. 삶을 적극적으로 사랑하고 감정을 솔직하게 드러내고 자기주장을 하는 데 어려움이 없다. 자신감이 있는 부모는 좌절을 잘 견뎌 내며 실수와 실패를 하더라도 그것을 통해 더 많은 것을 배울 수 있다고 여긴다. 또한 정서가 안정되어 있는 부모는 자신이 무엇을 잘하고 무엇을 못하는지 잘 안다. 즉, 자기인식이 높고 자신의 장점을 살리면서 자신의 약점이나 모자람을 분명히 인식한다. 또한 다른 사람을 대할 때도 진실하다. 불편한 감정을 숨기거나 거짓으로 위장하지 않는다.

우리 모두는 정말 이렇게 자신감이 넘치는 부모가 되고 싶을 것이다. 하지만 현실 속에서 항상 지속적으로 자신감 넘치게 살기는 어렵다. 평소에 자기 스스로 자신감이 아주 높다는 생각을 했어도 통제할 수 없는 견디기 어려운 사건들을 경험하면 순식간에 나약해지고 자식이나 배우자에게 통제할 수 없는 어려움이 생기면 누구든 쉽게 무너질수 있다. 이처럼 우리는 누구나 인생의 어느 시점에서 나약하기도 하고 강하기도 하다.

특히 말할 수 없는 과거의 상처를 품고 살아가는 부모는 대개 무기력감과 무가치함이 뿌리 깊이 박혀 있다. 이런 사람들은 다른 사람은 물론 자기 자신도 돌보지 않고 포기하는 경우가 많아, 자신의 삶 자체가 즐겁지 않다. 삶에 대해 전반적으로 비관적이다. 때로는 지나칠 만큼 예민하게 반응하고 냉소적이다. 어떤 때에는 매우 공격적이면서도 한편으로는 몹시 위축되고 수동적이다. 관계를 맺을 때도 너무 집착하거나 조금이라도 서운한 것이 있으면 너무 심하게 경멸하는 태도를 보이기 때문에 다른 사람과 지속적으로 친밀해지는 데 어려움을 느낀다. 이러한 내면의 끊임없는 불안정과 혼란으로 악순환에 빠지고 문제 해결이 어려워진다.

이렇듯 자신을 바라보는 감정은 어린 시절 경험에 의해 많은 영향을 받는다. 하지만 지금 현재에 느끼는 감정을 계속 과거의 좋지 않은 경험의 탓으로만 돌린다면, 영원히 자신에 대한 나쁜 감정에서 벗어나기 어렵다. 과거에 집착하지 말고 지금 현재와 미래를 위해 어떻게 하면 더 좋은 부모가 될 수 있을지 노력해야 할 것이다.

부모는 이제 어른이다. 과거에 불행하고 슬픈 경험을 했다 하더라도 이제 어른이며 스스로 자신의 과거의 고통을 치유해 나갈 수 있고 자신만의 중요한 가치를 실현하면서 삶에 의미를 갖고 책임을 져야 한다. 그래야 자기 자신은 물론 배우자, 아이들과 지속적이고 친밀한 관계를 맺을 수 있다. 불행했던 어린 시절을 뛰어넘어 완전히 다른 가족을 만들 수 있다. 자신의 소중하고 단 한 번인 인생과 부모로서의 최선의 역할을 위해 끊임없는 노력이 필요하다.

따라서 좋은 부모가 되기 위해서 자신의 어린 시절이나 과거가 현재 자신의 사고나 감정에 어떤 영향을 주는지 인식하고, 과거에 얽매이지 않고 앞으로 더 나은 가족을 만들기 위해 지금 부모로서 무엇을 해야 하는지 알고 있어야 한다.

3. 부모가 노력해야 할 세 가지

1) 자신이 태어나서 자란 가족으로부터의 정신적 · 정서적 독립

결혼해서 아이를 낳고도 여전히 부모에게 기대고 의존하거나 부모가 계속 아이가 성인이 되었는데도 불편한 간섭이나 잔소리를 계속 하기도 한다. 이런 식으로 부모와 자식 간에 의존이나 간섭이 계속된다면 가족 구성원의 정신적 · 정서적 · 경제적 독립은 점점 더 힘들어지고 집안의 불화는 끊이질 않는다. 어느 가정이든 정신적 · 정서적 독립이 이루어지지 않는 한 열등감과 불화, 슬픔과 분노는 사라지지 않는다.

자신이 태어나고 성장한 가족에서 독립하지 못하는 사람들은 배우자와 아이들과의 관계에서 여전히 미성숙하고 의존하는 패턴을 그대로 반복하기 쉽다. 이런 가정에서는 아이들이 건강하고 자율적인 존재로 성장하기 어렵다.

2) 자신에 대한 긍정적 인식

우선 부모가 자기 자신을 긍정하고 자신에 대해 좋은 감정을 가져야 가족이 행복하다. 그렇지 않으면 가족은 불행해진다. 부모가 자신의 가치를 제대로 인식하려면 먼저 자신을 사랑해야 한다. 한 아이의 부모로서 우선 자기 자신을 소중하게 여기고 자신을 사랑할 '의무'가 있다. 자기 자신을 사랑하고 아껴야 좋은 에너지가 생기고 가족을 위해 뭔가 좋은 방향으로 나아가려는 의욕이 생기고 행동 실천을 할 수 있게 된다. 자신에 대한 긍정적인 인식은 앞으로 좋게 될 수 있다는 신념을 갖게 하고, 이러한 낙관적 사고는 좌절의 순간에도 희망을 갖고 더 나은 방향으로 움직이는 것을 가능하게 해 준다.

3) 성숙한 부부관계

부부관계가 화목하면 부부간의 배려와 사랑이 자연스럽게 가족으로 전달된다. 부부관계가 원만하지 못하면 가족관계도 나빠진다. 부부관계에 불화가 생기면 가족의 위계가 잘 형성되기 어렵고 부모 중 어느 한 사람이 자녀들과 연합하여 배우자를 고립시키거나 외롭게 한다든지 또는 가족 모두가 심리적으로 뿔뿔이 흩어져 가족임에도 불구하고 남보다도 못한 상태가 되어 버린다. 어릴 때 아이들은 무력해서 순전히 부모에게 의지할 수밖에 없는 상태인데, 부모가 다투는 모습을 자주 보면 공포와 불안, 두려움에 떨게 된다. 부모인 당사자들은 성인이기 때문에 자신들의 부부싸움으로 일어나는 불편한 감정들을 어느 정도 감수할 수도 있겠으나, 아주 어린 자녀들은 싸움 그 자체가 공포이며 자녀들의 앞으로의 결혼생활에 매우 부정적인 영향을 미칠 수 있다.

실제로 결혼을 하지 않겠다고 완강하고 확고하게 말하는 젊은이들을 상담해 보면 어릴 적 부모님의 잦은 싸움이나 불화를 많이 보고 자란 사람들이 많다. 자신의 부모의 불행한 결혼생활을 보고 자랐기 때문에 자신의 결혼생활에 자신감이 떨어지고 자신의 결혼생활도 실패로 끝나지 않을까 하는 두려움을 갖는 것이다. 부모의 불행한 결혼생활을 보고 자란 자녀들은 자신의 결혼생활에 대해서도 비극적 생각을 갖게 된다.

불안정한 자아상을 가진 사람들은 결혼을 하더라도 의심, 두려움, 불안을 안고 살기 때문에 모든 상호작용이 자주 부정적으로 왜곡된다. 부부간의 개성이나 차이는 서로 좋은 점을 배울 수 있는 자극이기도 하고 상호 보완할 수 있는 기회가 될 수도 있다. 하지만 문제 있는 부부는 그런 차이를 받아들이지 못한다. 자신의 잘못이나 단점은 잘 들여다보지 못하고 상대방의 결점을 자주 트집 잡고, 자신과 다른 것을 불편하게 여긴다. 즉, 자신과 다른 것은 자신을 힘들게 하고 위협하는 것으로 생각하기 때문에 각각 자신의 뜻에 맞게 상대방을 바꾸려고 끊임없이 싸우게 된다. 이렇게 끊임없이 상대의 잘못에만 민감하고 자신에게는 문제가 없다고 생각하면 살면서 자신이 무엇을 고치면서 살아야 하는지 무시하게 된다. 자신이 갖고 있는 문제를 상대 배우자에게 투사하고 방어하며 자신의 문제를 고치려고 하지 않을 때 성숙은 저 멀리에 있게 된다.

문제 있는 부부에게는 다음과 같은 행동들이 자주 나타난다. 신중하게 체크해 보길 바란다.

□ 상대방을 끊임없이 헐뜯고 비난을 퍼부어댐
□ 상대에 대한 집착과 소유욕
□ 상대방을 무시하고 경멸하는 행동
□ 상대방에 대한 폭력적이고 공격적인 행동

□ 상대방에 대해 지나치게 의존하고 순종하는 수동적인 행동

□ 상대방의 비난에 대한 과민반응

□ 상대방에 대한 지나친 간섭이나 심한 잔소리

□ 상대방을 자주 의심하는 행동

□ 심하게 울고 퇴행하는 행동

□ 술을 자주 마심

□ 사람들과 어울리는 일을 전혀 하려 하지 않음

□ 기분이 늘 좋지 않고 정서적으로 의기소침함

□ 걸핏하면 신경질을 부림

□ 상대방을 늘 이기려고 하는 태도

□ 문제 해결이 어려울 때마다 죽어 버리겠다고 말함

□ 자살 시도

□ 몇 주 몇 달 동안 전혀 말을 하지 않음

□ 잦은 감정 폭발

출처: 윤영삼 역(2006).

　지금까지 좋은 부모가 되기 위해 어떤 점들을 갖추어야 하는지에 대해 알아보았다. 다음 장에서는 우리 아이들의 발달에 대한 객관적 이해를 높이기 위해 필요한 지식들을 살펴보기로 하겠다.

Chapter 2

인간 발달에 대한
이해

이 장에서는 아이들을 기를 때 우선 알아두어야 할 발달에 대한 기본 지식을 설명하고 있고 어떤 기준으로 자녀들의 발달을 판단하면 되는지 알려 준다. 아이들을 기를 때 아이가 다른 또래에 비해 뒤처지는지, 어떤 문제가 있는지 판단하기가 쉬운 일은 아니다. 이럴 때 또래 아이들의 객관적인 발달 준거에 근거해서 판단하면 정확하게 아이의 발달을 이해하는 데 도움이 될 것이다. 또한 아이가 정상발달을 하는지 궁금하고 혹시 사고나 정서에 어려움은 없는지 알아보는 데 이 장이 도움이 될 것이다.

주요 내용

1. 발달이란?
2. 발달에 대한 인식
3. 발달의 어려움

주요 질문

1. 내 아이는 운동, 언어, 정서 발달에 어려움은 없는가?
2. 내 아이는 또래와 비교해서 발달 수준이 어느 정도인가?
3. 내 아이의 사고나 정서에 어려움은 없는가?

1. 발달이란?

보통 사람들에게 "'발달'이란 무엇인가?" 라고 물으면 많은 사람이 점점 나아지거나 성장하는 것이라고 말할 것이다. 또 대부분이 발달은 시간이 걸린다고 말할 것이다. 다 맞는 얘기이다. 발달은 실제로 성장을 포함하며, 일정한 시간에 걸쳐서 일어난다. 예를 들어, 아이들은 성장하면서 정신적으로 성숙해지고 신체적으로 점점 커지고 수많은 경험을 하게 된다. 그러나 발달은 이보다 훨씬 더 복잡한 개념이며 발달학자들 자신도 발달의 특성이 무엇인지, 그리고 발달이 어떻게 진행되는지에 대해 완전히 의견이 일치하지는 않는다. 그럼에도 불구하고 다음의 정의들은 발달이 무엇인지에 대한 인식을 높이는 데 지침이 될 수 있을 것이다(Cicchetti & Schneider-Rosen, 1986; Hodapp, Burack, & Zigler, 1990; Santostefano, 1978).

- 발달은 평생에 걸쳐서 일어나는 변화를 말한다. 변화는 양적일 수도 있고 질적일 수도 있다. 즉, 아동이 다른 사람들과 상호작용하는 방식의 수가 양적으로 늘어날 수도 있지만, 행동의 특징이 질적으로 늘어날 수도 있다.
- 생후 초기에는 신체적·인지적·정서적·사회적 체계가 보편적이고 일반적인 과정을 거쳐 발달한다. 각 체계 내에서 초기의 전체적 구조와 기능이 점차 정교하게 분화되며 그 이후 통합된다. 여러 체계 간에도 통합이 일어난다.
- 발달은 일관성 있는 패턴에 따라 진행된다. 따라서 개개인에게 있어서 현재의 기능은 미래뿐 아니라 과거와도 연결되어 있다. 이와 같이 발달은 다소 복잡한 경로를 따라 진행되는 것으로 생각할 수 있다. 청소년기에는 이 경로가 개방적이고 유연하지만, 나이가 듦에 따라 유연할 가능성들이 점차 줄어들게 된다.
- 개인의 일생에서 발달에 따른 변화는 여러 가지 형태를 가질 수 있다. 점차 더 새롭고 더 높은 차원의 기능과 목표가 습득되지만, 변화가 항상 긍정적이진 않다.
- 인간의 발달은 상당히 융통성이 있지만, 무엇이 변화할 수 있고 얼마나 변화할 수 있는지에는 제한이 있다.
- 발달은 생물학적·심리적·사회문화적 변인들 간의 상호작용 또는 상호 교류의 결과이다.

1) 운동발달

임신 중이나 아이를 낳을 시기가 다가오면 감동과 기쁨도 있지만 마음 한구석에는 내 아이가 정상적인지 두려움도 함께 생긴다. 그래서 조금만 아이가 느리게 발달하면 뭔가 문제가 있는 것 아닌가 하는 생각을 많이 하게 된다. 또한 쓸데없는 걱정도 머릿속에 가득해진다. 이럴 때 인간의 운동발달에 대한 지식을 제대로 알고 있으면 불필요한 두려움을 느끼지 않아도 된다.

운동발달이란 흔히 신체적 움직임이나 신체의 움직임에 대한 통제를 말한다. 영아기 초기에 아기들은 의도적인 움직임들을 보이기 시작한다. 먼저, 엄마를 보기 위해 간신히 머리를 돌리다가 2개월이 되면 배를 대고 누운 상태에서 머리를 들어 올리기 시작한다. 4개월경에는 물건들을 잡을 수 있고, 6개월에는 대부분의 아기가 도움 없이 혼자 앉을 수 있게 된다. 7개월이 되면 혼자 움직이기 시작하여 배를 대고 이동하거나 기어 다니기도 한다. 이 시기에는 가구 등을 붙잡고 의지하여 몸을 일으킬 수도 있다. 8~9개월경에는 소파나 탁자를 잡고 걷기도 한다. 곧 혼자 일어서거나 걸을 수도 있다. 보통 아이가 첫돌이 되기 전에 걸음마를 시작하지만 혼자서 걷게 되기까지는 시간이 더 걸린다.

반면, 문고리를 돌리거나 작은 물체들을 잡으려면 더 오랜 시간이 필요하다. 이러한 미세 운동 기술(fine motor skill)들은 소근육들과 눈의 협응을 필요로 한다. 예컨대, 그림을 그릴 때 이런 미세 운동 기술이 드러난다. 2세 된 아동들은 크레용을 쥐고 낙서하듯 간단하고 조잡한 것밖에 못 그리지만, 3~4세가 되면 어느 정도 사람의 형체와 같은 것도 그리게 된다. 5세에는 글자도 쓸 수 있게 되고, 옷도 혼자 입을 수 있으며, 수저도 사용할 줄 알게 된다.

다음 표는 주요 운동발달이 성취되는 평균연령을 제시하고 있다. 운동발달이 이런 이정표에서 벗어나면 신경계 역기능의 징후로서 발달상의 문제가 있을 가능성이 있다. 신체발달과 운동발달은 수많은 생물학적·환경적 요인에 좌우된다. 거의 모든 아이가 일정한 순서를 따라 성장이 진행된다는 사실은 생물학적 프로그램이 있다는 것을 시사한다.

생후 초기의 대근육 운동 이정표

주요 행동	개월 수
몸을 엎는다.	2~4개월
받쳐 주지 않아도 앉아 있다.	5~7개월
가구를 붙잡고 설 수 있다.	8~9개월
손과 발로 기어 다닌다.	9~10개월
외부 도움 없이 설 수 있다.	10~13개월
혼자 걸을 수 있다.	11~14개월
혼자 계단을 오를 수 있다.	21~25개월

2) 언어발달

아이가 태어나서 언어를 배우는 발달 과정이나 습득방법에 대한 문제는 오랫동안 철학자와 과학자들의 관심사였다. 생물학적 프로그램을 갖고 태어난다는 극단적인 입장으로부터 환경에 따라 달라질 수 있다는 입장에 이르기까지 광범위하게 여러 이론적 관점이 존재한다. 생물학적으로 인간은 명백히 언어를 습득할 수 있도록 준비되어 있으나, 언어발달은 사회나 문화의 영향도 크게 받는다. 생애 초기의 사회적 자극은 언어 습득을 촉진하며, 아이의 옹알이와 말하기는 아이를 돌보는 사람이 아이에게 주의를 기울이게 만든다.

언어는 지적 기능과 사회적 기능 둘 다에 영향을 준다. 따라서 언어발달의 지연이나 손상은 학업문제, 사회적 상호작용의 문제, 사회적 고립, 자아존중감 저하를 가져올 수 있다. 다음은 생후 초기의 언어 습득 단계들을 보여 준다.

생후 초기의 언어발달

	언어발달	언어표현
출생~6개월	• 갑작스러운 소리에 반응한다. • 목소리를 듣고 진정한다. • 소리가 나는 위치를 안다.	• 운다. • 옹알이를 하고, 웃는다.
6~12개월	• "안 돼." 하면 하던 행동을 멈춘다. • "이리 와." 하면 팔을 치켜든다. • 간단한 지시를 따른다. • 간단한 말을 이해한다.	• 모국어의 소리를 낸다. • 모음을 결합한다. • 성인의 소리를 모방한다. • 첫 단어를 말한다.
12~18개월	• 연속되는 두 가지 명령을 수행한다. • 새로운 단어를 이해한다. • 자장가에 귀를 기울인다.	• 10개의 단어를 사용한다. • 물체를 요구할 때 그 이름을 말한다. • 소리를 결합해서 마치 문장처럼 연결한다.
18~24개월	• 여러 가지 소리를 알아듣는다. • '보여 줘' 같은 행위 단어를 이해한다.	• 짧은 문장을 사용한다. • 대명사를 사용한다. • 자장가의 끝 단어를 따라 한다.
24~36개월	• 안에, 위에, 아래에를 사용한 명령을 수행한다.	• 소유격, 명사, 동사의 조합을 사용한다.
36~48개월	• 다른 사람의 메시지와 의사소통의 사회적 상황을 이해할 수 있는 능력이 발달한다.	• 접속사, 조동사 같은 복잡한 언어 형태를 점점 더 많이 사용한다.

이와 같이 아이들은 태어나서 약 36개월에서 48개월이 되면 다른 사람의 메시지와 의사소통이 어느 정도 가능하게 된다. 아이에 따라서 개인차가 있을 수 있지만, 만 3세나 4세 정도 되면 두 단어로 된 문장으로 말할 수 있게 된다. 그런데 아이가 이 정도의 나이가 되었는데도 간단한 문장으로 말을 하지 못한다면 언어발달에 어려움이 있거나 언어발달이 지연되고 있을 가능성이 높아진다. 이런 경우에는 전문가의 도움을 받아 보는 것이 좋다.

3) 정서발달

정서발달에는 생후 초기의 애착이 무엇보다 중요하다. 생애 초기의 애착이 아동과 청소년기의 적응, 친구관계, 결혼생활, 부부관계 등에 부분적으로 또는 지속적으로 영향을 미친다는 연구 결과들이 있다.

애착은 아이가 7개월에서 9개월경이면 뚜렷하게 드러난다. 메리 에인스워스(Mary Ainsworth, 1973)는 '낯선 상황'이라는 실험 절차를 고안하여 생후 초기의 애착을 연구하였다. '낯선 상황'을 유도한 실험은 다음과 같이 진행된다. 먼저, 엄마와 아이(생후 12~18개월 정도의 유아)가 장난감이 있는 실험실에 들어오고 엄마는 아이를 작은 의자에 앉히고 다른 편에 가서 앉는다. 그때 낯선 사람이 들어와 아이와 놀이를 하려 하면 엄마는 갑자기 방을 떠난다. 잠시 후 엄마가 다시 돌아와 아이와 놀고 낯선 사람은 떠난다. 이런 절차의 실험을 통해 아기를 돌보는 사람(보통은 엄마)과 아기 그리고 낯선 사람이 실험실의 편안한 방에서 상호작용을 한다. 엄마는 미리 정해진 절차대로 두 번 방에서 나갔다가 되돌아온다. 유아의 행동을 비디오로 찍고 나중에 분석한다. 이 과정을 다음에 간단하게 요약하였다.

낯선 상황 절차

일화	상황	관찰할 수 있는 애착 관련 행동
1	실험자가 부모와 영아에게 놀이방을 소개하고 방을 나간다.	없음
2	영아가 노는 동안 부모는 앉아 있다.	안전기지로서의 부모
3	낯선 사람이 들어와 부모와 이야기한다.	낯선 사람에 대한 불안
4	부모가 나가고, 영아가 불안해하면 낯선 사람이 달래 준다.	분리 불안
5	부모가 돌아오고, 영아에게 인사하고 영아가 불안해하면 달래 준다. 그리고 낯선 사람이 떠난다.	재결합 행동
6	부모가 다시 방을 나간다.	분리 불안
7	낯선 사람이 들어와 달래 준다.	낯선 사람에 의해 위로 받는 능력
8	부모가 돌아와 영아에게 인사하고, 필요하다면 달래 주고 영아가 장난감에 흥미를 가질 수 있게 해 준다.	재결합 행동

출처: 곽금주(2016).

이러한 애착 연구를 통해 많은 아이가 안정 애착, 회피 애착, 양가적 애착을 보이는 것을 알 수 있었다. 그런데 이후에 장애가 발생할 위험이 있는 가족의 아동을 대상으로 한 연구에서 혼란(disorganized) 애착이라는 네 번째 패턴을 발견하게 되었다. 병적이고 학대를 많이 받은 아이들은 혼란 애착 행동, 과도한 사회적 억제, 또는 낯선 사람에 대해 과도하게 사교성과 애착을 보이는 경향이 있다.

안정 애착(secure attachment)

안정 애착 유형의 유아는 혼자 있게 되거나 낯선 장소에서 낯선 이와 남아 있게 되면 때때로 불안해질 수도 있고 그렇지 않을 수도 있지만, 만약 불안해한다면 이는 분명히 엄마가 없기 때문이고 단지 혼자 있기 때문은 아니다. 따라서 친숙하지 않은 성인과 놀지 않으면서 놀잇감 탐색도 하지 않는다. 낯선 사람에 의해 다소 진정되거나 친숙하게 대할 수도 있지만, 유아는 분명 낯선 사람보다 엄마와의 상호작용이나 접촉에 더 관심이 있다. 즉, 엄마가 곧 돌아오면 유아는 엄마를 반갑게 맞으며(웃거나 때론 울면서 다가가기도 함) 엄마와 신체 접촉을 하고자 한다. 재결합 장면에서 엄마를 회피하거나 저항하는 경향은 거의 없다. 또한 엄마와의 접촉을 통해 곧 안도감을 느끼며 편안하게 놀이와 탐색을 한다. 관찰 결과, 이러한 안정 애착 유형 유아의 부모들은 유아의 정서적 신호에 대해 민감하게 반응해 주며, 아기 스스로 노는 것을 충분히 허용해 준다. 이런 반응을 보일 수 있는 것은 평소 양육자가 영아의 필요에 민감하고 효과적인 방법으로 반응을 잘했기 때문이다.

회피 애착(insecure-avoidant attachment)

'회피적' 행동을 보이는 유아는 낯선 상황에서 엄마가 떠나가는 것에 대해 별 반응을 보이지 않는다. 엄마와 분리 전에도 거의 엄마와 접촉하지 않으며, 만약 유아가 엄마에게 접근하면 대개 도구적 목적으로 접근한다. 첫 번째 분리 동안 유아는 엄마를 찾는 행동을 거의 보이지 않으며, 불안해하더라도 엄마가 없어서라기보다 혼자 남겨져 있어서 불안해하는 것으로 보인다. 대부분 낯선 사람이 있을 때 불안을 보이지 않고, 혼자 있을 때의 불안은 낯선 사람이 등장했을 때 감소한다. 이러한 유아는 엄마가 방에 다시 들어와도 무시하고 다가가려 하지 않으며 인사를 하더라도 어쩌다가 슬쩍 하는 모습이다. 만일 엄마가 방으로 다시 들어와 유아에게 접근하려 하면 유아는 다른 방향으로 몸을 돌린다. 또한 안기는 것을 좋아하지 않기 때문에 안아 올렸을 때 내려가려고 버둥거리며 내려놓아도 별 저항을 하지 않는다.

불안정 저항 애착(insecure-resistant attachment)

불안정 저항 애착은 불안정 양가적 애착이라고도 한다. 이 유형의 유아는 아주 작은 불안 상황에서도 과잉 경계한다. 일반적으로 낯선 상황에서 '부적응적인' 행동을 보인다. 다른 유형의 유아들보다 화를 잘 내고 눈에 띄게 수동적이다. 엄마와의 분리 전 상황에서 낯선 이에 대해 접촉하거나 상호작용을 하지 않으며 심지어 분리 동안에도 낯선 이와의 상호작용을 거의 하지 않는다. 엄마의 부재에 대한 심한 불안으로 분리 동안 화내고 울고 분노하는 격렬한 행동을 보인다. 엄마가 돌아오면 강한 정도의 접근과 접촉을 하려고 하지만 동시에 분노와 저항적인 행동을 보이면서 편안해하지도 않고 놀이도 하지 않는다. 즉, 엄마에게 양가적 행동을 심하게 나타내는데, 이런 극단적인 분노 행동은 반응을 잘 보이지 않는 양육자로부터 반응을 이끌어 내기 위해 과장되게 애착 행동을 보이는 것으로도 설명된다.

혼란 애착(disorganized attachment)

혼란 애착은 에인스워스의 초기의 실험에서 다루지는 않았지만, 훗날 연구자들에 의해 또 다른 애착 유형으로 분류되었다. 애착 형성이 불안정하면서도 회피와 저항의 어느 한쪽에도 포함시키기 어려운 유아를 말한다. 혼란 애착 유형에 속하는 영아는 네 가지 애착 유형 중 양육자와 분리되었을 때 가장 큰 스트레스와 불안정한 모습을 나타낸다. 또한 혼란 애착을 보이는 영아는 재결합 상황에서 양육자에게 다가가고 싶기도 하지만 양육자를 무섭게 느끼기도 해서 양육자를 피하고 싶은 감정을 가지고 혼란스러워 한다. 불균형한 움직임, 상동증, 얼어붙음, 가만히 있음 그리고 느린 움직임을 보인다. 또한 엄마가 부르거나 접근했을 때 두려움이나 불안을 강하게 보이고 위축되면서 멀리 도망가기도 한다.

애착 유형에 대한 결과에서 매우 놀라운 것은 이러한 애착 유형이 단지 부모-자녀 세대에서만 나타나는 것이 아니고 세대를 통해 전이된다는 것이다. 할머니-엄마-아기의 세대 간의 애착 유형을 연구한 결과, 할머니와 엄마의 애착 유형과 아기 간의 애착 유형이 매우 비슷함을 발견하였다. 이와 같이 생후 초기의 애착이 중요한 이유는 아이가 그 당시에 보이는 행동 때문만이 아니라 이 행동이 앞으로의 행동과 상관이 있는 것으로 보이기 때문이다. 연구 결과에 의하면 안정 애착은 친구와의 긍정적인 상호작용과 아동기 및 청소년기의 적응행동과 관련이 있고, 불안정 애착은 아동이 부적응 행동과 문제를 나타낼 위험이 있다는 것을 보여 준다. 볼비(Bowlby, 1969, 1973)는 아기들이 엄마와의 관계에서 '내적 작동 모델(internal working model)'을 형성한 후 아빠, 형제, 친구와의 다른 관계에서도 이와 같은 패턴을 보일 것이라고 설명한다.

하지만 초기의 애착이 이렇게 미래의 인간관계에까지 영향을 미치지는 않는다는 반대 의견들도 있다. 주디스 리치 해리스(Judith Rich Harris, 2018)는 아이가 엄마에게 무엇인가를 배우는 것은 확실하지만, 엄마와의 관계에서 학습한 것을 미래의 관계에까지 일반화하기는 어렵다고 주장한다. 그 이유로는 관계에 영향을 미치는 것이 애착뿐만이 아니라 선천적으로 아이의 타고난 특징인 사교성, 상냥함, 외모 등과 같은 유전요인도 다른 사람과 관계를 맺는 데 영향을 미칠 수 있기 때문이라고 설명한다. 따라서 미래의 관계 양상에 대해서는 애착만이 아니라 유전요인들도 영향을 미치므로 세대 간의 애착 유형이 비슷할 수 있다고 설명한다. 또한 발달심리학자 마이클 램과 앨리슨 내시(Michael Lamb & Alison Nash, 1989)는 애착 안정성과 관련 있는 자료들을 통해 엄마와 유아 간의 애착의 질이 이후 또래관계의 사회적 능력을 결정한다는 주장을 지지하는 실제 증거는 거의 없다고 냉정하게 결론을 내린다.

이와 같이 애착이 미래의 관계에 지속적으로 영향을 미치는지 아니면 애착 유형이 관계에 거의 영향을 미치지 않는지에 대해서는 앞으로도 계속 논란이 있겠지만, 부모와 아이가 서로 안정적 애착을 가진다면 정서적 안정이나 미래에 있어서도 플러스 요인이 될 것은 분명해 보인다. 다만 초기의 애착 유형이 미래의 관계에 지속적으로 영향을 준다는 강한 주장으로부터 조금 유연해질 필요는 있어 보인다.

4) 친구관계

7세, 10세, 14세 아동들에게 자신에게 가장 중요한 사람들이 누구냐고 물어보면 대부분 가까운 가족의 이름을 댄다. 그러나 10세에는 확대가족의 이름을 좀 더 많이 언급하고, 14세에는 여기에 친구를 중요한 사람이라고 보태서 말한다(Levitt, Guacci-Franco, & Levitt, 1993). 이런 결과는 놀랄 일은 아니다. 친구관계는 시간이 지나면서 변화하며,

아동기에서 청소년기로 가면서 점점 더 복잡해지고 중요해진다.

친구들은 여러 가지 방식으로 서로에게 영향을 줄 수 있다. 구체적으로 어떤 영향을 미치느냐 하는 것은 연령에 따라 달라질 수 있다. 일반적으로 친구들은 사회적 기술과 그 밖의 기술을 학습할 기회를 제공하며, 사회적 가치를 설정하는데 도움을 주며, 아이들이 자기 스스로를 판단할 기준이 되어 주며, 정서적 지지를 제공하기도 한다. 친구들은 행동을 강화하거나 처벌하며, 행동의 모델이 되어 주며, 서로를 보호하거나 괴롭히며, 우정을 나누거나 적대관계를 맺는다.

친구들에게 더 인기가 좋은 아이가 있는 반면에, 유난히 미움 받고 거부당하는 아이도 있다. 좋지 못한 친구관계, 특히 또래로부터 거부를 당하는 것은 아동기 및 청소년기의 여러 가지 문제와 복잡한 관계가 있다는 증거가 많이 있다(Boivin & Hymel, 1997; Parker & Asher, 1987). 그러므로 친구관계와 관련된 요인들을 이해하는 것은 대단히 중요하다. 친구관계에서 아동의 특성은 중요한 역할을 한다. 인기가 좋은 아이는 대개 사회적으로 유능하고 상냥하며 남을 잘 도와주고 배려할 줄 안다(Dunn & McGuire, 1992).

친구관계가 가족체계와 관계가 있다는 것을 보여 주는 연구들도 있다. 예를 들어, 자신과 어머니의 관계가 안정적이라고 지각하는 아이는 친구관계가 더 좋은 경향이 있다(Kerns, Klepac, & Cole, 1996). 또 다른 연구는 인기 있는 아이들의 부모는 권위주의적이면서 민주적이며 이런 양육방식은 아동의 긍정적인 사회적 행동과 관계가 있다는 것을 발견했다. 이와는 대조적으로 거부당하는 아이들의 부모는 권위주의적이며 억제적인 경향이 있었다(Dekovic & Janssens, 1992). 이런 연구 결과들을 볼 때 아이들이 부모와 상호작용하면서 갖는 경험이 친구관계에 부분적으로 영향을 미친다고 볼 수 있다. 또한 아이의 특성이 친구관계뿐 아니라 부모관계에도 영향을 미치며 이러한 요인들 간의 인과관계가 상당히 복잡하다고 볼 수 있다.

5) 기질에서 남아와 여아의 성차

남자아이와 여자아이는 기질적으로 몇 가지 특성에서 차이를 보인다. 어떤 특성은 남아와 여아 간에 큰 차이를 보이고 어떤 특성은 무시해도 될 정도의 차이를 보인다.

3세부터 13세까지 메타분석을 통해 아동들의 기질에 관한 성차를 연구한 결과들이 있다(Else-Quest, Hyde, Goldsmith, & Van Hulle, 2006). 자제 능력에서 가장 큰 성차를 보였는데, 자제 능력은 부적절한 반응이나 행동에 대한 조절 능력을 의미한다. 남아들은 여아들에 비해 자제 능력이 의미 있게 낮은 수준을 보였다. 또한 남아들은 여아들에 비해 충동조절 능력이 크게 떨어짐을 보여 준 연구 결과도 있다(Olino, Durbin, Klein, Hayden, & Dyson, 2013). 이러한 결과는 여아들이 남아들보다 자신의 행동을 규제하거나 책임지는 능력이 전반적으로 좋고 사회적으로 바람직하지 못한 행동을 통제할 수도 있다는 것을 의미한다(Else-Quest, Hyde, Goldsmith, & VanHulle, 2006).

또한 조급성(surgency)도 남아들이 여아보다 높은 점수를 보였다. 남아들의 높은 조급성과 낮은 자제 능력은 남자아이들이 삶의 초반에 학교에서 더 많이 지적받고 훈육받아야 하는 어려움에 처하게 될 수 있음을 설명해 준다. 자제 능력은 나중에 성실성의 발달과 관련이 있다. 재미있는 것은 발달 초기에는 남아가 여아보다 자제 능력이 낮아서 덜 성실할 수 있겠으나 성인이되면 성실성에서 큰 차이를 보이지 않으므로 이와 같은 성차는 커 가면서 서서히 사라지는 것으로 보인다. 신체적 공격(physical aggressiveness)에서도 남아들이 여아들보다 더 공격적이었다.

반면, 환경으로부터 미묘한 자극을 감지하는 능력인 지각 감수성(perceptual sensitivity)은 여아들이 남아들보다 유리하다는 결과가 밝혀졌다. 평균적으로 여아들은 남아들보다 외부 세상으로부터의 미묘하고 낮은 강도의 신호에 더 민감함을 보였다.

이와 같이 자제 능력, 충동성, 조급성 같은 변인에서는 남아가 여아보다 불리하지만, 여아들과 남아들은 사실상 분노, 까다로움, 고통의 양, 슬픔 등과 같은 부정적 정서성(negative affectivity)에서 차이가 없었다.

종합을 해 보면, 3세에서 13세 사이의 아이들에 대한 기질 연구 결과를 볼 때 여아들은 자제 능력이 높고 두려움 또한 높다는 것을 알 수 있다. 반면, 남아들은 조급성, 활동성, 충동성이 높고 감정표현의 영역에서 분노가 높다는 것을 보여 준다.

2. 발달에 대한 인식

1) 발달 규준이란?

발달 수준을 나타내는 하나의 지표는 연령이며 특히 아동과 청소년의 경우에는 그것이 더욱 중요하다. 왜냐하면 아동과 청소년은 매우 빨리 급속하게 변화하기 때문이다. 행동에 대한 판단은 발달 규준을 필요로 한다. 발달 규준은 기술, 지식, 사회적·정서적 행동이 성장해 나가는 전형적인 속도와 순서를 제공하고, 아이가 제대로 성장하고 있는지 혹은 '뭔가가 잘못되었을' 가능성을 평가하는 발달 기준의 역할을 한다. 예를 들어, 한 살짜리 아이가 아직 잘 걷지 못한다고 걱정하는 것은 잘못된 것이다. 이 연령에서는 많은 아이가 걷지 못하기 때문이다. 그러나 아이가 받쳐 주지 않은 상태에서 혼자 앉을 수 없다면 걱정하는 것이 당연하다. 모든 아이가 1세가 되기 전에 혼자 앉을 수 있기 때문이다.

그러나 또래와 비교해서 뒤떨어지지 않는다고 해서 정신병리가 없다고 확신할 수는 없다. 예를 들어, 성질 부리는 것(temper tantrum)은 3세 아이에게는 있을 수 있는 일이지만 이런 행동이 12세까지 계속된다면 문제 행동으로 여겨질 수 있다. 또 어떤 경우에는 아이들이 발달 규준을 이루어 낸 후에도 더 어린 행동으로 퇴행하기도 한다.

다른 여러 규준요인도 많이 고려되고 있다. 연령 규준에 맞는 행동이라도 너무 자주 또는 너무 드물게 일어나거나, 너무 강하거나 또는 충분히 강하지 못하거나, 너무 오래 또는 너무 짧게 지속되거나 한다면 장애가 있다는 판단을 내릴 수 있다. 예를 들어, 아이가 겁을 내는 것은 특이한 일이 아니지만, 너무 자주 지나치게 심하게 겁을 내고 이것이 시간이 지나도 나아지지 않는다면 문제일 수 있다. 상냥하고 활발하던 소녀가 언제인가부터 부끄럼을 타고 외톨이가 되어 버리는 경우처럼 아이의 행동이 변화하는 경우에도 걱정스러운 일일 수 있다. 아이가 여러 가지 의문스러운 행동을 하거나 여러 가지 일들로 고민하고 있다면 부모가 걱정하는 것은 당연하다.

또한 정상적 발달에서는 전혀 나타나지 않는 행동을 하기도 하는데, 예를 들어 대부분의 아이는 출생 후 곧 자신을 돌보아 주는 사람에게 사회적 반응을 보이게 된다. 그러나 자폐로 진단된 아이들은 반응을 보이지 않는다. 이와 같이 질적인 차이가 나는 행동들은 흔히 발달에 전반적인 문제가 있다는 것을 나타낸다.

부모로서 자신의 아이가 정상적으로 발달하고 있는지 알아보려면 다음과 같은 점들을 고려할 수 있다.

객관적으로 바라보는 주변 다른 사람의 느낌이나 생각은 중요하다

아이들이 자신에게 문제가 있다고 말하고 자신을 평가해 달라고 자진해서 말하는 경우는 없다. 문제행동을 찾아내는 데에는 아이의 주변에 있는 다른 사람들의 느낌과 생각이 중요하다. 주변의 사람들은 부모에 비해 좀 더 객관적으로 바라보는 경향이 있으므로 교사나 전문가가 아이에 대해 어떤 문제를 언급한다면 생각해 볼 여지가 있다.

발달 수준과 장애의 시작

문제의 발생 연령과 특정한 문제 사이에는 분명한 관계가 있다. 언어발달 지체는 아동이 이러한 기술을 처음으로 습득하는 생후 초기에 주로 나타난다. 자폐증도 생애 초기에 나타난다. 주의력결핍은 보통 취학 전이나 또는 학교에 입학하면서 진단되며, 일반지능과 학습능력의 손상도 마찬가지이다. 공포와 불안은 어느 연령에나 나타날 수 있으나 특정한 공포는 어느 정도는 연령과 관계가 있다. 공격성, 불복종, 도벽 등도 여러 연령에서 나타날 수 있다. 우울증, 식욕부진증, 약물 남용, 조현병은 주로 청소년기 초기에 처음 진단되기도 하지만 더 일찍 나타날 수도 있다.

2) 적응에서의 위험요인과 적응 유연성

(1) 적응에서의 위험요인

적응하는 데 위험요인으로는 개인의 부적응적인 성향과 주어진 환경요인을 들 수 있다. 까다로운 기질은 성향적 위험요인의 한 예이다. 또한 위험은 삶의 불행이나 스트레스 사건에 의해서도 일어난다. 외부 스트레스 요인은 사고나 재앙처럼 갑자기 일어나는 급성 사건일 수도 있고, 빈곤이나 타고난 질병과 같이 오랫동안 지속되는 만성적인 것도 있다. 부모의 이혼과 같은 어떤 생활 사건들은 겉으로는 급성인 스트레스일 수 있지만 오랜 갈등과 다툼으로 인해 만성적으로 긴장과 고통을 일으킨다고 볼 수도 있다.

발달상의 위험요인

체질	• 유전의 영향
	• 유전자 이상 또는 염색체 이상(예: 다운증후군)
	• 태아기와 출산 시의 합병증
	• 출생 이후의 질병, 손상
	• 부적절한 건강 관리, 영양
가족	• 극심한 빈곤
	• 결손가정, 가정파탄
	• 학대, 유기
	• 갈등, 무질서, 정신병리, 스트레스
정서 및 대인관계	• 낮은 자아존중감, 정서적 미숙, 까다로운 기질 등의 심리 패턴
	• 사회적 무능
	• 또래의 거부
지적 능력과 학업	• 평균 이하의 지능, 신경발달장애
	• 학업 실패
생태적 요인	• 이웃의 무질서, 범죄
	• 인종의 성별 불평등
스트레스를 주는 사건	• 한쪽 부모의 이른 사망
	• 가까운 곳에서의 전쟁 발발

(2) 적응유연성

위험요인이 있을 때 어떤 사람들은 좌절하고 포기하는 반면에, 어떤 사람들은 꺾이지 않고 유연하게 적응한다. 왜 그럴까? 흔히 적응유연성은 개인이 가지고 있는 특성이라고 생각하는 경향이 있다. 어려운 일을 겪지만 이를 딛고 극복하고 일어서는 아이들이 특징적으로 가지고 있는 것은 인내심과 용기이다.

적응유연성(resilience)과 관련된 흥미로운 연구가 카우아이라는 하와이의 한 섬에서 이루어졌다(Garmezy & Masten, 1994; Werner & Smith, 1982). 이 섬에 있는 사람들은 빈곤과 가족변인과 같은 만성적인 문제로 잠재적인 위험에 처해 있었다. 대부분의 참여자가 문제를 일으켰지만 삼분의 일가량은 청소년 후기에 자신의 삶을 성공적으로 이끌었다. 연구자들은 이렇게 성공적인 삶을 이끈 사람들이 적응적으로 유연할 수 있었던 이유를 크게 세 가지로 보았다. 첫째, 성공한 사람들은 지적이고 사교적이면서 사회적으로 유능한 개인적 자질을 갖고 있었다. 둘째, 스트레스를 받을 때 가족의 애정과 지원이 있었다. 셋째, 가족 외에도 학교나 교회와 같은 기관이나 개인으로부터 주어지는 지원이 아이들로 하여금 자아존중감과 자기효능감을 가질 수 있게 해 주었다. 이와 같이 유연하게 적응하는 아동들은 실제의 위험에 더 적게 노출되었고 더 많은 보호를 받았다.

적응유연성은 흔히 아동의 능력과 적응성에서 비롯된다. 청소년의 능력은 중요한 적응과제들을 얼마나 잘 이루어 내는가에서 달려 있다고 주장한다(Masten & Coatsworth, 1998). 발달의 중요한 적응과제들은 다음에 제시되어 있다.

연령별 발달과제의 예

연령 시기	과제
유아기~학령전기	• 양육자에 대한 애착 • 언어 능력 • 자기 자신과 환경의 분화 • 자기통제와 복종
아동 중기	• 학교에 적응(출석, 적절한 품행) • 학업성취(예: 읽기, 쓰기, 산수) • 친구들과 잘 지내기(수용, 새 친구 사귀기) • 규칙을 따르는 행동(도덕적 행동과 친사회적 행위에서 사회의 규칙 따르기)
청년기	• 중고등학교로 성공적으로 진학 • 학업성취(고등교육 또는 직업에 필요한 기술 학습) • 방과 후 활동 참여(예: 체육, 클럽) • 동성 및 이성의 가까운 친구 만들기 • 자아정체감 형성

연구 결과에 의하면 지능과 그 밖의 유능한 개인적 속성들은 위험한 결과를 줄여 준다. 예를 들어, 높은 자기이해 및 독립적으로 사고하고 행동할 수 있는 능력은 부모의 정신과적 장애로 인한 부정적인 영향으로부터 청소년들을 보호해 주는 것으로 보인다(Beardslee & Podorefsky, 1988). 이 외에도 특정한 상황에서 청소년들을 보호할 수 있는 개인적 특성들로는 자아존중감, 안정된 기질, 자기훈육 그리고 사회적 기술이 있다(Luthar, 1993).

가족요인도 매우 중요한 역할을 할 수 있다. 예를 들어, 부모의 이혼으로 스트레스를 겪고 있는 아동들은 한쪽 부모와 친밀한 관계를 유지하면 견딜 수 있다. 교사, 친구, 그 밖의 사람들로부터의 지원도 매우 중요하다.

아동과 청소년의 적응유연성과 관련된 요인

원천	특성
개인	• 뛰어난 지적 수준과 재능 • 호감을 주고 사교적이며 편안한 성향 • 자기효능감, 자신감, 높은 자아존중감 • 신뢰할 수 있는 행동
가족	• 부모와의 친밀한 관계 • 권위적 양육: 따뜻함, 구조와 질서, 높은 기대 • 사회경제적 혜택 • 가족망과의 연계
가족 이외의 맥락	• 가족 이외의 친사회적 성인과의 유대감 • 친사회적 단체와의 연계 • 학생을 효율적으로 지도하는 학교에 다님

루터(Rutter, 1987)는 청소년들이 보호받을 수 있는 네 가지 일반적인 방식을 기술하고 있다. 그는 이러한 방식들이 사람들이 위험에 처했을 때 극복할 수 있게 해 준다고 보았다.

그가 말하는 네 가지 보호기제 중 첫째는 아동이 위험 상황에 대비하도록 위험에 대처하는 연습을 하게 하는 것이다. 아동이 위험 상황을 다룰 수 있는 인지적 능력을 갖추었을 때 그 상황에 노출시키고 되도록 위험요인에 적게 노출시킨다.

둘째는 전문적 개입이다. 아동이나 청소년이 위험에 한번 노출되면 위험이 앞으로도 계속 연속적으로 영향을 미치는 경우가 많다. 따라서 이런 연속적 불행을 막아 주는 전문적 개입이 아동을 보호해 줄 수 있다.

셋째는 자아존중감과 자기효능감을 발달시켜 주는 것이다. 아이들이 사회적 환경에 대해 갖는 개념과 감정, 자기가치감 그리고 삶의 역경에 대처할 수 있는 능력은 매우 중요하다. 이러한 능력을 긍정적으로 발달시키려면 만족스러운 사회적 관계와 성공적인 과제 수행이 있어야 한다.

넷째는 기회의 확대이다. 많은 사건, 특히 삶의 전반부에 일어나는 사건들은 적응적 성장의 기회를 제공함으로써 위험을 감소시킬 수 있다. 지리적 위치, 학업을 계속할 수 있는 기회, 지지적인 가족 역할 등이 필요하다.

3) 청소년기의 다섯 가지 발달 경로

발달에 기여하는 많은 요인을 생각해 볼 때 어느 한 개인의 발달 경로를 예측하기는 상당히 어렵다. 그렇지만 연구자들은 몇 가지 일반적인 발달 경로를 제안한다. 청소년들은 일부 계속 안정적으로 나아가기도 하지만 때로는 부정적인 사건을 통해 삶이 더 나빠지기도 하고 역경을 이겨 낸 경우는 더 많은 발전을 하기도 한다.

청소년기의 다섯 가지 발달 경로

경로 1: 계속 적응	• 행동문제가 거의 없음. 자신이 가치 있다고 느낌 • 위험에 많이 노출되지 않음
경로 2: 계속 부적응	• 만성적 역경: 보호요인이 거의 없음 • 예: 공격적이고 반사회적인 행동이 유지됨
경로 3: 부적응의 반전	• 중요한 생활상의 변화가 새로운 기회를 창출해 냄 • 예: 군대 경력이 기회를 마련해 줌
경로 4: 적응의 감퇴	• 환경의 변화 또는 생물학적인 변화가 역경을 가져옴 • 예: 이혼이 부적응을 일으킴
경로 5: 일시적 부적응	• 일시적이고 실험적으로 위험을 무릅쓰는 행동 • 예: 불법 약물 복용

출처: Compas, Hinden, & Gerhardt (1995).

경로 1은 계속 안정된 적응, 즉 긍정적인 자기가치를 유지하고 위험에 많이 노출되지 않았다는 특징을 가지고 있다. 경로 2는 계속 부적응을 나타낸다. 경로 3은 청소년기 초기의 부적응이 긍정적인 결과로 변화하는 것을 보여 준다. 경로 4는 청소년기 초기의 적응이 시간이 흐르면서 부적응으로 변하는 것을 보여 준다. 경로 5는 청소년기의 일시적 부적응이 다시 적응행동으로 회복되는 것을 보여 준다. 경로 1, 3, 5는 긍정적 적응을 가져오고 경로 2와 4는 부정적 적응을 가져온다.

이와 같이 인간은 역경 속에서 부적응하기도 하지만 또 회복력이 강한 사람은 수많은 역경 속에서도 오히려 잘 헤쳐 나가 적응을 잘하기도 하므로 인간의 발달은 다양하고 복잡한 경로와 과정을 거쳐 이루어진다.

3. 발달의 어려움

1) 생애 초기에 나타날 수 있는 신경발달장애

신경발달장애(neurodevelopmental disorder)는 생애 초기부터 나타나는 정신장애이다. 아동이 학교에 들어가기 전에 나타나는 발달 초기의 정신장애라고 할 수 있다. 이러한 신경발달장애의 원인은 심리사회적 문제라기보다는 주로 중추신경계, 즉 뇌의 발달지연 또는 뇌손상이다. 이러한 장애의 손상은 다양해서 개인적·사회적·학업적 또는 직업적 기능에 심각한 지장을 준다. 신경발달장애에는 ① 지적장애, ② 의사소통장애, ③ 자폐스펙트럼장애, ④ 주의력결핍 과잉행동장애, ⑤ 특정학습장애, ⑥ 운동장애의 여섯 가지 하위 유형이 있다. 다음은 신경발달장애의 하위 유형과 주요 진단 특징을 간단하게 보여 준다.

신경발달장애의 하위 유형과 주요 진단 특징

하위 유형	주요 진단 특징
지적장애	• 지능 수준이 또래에 비해 현저하게 낮아서 학습과 사회적 적응 둘 다에 어려움을 보이는 경우
의사소통 장애	• 언어장애: 언어의 습득과 사용에 계속 어려움이 있는 경우 • 발화음장애: 발음의 지속적인 어려움 때문에 언어적 의사소통이 잘 안 되는 경우 • 아동기 발병 유창성 장애: 말더듬으로 인해 언어의 유창성에 어려움이 있는 경우 • 사회적 의사소통장애: 언어적·비언어적 의사소통 기술을 사회적 상황에서 적절하게 사용하지 못하는 경우
자폐 스펙트럼 장애	• 사회적·정서적 상호작용의 결함 • 언어적·비언어적 의사소통의 결함 • 대인관계를 발전시키고 유지하고 이해하는 것의 결함 • 관심이 제한적이고, 부적절하며 상동증적인 행동을 반복적으로 나타내는 경우
주의력결핍 과잉행동장애	• 주의집중의 곤란, 산만하고 부주의한 행동, 충동적인 과잉행동을 나타내는 경우
특정 학습장애	• 지능 수준은 정상이지만 읽기, 쓰기, 산수와 같은 특정 학습 분야에서 학업성취가 현저하게 떨어지는 경우

운동장애	• 발달성 운동조절장애: 운동발달이 느리고 동작이 서툴러서 일상 활동에 어려움을 겪는 경우 • 상동증적 동작장애: 특정한 패턴의 행동을 아무런 목적 없이 반복적으로 계속하여 적응이 어려운 경우 • 틱장애: 신체의 일부를 갑작스럽게 빠르게 움직이거나 의도하지 않은 소리를 내어서 적응이 어려운 경우

먼저 신경발달장애의 첫 번째 장애인 지적장애를 실제 사례를 통해 알아보기로 한다.

(1) 지적장애

🖎 지적장애의 사례: 나는 왜 언니처럼 공부를 잘하지 못할까?

C양의 부모는 어릴 적 C양이 잘 웃고 눈 맞춤을 하며 식구들과 정상적으로 상호작용하는 밝고 사랑스러운 아이였다고 보고했다. 그러나 C양은 앉고, 서고, 말하는 것이 언니보다 늦었고, 제 나이에 초등학교에 입학했지만 잘 적응하지 못했다. 우선 학교과제를 이해하고 읽기를 학습하는 데 어려움을 보였다. 선생님 말도 잘 듣지 않아 어머니는 여러 차례 학교에 불려 간 적이 있다. 다른 또래 아이들이 C양을 놀리기 시작했고, "너 바보지?"라고 불러대기도 했다. 그래서 C양은 학급 친구들보다 나이가 어린 아이들과 노는 데 더 많은 시간을 보내게 되었다.

C양은 초등학교 3학년이 되었을 때 학교공부에서 친구들보다 많이 뒤처졌다. C양의 지능지수는 65로 추정되었다. 학교 교사는 발달장애가 있는 학생들을 위한 특수학교로 전학시키는 것이 좋겠다고 부모에게 권했다. 그러나 부모는 C양의 문제를 정서적 또는 심리적인 것으로 여겨서 치료를 받으면 나을 것이라고 생각하고 계속 일반학교에 보내는 것을 고집했다. 5년 후 15세 때 C양의 읽기, 쓰기, 산수 능력은 6학년 수준까지 발전하게 되었다. 그러나 C양은 자신이 언니와 다르다는 것을 어느 정도 느끼고 있었다. C양의 언니는 공부도 잘하고 얼굴도 예쁘고 친구들과 잘 지내고 적응을 잘하는 편이었다. 중학교에 들어가서는 부모의 노력으로 한두 명의 친구들과 어울릴 수 있었고, 그런 친구들의 도움을 받을 수 있었다. 그러나 고등학교에 입학해서는 입학 초기부터 친구 사이에 심한 어려움이 생겼고, 시간이 지나면서 친구들한테 '이상하다'고 수군거리는 소리를 듣게 되었다. 이런 일이 있은 후부터 C양은 학교에 가기 싫고 머리가 아프다고 하면서 적응에 어려움을 보였다. 부모는 어떻게 하면 고등학교를 무사히 마칠 수 있게 할지 고민이 많았다.

이와 같은 지적장애(intellectual disability)는 이전에 정신지체(mental retardation)로 알려졌던 장애이다. 지적장애의 핵심은 지적 기능의 결함과 적응 기능의 결함이다. 지적장애로 진단되려면 지능지수(Intelligence Quotient: IQ)가 70 미만이어야 하고 적응 기능도 또래에 비해 현저하게 떨어져야 한다.

유병률은 전체 일반인구 중 1%이고 지적장애는 심각도에 따라서 네 가지 등급으로 나뉜다. 경도(IQ 50~55에서 70까지) 지적장애는 전체 지적장애자의 85%를 차지한다. 중등도는 IQ 35~40에서 50~55까지의 범위이고 전체 지적장애자의 10%가 여기에 속한다. 중증도는 IQ 20~25에서 35~40까지이고 전체 지적장애의 3~4%가 이에 속한다. 최중증도는 IQ 20~25 이하로 전체 지적장애의 1~2%이다.

우리나라는 지적장애의 심각도에 따라 IQ를 1급, 2급, 3급으로 구분하고 있다. 1급은 IQ 34 이하인 사람으로 일상생활과 사회생활의 적응이 현저하게 곤란하여 일생 동안 다른 사람의 보호가 필요한 경우이다. 2급은 IQ 35 이상 49 이하인 사람으로 일상생활의 단순한 행동을 훈련시킬 수 있고, 어느 정도 감독과 도움을 받으며 복잡하지 않고 특수 기술을 요구하지 않는 직업을 가질 수 있는 경우이다. 3급은 IQ 50 이상 70 이하인 사람으로 교육을 통한 사회적·직업적 재활이 가능한 경우로 분류하고 있다.

(2) 의사소통장애

의사소통장애(communication disorder)는 정상적인 지능 수준임에도 불구하고 의사소통에 필요한 말이나 언어의 사용에 결함이 있는 경우를 말한다. 의사소통장애에는 언어장애, 발화음장애, 아동기 발병 유창성 장애(말더듬기), 사회적 의사소통장애의 네 가지 하위 유형이 있다.

① 언어장애(language disorder)

📖 언어장애의 사례: 표현을 잘 하지 못하는 아이

L양은 7세 된 여자아이로 말하는 것에 문제가 있다. 어머니는 L양이 언니보다 매우 늦게 말을 시작했다고 보고했다. L양은 20개월이 될 때까지 부모와 정상적인 관계를 맺었음에도 엄마라는 단순한

언어장애는 이해력이나 표현력의 결함 때문에 언어의 습득과 사용에 지속적인 곤란이 있는 경우를 말한다. 즉, 자신의 연령에 비해 언어능력이 크게 저하되어 있고 효과적인 의사소통을 못하며 학업적·직업적 성취나 사회적 적응에 심각한 기능적 저하가 초래될 때 언어장애로 진단된다.

언어장애의 증상은 초기 아동기에 시작된다. 증상으로는 보통 어휘 사용이 단순하고 짧은 구조의 말을 사용하고, 잘못된 어순이나 시제를 사용한다. 상황에 맞지 않는 부적절한 단어를 사용하고, 문장의 주요 부분을 생략하며, 길고 복잡한 문장을 만들지 못한다. 남이 이해하기 힘든 이상한 어순을 사용하고, 새로운 단어를 배우는 데 어려움이 많다. 지나치게 빠르고 불규칙적으로 말을 한다든지, 과도하게 느리고 단조로운 억양으로 말하기도 한다.

언어장애에는 표현성 언어장애, 수용성 언어장애, 수용성-표현성 언어장애가 있다. 표현성 언어장애는 언어의 이해에는 어려움이 없으나 언어를 표현하는 능력에 결함이 있는 경우를 말한다. 수용성 언어장애는 언어를 이해하는 능력에 결함이 있는 경우를 말한다. 수용성-표현성 언어장애는 수용성 언어장애와 표현성 언어장애가 둘 다 있는 경우를 말한다.

② 발화음장애(speech sound disorder)

📖 발화음장애의 사례: 혀 짧은 소리를 하고 발음이 분명치 않아서 놀림을 받는 아이

부족해지고 심리적으로 위축되어서 말을 더 머뭇거리게 되었다. 집에서는 가족들이 아이의 문제를 알고 있고 익숙해져서 소통하는 데 별로 불편감은 없지만 유치원에 가서는 발음이 부정확하고 애기처럼 말한다고 친구들이 놀려서 또래관계에서도 어려움을 느꼈다. 병원에 가도 청력이나 구강구조에는 문제가 없다는 소리를 들었다. 또한 정서 및 행동 발달에도 문제는 없으나 부모는 발음 때문에 사회적 상황에서 아이가 자주 긴장하고 친구관계에서 자신감이 부족해질 것 같아 걱정이다.

이 사례에서처럼 발화음장애는 발음의 지속적인 곤란 때문에 언어적인 의사소통에 어려움이 있는 경우를 말한다. 즉, 발음이 분명치 않아서 의사소통의 불편함을 느끼고 이러한 어려움이 효율적인 의사소통을 방해하여 사회 참여, 학업 수행, 직업 수행에 어려움을 주고, 이러한 증상이 초기 발달 시기에 시작될 때 발화음장애로 진단된다.

발화음장애가 있는 아동은 자신의 연령이나 지능 및 교육 수준에 비해 발음이 현저하게 정확하지 않거나 잘못된 발음을 사용하고, 단어의 마지막 음을 발음하지 못하거나 생략하는 등의 문제를 보인다. 흔히 혀 짧은 소리를 내는 경우가 가장 많다. 자주 잘못 발음되는 자음은 ㅅ, ㅆ, ㅊ, ㅈ 등으로 알려져 있고 모음의 장애도 흔히 나타난다.

발화음장애의 원인은 뇌성마비와 같은 신경학적 장애, 구순구개열(언청이)과 같은 발성기관의 구조적 결함, 지능 저하와 같은 인지장애, 신경학적인 문제, 청각 손상 등이 있다. 또한 취학 전 아동의 상당수는 정서 불안이나 긴장, 사회적 상황에 대한 두려움으로 인해 이러한 장애를 보이기도 한다.

③ 아동기 발병 유창성 장애

📖 아동기 발병 유창성 장애의 사례: 첫 음절을 더듬는 남자아이

7세 된 남자아이 B군은 말을 심하게 더듬어서 부모님은 전문가의 도움을 받아야 하는지, 커 가면서 자연적으로 없어질 수 있는 것인지 궁금해하였다. B군은 주로 말을 시작할 때 단어의 앞 음절을 심하게 더듬었다. 더듬는 것을 교정해 주기 위해 정확하게 말하는 연습도 많이 시켰지만 소용이 없었다. 오히려 부모의 마음은 애가 탔고 가끔 더듬는 것 때문에 아이에게 다그치고 화도 많이 내었다고 한다. 긴장하면 더 더듬는 것 같다고 한다. 부모는 앞으로도 아이가 성인이 되어서도 계속 더듬게 될까 봐 걱정이 많다.

이 사례처럼 아동기 발병 유창성 장애(childhood-onset fluency disorder)는 말더듬 때문에 언어의 유창성에 방해가 되는 경우를 말한다. 이러한 어려움이 말하기에 불안을 일으키거나 효과적인 의사소통, 사회 참여, 학업 또는 직업 수행의 제한을 초래하며, 이러한 증상이 초기 발달 시기에 시작되는 경우 아동기 발병 유창성 장애로 진단된다.

말더듬은 보통 단어의 첫 음절이나 구절의 첫 단어를 반복하면서 시작된다. 처음에는 가볍게 말을 더듬었지만 시간이 지나면서 심하게 말을 더듬기도 한다. 증상이 좋아졌다 나빠졌다 하면서 더듬는 단어가 점점 많아지게 된다. 말더듬의 유병률은 아동은 1%이다. 말더듬은 주로 2~7세경에 점진적으로 발생하는데 6세경에 가장 많다.

④ 사회적 의사소통장애

🖊 사회적 의사소통장애의 사례: 친목을 위한 게임이나 선생님의 갑작스러운 심부름이나 지시를 빨리 알아차리지 못해서 힘들어하는 남자아이

L군은 현재 중학생인데 어릴 적에 사회성이 부족하고 언어발달이 지연되어 언어치료와 사회성 훈련을 오랫동안 받았던 적이 있다. 지금은 L군이 어릴 때보다 많이 좋아졌지만, 일상적으로 편안한 말로 서로 주고받아도 되는 상황에서도 다소 교과서를 읽는 듯이 또는 너무 예의 바르게 말을 해서 현재의 분위기나 맥락과는 다소 어울리지 않는다는 느낌을 주었다. L군은 교회에서 친목을 위해 게임을 하게 되었는데 그 게임의 규칙이나 내용을 빨리 이해하지 못해서 엉뚱한 반응을 하여 매우 부끄럽고 창피했다고 한다. 또한 학교에서 선생님께서 갑자기 시킨 심부름의 내용을 잘 이해하지 못하여 다시 묻거나 엉뚱한 행동을 하면서 L군 스스로 자신에게 뭔가 부족한 점이 있다는 인식을 하면서 어머니께 말씀드려 자발적으로 상담센터에 오게 되었다.

이 사례와 같이 사회적 의사소통장애(social communication disorder)는 언어적·비언어적 의사소통 기술의 사회적 사용에 지속적인 어려움을 나타내는 경우를 말한다. 이러한 어려움은 다음 네 가지 방식으로 나타난다.

첫째, 인사하거나 정보를 주고받을 때 사회적 맥락에 맞게 의사소통을 잘 하지 못한다.

둘째, 맥락이나 듣는 사람의 요구에 맞게 적절하고 융통성 있게 의사소통을 하지 못

한다. 상대가 누구냐에 따라 또는 어떤 상황이냐에 따라 적절하게 언어표현을 달리해야 하는데 그때마다 적절하게 변화시켜서 말하는 능력이 부족할 수 있다.

셋째, 대화를 할 때 번갈아 가면서 말하기, 잘 이해하지 못했을 때 물어보기, 상호작용을 잘하기 위해 언어적·비언어적 신호들을 어떻게 이해할지에 어려움을 보인다.

넷째, 명확한 표현이 아닌 숨은 의미를 추론하거나 속담, 유머, 은유적 표현을 이해하는 데 느리거나 어려움이 있다.

이러한 증상들로 인해 효율적인 의사소통, 사회적 참여, 사회관계, 학업성취 또는 직업 수행에 어려움이 있고 이러한 증상이 초기 발달 시기에 시작되는 경우 사회적 의사소통장애로 진단된다. 사회적 의사소통장애는 DSM-5(『정신질환의 진단 및 통계 편람』 제5판)에 새롭게 추가된 장애이다.

사회적 의사소통장애는 4세 이전의 아동들에게는 흔하지 않다. 시간이 흐르면서 장애의 증상이 좋아지지만, 어떤 아동들은 성인기까지 지속되는 경우도 있다. 사회적 의사소통장애의 원인은 주로 유전과 생리학적 요인을 들 수 있으며 자폐 스펙트럼 장애, 의사소통 장애 또는 특정 언어장애가 있는 가족력에서 나타날 수 있다.

44

(3) 자폐 스펙트럼 장애

자폐 스펙트럼 장애의 사례: 앵무새처럼 지시를 그대로 따라 하고 기이한 소리를 내면서 팔을 똑같은 움직임과 방향으로 계속 흔드는 7세 남자 아동

P군은 7세 남자 아동으로 6세 때부터 발달장애 클리닉을 다니면서 치료를 받았다. 필자가 P군을 만난 것은 7세 때였는데 소아정신과에서 심리검사를 의뢰하였기 때문이었다. 웩슬러 아동용 지능검사를 실시하려고 하였으나 P군은 간단한 지시조차도 알아듣지 못했고, 반복해서 필자가 말한 지시만 앵무새처럼 따라 하면서 웃고 있었다. 지시의 내용을 전혀 알아듣지 못했기 때문에 결국 검사를 할 수 없게 되었다. 검사 초반에도 의자 밑으로 들어가고 알 수 없는 무의미한 소리를 반복해서 내고 팔을 계속 무의미하게 흔드는 등 상동증적인 행동을 보였다. P군의 어머니는 그동안 P군이 교육을 받았기 때문에 뭔가 진전이 있었으면 하는 마음에서 검사를 요청했던 것으로 보였다.

이처럼 자폐 스펙트럼 장애(autism spectrum disorder)는 사회적·정서적 상호작용의 결함, 언어적·비언어적 의사소통의 결함, 대인관계를 발전시키고 유지하고 이해하는 데의 결함, 제한된 관심과 기이하고 상동증적인 행동을 반복적으로 나타내는 경우를 말한다.

자폐증은 3세 이전에 시작된다. 흔히 지적장애 및 언어장애를 같이 보인다. 지적장애가 있는 경우 생후 첫해에도 진단될 수 있다. 발병 연령은 1세 이전이 25%, 2세 이전이 50%, 2세 이후가 25%이고, 30개월 전후가 가장 흔하다. 남자가 여자보다 4~5배 더 많다. 장애 아동의 75%는 IQ 35~50 정도의 지적장애를 보이고, 단지 소수의 아이들만이 평균 또는 우수한 지적 능력을 가지고 있다. 자폐증 아동의 20~30%는 간질이 있고, 심각한 지적장애가 동반되는 아동에게는 간질이 더 많이 나타난다. 자폐증의 유병률은 아동과 성인을 포함한 전체 인구의 1% 정도이다.

(4) 주의력결핍 과잉행동장애

📝 주의력결핍 과잉행동장애의 사례: 계속해서 말을 하고 자신이 해야 할 과제에 집중을 못하고 말을 잘 듣지 않는 초등학교 2학년 남자아이

A군은 초등학교 2학년 남자아이로 학교에서 지시를 잘 듣지 않고 산만하여 교사로부터 여러 번 지적을 받고 주의력을 높이고 학습치료를 받기 위해 병원에 온 아동이었다. 말이 아주 많았고 낯선 사람들과도 거리낌 없이 대화하고 명랑한 편이었다. 하지만 자신이 해야 할 과제가 있을 때는 처음에는 조금 하다가 금방 다른 주제에 대해서 이야기하거나 자세가 늘어지면서 과제를 끝까지 해내지 못하곤 하였다. 학교에서 아이들과 게임을 하거나 축구와 같은 운동 경기를 할 때도 규칙을 지키지 않는 일 때문에 친구들이 싫어했고, 자신의 행동은 잘 고치지 않으면서 다른 친구의 잘못된 점은 바로 알아차리고 지적을 했기 때문에 친구들이 더욱 싫어했다. 가족들과 모처럼 즐거운 여행을 가서도 문제를 일으켜서 가족들의 기분을 상하게 하고 너무 힘든 상태로 몰고 갔다. 학습에도 약간의 어려움이 있어서 읽기에도 오류를 보였고, 공부와 관련된 과제들을 하기 싫어했고, 매번 다른 활동으로 옮기고 싶어 했다. 부모님은 아이의 이런 특성이 잘 고쳐지지 않고 계속되어서 많이 지쳐 있었고 환경을 바꾸어 주면 좋지 않을까 고민하였다.

주의력결핍 과잉행동장애(attention deficit/hyperactivity disorder: ADHD)는 자신의 행동을 적절하게 통제하지 못하고 부주의하며 충동적인 과잉행동을 나타내는 경우를 말한다. 즉, 적절한 행동 조절의 실패, 부주의(예: 주의 산만), 충동적인 과잉행동이 12세 이전에 시작되어 최소한 6개월 이상 지속되고, 두 가지 이상의 상황(예: 학교, 가정, 작업장 등)에서 나타나며, 이로 인해 사회적·학업적 또는 직업적 기능에 심각한 어려움을 보일 때 ADHD로 진단된다.

ADHD의 유병률은 대부분의 문화에서 아동의 5%, 성인의 2.5%이다. 미국의 경우 많게는 초등학교 학생의 2~20% 정도가 이 장애로 진단된다. 청소년은 남자가 3%, 여자가 1%로 추정된다. 발병 시기는 보통 3세경이고 남자가 여자보다 3~6배 더 많다.

대략 ADHD 증상의 50~80%가 청소년기까지 지속되고, 30~50%는 성인기까지 지속된다. 이렇게 증상이 지속될 경우 35~70%는 적대적 반항장애로 발전하고, 40~50%는 청소년기에 품행장애의 진단을 받게 되며, 품행장애의 진단을 받은 청소년의 50% 정도는 성인이 되어 반사회성 성격장애를 나타낸다. ADHD 아동은 흔히 반항장애, 불안장애, 기분장애, 학습장애 및 의사소통장애, 운동조절장애, 틱장애를 동반하는 경우가 많다.

부주의와 과잉행동 및 충동성에 해당되는 행동들을 살펴보면 다음과 같다.

부주의

- 흔히 세부적인 면에 주의를 기울이지 못하고, 학업, 직업, 또는 다른 활동에서 부주의한 실수를 한다(예: 세부적인 것들을 간과하고 정확성이 부족함).
- 흔히 일을 하거나 놀이를 할 때 지속적으로 주의를 집중하는 데 어려움이 있다(예: 수업이나 책 읽기에 집중을 하지 못함).
- 흔히 다른 사람이 직접 말을 할 때 잘 듣지 않는다(예: 다른 사람이 직접 말을 해도 정신이 다른 곳에 가 있는 것처럼 보임).
- 흔히 지시를 완수하지 못하고 학업, 잡일, 작업에서의 임무를 완성하지 못한다(예: 과제를 시작하지만 시간이 지나면서 쉽게 산만해짐).
- 흔히 과제와 활동을 체계화하지 못한다(예: 순차적으로 과제를 처리하지 못하고 자신의 소지품을 잘 정리하지 못하고 시간 관리와 마감 시간을 잘 지키지 못함).
- 흔히 지속적인 정신적 노력을 요하는 과제를 피하고 싫어한다(예: 학업이나 숙제,

청소년이나 성인인 경우 보고서 준비, 문서 작성하기, 긴 서류 검토하기).

- 흔히 과제나 활동을 하는 데 필요한 물건들을 잃어버린다(예: 연필, 책, 도구, 우산, 지갑, 안경, 핸드폰).
- 흔히 외부 자극에 의해 쉽게 산만해진다(예: 소음이나 환경변화에 쉽게 영향을 받음).
- 흔히 일상적인 활동을 잊어버린다(예: 청소년이나 성인인 경우 회답 전화하기, 공과금 내기, 약속 지키기).

과잉행동과 충동성

- 흔히 손발을 가만히 두지 못하거나 또는 자리에 앉아서도 꼼지락거린다.
- 흔히 앉아 있어야 하는 상황에서도 자리를 떠난다(예: 교실, 사무실이나 작업장).
- 흔히 부적절한 상황에서 뛰어다니거나 기어오른다(청소년이나 성인은 안절부절못하는 느낌).
- 흔히 조용하게 여가 활동에 참여하거나 놀지 못한다.
- 흔히 '끊임없이 활동하거나' 마치 '전동기에 의해 움직이는 것'처럼 행동한다(예: 음식점, 회의에서처럼 긴 시간 동안 가만히 있는 것이 불가능하거나 편안하지 않음, 안절부절못하거나 따라가기 어렵다고 다른 사람들이 느낄 수도 있음).
- 흔히 지나치게 수다스럽게 말을 한다.
- 흔히 질문이 채 끝나기 전에 성급하게 대답한다.
- 흔히 차례를 기다리지 못한다.
- 흔히 다른 사람의 활동을 방해하고 간섭한다(예: 대화, 게임, 활동에 참견을 함, 허락을 구하지 않고 다른 사람의 물건을 쓰기도 함).

(5) 특정 학습장애

📖✏️ 특정 학습장애의 사례: 읽기, 쓰기를 너무 싫어하고 공부에 의욕이 없는 K군

K군의 어머니가 K군을 임신하였을 때 경제적인 어려움과 남편과의 갈등으로 임신 중 스트레스가 매우 심했다고 했다. 두 살 때 K군은 세균성 뇌수막염을 앓아서 심한 고열에 시달린 적이 있다. K군은 언어발달도 또래에 비해 약간 느린 편이었으며 자전거 타기와 같은 운동능력은 또래에 비해 뒤처지

지 않았지만 글씨를 쓴다든지 운동화 끈을 매는 것, 단추 끼기와 같은 소근육 운동은 매우 서툴렀다. 읽기의 어려움은 5세가 되었을 때 분명히 나타났다. 글자나 숫자들을 배우기 시작하면서 K군은 또래들보다 글자 습득이 잘 되지 않았고, 특히 숫자를 쓸 때는 자주 거울에 보듯이 거꾸로 쓰기도 했다. 수정을 하게 해도 그때뿐이고 반복해서 거꾸로 쓰는 행동을 보였다. 초등학교 1학년 때 지능검사를 실시하였는데 전체 지능지수는 110으로 또래에 비해 떨어지지는 않았다. 이때부터 상담센터에서 3년간 학습치료를 받으면서 글을 읽게 되기는 하였지만 여전히 글을 읽을 때 다양한 읽기 오류를 보였다. 예를 들면, 단어의 뜻과 비슷한 단어로 대치하여 읽는다든지, 조사나 서술어를 바꾸어서 읽거나 생략하기도 하는 오류들을 보였다. 글을 읽는 것 자체를 다른 또래들보다 힘들어했고 읽은 후에 그 내용을 이해하고 말하는 능력도 떨어졌다. 특수학교에 다닐 정도는 아니어서 일반학교를 다녔지만 행동이 느리고 사회적 상황에서 눈치가 없어서 모둠 활동을 할 때 친구들이 싫어하는 경향이 있었으며 무엇보다 글을 읽을 때 자주 틀리게 읽다 보니 자존감이 많이 떨어지고 적응능력에도 어려움이 생기고 커 가면서 정서도 점점 우울해지는 것으로 보였다.

이 사례에서도 보았듯이 학습장애는 정상적인 지능과 신체 상태를 가지고 있으면서도 자신의 생활연령, 전반적 지능, 현재까지 받아 온 교육 수준을 고려해 볼 때 기대되는 수준에 비해 특정 영역(예: 읽기, 쓰기, 산술적 또는 수리적 계산)에서 학업 기능이 매우 낮은 경우를 말한다. 학업 기술이 개인의 생활연령에 기대되는 것보다 상당히 못 미치고, 이로 인해 학업적 · 직업적 또는 일상생활의 활동에서 심한 지장이 초래되는 경우 특정 학습장애(specific learning disorder)로 진단된다.

읽기장애는 자신의 연령이나 지능, 교육에 비해 읽기성취도가 현저하게 떨어져 있는 경우를 말한다. 읽기장애는 흔히 난독증(dyslexia)이라고도 한다. 읽기장애를 지닌 아동은 흔히 어떤 단어를 바꾸거나 생략해서 읽고, 유사한 낱말을 혼동하거나 추측해서 읽고, 문장에 없는 내용을 삽입하거나 추가하여 읽기 때문에 결과적으로 문장의 의미를 정확하게 파악하지 못하게 된다. 따라서 읽기를 필요로 하는 생활의 모든 측면에서 심각한 지장이 초래된다. 유병률은 2~8% 정도이고, 그 가운데 60~80%가 남자이다. 읽기장애는 순수한 읽기장애이거나 산술장애 및 쓰기장애를 함께 보이는 읽기장애 모두를 포함하여 전체 학습장애의 약 80%를 차지한다.

쓰기장애는 자신의 연령이나 지능, 교육에 의해 기대되는 정도보다 쓰기능력이 현저하게 떨어져 있는 경우를 말한다. 흔히 철자법을 자주 틀리거나 문법에 어긋난 문장을 사용하고, 문장 구성이 매우 빈약한 문제를 나타낸다. 유병률은 학령기 아동의 3~10% 정도이다.

산술장애는 자신의 연령이나 지능, 교육에 비해 산술능력이 현저하게 떨어져 있는 경우를 말한다. 덧셈, 뺄셈, 곱셈, 나눗셈과 같은 기본적인 숫자의 계산능력에 결함이 있고 특히 산수과목에서 제일 어려움이 많다. 유병률은 대략 학습장애의 20% 정도를 차지하고, 학령기 아동의 1~6% 정도로 추산된다.

특정 학습장애와 관련하여 학습부진과 학습지진이라는 용어도 사용되고 있다. 학습부진(underachievement)은 지능 수준이 보통이지만 어떤 다른 요인에 의해서 자신의 지적 수준만큼의 수행을 보이지 못하는 경우를 말한다. 우울이나 불안 등의 정서적 문제, 강박증과 같은 정신적 문제, 가정불화, 빈곤, 결손가정, 스트레스와 같은 사회환경적 요인 때문에 학습성취도가 떨어지지만 일단 이러한 정서적·환경적 요인들이 제거되거나 변화되면 정상적인 학습능력과 학업성취도를 보이게 된다. 이에 비해 학습지진(slow learning)은 지능 수준이 보통 70~85정도로 낮고, 기본적인 학습능력이 낮아 같은 학년 아이들과 함께 공부할 수 없는 경우를 나타낼 때 쓰이는 용어이다. 경계선 지능은 지능 수준이 보통 71~84의 범위에 있으므로 학습지진과 깊은 관련이 있다.

(6) 운동장애

운동장애에는 발달성 운동조절장애(developmental coordination disorder), 상동증적 동작장애(stereotype movement disorder) 그리고 틱장애(tic disorder)가 있다. 여기서는 유병률이 가장 높은 틱장애만을 다루기로 하며 틱장애의 사례와 틱장애의 특성에 대해 살펴보겠다.

틱장애는 자신도 모르게 얼굴, 목, 어깨, 팔, 다리 등을 빠르게 반복적으로 비율동적으로 움직이거나 또는 갑자기 이상한 소리를 내는 부적응적 행동이 반복적으로 나타나는 경우를 말한다. 틱은 아무런 목적 없이 무의식적으로 반복되는 갑작스러운 불수의적(비의도적) 동작이나 음성으로 운동틱과 음성틱으로 구분된다.

운동틱(motor tic)에는 눈 깜박임, 어깨 들썩이기, 얼굴 찌푸리기가 있고, 음성틱(vocal tic)에는 헛기침하기, 끙끙거리기가 있다. 엉뚱한 단어나 구절을 반복하기, 남의 말을 따라 하기 등도 있다.

틱은 매우 흔한 질병이다. 전체 아동의 10~20%가 일시적인 틱을 나타낼 수 있는데 주로 7~11세에 가장 많이 나타난다. 모든 형태의 틱은 흥분, 긴장, 피곤 상태, 스트레스를 받는 동안에 악화된다.

틱장애는 뚜렛장애, 지속성 운동 또는 음성 틱장애, 일과성 틱장애로 구분한다.

① 뚜렛장애

📖 뚜렛장애의 사례: 운동틱과 음성틱을 함께 보이는 뚜렛장애를 가진 힘겨운 남자아이

11세의 B군은 초등학교에 들어가면서부터 눈을 깜박이기 시작했고 눈을 깜박이는 것이 줄어들다가도 어깨를 자기도 모르게 들썩거린다든지, 머리를 갑자기 휘젓는다든지 하는 행동을 보였다. 이런 증상이 거의 없어진 듯하다가 또다시 나타나는 것을 반복했다. 최근에는 마치 개가 짓는 소리와 비슷하게 음성틱을 함께 보여서 수업 시간에 아이들이 불편해하고 본인도 너무 힘들어하고 있다. 또 함께 사는 누나가 동생의 틱 증상 때문에 너무 불편하다고 호소를 하고 동생에게 자주 지적을 하면서 B군은 학교도 가기 싫다고 하고 가족의 분위기도 너무 안 좋아서 부모는 어찌할 바를 모르고 있다.

뚜렛장애(Tourett's disorder)는 그 이름이 특이한데, 1885년 프랑스 의사였던 뚜렛(Gilles de la Tourette, 1857~1904)이 처음으로 이런 증후군을 기술했기 때문에 그의 이름을 딴 것이다. 틱장애 중에서도 가장 심각하고 고통스러운 유형이라고 할 수 있다. 뚜렛장애는 여러 가지 운동틱과 한 가지 이상의 음성틱이 1년 이상 지속적으로 나타나는 경우를 말한다.

뚜렛장애에서 틱은 운동틱과 음성틱이 함께 존재하면서 복합적으로 같이 나타나기도 하고, 교차하면서 나타나기도 한다. 운동틱이 나타나는 신체 부위나 빈도 및 심각도는 시간이 지남에 따라 변화한다. 초기에는 흔히 틱이 얼굴과 목에 나타나고, 점차로 신체로 이동하면서 다양하게 나타날 수 있다. 음성틱은 헛기침하기, 코를 킁킁거리기가 있으며 신성한 교회나 성당 같은 곳에서 하지 말아야 할 음란한 말이 툭 튀어나온다든지 다양하다. 증상의 심각도도 역시 다양하다. 예를 들면, 고개를 한 번 휘젓고 헛기침을 하고 음성을 내는 복합틱을 반복하는 경우도 있다. 틱은 조절할 수가 없이 갑자기 나타나기 때문에 집단생활을 할 경우에는 다른 사람에게 불편감을 주기도 하고 자제가

되지 않기 때문에 본인의 고통도 심하다.

뚜렛장애의 유병률은 학령기 아동 1,000명당 3명에서 8명 정도로 추정된다. 남자가 여자보다 흔하다. 대체로 아동기 또는 초기 청소년기에 발병하고, 18세 이전에 진단된다. 이 장애는 오랜 기간 지속되는데, 대부분의 경우 청소년기와 성인기에는 줄어들고, 어떤 경우에는 성인기 초기가 되면서 완전히 증상이 없어지기도 한다.

② 지속성 운동 또는 음성 틱장애

지속성 운동 또는 음성 틱장애(persistent motor or vocal tic disorder)는 운동틱 또는 음성틱 중에 어느 한 가지의 틱이 1년 이상의 기간 동안 거의 매일 또는 간헐적으로 하루에도 몇 차례씩 일어나는 경우를 말한다. 지속성 틱장애의 경우는 운동틱과 음성틱이 함께 나타나지는 않는다.

③ 일시성 틱장애

일시성 틱장애(provisional tic disorder)는 운동틱이나 음성틱이 비교적 일시적으로 나타나는 경우를 말한다. 즉, 일시성 틱장애는 한 가지 또는 여러 가지의 운동틱 또는 음성틱이 최소 4주 동안 거의 매일 하루에 여러 번씩 나타나지만 연속적으로 1년 이상 지속되지는 않는 경우를 말한다.

이러한 틱장애는 아동에 대한 과도한 학습 부담, 한 자녀로 인한 지나친 기대와 관심, 패스트푸드와 같은 인공 및 가공 식품 중심의 불균형한 영양 상태 등이 틱 증상을 유발하거나 악화시킬 수 있다. 그러나 다행히도 가벼운 틱 증상은 자연히 사라지게 되므로 가족이 무시하는 것이 좋다. 특히 아동이 일부러 그런 행동을 나타내는 것이 아니므로 화를 내거나 혼내는 것은 좋지 않다. 가족이 틱 증상을 오해하고 창피를 주거나 벌을 주어 증상을 없애려고 하면 오히려 불안이나 긴장이 심해져서 대부분 증상이 더 악화된다.

2) 애착 외상이나 심한 반항을 보이는 정신장애

먼저 애착 외상으로 생기는 정신장애에는 반응성 애착장애와 탈억제성 사회적 관여장애를 들 수 있다. 반응성 애착장애는 주로 5세 이전에 시작되고, 자폐증, 지적장애나 다른 발달과는 관련이 없다. 이러한 장애는 양육자로부터 적절한 애정을 받지 못한 애착 외상(attachment trauma) 때문에 생긴다. 애착 외상은 부모나 양육자와의 관계에서 아동이 입은 심리적 상처를 말한다. 애착 외상의 주된 원인은 학대와 방임이다. 학대에는 신체적·성적·정신적 학대 모두 포함되며, 방임은 예를 들어 아동의 기본적 욕구를 무시하거나 아동을 적절하게 보호하지 않거나 버리는 행위, 병이 나도 돌보지 않는다든지 교육을 시키지 않는 경우를 들 수 있다.

(1) 반응성 애착장애

📖 반응성 애착장애의 사례: 하루하루 웃음을 되찾아가고 있는 아이

4세 남자아이 K군은 엄마에 따르면 친밀한 의사소통이 잘 안 되며, 사람들을 과도하게 경계하고, 지나치게 위축되고 갑자기 화를 내기도 한다. 엄마에게도 정이 없는 듯이 보이며 저항을 많이 하였다. 부모의 면담 결과, K군이 반응성 애착장애를 얻게 된 가장 큰 원인은 돌보는 사람이나 보육교사들이 너무 자주 바뀌었기 때문인 것으로 보인다.

K군이 이런 장애를 겪으면서 엄마도 함께 부모교육 훈련을 받고 있다. 엄마는 맞벌이를 해야 할 처지였기 때문에 첫돌이 지나자마자 K군을 놀이방에 맡겼다가 이런 일이 생겼다는 죄책감을 느끼고 있다. 엄마는 거의 하루 종일 일하는 직업이고 밤늦게 돌아오기 때문에 집에 와도 K군은 이미 자고 있어서 놀아 주지 못했고 주말에도 일을 하는 날이 많았다.

K군의 증상은 반응성 애착장애(reactive attachment disorder)이다. K군은 경계선 지능에 속하고 사회 적응도 잘 하지 못했다. 전문가는 K군의 증상이 양육자가 자주 바뀌고 누군가 봐 주기는 했지만 안정된 애착을 할 수 없었던 것을 주요 원인으로 보았다. 요즈음 K군은 점점 좋아지고 있지만 어릴 때 입은 상처를 언제 회복할지는 알 수 없었다.

반응성 애착장애는 5세 이전에 시작되어야 하고 아동의 발달연령이 최소한 9개월 이상이어야 한다. 반응성 애착장애의 유병률은 심각하게 방임되었던 아동의 집단에서 10% 미만으로 발생한다. 반응성 애착장애의 진단을 받은 아동들은 장애 진단을 받기 전에 생의 첫 몇 개월 동안에 사회적 방임 상태에 놓였던 적이 많다.

(2) 탈억제 사회적 관여장애

K양은 6세인데 어릴 때 아버지와 어머니는 둘 다 맞벌이를 하고 온종일 일을 하는 직업이어서 주로 할머니, 육아 도우미, 유치원 교사, 어린이집 교사에게 맡겨졌다. 그러던 중에 동생까지 태어나서 K양은 그동안에도 부모에게 관심을 받지 못했는데 더욱 사랑을 받지 못하게 되었다. 뭔가를 잘못하면 일하느라고 지친 부모님은 혼내거나, 울거나 짜증을 부리면 자주 손을 대어 훈육을 했다고 한다. 결국 K양은 매도 많이 맞고 사랑도 받지 못했다. 이렇게 2년 이상의 세월이 흐르고 나서 아이의 행동에 변화가 일어났는데 매우 산만하고 낯선 사람에게 친근하게 굴고 따라가면 안 되냐고 묻고 하는 행동을 보였다.

이와 같이 탈억제성 사회적 관여장애(disinhibited social engagement disorder)가 있는 아동들은 낯선 성인에게 활발하게 접근하고 소통한다. 낯선 성인에게 접근하고 소통을 할 때도 주의하지 않는 모습을 보이고 과하게 친숙한 언어적 · 신체적 행동을 보인다. 낯선 성인을 따라가는 데 주저하지 않는다.

또한 탈억제성 사회적 관여장애가 있는 아동들은 안정된 애착을 형성하기 어렵게 주보호자가 반복적으로 교체되었거나 아동은 많고 보호하거나 지도하는 사람은 적은 특수한 환경에서 자란 경우 나타날 수 있다. 아동의 발달연령은 반응성 애착장애와 마찬가지로 최소 9개월 이상이어야 한다.

이 장애의 유병률은 정확하게 알려져 있지 않지만 드물게 나타나며 심각하게 방임되고 추후에 위탁보육에 들어가거나 탁아기관에서 자란 소수의 아동에게서 나타난다. 이렇게 높은 위험 인구 집단 중에서 아동들 중 약 20% 정도가 이런 상태를 보인다.

(3) 적대적 반항장애

어떤 아이들은 아주 어린 시기부터 반항이 심하고 부모나 어른들의 말을 안 듣고 화가 나 있고 따지고 '싫어'나 '안 돼'라는 소리를 유난히 많이 한다. 부모로서 양육하기가 매우 힘들고 부모는 인내심의 한계를 느낀다.

현재 7세 남아인 L군은 내년에 초등학교를 가게 된다. L군은 4세 때부터 상당히 공격적이고 말을 심하게 듣지 않아서 소아정신과에서 상담을 받아 본 적이 있다. 진단 결과, 적대적 반항장애와 ADHD를 함께 지니고 있다는 진단을 받았다. L군은 자신의 마음에 들지 않으면 심하게 떼를 쓰고 친구들과의 관계도 안 좋아서 자신의 뜻대로 되지 않으면 아이들을 때리고 귀찮게 했다. 어른이 하는 지시에 대해서 거의 안 한다고 하고 싫다고 말을 하였다. 화가 나 있는 상태가 많고 걸핏하면 심술을 부렸다. 말을 듣기보다는 매사에 반항하고 말을 듣지 않으려고 해서 부모님은 특별히 잘못 양육을 해 온 것도 아닌데 왜 이렇게 되었는지 너무 속상하고 어찌할 바를 모르는 상태였다.

적대적 반항장애(oppositional defiant disorder)는 어른에게 불복종하고, 거부적이며 적대적이고 반항적인 행동을 지속적으로 나타내는 경우를 말한다. 즉, 분노하며 짜증을 내는 기분, 논쟁적이고 반항적인 행동, 악의가 있는 복수심의 표출과 관련이 있는 행동들을 6개월 이상 4개 이상을 보이며, 이로 인해 부적응적 증상들을 보이고 주변 사람들이 고통을 받을 경우 적대적 반항장애로 진단된다.

적대적 반항장애가 있는 아동은 대부분 화가 나 있고 따지기를 좋아하며 모든 것에 대해 빠르게 "안 돼." "싫어."라고 말한다. 규칙을 지키거나 지시를 따르고 싶어 하지 않는다. 마치 약 올리는 것을 즐기는 것처럼 보이기도 한다. 다른 사람의 인내심이나 한계를 시험하듯이 극단적인 행동을 하고, 모든 것을 다른 사람의 탓으로 돌린다. 어른의 요구나 지시사항을 무시한다. 자신의 실수나 잘못에 대해 다른 사람을 비난하고, 심술을 부리며, 악의가 있는 복수심으로 타인을 괴롭힌다.

적대적 반항장애는 행동장애보다는 덜 심각한 유형이다. 행동장애는 '타인의 기본적 권리나 사회적 규범을 위배하는 행동 패턴'이 특징적이지만, 적대적 반항장애는 그렇지 않다. 적대적 반항장애는 법적인 문제까지는 일으키지는 않지만, 행동장애는 법적인 문제를 일으키기 때문에 더욱 심각하다. 만일 행동장애와 적대적 반항장애를 동시에 지니고 있다면, 행동장애만 진단을 내린다. 적대적 반항장애가 행동장애보다 2~3년 정도 먼저 시작된다.

주의력결핍 과잉행동장애, 적대적 반항장애 그리고 행동장애는 다음과 같이 인지·정서·행동·대인관계 면에서 비슷하지만 구별되는 특성들을 지닌다.

주의력결핍 과잉행동장애, 반항성 장애 그리고 행동장애 간의 차이점

영역	주의력결핍 과잉행동장애	반항성 장애	행동장애
인지	• 짧은 주의력 범위 • 산만성 • 행동의 결과를 예견할 수 없음 • 미성숙한 자기언어(내적 언어) • 낮은 자존심 • 양심의 결여 • 학습의 어려움과 낮은 학업 수행	• 사회적 규칙 혹은 규준에 대한 제한된 내면화 • 절대적 귀인 편파	• 사회적 규칙 혹은 규준에 대한 제한된 내면화 • 적대적 귀인 편파
정서	• 충동 통제의 부족 • 흥분성 • 낮은 좌절 인내력 • 처진 기분	• 분노와 성마름	• 분노와 성마름
행동	• 높은 활동율 • 운동 발달 지연과 빈약한 운동 협응 • 높은 수준의 위험 행동	• 권위 있는 성인에 대한 지속적인 반항 • 공격성 • 지랄침(temper tantrums)	• 지속적으로 광범위한 반사회적 행동 • 반항 • 공격성 • 파괴성 • 기만과 절도 • 잔인성 • 무단결석 • 가출 • 강압적인 성행위 • 싸우거나 약물 남용 혹은 위험한 성관계와 연합된 신체적 문제들
대인관계 적응	• 부모, 교사 그리고 또래의 관계에서 어려움	• 부모와의 관계에서 어려움	• 부모, 교사와 또래와의 관계에서 어려움

출처: 전현민 역(2003).

적대적 반항장애의 유병률은 1~11% 정도이며, 12세까지는 남자가 여자보다 1.4:1로 더 많지만 12세를 지나면서 남 녀 비율이 비슷해진다. 증상은 빠르면 3세경부터 나타나고, 평균 발병 연령은 8세경이며, 남자아이가 더 빨리 시작된다. 대체로 8세 이전에 시작되고, 청소년기 이후에 시작되는 경우는 드물다. 증상은 주로 집에서 나타나지만, 시간이 지나면서 유치원, 학교 등 다른 장면까지 확대된다. 이런 증상은 대개 몇 개월 또는 몇 년에 걸쳐 계속 나타나기도 한다. 연령별로 나타나는 반항을 보면 만 4세

엔 고집을 세게 부리고, 5세에는 화를 잘 내고, 6세에는 시비를 걸고 싸움을 하며 짜증을 내고 욕을 한다. 초등학교에 입학할 무렵에는 거짓말을 하고 남을 괴롭히고 화를 심하게 내는 모습을 보인다. 적대적 반항장애로 진단을 받은 남자아이들 중 25%는 장애를 벗어나고, 50%는 장애가 지속되며, 나머지 25%는 행동장애를 갖게 된다.

3) 사춘기에 나타날 수 있는 정신장애

(1) 파괴적 기분조절곤란장애

📖 파괴적 기분조절곤란장애의 사례: 자기 기분을 조절하지 못하는 중학생

J군은 현재 14세의 중학교 1학년 남학생으로 어머니의 권유로 상담센터에 왔다. 상담센터에 오지 않는다는 것을 겨우 설득하여 데리고 왔다. 어머니는 J군 때문에 고민이 매우 많다. J군은 태어나면서부터 몸이 약하고 성미가 까다로워 조금이라도 마음에 들지 않으면 울고 보채고 짜증을 부렸다. 부모는 몸이 약해서 어떻게 될까 봐 불안한 마음에 잘못했을 때 제대로 훈육을 하기보다는 과잉보호를 많이 하고 챙겨 주고, 많이 안아 주고, 더 애지중지 키웠다. 하지만 커 가면서 부모가 자신의 요구사항을 들어주지 않는다고 생각이 들면 물건을 집어 던지고, 발로 차고, 욕을 해대며 분노를 폭발하면서 몸을 부르르 떨었다. 초등학교에 들어가서는 매 학년 ADHD 증상과 학교생활에 문제가 있다는 담임교사의 호출로 인해 부모가 여러 차례 학교에 불려 간 적이 있다. 어머니에게 학교에 가지 않겠다고 욕을 하고, 분노를 참지 못해 땅바닥에 드러누워 발로 방문을 걷어차기도 했다. 중학교에 들어가서도 교사와 학급 친구에게 심한 분노를 폭발해서 부모는 살얼음을 걷는 것처럼 불안하다.

우울장애에 속하는 파괴적 기분조절곤란장애(disruptive mood dysregulation disorder)는 아동이나 청소년들이 자신의 불쾌한 기분을 조절하지 못하고, 심한 분노를 반복적으로 폭발시키는 행동을 나타내는 경우를 말한다. 파괴적 기분조절곤란장애는 DSM-5에 새롭게 추가된 진단명이다. 즉, ① 6~18세 사이의 아동이나 청소년들이 매주 평균 3회 이상 언어나 행동 면에서 심한 분노 폭발을 하고, 12개월 이상 계속 증상을 보이고, ② 이러한 증상이 없는 기간이 계속해서 3개월을 넘어서는 안 되며, ③ 이런 증상이 가정, 학교, 또래의 세 가지 상황 중 두 개 이상에서 나타나고, ④ 증상이 10세 이전에 시작되는 경우 파괴적 기분조절곤란장애로 진단된다.

아동과 청소년의 1년 유병률은 2~5% 정도이다. 남자가 여자보다 더 많고, 연령이 증가하면서 유병률은 감소한다. 이 장애를 지닌 아동과 청소년은 주요우울장애, 적대적 반항장애, 주의력결핍 과잉행동장애, 행동장애, 물질사용장애를 함께 나타내는 경우가 많다.

(2) 신경성 식욕부진증

현대 사회는 날씬한 몸매의 여성을 선호한다. 그러다 보니 몸무게가 늘고 뚱뚱해진다는 생각이나 느낌은 특히 외모에 민감한 사춘기의 아이들에게는 끔찍한 일이다. 청소년기의 섭식장애는 청소년기로 넘어가는 초기와 성인기 초기로 넘어가는 후기 청소년기에 주로 발병한다. 특히 소녀들이 스트레스와 신체 변화에 예민해져서 섭식을 심하게 통제하려다가 나타날 수 있다. 몇몇 10대 소녀는 자신의 감정들이 거부당할 때 음식을 거부하기도 한다.

📝 신경성 식욕부진증의 사례: 다이어트를 너무 심하게 하다가 신경성 식욕부진증에 걸린 14세 P양

14세의 P양은 13세부터 다이어트를 시작했다. 처음에는 다이어트를 시작하다가 점점 음식과 체중에 대한 강박관념이 심해졌다. P양은 월경이 멈추었음에도 불구하고 몇 년 동안이나 음식을 거부하였다. 운동도 심하게 하는 편이었다. 어머니는 딸이 음식을 먹도록 온갖 노력을 기울였다. 하지만 어머니가 음식을 먹으라고 권하면 P양은 갑자기 울음을 터뜨리면서 방을 나가 버리거나 하였다. 식사를 하려고 모인 자리에서 P양이 음식을 먹지 않으려고 고집을 부려서 식사 시간에 말다툼이 일어나곤 하였다. 하지만 P양은 다른 사람처럼 먹고 싶지만 그렇게 할 수 없다고 말한다. P양은 음식만큼은 자신이 통제할 수 있다고 느꼈고, 그러한 통제를 계속하고 싶어 했다. 결국 P양은 생명에 지장이 있을 정도로 몸이 안 좋아져서 병원에 장기간 입원을 하게 되었고, 개인치료와 가족치료를 받았다.

신경성 식욕부진증(anorexia nervosa)은 체중 증가와 비만에 대한 극심한 두려움 때문에 음식 섭취를 현저하게 줄이거나 거부함으로써 체중이 비정상적으로 저하되어 있는 경우를 말한다. 신경성 식욕부진증은 음식을 거부한다는 의미에서 거식증이라고도 한다. 즉 ① 음식 섭취를 줄여서 체중이 심하게 빠지고, ② 저체중임에도 불구하고 체중 증가와 비만에 대한 극심한 두려움을 갖거나 체중 증가를 막기 위한 행동을 지속적으로 보이며, ③ 체중과 몸매를 왜곡하여 인식하고 체중과 몸매로 자기평가를 지나치게

하거나 체중 미달에 대한 심각함을 계속 부정하고, ④ 이로 인해 심각한 부적응 증상들이 일어나는 경우 신경성 식욕부진증으로 진단된다.

신경성 식욕부진증의 유병률은 최근 증가하고 있다. 젊은 여성에서 1년 유병률은 0.4%이다. 여성이 남성에 비해 훨씬 더 많다. 90% 이상이 여자 청소년이거나 젊은 여성이며, 15~19세 여자 청소년들이 전체 환자의 40% 정도를 차지한다. 대부분 청소년기에 시작되고, 평균 발병 연령은 약 17세이다. 신경성 식욕부진증은 자연적으로 회복되기도 하지만 심각한 합병증으로 사망하기도 한다.

(3) 조현병

조현병(schizophrenia)은 비정상적인 사고와 현실에 대한 인지 및 집중력의 이상을 보이는 정신장애이다. 조현이란 현악기의 줄을 고른다는 의미로 마치 현악기가 제대로 조율되지 않은 것처럼 혼란스러운 상태를 의미한다. 사춘기기 되면서 이전과는 아주 다르게 또래관계에 문제가 심해지고 밖에 잘 나가지 않고 집에만 틀어박혀 지낸다든지, 기이하고 비현실적으로 생각한다든지, 다른 사람은 들리지 않는데 자신에게 비난하는 소리가 들린다든지 하는 식의 증상을 보일 수 있다.

📖✍ 조현병의 사례: 지나치게 수줍어하고 악마가 자신에게 나쁜 것을 시킨다고 말하는 남학생 L군

L군은 지나치게 수줍어하는 남자아이였다. 중학생이 되면서 말이 점점 없어지고 외출을 잘 하지 않고 친구를 사귀는 데 심한 어려움이 있었고 자주 반항적으로 행동했다. 사회적으로 점점 심하게 고립되었고 학습도 힘들어했다. 정서적으로 우울해지기 시작했고 악마가 자신에게 나쁜 것을 시키려고 한다고 말하기도 했다. 옷차림도 지저분해지고 엉망이 되어 학교에도 갈 수 없는 상태가 되었다. 집에서도 부모님이 조금이라도 기분 상하는 말을 하면 분노 폭발을 심하게 하고 부모를 때리는 공격적 행동도 심하게 하여 병원에 입원을 할 수밖에 없었다. 조금 나아지면 퇴원을 했다가 다시 행동이 나빠지면 또 입원을 해야 하는 상황을 반복하였다.

조현병은 ① 망상, 환각, 와해된 언어, 와해된 행동이나 긴장증적 행동, 음성 증상의 다섯 가지 중 2개 이상의 증상(반드시 망상, 환각, 와해된 언어 중 1개)이 1개월 동안 상당기간 나타나고, ② 장애가 최소한 6개월 이상 지속되며, ③ 이러한 증상이 시작된 이후

한 가지 이상의 주요 영역(예: 직업, 대인관계, 자기돌봄)에서의 기능 수준이 발병 시작 이전보다 현저하게 저하되어 있을 경우 진단된다.

조현병은 흔히 10대 후반에서 30대 중반 사이에 발병한다. 남성이 여성보다 빨리 발병하는 경향이 있다. 대략 남성은 15~24세, 여성은 25~34세에 발병하는 경우가 많다. 유병률은 연구에 따라 0.2~2.0%까지 보고된다.

지금까지 아동과 청소년기에 나타날 수 있는 정신장애들을 살펴보았다. 이러한 정신장애가 의심되는 경우는 가정에서의 일반적인 양육으로는 어려움이 많으므로 반드시 임상이나 상담과 관련된 심리상담센터와 신경정신과에서 도움을 받아야 한다.

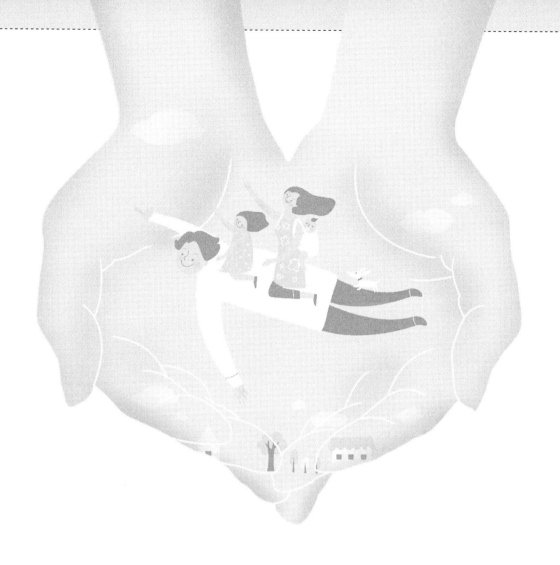

Part **II**

부모의 유형과 아이의 유형
맞추어 가기

Chapter 3

부모의 양육방식과 아이의 특성 간의
상호작용에 대한 이해

이 장에서는 부모의 세 가지 양육방식, 즉 권위주의적 · 민주적 · 자유허용적 양육방식을 소개하고 직접 부모 자신이 어떤 양육방식을 주로 하는지 알아볼 수 있도록 질문을 제공하고 있다. 또한 자녀들의 특성도 반항적 · 협력적 · 수동적인지 알아볼 수 있다(안진환 역, 2005). 이 장에서는 자녀의 특성에 따라 부모가 어떤 양육방식을 하는 것이 좋을지 도움을 줄 수 있다. 실제로 자녀를 여러 명 키우는 경우에 각 자녀의 특성에 따라 양육방식을 달리하는 것이 바람직하다. 특히 반항적인 자녀를 둔 부모인 경우는 이 장에서 많은 도움을 얻을 수 있을 것이다.

주요 내용

1. 당신이 어떤 부모 유형인지 파악해 보자
2. 아이의 유형을 파악하자
3. 내 아이의 유형에 맞는 나의 양육방식은 무엇인지 살펴보자

주요 질문

1. 당신은 부모로서 당신의 자녀의 특성에 맞게 양육을 하고 있는가?
2. 당신이 첫째 아이는 양육을 잘하고 있는 것 같은데 둘째 아이는 똑같은 방식으로 양육을 해도 어긋나기만 한다면 왜 그럴까?
3. 수동적인 아이는 어떤 양육방식이 필요할까?
4. 반항적인 아이는 어떤 양육방식이 바람직할까?

이 장에서는 부모의 유형과 아이의 유형을 간단히 알아보고 서로 잘 맞는 관계 유형을 찾아내어 아이들과 잘 지내는 데 도움을 주고자 한다. 아이들을 키우다 보면 모든 아이에게 다 적합하고 이상적인 양육방식은 존재하지 않는다는 것을 깨닫게 된다. 양육에 관한 서적도 많이 읽고 좋다고 하는 것은 다 시도를 해도 아이와의 관계가 개선되지 않고 심지어는 노력하면 할수록 더욱 관계가 악화되고 절망하게 되는 경우도 있다. 이럴 때는 부모인 내가 내 아이의 유형에 맞게 양육하고 있는지 점검해 보면 도움을 얻을 수 있다. 아이들이 어떤 유형인지에 따라 부모의 양육방식이 유연해질 필요가 있다. 아무리 좋은 양육방식이라 하더라도 아이가 부모의 양육방식을 싫어하고 아이가 받아들이지 않는다면 소용이 없을 것이다. 그런 의미에서 부모인 나의 양육방식과 아이의 유형을 한번 생각해 보고 서로의 관계에 도움이 되도록 유연하고 융통성 있게 맞추어 나가는 노력이 필요하다.

먼저, 부모 자신이 어떤 유형의 부모인지를 정확하게 파악해야 한다. 부모들은 일정한 반응 패턴을 갖고 있으며 어떠한 상황이 일어났을 때 가족들에게 하는 말들은 그러한 패턴에서 비롯된다. 이는 가족과의 상호작용에도 많은 영향을 미친다. 그러나 부모는 자신의 반응 패턴에 대해 깊게 생각해 보지는 않는다. 대부분 부모인 나의 방식이 올바른 것 같고 아이가 그것을 잘 따라 주지 않아서 문제가 생긴다고 볼 뿐 부모인 나와 아이의 특성에 대해 생각해 보고 고쳐 나가려는 노력을 하기는 어렵다. 하지만 아이가 사춘기가 되어 문제를 일으키고 부모와 자녀 사이가 급격하게 나빠졌을 때에는 한꺼번에 수많은 생각을 하게 된다. 부모인 내가 잘못해서 이런 일이 일어난 것일까? 우리 아이의 문제일까? 별의별 생각을 다 하게 된다. 안타까운 것은 많은 문제가 터지고 자녀와의 관계가 많이 악화되었을 때 비로소 자신의 양육방식이나 대화방식을 점검해 본다는 것이다. 자신이 어떤 유형의 부모인지 진지하게 생각해 보길 바란다.

왜 이렇게 부모의 양육방식 유형이 중요한 것일까? 그 이유는 부모 자신이 가족들을 대하는 양육방식에 따라 가족 구성원들이 보이는 반응과 태도가 달라지기 때문이다. 부모가 어떤 방식으로 양육하고 말하느냐에 따라 자녀들의 말과 태도가 달라질 수 있다.

다음에는 자녀 유형에 대해 생각해 보고, 최대한 정확하게 판단해야 한다. 부모 자신의 유형과 자녀의 유형을 찾는 과정을 거친 후에는 부모와 자녀의 유형 간의 상호작용 패턴을 살펴볼 것이다. 즉, 부모의 유형과 자녀의 유형이 아주 잘 맞는 경우도 있지만 전혀 맞지 않아서 계속 갈등이 일어나기도 한다. 부모와 자녀 간 잘 맞는 양육방식을 찾아내어 실제 생활에 적용을 하면 부모와 자녀 간의 관계는 훨씬 더 좋아지고 갈등도 줄여 나갈 수 있을 것이다.

이제부터 자신 또는 자녀에 대해서 인정하기 불편하고 불안한 면들이 있더라도 되도록 솔직하게 평가하고 부모인 자신의 양육방식과 자녀의 유형을 이해하는 시간을 가져보길 바란다.

1. 당신이 어떤 부모 유형인지 파악해 보자

다음에 제시한 항목들을 잘 읽어 보고 당신의 스타일에 해당되는 것에 체크해 보자.

민주적인 부모 유형

☐ 1. 나는 목표 달성 자체보다는 가족들이 목표를 이루어 나가는 방법을 배우는 것 이 더 중요하다고 생각한다.

☐ 2. 나는 문제에 대처하는 과정에서 가족들이 협력하는 것이 중요하다고 생각한다.

☐ 3. 나는 상황에 따라 서로 믿고 의지하는 법을 배우고 서로의 장점과 능력에서 도움을 받는 것은 가족 모두가 배워야 할 매우 중요한 기술이라고 생각한다.

☐ 4. 부모가 아이의 말에 귀를 기울이고 아이가 원하는 것과 필요로 하는 것을 존중해 주는 것이 중요하다.

☐ 5. 기본적으로 아이에 대한 책임은 부모에게 있지만, 함께 의사결정을 하는 것이 중요하다.

☐ 6. 아이들의 행동은 언제나 좋은 것이든 나쁜 것이든 결과를 낳는다고 생각한다.

☐ 7. 부모와 자식의 관계는 가장 중요하며 오래도록 서로에게 영향을 끼친다고 생각한다.

권위적인 부모 유형

☐ 1. 나는 아이의 행동이 기대치에 다다르면 반드시 상이나 벌을 준다.

☐ 2. 나는 가족들에게 목표를 정해 주고 삶의 안내자가 되어 줄 책임이 나에게 있다고 생각한다.

☐ 3. 나는 나의 가치관을 가족에게 가르쳐야 한다고 생각하며, 아이들의 가치관이 나와 다르다 하더라도 나이가 들어 철이 들면 나의 가치관을 좋게 생각할 것이라고 생각한다.

☐ 4. 나는 아이들에게 스스로 판단하는 능력이 생길 때까지는 내가 통제하고 개입해야 한다고 생각한다.

☐ 5. 나는 우리 가족의 가치관을 정하고 가족 구성원들이 그것을 따르도록 하는 역할을 맡고 있다.

☐ 6. 나와 함께 살고 있는 한 아이들은 규칙을 따라야 한다.

☐ 7. 가족의 행동과 규칙, 벌칙 등에 관한 결정은 대부분 내가 내린다.

자유허용적 부모 유형

☐ 1. 나는 아이들에게 매우 너그러운 편이어서 단호하고 엄격해야 하는 상황에서도 봐 주고 넘어가는 경우가 많다.

☐ 2. 아이에게 문제가 생기면 어느 정도는 나의 잘못이라고 생각한다. 부모의 역할을 충실히 하지 못한 탓이기 때문이다.

☐ 3. 나의 부모님은 매우 엄격하셨다. 그래서 내가 누리지 못했던 것, 즉 진정한 자기 모습에 충실할 수 있는 자유를 아이들에게 주고 싶다.

☐ 4. 아이는 내가 자기를 자랑스러워하길 바라는 마음을 알고 행동하여 훌륭한 사람이 되었으면 좋겠다.

☐ 5. 아이는 부모가 자신을 훌륭하게 살 수 있도록 만들어 줘야 할 의무가 있다고 생각하며, 때때로 그런 자신의 생각을 표현한다.

☐ 6. 내가 가족을 위해 얼마나 희생했는지 가족들이 기억해 주었으면 좋겠다.

☐ 7. 너무 많은 압력이나 스트레스를 아이에게 주지 않으려고 노력한다.

이제 이들 질문에 체크해 보았다면 가장 많이 체크된 부모 유형이 당신의 가장 우세한 특징이라고 할 수 있을 것이다. 사람에 따라서 권위적 · 민주적 · 자유허용적 부모 유형 중 어느 하나가 우세한 경우도 있고, 두 가지 부모 유형에서 우세할 수도 있고, 세 가지 부모 유형을 비슷하게 두루 갖고 있는 경우도 있을 것이다.

여기서 한 가지 기억해 둘 것은 '권위적인 유형'과 '자유허용적인 유형'이라는 말은 민주적 부모 유형에 비해 부정적인 의미가 내포되어 있는 듯이 느껴질 수 있다. 우리는 흔히 권위에 대해 반감을 갖고 있기도 하고 또 자유허용이라는 말도 어떤 면에서는 좋게 느껴지지 않을 수 있다. 하지만 여기서 말하는 권위적인 부모 유형은 무조건 힘을 부리고 지배하는 것을 의미하지 않으며, 또한 자유허용적인 부모라고 해서 무조건 아이 뜻대로 해 주는 것을 의미하지 않는다.

권위적인 부모는 좀 더 지시적이고, 통제를 하고, 문제 해결이 필요한 상황에서 지도력을 더 많이 발휘하는 것을 의미한다. 사실 자녀를 대하는 태도에는 사랑과 관심이 무엇보다도 중요하다. 권위적인 유형의 부모라도 사랑과 관심을 충분히 갖고 표현한다면 아이들은 부모에게 기꺼이 순종할 뿐만 아니라 순응한다. 또한 권위적인 유형은 어떤 면에서 효과적이다. 많은 아이에게 꼭 필요한 가족 내 '체계와 위계'라는 것을 만들어 주기 때문이다. 물론 어릴 때는 권위적인 부모가 힘들고 부담스러운 존재일 수는 있어도 이미 성장하여 성인이 된 후에는 권위적인 부모가 힘 있게 방향성을 갖고 자신을 올바르게 이끌어 준 것에 대해서 감사하게 여기고 다행이라고 생각하는 사람들이 의외로 많다. 다소 엄하고 많은 것을 요구한 부모이지만 자신을 올바르게 이끌어 주고 그 덕분에 많은 것을 배울 수 있었다고 생각하는 자녀들이 분명히 있을 것이다.

마찬가지로 자유허용적인 부모도 자녀를 방임하고 자녀의 일에 무관심하고 우유부단한 부모를 말하지 않는다. 아이들이 원하는 대로 다 받아 주고 아이들이 어떠한 문제를 일으켜도 방치하는 부모를 말하는 것도 아니다. 사실 어떻게 보면 자유허용적인 부모는 더 많은 노력을 기울여야 한다. 아이들에게 자기주도적이고 자기 스스로 결정하는 능력을 더 열심히 가르쳐야 하기 때문이다. 아이들에게 다양한 경험을 하게 하고 존중해 주고 스스로 선택하고 책임질 수 있는 기회를 최대한 주려고 하는 것이 바로 자유허용적 양육방식이다. 이런 유형의 부모와 아이의 관계에는 수많은 시행착오가 일어나지만 그만큼 서로 솔직하고 깊은 대화도 많을 수 있다. 그러나 아이의 책임감이라는 것이 다양한 경험의 시간이 필요하기 때문에 부모는 아이의 발전을 위해서 기다림의 긴 시간이 필요하다.

부모의 유형과 아이의 유형을 잘 이해할 필요가 있다. 어떤 아이에게는 권위적인 스타일이 최선의 선택일 수 있고, 또 어떤 경우에는 자유허용적 스타일이 잘 맞을 수 있다. 따라서 질문지를 평가한 결과 당신이 권위적이거나 자유허용적 유형으로 나오더라도 자신의 양육방식이 잘못된 것은 아닌가 하는 부정적인 선입견을 가질 필요는 없다. 두 가지 방식 모두 장단점이 있으며 각각 아이의 유형에 따라 효과를 발휘할 수 있기 때문이다. 그러면 먼저 권위적인 유형부터 살펴보기로 한다.

1) 권위적인 유형

권위적인 유형에서 높은 점수가 나왔다면 권위적인 특성이 강한 부모이다. 이러한 유형의 부모는 자녀에게 해야 할 일과 해서는 안 되는 일을 정확하게 구분해 준다. 또한 규칙이 명확해야 하고 항상 지켜져야 하기 때문에 융통성은 부족한 편이다. 가족 내의 의사결정은 주로 부모가 한다. 이 유형의 부모는 가족에게 목표나 규칙을 정해 주고 그와 관련해 보상과 벌을 준다. 권위적인 부모가 이끄는 가정에서는 부모의 기대 수준이 명확하고 가족 구성원들이 해야 할 일도 비교적 정확하다. 또 잘못할 경우 내려지는 벌칙 등의 사항도 분명하다. 이렇게 확실하고 분명해서 좋은 점도 있지만 때때로 권위적인 부모는 다른 가족 구성원과 맞서고 대립하는 대가를 치러야 한다. 특히 자녀가 반항적이고 힘을 발휘하려고 하는 경우는 부모의 권위적인 태도가 못마땅하게 여겨지고 반항을 더 하고 싶어질 수도 있다. 따라서 만일 아이의 반항이 점점 더 심해지고 관계가 계속 악화된다면 부모는 자신이 권위적인 유형인지 점검해 볼 필요가 있다. 반항적인 아이에게는 권위적인 부모 양육은 아이의 반항을 부추기고 관계를 악화시킬 수도 있는 양육이라고 볼 수 있다.

2) 민주적인 유형

민주적인 유형에서 높은 점수가 나왔다면 평등주의적인 특성이 강한 부모이다. 이러한 부모 유형은 어떤 선택을 내릴 때 자녀에게도 생각을 물어본다. 이 유형의 부모는 가족을 하나의 팀으로 생각하며 가족 구성원 모두가 의논해서 문제 해결을 하기를 바라고 바람직한 대화와 협력의 분위기가 형성되어 있다. 대개 이 유형의 부모는 아이와 대화를 주거니 받거니 하면서 적절하게 협상을 이끌어 낼 수 있다.

민주적 부모는 아이에게 선택권을 주는 것을 중요하게 생각한다. 이러한 가정의 아이는 자신의 의견과 생각이 중요하다고 배우며 자란다. 가정 내의 규칙은 비교적 간단명확하고 규칙을 어길 경우 그에 합당한 결과가 뒤따르며, 아이들은 규칙이 존재하는 이유를 이해하고 있다. 하지만 규칙이라 하더라도 경우에 따라 융통성을 발휘할 수 있다. 예를 들어, 아이들의 취침 시간이 10시라 하더라도 너무 좋아하는 TV 프로그램이 있는 날에는 다소 늦게 자게 할 수도 있다. 일반적으로 이 유형의 부모는 자녀가 필요로 하는 것에 항상 주의를 기울이고 반응해 준다.

3) 자유허용적인 유형

자유허용적 유형에서 높은 점수가 나왔다면 당신은 자유허용적인 특성이 강한 부모이다. 당신은 대체로 아이에게 너그러운 편이며, 아이가 정해진 범위에서 심하게 이탈하거나 문제를 일으켰을 때만 해결하려고 한다. 아이를 비교적 넓은 울타리 안에 두고, 모든 일에서 아이가 스스로 결정을 할 수 있도록 해 준다.

자유허용적인 유형의 부모는 인정이 많고 아이를 격려해 준다. 뿐만 아니라 아이들의 자아실현과 같은 높은 내재적 동기를 끌어내려고 노력한다. 아이들은 자연스럽게 자신이 갖고 있는 생각이나 느낌을 편하게 표현하는 법을 알게 된다. 이렇게 자유허용적인 부모는 표현의 자유를 주기 때문에 아이의 창의성을 높일 수 있다.

이와 같이 권위적인 부모, 평등주의적인 부모, 자유허용적인 부모 중에 어느 부모가 더 바람직하다는 개념은 없으며 각 부모 유형에 따라 장단점이 존재하고, 중요한 것은 부모 자신의 유형이 자녀의 특성에 잘 맞는가를 살펴보아야 하는 것이다.

4) 권위적 · 민주적 · 자유허용적 부모의 특징

권위적인 부모	민주적인 부모	자유허용적인 부모
단호하다.	협력적이다.	수용적이다.
명령한다.	가족은 팀이다.	협조적이다.
능률을 중요시한다.	책임을 함께 한다.	공손하다.
자기주장이 강하다.	최종 의사결정자 역할을 한다.	솔직하다.
통제적이다.	명령하지 않는다.	동기를 부여한다.
엄격하다.	사람의 기분을 배려한다.	순응적이다.
완고하다.	독단적인 결정을 피한다.	아이가 자기 목표를 추구하도록 믿어 준다.
융통성이 부족하다.	반응이 빠르다.	너무 관대하다.
고압적이다.	사람을 잘 다룬다.	아이의 성과를 이끌어 내는 데 시간이 많이 걸린다.

출처: 안진환 역(2005).

5) 부모의 유형별 사례

세 가지 유형의 부모가 다음과 같은 동일한 사건을 어떻게 다루는지 비교해서 살펴보자. 아이가 몸이 아파서 금요일에 학교를 결석하는 바람에 해야 할 과제가 생겼다. 금요일 저녁쯤 되어서 아이의 컨디션이 한결 나아졌다. 과제를 마치려면 2시간 정도 걸릴 것 같다. 되도록 아이와 갈등을 일으키지 않으면서 과제를 빨리 끝내도록 만들어야 하는 상황이다.

 사례 1: 권위적인 부모

> 부모: 유진아, 과제를 꼭 해야 한단다. 지금 몸이 많이 나아졌으니까 지금 시작해서 빨리 끝내는 것이 좋을 것 같은데, 2시간 정도면 될 거야.
>
> 아이: 주말이니까 영화를 보고 나서 하고 싶은데요.
>
> 부모: 영화보다 과제를 먼저 해 놓는 것이 훨씬 중요해. 과제를 하는 동안엔 TV를 봐서도 안 되고, 친구랑 전화 통화를 해서도 안 돼. 영화 이야기는 숙제 다 끝낸 후에 그때 하자.
>
> 아이: 2시간만 과제를 하면 영화 보러 가도 돼요?
>
> 부모: 과제만 제대로 해 놓으면 영화 보러 가도 된다.

권위적인 부모는 매우 단호하게 명령한다. 규칙도 명확하고 순종을 중요하게 여긴다. 권위적인 부모는 다음과 같은 표현을 주로 쓴다.

> 지금 나와 함께 ○○○하자.
> 네가 가장 먼저 해야 할 일은 ○○○다.
> 계획을 세우고 무슨 일이 있어도 지켜야 한다.
> 이러이러한 규칙은 꼭 지켜야 한다.

사례 2: 민주적인 부모

부모: 유진아, 2시간가량 걸리는 과제가 있던데 월요일까지 해야 하지. 그거부터 하는 게 어떨까?

아이: 맞아요. 얼른 그 과제부터 하는 것이 좋겠어요.

부모: 자, 그럼 언제 과제를 할지 생각해 보자. 엄마(또는 아빠)가 도와줄 일이 있으면 말하렴.

아이: 토요일 오후가 좋겠어요. 제가 스스로 할 수 있어요.

부모: 알았다.

이처럼 민주적인 부모는 서로 간의 협력을 중요시하고 자녀들에게 도움을 주려고 한다. 또 자녀와의 관계에도 늘 '우리'라는 개념이 담겨 있다. 함께 결정을 내리고 함께 목표를 세운다. 민주적인 부모는 다음과 같은 표현을 쓴다.

네가 그 일을 좀 더 효과적으로 잘 해내기 위해 내가 무엇을 도와주면 좋겠니?

자, 같이 해 보자.

우린 할 수 있어. 난 너의 능력을 믿는다. 우리 함께 잘 해 보자.

사례 3: 자유허용적인 부모

부모: 유진아, 월요일까지 해야 하는 숙제가 2시간 정도는 걸리겠지. 어떻게 할 생각이니?

아이: 일요일 날 하려고요.

부모: 그래. 네가 학교 수업을 잘 따라가야 하는 것이 중요하다는 걸 알고 있지?

아이: 예, 알아요.

부모: 너는 일요일 날 놀고 싶어 하고 일요일 저녁엔 가족들과 미사에 가야 하잖니, 그러면 시간이 별로 없어. 어떻게 숙제할 시간을 낼래?

아이: 미사에 갔다 와서 하면 될 것 같아요.

부모: 9시나 되어서야 집에 도착할 테고, 굉장히 피곤할 텐데.

아이: 알았어요, 그럼 토요일 오전에 얼른 해 놓는 것이 좋겠어요.

부모: 그래, 그게 더 낫겠다.

71

1. 당신이 어떤 부모 유형인지 파악해 보자

자유허용적인 부모는 해야 할 중요한 일만을 계속 강조하지는 않는다. 자유허용적인 부모는 자신이 아이에게 뭔가를 미리 정해 주는 것이 아니라 아이가 스스로 좋은 해결책을 결정할 수 있도록 도와준다. 자신이 스스로 세운 계획이라고 생각되면 아이에게는 끝까지 해내려는 동기가 생긴다. 다만 자유허용적인 부모는 아이를 좋은 방향으로 이끌기 위해 질문과 탐색 과정을 거쳐야 하기 때문에 부모로서 꽤 많은 노력과 인내가 필요하다. 자유허용적인 부모는 다음과 같은 표현을 자주 쓴다.

○○○를 위해 네가 생각하고 있는 계획이 있니?

최선의 방법은 무엇이라고 생각하니?

또 생각해 보아야 할 것들이 뭐가 있을까?

만일 이 방법으로 하면 네 목표를 이루는 데 도움이 될까?

네가 원하는 최종 목표는 무엇이니?

너한테 효과적인 방법일까?

세 유형의 부모는 모두 아이가 월요일까지 해 가야 하는 숙제를 하게 하는 데 성공했다. 그러나 목적에 도달하기 위해 선택한 대화방법은 달랐다. 세 유형은 부모의 역할을 잘 해내는 데도 매우 다른 방법이 있음을 보여 준다. 어떤 유형이든 효과가 있으면 조화로운 가족으로 나아갈 수 있다. 좋거나 나쁜 양육 스타일은 없다. 부모가 어떤 자녀를 키우느냐에 따라 양육방식은 달라질 수밖에 없기 때문이다. 아이들은 각각 다른 독특한 성향이나 기질을 갖고 있다. 부모는 아이의 개성이나 기질을 고려하여 양육하는 것이 필요하다.

다음에는 아이의 유형을 파악해 보자. 그러면 아이가 나와 잘 맞는지, 아니면 왜 잘 맞지 않는지 이해할 수 있다. 아이의 행동을 변화시키려면 먼저 아이의 유형을 알아야 한다.

2. 아이의 유형을 파악하자

당신의 아이는 반항적인가, 협력적인가, 아니면 수동적인가? 다음의 과정을 통해 아이의 유형을 파악해 보기 바란다. 앞에서와 마찬가지로 각 항목을 주의 깊게 읽으면서 해당되는 내용에 체크를 해 보자.

반항적인 아이 유형

- [ ] 1. 독립심이 강하고 고집이 세다.
- [ ] 2. 자신만의 방식대로 하는 것을 좋아한다.
- [ ] 3. 남들과는 다르게 특이하고 개성 있는 것을 좋아한다.
- [ ] 4. 자기주장이 세고 쉽게 순종하지 않는다.
- [ ] 5. 친구들과 뭔가를 할 때 이끌기를 좋아한다.
- [ ] 6. 자신의 생각을 적극적으로 표현하고 논쟁도 즐기는 편이다.
- [ ] 7. 경쟁적이어서 지는 것을 싫어한다.

협력적인 아이 유형

- [ ] 1. 다른 사람들과 함께하는 활동을 좋아한다.
- [ ] 2. 협력하는 것을 좋아하고 남을 돕는 것을 좋아한다.
- [ ] 3. 융통성을 갖고 있고 적응적이다.
- [ ] 4. 앞에서 이끄는 것보다 참여하는 것을 좋아한다.
- [ ] 5. 함께 참여하는 것을 중요하게 여긴다.
- [ ] 6. 대체로 긍정적이다.
- [ ] 7. 어떤 중요한 결정을 내리거나 사람을 만나기 전에 대개 허락을 구한다.

수동적인 아이 유형

- [ ] 1. 자발적이라고 하기는 어렵다.
- [ ] 2. 규칙과 질서를 잘 지킨다.
- [ ] 3. 규칙이나 지침이 없으면 오히려 불편해한다.
- [ ] 4. 리더의 역할을 힘들어하고 리더 역할이 주어지면 불편해한다.
- [ ] 5. 방향을 정해 주면 열심히 하려고 한다.
- [ ] 6. 순종적인 편이다.
- [ ] 7. 지시에 따라 일을 잘 해내면 매우 자랑스러워한다.

당신의 아이가 세 가지 유형 가운데 한 유형에서 높은 점수를 얻을 수도 있고 세 유형의 특성을 골고루 갖고 있을지도 모른다. 중요한 것은 당신이 아이의 특성을 이해하고 상황에 따라 아이를 대하는 방법을 터득하는 데 있다. 부모는 좀 더 유연하고 융통성 있는 태도를 가져야 한다. 그래야 자녀와의 갈등이나 충돌을 피하고 자녀의 문제를 좀 더 지혜롭게 해결하는 부모가 될 수 있다.

부모는 아이의 상태와 상황의 변화에 따라 적합한 방식으로 행동할 수 있어야 한다. 어떤 한 가지 양육 스타일만 심하게 고집하면서 부모 자신이 옳으니 자녀인 네가 달라져야 한다는 식의 양육은 결코 아이의 행동을 좋게 이끌어 가기 어렵다. 아이에 대한 정확한 이해와 부모 자신의 융통성 있는 양육 스타일이 좋은 문제 해결을 가져다준다.

예를 들어, 아이가 그렇게 큰 잘못을 저지르지도 않았는데 부모가 늘 심각하고 세게 아이를 다룬다면 효과적이지 않을 것이다. 상황과 아이의 문제행동에 따라 방법을 달리할 수 있다. 때로는 단호하게, 때로는 너그럽게, 또 경우에 따라서는 맞서는 다양한 방식을 선택해야 한다. 부모는 상황에 따라 자신의 모습을 유연하게 바꾸면서 자녀와 좋은 관계를 맺어 나갈 수 있다.

관계란 상호작용으로 이루어진다. 갈등에도 어느 한 사람만이 일방적으로 원인을 제공하지는 않는다. 모두 상호작용에서 나온 갈등이다. 무엇보다 자녀와의 정면 대결은 되도록 피하는 것이 바람직하다. 서로 적대적으로 대항하거나 극단적인 언어폭력으로 어디 갈 때까지 한번 가 보자는 극단적인 태도는 강한 분노와 격렬한 싸움만 야기시킨다. 서로에게 마음의 상처만이 남는다. 그렇게 되면 아이는 부모에게서 점점 멀어져 간다. 일단 싸움이나 경쟁 구도만 없애도 아이는 부모로부터 멀어지지는 않는다. 그러나 어느 한쪽이 이기려고 하면 관계는 점점 멀어질 수밖에 없다. 부모와 자녀 사이가 점점 더 멀어지고 각자 소외감과 외로움만 가득해진다.

아이들은 자신이 존중받는다고 느끼면 부모에 대한 태도가 달라진다. 그러면 간혹 부모와 갈등이 생겨도 서로의 관계에서 그런 일쯤은 일어날 수 있다고 여긴다. 아이를 사랑하고 또 사랑하자. 자녀와의 관계가 어긋나고 매일 싸울 때는 아무리 부모라도 자녀를 사랑하는 마음을 계속 갖기는 어려울 수 있다. 하지만 어떻게 하겠는가? 다시 또 내 아이를 사랑하는 마음으로 존중하고 대화하면 더 나은 관계로 나아갈 수 있을 것이다.

3. 내 아이의 유형에 맞는 나의 양육방식은 무엇인지 살펴보자

부모의 유형과 자녀의 유형이 서로 조화롭게 잘 맞는지, 아니면 불협화음인지 살펴보자.

부모와 자녀의 유형이 잘 맞으면 좋겠지만 부모와 자녀의 유형이 잘 맞지 않는 경우도 많다. 지금 당신의 가정에서 그런 일이 일어나고 있다면, 시간을 내서 왜 아이와의 관계가 원만하지 못한지 분석해 보아야 한다. 우리 집 아이는 반항적이고 자기 생각이 강한데 부모인 내가 아이에게 너무 권위적이거나 엄격한 것은 아닌가? 또는 너무 너그럽거나 관대한 것은 아닌가? 아이와의 관계에서 이전과는 다른 접근방식이 필요한 것은 아닌가? 쓸데없이 에너지만 소모시키고 관계에서 나아지는 것이 하나도 없다면 아이의 특성에 맞게 부모인 나의 양육방식을 바꿔 나가야 할 것이다.

1) 권위적인 부모/반항적인 아이

당신은 권위적인 스타일이고, 자녀는 반항적인 스타일이라면 언제나 서로 힘겨루기를 하느라 집안이 조용할 날이 없을 것이다. 이 경우가 가장 갈등이 심한 관계이다. 대개 관계에서 누가 주도권을 쥐느냐의 문제로 갈등이 일어난다. 권위적인 부모와 반항적인 아이 둘 다 서로 주도하고 통제하려고 하기 때문이다. 두 사람 다 상호관계에서 이기려고 애쓰며, 과도하게 주도권을 가지려고 하다 보니 공격적이고 비이성적으로 행동하는 경우가 많다.

반항적인 아이는 심하면 반사회적인 행동을 하기도 하고 극단적인 사건을 일으키기도 한다. 또한 허세를 떨고 관심을 끌기 위해 과장된 행동을 보이면서 힘을 가지려고 애쓴다. 반항적인 아이는 자기가 상황을 주도하거나 주목받을 때 스스로를 중요한 존재라고 느낀다. 반항적인 아이는 부모와 권위적인 것들에 대해 공격적이고 반감을 드러낸다.

권위적인 부모와 반항적인 아이가 만나면 거의 틀림없이 적대적인 갈등 상황이 일어난다. 둘 다 아무런 소득이 없는 싸움으로 끝날 관계이다. 두 유형이 만나면 문제를 해결하는 게 아니라 충돌하기 때문이다. 서로 으르렁대며 힘을 겨루는 동물처럼 적대적이다. 논쟁을 해도 문제를 해결하기가 쉽지 않다. 부모가 더 세게 강압적으로 하면 할수록 아이는 더 강하게 반발한다.

이러한 관계 유형에서 문제를 더 나은 방향으로 해결하고 좋은 관계를 맺으려면 다음과 같은 것들을 연습해야 한다.

- 아이가 잘못된 행동을 해도 되도록 침착하게 대응하라.
- 평등주의적 부모나 자유허용적 부모가 되려고 노력하라.
- 장소와 타이밍을 고려하여 아이에게 지시하라.
- 서로 타협을 찾는 방법을 익히라. 서로 존중해 주고 협력하는 분위기를 만들라. 의사결정에도 함께 참여하도록 노력하라.
- 인내심과 끈기를 가지라.
- 분노로 가득 찬 감정을 주고받거나 목소리를 높이거나 극단적인 말을 하는 것을 피하라.
- 부모인 당신이 말을 많이 하기보다는 차분하게 아이의 말에 귀를 기울이고, 아이의 이야기를 듣고 있음을 느끼게 하라.

2) 권위적인 부모/협력적인 아이

이 경우에도 갈등은 일어난다. 협력적인 유형의 아이는 주도권을 나눠 갖길 원하고 가족 내 의사결정과 문제 해결에 참여하고 싶어 하기 때문이다. 아이는 결정을 하고 지시를 하는 부모를 못마땅하게 여길 수 있다.

이 경우에는 다음과 같은 조언들을 참고할 필요가 있다.

- 격려를 자주 해 주라. 아이가 잘한 일을 인정해 주고 늘 따뜻한 지지와 격려를 해 주면 아이가 자신의 능력을 최대한 발휘할 수 있는 분위기가 만들어진다.
- 평등주의적 부모가 되고 아이에게 좀 더 많은 자율성과 통제력을 주려고 노력하라. 아이에게 의견을 물어보거나 몇 가지 대안을 주고 선택할 수 있도록 하라.
- 아이의 생활에 좀 더 관심을 갖고 적극적으로 참여하라. 협력적인 아이는 부모와 함께 활동하는 것을 좋아한다. 예를 들어, 아이의 운동 경기를 보러 가거나, 함께

영화를 보거나, 숙제를 검토해 주거나, 언제든 아이의 말을 들어 주려고 노력한다.

 • 어떤 문제를 해결하는 상황에서 아이에게도 말할 기회를 주라.

3) 권위적인 부모/수동적인 아이

이 두 유형은 서로 잘 맞는 편이다. 수동적인 아이에게는 해야 할 일을 말해 주는 부모가 필요하다. 또 권위적인 부모는 책임지고 권한을 갖길 좋아하므로 아이에게 할 일을 지시하는 것을 좋아한다. 잘 어울리는 부모와 자녀 사이라고 할 수 있다. 수동적인 아이에게는 자세하고 구체적으로 지시해 주어야 한다. 이런 아이는 자발성이 부족하고 부모의 직접적이고 솔직한 태도에 잘 반응하기 때문이다. 예를 들어, "얘야, 이 일을 하려면 이렇게 계획해서 하면 할 수 있단다……." 하고 말해 줄 수도 있다. 또 중요한 것을 강조하면서 아이에게 큰 틀이나 방향을 제시해 줄 수도 있다. 수동적인 아이와 어떤 문제를 해결하거나 지시를 내릴 때는 앞으로 어떻게 해야 하는지를 되도록 자주 알려 주어야 한다.

4) 민주적인 부모/반항적인 아이

이 경우에는 아이와 어느 정도 어려움이 예상된다. 아이가 부모의 이야기를 듣기보다는 자신이 하고 싶은 대로 하려고 하기 때문이다. 반항적인 아이의 이기적이고 자기중심적인 태도가 부모를 매우 힘들게 한다. 부모의 실망과 좌절이 점점 쌓이면서 아이의 행동을 더 이상 참지 못하는 순간도 많을 수 있다. 그럴 때 다음과 같은 방법을 시도해 보길 바란다.

 • 가족 활동에서 아이가 주도하거나 결정할 수 있는 리더 역할을 맡기라. 예를 들면, 가족 여행을 계획하게 한다든지 주말에 가족과 함께 어떻게 시간을 보낼지 계획할 수 있도록 기회를 준다.
 • 아이의 잘못된 행동들에 대해 절대로 과잉 반응하지 말라. 부모가 화가 났을 때 흥분하지 말고, 차분하게 당신의 견해와 입장을 설명하라. 그러면 아이의 적대감이 차츰 줄어들 것이다.

3. 내 아이의 유형에 맞는 나의 양육방식은 무엇인지 살펴보자

- 아이가 당신 의견에 찬성하지 않더라도 내버려 두라. 서로를 존중하는 마음을 아이에게 먼저 보여 주라. 그러면 아이와 당신의 관계는 더 좋게 변할 것이다.

5) 민주적인 부모/협력적인 아이

부모와 아이 모두 협조하는 민주적 방식을 좋아하기 때문에 서로 잘 맞는다. 부모는 아이를 존중하며, 아이는 부모와의 관계 속에서 자신감과 동기를 높일 수 있다. 바람직한 부모와 자식 관계가 형성되며 서로 믿고 수용하기 때문에 비교적 평온한 집안 분위기가 이루어진다.

6) 민주적인 부모/수동적인 아이

부모는 아이가 단체 활동에 적극적으로 동참하고 뭔가 자기 역할을 해내도록 격려하지만, 아이는 수줍거나 소심해서 참여를 하지 못하는 경우가 많다. 그러면 자연히 부모는 아이의 수동적인 모습이 못마땅하고 실망하게 된다. 다음과 같은 방법을 사용해 보자.

- 아이에게 자주 격려해 주고 인정해 주는 말들을 해 주라. 특히 아이가 한 번도 해 보지 못한 일에 도전하거나 이전보다 더 잘 적응할 때 해 주면 좋다. 수동적인 아이는 새로운 일이나 낯선 상황에 너무 급하게 또는 억지로 하게 하면 오히려 심하게 위축되고 겁먹을 수 있다.
- 아이들 두세 명 정도로 구성된 소그룹 활동의 참여를 유도하라. 수동적인 아이는 아주 큰 집단의 활동은 엄두를 내지 못하고 부담스러워한다. 소그룹 안에서 자신의 능력이 조금 발휘된다고 느끼면 아이는 자신감을 가지고 활동의 폭을 넓혀 갈 수 있다.
- 때때로 권위적인 부모가 되어 예상 가능한 일정표와 체계를 제공하라. 오히려 아이는 안정감을 느끼면서 더 잘 해낼 수 있다.
- 아이가 충분히 이해할 수 있도록 직접적이고 자세한 지시를 해 주라.

7) 자유허용적인 부모/반항적인 아이

부모와 아이가 서로 마음이 맞고 공감하는 편이기 때문에 그다지 마찰이 없다. 서로의 방식을 인정하고 지지하며 상대가 무엇을 하는지 관심을 갖는다. "이럴 때는 어떤 게 가장 좋은 방법일지 네 생각을 얘기해 봐……." 하는 식의 대화가 효과적이다.

대체로 자유허용적인 부모는 자녀를 밀어 주고 도와주는 데는 훌륭한 반면 통제와 관리측면에서는 약할 수 있다. 반항적인 아이에게도 어느 정도 통제가 필요하므로, 자유허용적인 부모는 받아들일 수 없는 행동에 대해서 확실하게 한계를 정해 주는 방법을 터득해야 한다.

8) 자유허용적인 부모/협력적인 아이

부모와 아이 사이에 문제가 발생해 긴장과 불안감이 생길 수 있다. 자유허용적인 부모는 아이에게 스스로 하도록 많은 결정권을 주려고 하는데, 아이는 함께 결정 내리는 방식을 선호하기 때문에 갈등이 생긴다. 이런 상황에서 아이는 당황하고 부모와 단절되어 있다는 느낌을 가지며 무엇을 해야 할지 확신하지 못한다. 또한 이러한 부모와 자녀 사이에는 대화가 부족해지기 쉽다.

- 서로 대화하는 시간을 늘리고, 문제 해결과 결정에 함께 참여하고, 목표를 같이 정하고, 좀 더 효과적인 대화방식을 택하라. 아이를 격려하여 스스로 의견을 말하고 자신의 감정을 표현하게 하라.
- 아이와 부모가 함께 할 수 있는 활동을 찾아보라. 야외 캠핑을 가거나, 학교의 숙제를 함께 하거나, 같이 무언가를 배우러 다니는 것도 좋은 방법이다.

9) 자유허용적인 부모/수동적인 아이

이 경우는 부모와 아이가 서로 잘 맞지 않아서 부정적인 면이 커질 가능성이 크다. 부모는 아이에게 적극적으로 문제를 해결해 주지도 않고, 아이는 뭔가 시작하는 것을 힘들어하고 부모가 지시를 해 주기를 기다린다. 수동적인 아이에겐 부모의 지도와 자극이 필요하다.

- 좀 더 명확하고 자세한 지시와 한계선을 알려 주는 권위적인 부모가 되라.
- 아이의 재능을 키워 주라. 미술, 음악, 운동, 춤 등 어떤 것이든 아이가 관심을 보이는 분야를 발견하고 재능을 키워 주어야 한다.
- 아이에게 도전을 지지하고 격려해 주라. 각종 활동, 놀이, 학교 숙제 등과 관련해 아이를 실제적으로 구체적으로 지도하는 방법을 배우라.

다음은 민주적인 부모와 협력적인 아이 간에 비교적 바람직한 대화의 예이다.

엄마: 네가 원하는 만큼 성적이 안 나와서 엄마는 참 속상하다. 네가 원하는 대학에 가는 데 지장이 있을까 봐 걱정이 되네.

딸: 나도 걱정이 많아요.

엄마: 그럼 어떻게 해야 할 것 같니? 엄마가 도울 방법이 있을까? 엄마는 네가 원하는 대로 되길 바란단다. 어떻게 도와줄까?

딸: 글쎄, 공부를 더 하긴 해야 하는데……

엄마: 그럼 어떻게 하면 될까? 공부를 더 잘하려면?

딸: 공부에 좀 더 집중하고 공부 시간을 더 늘려야 하죠.

엄마: 자꾸 불러내는 친구들이 줄어들면 될까?

딸: 친구들과 전화하는 시간이 너무 많은 것 같아요.

엄마: 글쎄. 네가 전화 통화에 확실히 시간을 많이 보내기는 하는 것 같아. 그 시간에 공부를 하면 어떨까?

딸: 그러면 분명히 성적은 오르겠지요.

엄마: 공부하는 시간에는 핸드폰을 꺼 두는 방법은 어떨까? 공부에 집중할 수 있도록 어느 일정 시간 동안 핸드폰을 꺼놓은 거야. 네 생각은 어떠니?

딸: 저녁 7시에서 10시 사이엔 핸드폰을 꺼 두고 공부를 해야겠어요.

엄마: 그래 좋은 생각이다. 그렇게 하면 좋겠다. 10시 이후엔 네가 알아서 하고. 하지만 7시에서 10시까지는 핸드폰을 꺼 두고 집중해서 공부하는 거다.

어떤 문제를 해결할 때 아이에게 설득력 있는 사실과 근거를 제시하고 문제의 핵심에서 벗어나지 않으면서 대화를 하면 문제를 해결하는 데 도움이 된다. 다음의 예는 밤에 늦게 귀가하는 아들에게 설득력 있게 근거를 제시하면서 아이와 잘 타협하여 문제를 해결하는 예이다.

아들: 아빠, 귀가 시간을 새벽 1시로 늦춰 주세요. 제 친구들도 다 그렇단 말예요. 12시 전에 집에 가야 한다고 하면 친구들이 놀려요. 다른 아이들의 부모님들은 귀가 시간에 신경 쓰지 않아요. 그냥 걱정하지 말고 제발 주무세요.

아빠: 그래, 한번 얘기해 보자. 술집들이 보통 새벽 1시쯤에 문을 닫잖니. 그래서 그런지 교통사고가 새벽 1시에서 3시 사이에 가장 많이 일어난다고 하더라. 오히려 새벽이 가장 사고가 많이 일어나는 시간이라고 해. 운전자 네 명의 한 명은 음주운전을 하고…… 밤늦게 다니면 부모는 사고날까 봐 걱정이 많이 된단다. 그렇다고 아빠는 네가 마마보이라고 놀림을 당하면서 저녁 9시에 일찍 들어오는 것도 원치 않아. 어떻게 하면 좋을까? 가장 좋은 방법이 무엇인지 생각해 보자.

아들: 하지만 아빠, 다른 아이들의 부모님들은 먼저 주무시고 별 이야기를 하지 않아요. 친구들과 함께 오기 때문에 위험하지도 않고요.

아빠: 네가 어디에서 시간을 보내는지만 확실하게 알면 걱정이 덜 하고 귀가 시간도 조금 늦춰 줄 수 있어. 늦을 때는 반드시 전화로 어디에 있고 몇 시까지 오겠다고 전화해 주는 것은 어떨까?

아들: 알았어요. 되도록 그렇게 해 볼게요.

지금까지 부모의 세 가지 유형인 권위주의적 유형, 민주적 유형, 자유허용적인 유형과 아이의 세 가지 유형인 반항적인 유형, 협력적인 유형, 수동적인 유형을 살펴보았다. 부모의 유형과 아이의 유형 간에 잘 맞는 유형과 많이 충돌하는 유형에 대해서도 살펴보았다. 이제 이 글을 다 읽었으면 부모인 나의 양육 유형이 어느 유형에 속하는지, 또 우리 아이의 유형은 어디에 속하는지 어느 정도 파악이 되었을 것이다. 예를 들어, 아이는 반항적인 유형인데 부모가 권위적인 양육방식을 지니고 있으면 계속 불화와 충돌이 일어난다는 것을 알았을 것이다. 또는 아이는 수동적인 아이여서 부모의 지도감독이나 지침이 필요했는데 너무 자유를 허용하는 양육을 해서 그동안 갈등이 있었음을 깨달았다면 다행이다. 이 장을 읽으면서 부모로서 자신의 양육 유형을 살펴보고 아이와 잘 맞지 않았음을 깨달았다면 아이와 보다 잘 맞는 양육방식으로 전환하는 기회를 갖길 바란다.

하지만 이런 생각이 들 수 있다. 부모의 유형과 아이의 유형이 크게 세 가지 유형이어서 좀 더 자세하게 알아보는 데 아쉬움이 있을 수 있다. 부모인 자신의 성격 특성이 아이의 양육에 미치는 영향을 좀 더 알아보고 싶다면 다음 장 '부모로서 자신의 장점과 단점 인식하기'를 계속해서 읽어 보길 바란다. 부모의 성격 특성에서 나오는 장점과 단점을 확실히 알아보고 보다 나은 부모로 성장하고 싶다면 부모인 나의 특성을 좀 더 깊게 파악할 필요가 있다. 즉 자신의 성격 특성이 자녀 양육에 미치는 좋은 점과 나쁜 점, 그리고 부모인 나의 어떤 점을 더 고쳐 나가야 아이와 잘 지낼 수 있고 더 나아가 부모인 내가 행복해질 수 있는지 계속 살펴보길 바란다.

Chapter 4

부모로서 자신의
장점과 단점 인식하기

이 장에서는 부모 자신이 갖고 있는 중요한 인생의 주제를 여섯 가지로 나누고, 부모가 인생에서 어떤 주제를 중요하게 여기느냐에 따라 아이를 양육할 때 어떤 영향을 미치는지 알아볼 것이다. 부모 자신이 삶에서 무엇을 중요하게 여기느냐에 따라 말과 행동이 다르게 나올 수 있으며 아이들을 양육할 때 알게 모르게 많은 영향을 미칠 수 있다. 또한 부모가 인생에서 어떤 주제에 더 가치를 두는가에 따라 내 아이에게 미치는 긍정적인 영향과 부정적인 영향이 무엇인지 알 수 있으며 또한 어떤 점을 개선해 나가야 하는지에 대해 생각해 보는 시간을 가져 보길 바란다.

주요 내용

1. 성취와 완벽함을 중요하게 여기는 부모
2. 평화와 배려를 중요하게 여기는 부모
3. 창의성과 예술성을 중요하게 여기는 부모
4. 지적 탐구와 호기심을 중요하게 여기는 부모
5. 성실함과 통제력을 중요하게 여기는 부모
6. 즐거움과 열정을 중요하게 여기는 부모

주요 질문

1. 나는 인생에서 어떤 주제를 중요하게 여기는 사람인가?
2. 나는 부모로서 어떤 장점이 있는가?
3. 나의 장점은 아이에게 어떤 긍정적인 영향을 미칠까?
4. 나는 부모로서 어떤 단점을 갖고 있는가?
5. 나의 단점은 아이에게 어떤 부정적인 영향을 미칠까?
6. 부모로서 나는 어떻게 개선해 나가야 할까?

우리 부모들은 인생의 어느 시점에서 나의 양육방식이나 나의 특성이 가족들에게 미치는 영향에 대해 생각해 보는 것일까? 아마도 그 시점은 다 다를 것이다. 가족 모두가 순탄하게 잘 기능할 때는 아마도 부모인 나의 양육방식이나 특성에 대해 생각해 보지는 않을 것이다. 그러나 결혼을 하고 자식을 낳고 살다 보면 어느 가정이나 아주 행복한 순간도 있지만 뭔가가 꼬이기 시작하고 그렇게 순조롭지만은 순간들이 오게 마련이다. 분명히 사건이 일어나고 크고 작은 시련들이 일어난다. 우리는 보통 위기에 처했을 때 생각을 깊게 하게 되고 '나의 양육방식에 뭔가 문제가 있는 것은 아닌가?' 하고 생각을 하게 된다. 수많은 생각이 오가면서 결국 나 자신을 좀 더 나은 모습으로 고치는 길밖에 없음을 깨닫게 된다. 그러면 '어떻게 나를 알고, 나의 특성이 아이들에게 어떤 영향을 주고, 나의 강점과 약점은 무엇이며, 어떻게 달라져야 하는가?' 하는 질문을 스스로 하게 된다. 이런 질문에 대해 다음의 내용들이 분명 도움이 될 것이다.

앞으로 소개되는 여섯 가지 부모의 특성을 읽어 보면서 자신을 가장 잘 설명해 주는 특성을 찾아보길 바란다. 아마도 가장 많이 체크되는 부모 유형을 유심히 살펴보면 도움이 될 것이다. 인생에서 부모 자신이 무엇을 중요하게 여기느냐에 따라 자녀를 양육하는 데 다르게 영향을 미칠 수 있을 것이다. 다음에 나오는 부모의 여섯 가지 특성마다 체크리스트에 체크를 하면서 자신이 어떤 주제를 중요하게 여기는지 생각해 보는 시간을 가질 수 있다. 또한 각 특성별로 장점과 단점을 읽어 보면서 부모로서 좀 더 성숙해지려면 어떤 특성들을 길러 나가야 할지에 대해서 알게 될 것이다. 그것으로도 충분히 유용한 시간이 될 것이다.

1. 성취와 완벽함을 중요하게 여기는 부모

다음 항목들은 성취와 완벽함을 중요하게 여기는 부모에게서 흔히 볼 수 있는 특징들이다. 당신의 특성을 잘 설명해 주는 항목들에 체크해 보자.

☐ 나는 아이들에게 좀 더 많은 것을 가르치고 싶고 아이들이 좋은 경험을 할 수 있도록 주말에도 많은 계획들을 세운다.

□ 나는 나의 아이들이 좋은 가치관을 가지고 훌륭한 사람이 되길 절실히 바란다.

□ 나는 아이들이 잘 하고 있는지 자주 확인을 하고 미리 앞일을 생각하여 주의를 준다.

□ 나는 아이들이 유능하게 자신의 일들을 수행하고 의미 있게 시간을 보낼 때 마음이 놓인다.

□ 나는 아이들이 빈둥거리거나 시간을 낭비하는 것 같으면 마음이 놓이지 않아 계속 무엇을 하라는 말을 하게 된다.

□ 나는 아이들이 좀 더 높게 성취할 수 있도록 도와주고 싶다.

□ 나는 아이들이 훌륭한 사람이 되도록 내가 본을 보여야 한다고 생각한다.

□ 나는 아이들이 성취하고 완벽하게 일을 수행하도록 돕고 싶은 에너지와 열정이 매우 많다.

□ 나는 아이들이 높게 성취를 했으면 하는 마음이 크고 사실 높은 기대를 하고 있다.

□ 나는 가족을 위해 내가 한 일을 알아주지 않으면 몹시 화가 난다.

 사례 1

성취와 완벽함을 중요하게 여기는 엄마는 실용적인 것을 좋아하고 성취와 동기를 중요하게 여기므로 아이들이 성공할 수 있도록 많이 관여한다. 그녀는 직장생활도 열심히 하지만 주말이 되면 항상 아이들에게 좀 더 많은 것을 가르치고 아이들이 체험을 할 수 있도록 야외 활동 계획도 많이 하고 이렇게 의미 있고 보람차게 하루를 보낸다는 것은 그녀에게 정말 중요한 일이다. 또한 그녀는 자신이 하는 모든 일에 항상 최선을 다한다. 그녀의 가정은 올바른 방향으로 가야 하고 자녀들은 예의 바르고 친절해야 한다. 그녀는 자신의 가족이 완벽하길 바란다. 아이들이 잘하고 있는지 확인하고 만일 어떤 실수를 하게 되면 바로 고쳐 주고 심지어는 앞일까지 미리 생각하여 주의를 주기도 한다. 그녀는 자녀들이 인생에서 성공하기를 원하고 훌륭한 가치관을 가지고 훌륭한 사람이 되기를 원한다.

 사례 2

성취와 완벽함을 중요하게 여기는 아빠는 아무것도 하지 않거나 시간을 낭비하는 것을 아주 싫어한다. 매 순간 가족이 생산적이길 바란다. 아이들이 빈둥거리면서 놀고 있거나 게으름을 피우면서 할 일을 제대로 하지 않는다는 느낌이 들면 바로 지적을 하고 몰아세우는 경향이 있다. 그래서 아이들은 아빠가 자신들을 가만히 내버려 두지 않으며 노는 꼴을 못 본다고 불평한다. 아빠는 자녀들이 얼마나 유능한지, 얼마나 사이좋게 지내면서 의미 있고 즐거운 시간을 보냈는지 말하는 것을 좋아한다.

이와 같이 성취와 완벽함을 강조하는 부모들은 자녀들에게 다음과 같은 긍정적 영향과 부정적 영향을 줄 수 있다.

성취적이고 완벽한 부모의 긍정적 영향

- 당신은 자기향상을 중요하게 여긴다. 그러므로 자녀들이 좀 더 높게 추구할 수 있도록 자극한다.
- 당신은 에너지와 능력을 갖고 있으며 자녀들에게 재미있고 자극적일 수 있다.
- 당신은 매우 양심적이고 도덕적이어서 정직함, 솔직함, 책임감을 가족에게 심어 줄 수 있다.
- 당신은 일관성 있고 공정하기 때문에 가족들이 믿고 의지한다. 이런 특성은 아이들에게 안정감을 줄 수 있다.
- 당신은 분명하게 이해하는 능력을 갖고 있으며 가족이 처한 문제들에 대해 현명한 해결책을 찾아낸다.
- 당신은 자녀들이 훌륭한 사람이 되도록 잘 돌본다. 따라서 자녀들에게 좋은 본보기가 된다.
- 당신은 세부적인 것까지 신경을 쓴다. 그러므로 가정을 체계적이고 질서정연하게 만든다.

성취적이고 완벽한 부모의 부정적 영향

- 당신은 매우 독단적이고 완고한 흑백논리적 사고를 한다. 결과를 중요하게 여기기 때문에 어떤 과정이나 사소한 것을 무시하고 자녀들의 자유로운 사고를 수용하기 어렵다.
- 당신은 자녀에게 때로는 거의 불가능한 비현실적인 기대를 한다. 따라서 자녀들은 부모의 높은 기대 수준을 맞출 수 없다는 생각에 포기하거나 자신이 부적절하

다고 느낄 수 있다. 또한 자녀들이 잘 해내지 못하면 당신은 견디기 힘들어한다.

- 당신은 긴장하고 불안해지면 상황을 너무 심각하게 받아들인다.
- 많은 일을 하는 당신은 때때로 지쳐 있다. 그래서 아이들과 함께 즐겁게 지내는 데 에너지가 부족할 수 있다.
- 자녀들 나름대로 고유의 방식이 있는데 이것을 수용하지 못하면 아이들에게 자주 비판적일 수 있다. 이것은 아이들의 자존감을 손상시킬 수 있다.
- 당신은 부정적인 상황과 실패를 피하기 위해 노력한다. 그렇기 때문에 아이들이 할 수 있는 실수에 대해서 관대하지 못하고 아이들이 실수를 통해서 배우는 기회를 놓칠 수 있다.

이와 같이 성취와 완벽함을 강조하는 부모는 다음과 같은 면에서 스스로 스트레스를 받을 수 있다.

성취적이고 완벽한 부모의 스트레스 원인

- 지나치게 책임감이 높아서 부담을 가질 때
- 완벽한 성향 때문에 자녀들의 잘못이 너무 잘 보일 때
- 자신이 좀 더 잘 하지 못한 것에 대해 스스로 자책을 많이 할 때
- 자녀들이 복종하지 않거나 정직하지 않을 때
- 다른 사람들이 자신을 무시하거나 자녀들이 한다고 말을 해 놓곤 마무리하지 않을 때
- 자녀가 할 일을 미루거나 무언가를 하거나 결정을 내리는 데 너무 많은 시간이 걸릴 때
- 아이들이 자신의 잠재력 개발을 위해 당신이 생각하는 만큼 노력하고 있지 않다고 볼 때
- 당신만이 항상 '열심히 하는 사람'이며 다른 가족들은 당신이 하는 만큼 열심히 살지 않는다고 느낄 때
- 누군가가 당신에게 느긋해지라고 충고할 때

성취적이고 완벽주의적인 성향의 부모는 좀 더 성숙한 부모가 되기 위해 다음과 같은 양육 전략을 배울 필요가 있다.

• 좀 더 수용하자.

다른 사람을 개선시키려는 욕구가 매우 높기 때문에 자녀들의 입장에서는 가혹하고 매번 야단을 맞는다는 느낌을 가질 수 있다. 모든 사람이 당신처럼 그렇게 도덕적으로 너무 높은 수준에서 세상을 바라보지는 않는다. 자녀들이 자라면서 실수나 잘못도 하면서 자기 자신으로 성장할 수 있도록 여유를 주는 것이 필요하다. 때때로 자신의 의견대로 하기보다는 자녀들의 의견을 물어보는 습관을 들이고, 다른 관점에 대해서도 격려해 주는 것이 바람직하다.

• 판단을 유보하자.

옳다고 여기는 것을 직설적으로 표현하기보다는 친절하고 친밀하게 표현하는 것이 좋다. 만일 지적을 하고 싶다면 부드럽고 따뜻하게 하도록 연습을 해야 할 것이다. 그래서 자녀들이 무조건적으로 사랑받고 있음을 느끼게 하는 것이 중요하다.

• 완벽하지 않음을 연습하자.

당신의 기대는 매우 높아서 당신이 자녀에게 자주 실망감을 보이면 자녀들은 마치 실패한 것처럼 의기소침해질 수 있다. 자녀들에게 당신도 가끔 실수한다는 것을 보여 주면 더욱 인간적으로 느낄 수 있을 것이다.

• 당신의 분노를 차분하게 표현하자.

자신의 생각이 분명하기 때문에 분노가 잘 일어날 수 있다. 화가 날 때 자녀들을 심하게 비난하거나 그들의 자존감이나 자신감을 다치지 않는 방식으로 솔직하게 그리고 차분하게 이야기하는 연습을 할 필요가 있다.

• 좀 더 재미있고 즐겁게 살아보자.

자주 심각해질 수 있으므로 좀 더 여유로운 마음을 가지고 긴장을 푸는 연습이 필요하다. 때로는 유머 감각도 보여 주고 가볍고 재미있게 생활해 보자.

• 자신의 감정들을 솔직하고 편안하게 표현하자.

가족들과 좀 더 많이 당신의 감정을 공유하고 감정을 인정하자. 당신이 걱정할 때, 피곤할 때, 창피할 때, 후회할 때와 같은 감정을 솔직하고 편안하게 아이들에게 말하라. 이는 아이들에게 당신의 일 중심적인 면 이외의 인간적인 면을 보여 줄 것이다. 이는 가족들과 더욱 깊고 솔직하게 연결시켜 주고 아이들이 당신에게 더 쉽게 다가가게 할 수 있을 것이다.

• 아이들을 있는 그대로 존중하자.

아이들마다 놀랍고 감탄할 만한 특성들이 있다고 생각해 보자. 예를 들면 친화력, 인간관계 능력, 공감하는 능력, 예술적이고 창의적인 면들이 있을 수 있다. 당신은 아이들이 성취하거나 성공하는 것에 관심을 많이 갖고 있으므로 아이들이 성취했을 때만 칭찬하는지 살펴볼 필요가 있다.

• 속도를 맞추자.

아이들이 당신을 필요로 할 때 당신의 머릿속에 있는 수많은 일을 잠시 중단하고 아이에게 온전히 관심을 갖는 것이 필요하다.

• 실패의 중요성을 알자.

아이들에게 겸손과 회복력을 길러 주려면 좌절이나 실수를 너그럽게 수용해 주자. 실패를 통해 더 많이 성장할 수 있고 배울 수 있음을 인식하자.

2. 평화와 배려를 중요하게 여기는 부모

다음 항목들은 평화와 배려를 중요하게 여기는 부모에게서 흔히 볼 수 있는 특징들이다. 당신을 잘 표현해 주는 항목에 체크해 보자.

☐ 나는 사람들과 함께 있는 것을 좋아하고 되도록 친절하게 대하려고 노력한다.
☐ 나는 다른 사람에게 너그럽고 희생도 기꺼이 할 수 있다.
☐ 나는 아이들에게 충고나 지적은 되도록 하지 않는다.

□ 나는 아이들이 요구하기도 전에 아이들이 필요로 하는 것들을 해 준다.

□ 나는 가족을 위해 무언가를 할 때 힘이 나고 아이들을 도와주는 것을 좋아한다.

□ 나는 아이들을 무조건적으로 사랑한다.

□ 나는 아이들에게 불필요한 압박을 주고 싶지 않다.

□ 나는 부정적인 감정을 아이들에게 표현하는 것이 어렵다.

□ 나는 때때로 아이들에게 지나치게 허용적인 것은 아닌가 하는 생각이 들기도 한다.

□ 나는 되도록 갈등은 피하고 싶다.

 사례

평화와 배려를 중요하게 여기는 엄마는 사람들과 함께 있는 것을 좋아하고 다른 사람들에게 너그럽고 자신을 기꺼이 희생한다. 부모가 되었을 때, 엄마가 된 것이 자신이 한 일 중에서 최고로 잘 한 일이라고 생각한다. 엄마는 자녀의 이야기를 잘 들어 준다. 자녀들에게 충고나 지적을 되도록 하지 않기 때문에 자녀들은 엄마를 무척 좋아한다. 그녀는 자녀들이 무엇을 필요로 하는지 알고 있어서 심지어 자녀들이 요구하기 전에 자녀들이 필요로 하는 것을 해 준다. 그녀는 가족이 무언가를 할 때 힘이 나고 자녀의 학교생활을 자세하게 듣고 도와주는 것을 좋아한다.

평화와 배려를 중요하게 여기는 부모는 자녀에게 다음과 같은 긍정적 영향과 부정적 영향을 줄 수 있다.

평화적이고 배려하는 부모의 긍정적 영향

• 당신의 사랑과 지지는 자녀에게 소속감과 안전감을 줄 수 있다.

• 당신의 친절함과 사교성을 자녀들이 배울 수 있다.

• 당신은 자연스럽게 다른 사람들에게 베풀고 도와주며 이런 가치를 자녀에게 가르칠 수 있다.

• 당신은 자녀를 격려하고 이는 자녀에게 자존감을 갖게 한다.

• 당신의 온화함과 깊은 이해력은 자녀들로 하여금 인정받는다는 느낌을 갖도록 한다. 자녀들은 부모의 무조건적인 사랑을 느낄 수 있다.

• 당신의 여유로운 태도는 자녀들에게 편안함을 주고 부모에 의한 불필요한 압박을

느끼지 않는다.

- 당신은 자녀를 과잉보호해서 자녀들이 당신에게 의존하게 된다.
- 당신은 부정적 감정인 분노와 실망을 직접적으로 표현하는 것이 어렵고, 싫은 것을 마주하는 것이 힘들다. 자녀는 당신의 속마음이 무엇인지 잘 몰라서 혼란스러워할 수 있다.
- 당신은 자녀들이 자신을 좋아하게 하려고 자녀의 비위를 지나치게 맞추면서 부정적인 감정을 솔직하게 표현하지 못할 때가 있다.
- 당신이 갈등을 피하는 모습은 자녀들로 하여금 중요한 문제들을 잘 다루지 않는 것 같은 느낌을 갖게 할 수도 있다.
- 당신은 지나치게 허용적인 면이 있어서 자녀들에게 명확한 방향을 설명하지 못할 수도 있다.

이와 같이 평화적이고 배려하는 부모는 다음과 같은 상황에서 스트레스를 받을 수 있다.

- 자녀가 당신의 도움을 원하지 않을 때
- 가족들을 위해 많은 것을 했는데 고맙다는 말도 못 듣고 알아주지 않을 때
- 무시당하고 가치 없다고 느낄 때
- 자녀가 당신을 싫어할까 봐 두려워서 엄격하게 훈육하는 것을 피할 때
- 늘 가족들을 도우면서 지나치게 개입할 때
- 가족들이 나의 도움을 당연하게 여길 때

평화와 배려를 중요하게 여기는 부모는 다음과 같은 양육 전략을 기를 필요가 있다.

- 먼저 당신 자신의 욕구를 중요하게 여기자.

당신이 하고 싶은 것에 주목하라. 죄의식 없이 자신을 먼저 챙기면서 자기를 돌보면 자녀 양육을 훨씬 잘 할 것이다. 자신을 힘들게 하거나 소진시키지 않으면서 가족들을 도울 수 있기 때문에 더 효과적일 것이다.

• 구해 주지 말고 자립을 지지하자.

자녀가 스스로 자립할 수 있도록 허용하자. 자녀가 말하기도 전에 도와주기보다는 자녀가 도움을 청할 때까지 기다리는 연습을 하자.

• 자녀들에게 적당히 경계를 만들자.

자녀에게 한계를 정하지 않고 지나치게 허용하고, 지나치게 책임지는 것을 인식하자. 사람을 너무 기쁘게 하려고 애쓰지 말자. 어느 정도의 갈등이나 대립은 오히려 자연스러운 것이다. 당신이 훈육을 좀 해도 자녀들은 여전히 당신을 좋아할 것이다.

• 베푸는 의도를 살피자.

당신에게 고마워하고 당신을 기분 좋게 만들어 주는 사람에게만 베푸는 것에 주의하라. 그렇지 않은 사람들에게 화가 나는 것에 대해 주의하라. 어떠한 보상도 기대하지 말고 베풀어 보자.

• 비위를 맞추고 있다는 것을 알아차리자.

얼마나 당신이 칭찬을 자주 하는가 인식하라. 당신을 좋아하도록 조종하려고 칭찬을 사용하고 있는가? 당신 편으로 끌어들이려고 노력하는가? 당신이 진정으로 원하는 것에 솔직하고 진실해지라.

• 당신의 진실을 말하자.

자신이 정말로 원하는 것을 말할 필요가 있다. 그렇게 하면 당신은 좀 더 자신감이 생길 것이다. 그리고 자신과 자녀들에게 보다 분명한 방향을 말할 수 있을 것이다. "내가 중요하게 생각하는 것은……" 그리고 "내가 가장 좋아하는 것은……"이란 말을 연습하자.

- 때로는 '아니'라고 말해 보자.

모든 사람을 만족시키지 않아도 된다. '아니'라고 말하는 것도 필요하다.

- 때로는 갈등도 필요하다고 여기자.

가정 내에서는 어느 정도 갈등이 있는 것이 정상이고 때로는 갈등도 필요하다는 사실을 수용하자. 갈등을 너무 없애거나 회피하려고만 하지 말자.

- 꾸물대는 습관을 멈추고 해야 할 일의 우선순위를 정해 행동해 보자.

당신은 일을 늦추기 보다는 중요한 일이 무엇인지를 생각하여 중요한 일부터 빨리 처리하는 습관을 들여보도록 하자.

3. 창의성과 예술성을 중요하게 여기는 부모

다음 항목들은 창의성과 예술성을 중요하게 여기는 부모에게서 흔히 볼 수 있는 특징들이다. 당신의 특성을 잘 설명해 주는 항목들에 체크해 보자.

- □ 나는 엄청나게 강한 감정으로 잠 못 들기도 한다.
- □ 나는 아이들에게 삶의 모든 기회를 주고 싶다.
- □ 나는 때로는 불안과 위협에 압도당하기도 한다.
- □ 나는 아이가 어떤 말을 하면 그 말의 의미에 대해 오랫동안 분석하면서 생각한다.
- □ 나는 감정적으로 깊이가 부족한 사람들을 별로 좋아하지 않는다.
- □ 나는 때때로 가족 안에서도 고립된 감정을 느낀다.
- □ 나는 기분 변화가 있다.
- □ 나는 알 수 없는 부정적 에너지에 휩싸여 힘들 때가 있다.
- □ 나는 창의성을 중요하게 여긴다.
- □ 나는 자녀들에게 다른 것들보다도 아름다움이나 고유함의 가치를 느끼게 해 주고 싶다.

사례

창의성과 예술을 중요하게 여기는 엄마는 자신의 아이를 자신의 전부로 사랑한다. 엄청나게 강한 감정으로 잠 못 들기도 하고 때로는 불안이나 위협에 압도당하기도 한다. 그녀는 아이에게 삶의 모든 기회를 주고 싶고 사랑, 이해, 연민, 상상력을 알게 해 주리라 다짐한다. 그녀는 아이의 상상력과 삶의 좋은 점들의 진가를 알도록 양육하려고 한다. 그녀는 아이가 학교에 들어가면서 더욱 긴장을 하게 된다. 아이가 적응을 잘 못하면 어쩌지? 친구를 못 사귀면 어떻게 하지? 자신의 외롭고 방황했던 어린 시절을 기억하면서 아이가 방황을 하거나 제대로 이해받지 못할까 봐 신경이 쓰인다. 아이가 항상 이해받는 느낌을 갖게 해 주기 위해 매일 밤 아이가 잠들기 전에 오늘 아이의 하루가 어땠는지, 무언가 말하고 싶은 것이 있는지 묻곤 한다. 아이가 어떤 말을 하면 그 말의 의미에 대해서 오랫동안 분석하면서 생각한다. 그러면 아이는 이런 엄마가 조금 부담된다고 한다.

창의적이고 예술적인 부모는 자녀들에게 다음과 같은 긍정적 영향과 부정적 영향을 줄 수 있다.

창의적이고 예술적인 부모의 긍정적 영향

- 당신의 창의성은 자녀의 사고의 폭을 넓혀 준다.
- 당신의 깊은 공감능력은 자녀들에게 다른 사람들을 불쌍히 여기는 마음을 갖게 한다.
- 아이들은 이해받은 느낌이 들며 연대감을 느낄 수 있다.
- 당신은 자녀들이 인생에서 아름답고 고유하고 긍정적인 것들을 느낄 수 있도록 격려한다.

창의적이고 예술적인 부모의 부정적 영향

- 당신의 기분 변화와 부정적인 에너지가 가족 구성원들을 힘 빠지게 할 수 있다.
- 당신은 때때로 가족 안에서도 소외감이나 고립감을 느낀다. 이런 느낌 때문에 가족과 좋은 관계를 맺기 어려울 때도 있다.
- 자신이 가치 없다는 느낌과 지나치게 예민한 성향은 가족의 친밀함을 방해할 수 있다.

창의적이고 예술적인 부모는 다음과 같은 상황에서 스트레스를 받을 수 있다.

- 당신의 아이들이 자신을 이해하지 못하고, 거부하고 무시한다고 생각될 때
- 감정적인 깊이가 부족한 사람들을 대할 때
- 당신이 무언가 문제가 있다고 느껴질 때
- 당신이 중요하게 생각하지 않는 일을 하라고 요구받을 때

창의적이고 예술적인 부모는 좀 더 성숙한 부모가 되기 위해 다음과 같은 양육 전략을 배울 필요가 있다.

창의적이고 예술적인 부모: 성장을 위한 자녀 양육 전략
- 감사함을 느끼자.

이는 당신의 마음을 평온하게 해 줄 것이다. 자기비판으로부터 편안해지고 자신의 삶에서 무엇이 긍정적인지 생각하는 것을 연습하자.

- 평범한 것을 소중하게 여기자.

이상적으로 하고 싶은 것을 생각하는 시간보다는 자신이 가진 것과 현재 하고 있는 것에 감사하는 연습을 하자. 아이들은 평범한 것에 감사할 수 있다. 아이들이 무엇을 원하는지 이해하자.

- 아이들과의 관계에서 약간의 거리를 두고 아이의 입장에서 생각해 보자.

당신은 아이들과 매우 깊고 의미 있는 관계를 원한다. 아이와 너무 밀착되기보다는 거리를 두고 아이의 입장도 생각하면서 여유를 갖자.

- 일에 집중하자.

현재 감정에 빠져 시간을 보내기보다는 중요한 일의 우선순위를 두고 집중하자.

- 감정보다는 사실에 초점을 두자.

객관적인 입장이 되도록 노력하자. 자신의 감정을 너무 진실처럼 여겨 빠져들지 않도록 하라. 스스로 객관적인 사실을 기억해 내고 사실과 감정을 구별하는 법을 배우자.

• 인정하는 것을 연습하자.

스스로를 존중하고 자신의 재능을 인정하며 자기 본성의 긍정적인 부분이 나타날 수 있도록 하자. 당신의 강점과 재능들에 더 주의를 기울이고 다른 사람들과 비교하는 시간을 줄이자. 당신의 높은 자존감은 자신과 가족에게 긍정적인 영향을 미칠 것이다.

4. 지적 탐구와 호기심을 중요하게 여기는 부모

다음 항목들은 지적 탐구와 호기심을 중요하게 여기는 부모에게서 흔히 볼 수 있는 특징들이다. 당신의 특성을 잘 설명해 주는 항목들에 체크해 보자.

- ☐ 나는 아이들을 가르칠 때 원리부터 말하고 길고 장황하게 설명한다.
- ☐ 나는 너무 일상적이고 자질구레한 이야기들은 하찮게 여겨진다.
- ☐ 나는 배우는 것 자체를 좋아하고 아이들이 호기심을 가질 수 있도록 격려한다.
- ☐ 나는 관찰력이 뛰어나고 과장하지 않는다.
- ☐ 나는 지적이어서 많은 시간을 머리를 쓰는 데 보낸다.
- ☐ 나는 감정을 표현하고 나누는 것이 어색하고 힘들 때가 있다.
- ☐ 나는 나의 사고와 지식에 대해 도전을 받으면 부담과 스트레스를 느낀다.
- ☐ 나는 머릿속으로 생각을 너무 많이 하다가 정작 실천하지 못할 때가 있다.
- ☐ 나는 뭔가를 집중할 때 독립된 공간과 시간을 필요로 한다.
- ☐ 나는 어울리고 싶지 않은 사람들과 함께 있을 때 힘들다.

 사례

아이는 지적이고 호기심이 많은 아빠에게 수학문제를 물어본다. 아빠는 수학의 원리부터 설명하면서 길고 장황하게 설명을 한다. 아이는 그냥 이 문제를 푸는 방법만 가르쳐 달라고 한다.

아빠는 아들이 깊게 수학문제를 풀지 않는 것에 대해 불만이고 아들은 아빠의 긴 설명이 마음에 들지 않고 반복되는 같은 말들에 짜증이 난다. 또한 아들이 학교에서 있었던 일들을 이야기하면 지적이고 호기심이 많은 아빠는 그러한 이야기를 듣고 싶어 하지 않는다. 너무 자질구레한 이야기들이고 너무 감성적이어서 중요하게 느껴지지 않는다.

앞의 사례처럼 지적이고 호기심이 많은 부모는 자녀들에게 다음과 같은 긍정적 영향과 부정적 영향을 줄 수 있다.

지적이고 호기심이 많은 부모의 긍정적 영향

- 당신은 친절하며 헌신적이다. 가족은 당신의 행위를 신뢰할 수 있다.
- 당신은 사건들을 전체적인 관점에서 볼 수 있다. 가족의 입장에서 극적으로 보지 않고 큰 그림을 볼 수 있다.
- 당신은 훌륭한 생각을 가지고 있고, 배우는 것 자체를 좋아하며, 이러한 태도는 자녀들로 하여금 탐구심을 갖도록 격려한다.
- 당신은 늘 깨어 있고, 지식을 탐구하는 것을 즐기며, 따라서 자녀들에게는 믿을 만한 자원이 될 것이다.
- 당신은 충만하며 자립적이어서 자신의 욕구를 자녀들에게 투사하지 않을 것이다.
- 당신은 관찰력이 뛰어나며, 과장되지 않은 답들을 생각해 낼 수 있을 것이다.

지적이고 호기심이 많은 부모의 부정적 영향

- 가끔 독단적이고 불쑥 화를 내고 요구한다.
- 지적으로 거만해 보일 수 있으며 자녀들은 평가받는다고 느낄 수 있다.
- 감정적인 접촉을 회피하는 경향이 있으며, 자녀들은 이런 거리감을 무관심으로 여길 수 있다.
- 감정을 나누고 표현하는 데 어려움을 느끼며, 이러한 태도는 자녀들이 감성지능을 개발하는 데 어려움을 느끼게 한다.
- 생각하기 등 많은 시간을 머리를 쓰는 데 사용하며 대체로 반응이 느린 편이다. 지적인 반응들을 명확하게 하느라 자연스럽게 대화하지 못할 때가 있다.

4. 지적 탐구와 호기심을 중요하게 여기는 부모

이와 같이 지적이고 호기심이 많은 부모는 다음과 같은 상황일 때 스트레스를 받을 수 있다.

지적이고 호기심이 많은 부모의 스트레스 원인

- 사생활을 충분히 유지하기 어려울 때
- 개인적인 영역이 침범당할 때
- 어울리고 싶지 않은 사람들과 어울릴 때
- 행동으로 옮기기 전에 알아야 할 것을 모두 배우려고 애쓸 때
- 다른 사람들과 감정적으로 표현해야 할 때
- 애들이 다른 사람들에게 가족들의 사생활에 대하여 말할 때
- 통제할 수 없는 상황을 느낄 때
- 자신의 사고와 지식에 대하여 도전을 받을 때

지적이고 호기심이 많은 부모는 좀 더 성숙한 부모가 되기 위해 다음과 같은 양육 전략을 배울 필요가 있다.

지적이고 호기심이 많은 부모: 성장을 위한 자녀 양육 전략

- 자신의 감정을 표현하자.

동떨어져서 자신만의 방이나 마음속으로 움츠러들지 말고 다른 사람들과 감정을 나누어 보자. 자기 자신의 일부분만 나누려 하기 때문에 가족들은 당신과 친밀해지기 어려워할 수 있다. 가족들과 좀 더 정서적으로 함께하자.

- 대화에 참여하자.

자녀들의 수다가 지루하다고 느낄 때 잠자코 있기도 하고 대화에 끼어드는 방법을 찾아보자. 다소 덜 중요하고 일상적인 대화에도 관심을 보이자. 부모로서 보여 주고 들어 주는 것 자체가 아이들에게는 매우 중요한 것이다.

- 알려고만 하지 말고 실행하자.

너무 분석적이고 사실에만 집착하는 것을 조심하고 느낌이나 직관도 중요하게 여기

자. 너무 지적인 것을 중요시하다 보면 자녀들에게 정말 무엇이 중요한 것인지를, 그리고 자녀들이 말하고 싶어 하는 것을 듣지 못할 때가 있다. 삶의 중요한 부분만 알려고 하지 않고 가족들에게 귀 기울이고, 시시콜콜한 것에도 관심을 가져 보자.

 • 사교성을 키우자.
사교성을 기르는 것이 중요하다. 자녀들은 자신들을 대신해서 부모가 다른 사람들과 교류하는 것을 필요로 할 수도 있으며, 부모의 행동은 자녀들에게 사교적인 행동의 좋은 모델이 될 수도 있다.

 • 몸을 좀 더 많이 움직이자.
생각에만 골똘하지 말고 몸을 움직이자. 생각과 몸의 움직임에 균형을 갖자. 좀 더 마음을 열고, 가족들과 함께 활동하자.

 • 자신의 정신적 · 심리적 상태를 명확하게 가족들에게 표현하여 오해를 줄이자.
지적이고 호기심이 많은 부모는 재충전하는 데 독립된 공간과 시간을 보다 많이 필요로 한다. 이러한 욕구에 대해 가족들에게 솔직하게 털어놓아 당신이 가족들을 피하는 것이 아니라는 것을 알게 하자. 그리고 어색하게 움츠러들어 있는 때는 왜 그러는지 상황을 설명해 주자. 좀 혼자 있고 싶은 것이라고…… 설명을 해 주지 않으면 오해가 많이 쌓인다.

5. 성실함과 통제력을 중요하게 여기는 부모

다음 항목들은 성실함과 통제력을 중요하게 여기는 부모에게서 흔히 볼 수 있는 특징들이다. 당신의 특성을 잘 설명해 주는 항목들에 체크해 보자.

☐ 나는 성실하고 믿을 만하고 안정적이다.
☐ 나는 거의 언제나 위험한 상황에 대비하여 준비한다.
☐ 나는 자녀들을 보호하고 가족들을 진심으로 돌볼 수 있다.

□ 나는 세세한 것에 신경을 쓰며 안전에 대해 늘 생각한다.

□ 나는 아이들이 규칙을 따르지 않으면 몹시 화가 나고 통제하려 한다.

□ 나는 확실하고 안전한 것을 좋아한다.

□ 나는 아이들이든 다른 사람이든 신뢰할 수 없다고 느끼면 엄청 스트레스를 받는다.

□ 나는 자주 지시적이게 되는 것 같다.

□ 나는 생각을 많이 하고 내 생각에 확신을 많이 갖고 있다.

□ 나는 지나치게 가족들에게 헌신하는 것 같다.

 사례 1

성실하고 통제하기 좋아하는 엄마는 가족과 함께 캠핑을 가기로 했다. 이 캠핑 여행이 확실히 즐겁고 안전한 휴가가 될 수 있도록 철저히 준비를 하였다. 그녀는 낯선 곳에 여행을 해야 하니 온갖 준비물을 꼼꼼히 챙겼다. 혹시 여행하다가 가족들이 아프거나 부상을 당하게 될까 봐 매우 걱정스러웠다. 엄마는 철저하게 준비를 해야 마음이 놓인다. 사실 가족들은 엄마가 계획이 너무 지나치고 세부적인 것까지 신경을 쓴다고 생각하지만 만일 어떤 일이 발생하면 엄마의 철저한 준비 탓에 도움을 받는다는 것을 잘 알고 있기 때문에 고맙게 느꼈고, 그녀가 가족을 돌보려고 한다는 것을 알고 있었다. 하지만 성실하고 통제하기를 좋아하는 엄마는 끊임없이 자녀들을 걱정해서 자녀들이 매일 온갖 종류의 위험과 도전에 직면하게 된다고 생각한다. 엄마의 이런 심한 걱정은 일을 어렵게 만들기도 한다. 자주 의심하는 태도로 인해서 자녀들은 자신을 믿지 않는다고 생각하여 상처를 받기도 하고 엄마와는 어떤 어려움에 대해서도 상의하고 싶어 하지 않게 되기도 한다.

 사례 2

성실하고 통제하기 좋아하는 아빠는 가끔 심하게 화를 낸다. 특히 아이가 규칙을 어겼거나 정해 놓은 한계선을 넘을 때 순식간에 불같이 화가 끓어올라서 참을 수 없는 자신을 발견하곤 한다. 아이들이 이런 아빠의 모습을 보면서 자주 두려워하고 무서워하기도 한다. 하지만 아빠는 아이들이 자신을 무섭게 느끼길 원하지 않는다.

아빠의 이러한 엄격한 행동 때문에 힘들어하는 아들이 있고 유독 아빠는 이 아들에 대해서는 더 거칠게 대한다. 그 아들은 부드러운 방식을 선호하는데 아빠는 아들이 이 거친 세상에서 상처받지 않도록 좀 더 강해지도록 키우고 싶은 마음을 갖고 있다.

앞의 사례처럼 성실하고 통제하는 부모들은 자녀들에게 다음과 같은 긍정적 영향과 부정적 영향을 줄 수 있다.

성실하고 통제하는 부모의 긍정적 영향

- 당신은 성실하며 믿을 만한 부모이기 때문에 자녀들에게 안정감을 줄 수 있다.
- 당신은 모든 시나리오에 대비하고 있기 때문에 자녀들은 안전하게 보호받고 있다고 느낄 것이다.
- 당신은 유머와 재치가 있어서 가족을 즐겁게 해 준다.
- 당신은 따뜻하고 온정적이어서 가족을 진심으로 돌볼 수 있다.
- 당신은 자녀들을 보호하고 약자를 위해 언제든지 싸울 준비가 되어 있다.
- 당신은 세세한 것에도 신경을 쓰며, 일에 집중하고, 가족들은 모든 것이 잘될 거라고 생각한다.
- 당신의 지원은 따뜻하고 긴밀한 관계를 맺게 할 것이고, 자녀는 안전하게 보호받는 느낌을 받을 것이다.

성실하고 통제하는 부모의 부정적 영향

- 자녀들의 안전에 대한 끝없는 걱정이나 불안은 자녀들을 숨 막히게 하고, 10대 시절에 반항적인 자녀가 되게 할 수도 있다.
- 자신의 두려움을 자주 자녀들에게 투사하여, 아이들이 성장하면서 두려움에 가득 차고 자신감이 부족한 자녀가 될 수도 있다.
- 당신은 너무 생각을 곰곰이 한 나머지 의사결정을 미루어서 가족들을 불편하게 할 수 있다.
- 다른 사람들이 하는 말을 너무 의심하고 사람들에게 너무 예민하게 보일 수 있다.
- 당신은 지나치게 의무와 규칙을 중요하게 여긴 나머지 자녀들을 구속할 수 있다.
- 당신의 높은 불안은 자녀들을 숨 막히게 할 수 있다.
- 당신 자녀가 '잘 해내지 못할' 때 당신은 여유가 없어지고 참지 못할 수 있다.
- 당신은 스스로 많은 짐을 질 수 있고, 이는 쉽게 화를 내고 폭발하는 원인이 될 수 있다.

이와 같이 성실하고 통제하는 부모는 다음과 같은 면에서 스스로 스트레스를 받을 수 있다.

- 자신의 자녀들이나 어느 누구도 신뢰할 수 없다고 느낄 때
- 자녀들이 부모에게 존경심을 가지고 있지 않다는 생각이 들 때
- 자녀들을 어떻게 훈육할 것인가 결정할 때
- 점점 더 바빠질 때

또한 성실하고 통제하는 부모는 좀 더 성숙한 부모가 되기 위해서 다음과 같은 양육 전략을 배울 필요가 있다.

성실하고 통제하는 부모: 성장을 위한 자녀 양육 전략
- 자신의 스트레스 수준을 관리하자.

당신은 생각을 너무 많이 한다. 불안이나 긴장을 이완시키는 마음챙김, 명상, 호흡법, 친자연적인 활동 등과 같은 방법들을 배워 보자. 자신의 스트레스를 관리하는 방법을 배우면 가족 전체가 편안하게 느낄 것이다.

- 실수에 대해 너그러워지자.

자신의 결정을 책임질 수 있는 용기를 중요하게 여기자. 실수를 통해 배울 수 있다면 실수도 괜찮은 것이다. 당신이나 자녀들이 실수를 한다고 해서 세상이 끝나지는 않는다.

- 자녀들을 신뢰하자.

자녀들을 안전하게 잘 키워야 한다는 두려움 때문에 자녀들을 너무 통제하려고 하지 말고 느슨하게 풀어 주라. 그들도 스스로를 돌볼 능력이 있다는 믿음을 가질 필요가 있다. 그들이 약간의 위험에도 노출되도록 허용하자.

- 지나치게 가족들에게 헌신하지 말자.

자신의 지나친 헌신과 관여가 자신의 가족과 자신의 행복을 방해할 수 있다.

• 완고해지지 않도록 노력하자.

자녀들에게 가족의 규칙에 대해 조금 여유를 주자. 규칙 그 자체보다는 규칙을 지키는 마음이 더 중요하다. 분노가 치밀어오를 때 조심하라. 위협적인 말이나 행동이 얼마나 마음에 상처를 주게 되는지 주목하라. 유연성을 기르자. 권위를 내세우지 않아도 권위를 가질 수 있다.

• 당신의 에너지를 자제하자.

당신이 너무 자리를 차지하지 않고 배우자와 자녀들을 위한 자리를 내어 주고 그들이 그 공간에서 자유롭게 표현하도록 하라. 당신의 에너지를 조금씩 자제하는 연습을 해서 다른 사람들이 말하도록 하고, 추천하도록 하고, 결정해서 진행하게 하도록 하라.

• 경청하고 다른 점을 협상하는 데 마음을 열자.

자녀에게 말하는 것을 줄이고 아이의 말을 들으려고 의식적으로 노력하면 자녀가 자신의 생각을 표현하는 데 도움이 될 수 있다. 아이들이 가진 생각을 개발시키는 데 도움이 되는 질문을 하자. 예를 들면, "흥미로운 계획인데, 궁금하다. 계속 말해 보렴." 또는 "너한테 정말 중요하구나. 그래서 앞으로 어떻게 할 것인지 궁금하다."라고 말할 수 있다.

• 지시나 통제를 덜 하자.

지시나 지적을 덜 하는 것을 연습하라. 그러면 상처를 덜 주게 된다. 자주 당신의 입에서 먼저 튀어나오는 것은 비난과 지적, 화난 듯한 말이나 행동이다. 잠시 멈추어 호흡을 하고, 말하기 전에 생각을 잠시 하면서 아이에게 용기나 격려가 되는 말이나 어조를 선택하고 사용할 수 있다.

• 당신의 분노에 대해 책임감을 갖자.

당신은 화가 날 때 다른 사람을 비난하는 경향이 있다. 멈추고, 호흡을 하고, 화난 사건에 대한 합리적이고 객관적인 해석을 하면서 자신이 개선해야 할 점에 대해 다시 점검해 보자. 당신의 행동에 대해 현실적인 점검을 하고 당신은 무엇을 바꿀 수 있는지 스스로에게 질문해 보자.

• 다른 사람의 입장에서 생각해 보자.

다른 사람들이 당신과 같을 것이라고 너무 확신하지 말고 우선 다른 사람의 말을 경청해 보자. 확실하지 않고 모호한 상태에 있을 때 인내하면서 견디는 노력을 해 보자. 다른 사람의 관점에서 세상은 어떻게 보이는가?

• 당신의 연약함을 있는 그대로 솔직하게 보여 주자.

당신은 자주 슈퍼맨처럼 행동한다. 당신은 모든 것을 다 잘 할 수 없고 모든 사람에게 다 잘 할 수 없다. 당신의 자녀와 배우자도 때로는 당신을 도와주고 지지해 줄 수 있다. 가족 구성원들은 힘들 때 서로 도울 수 있다. 연약하다는 것은 인정하기 싫고 불안정하고 자존심 상하는 일이지만, 때로는 당신의 솔직한 감정을 표현하고 보여 주는 것도 매우 필요하다. 사랑하는 사람들에게 걱정스럽고 불안하고 슬픈 것을 가끔은 말해 보자.

6. 즐거움과 열정을 중요하게 여기는 부모

다음 항목들은 즐거움과 열정을 중요하게 여기는 부모에게서 흔히 볼 수 있는 특징들이다. 당신의 특성을 잘 설명해 주는 항목들에 체크해 보자.

☐ 나는 낙관적이고 열정적이며 대체로 행복하다.
☐ 나는 아이들이 새롭고 참신한 방법으로 자신의 삶을 풍요롭게 살기를 바란다.
☐ 나는 아이들을 위해 놀이, 연극 보기, 박물관 가기, 여행하기, 작품 만들기 등의 많은 일정을 짠다.
☐ 나는 아이들이 다양한 경험을 하는 것을 보면 행복하다.
☐ 나는 어쨌든 위축되고 의기소침한 기분을 갖고 싶지 않다.
☐ 나는 여러 계획을 시도하고 지루해져서 포기하고 새로운 계획을 세우기도 한다.
☐ 나는 일을 벌리고 끝까지 해내지 못하고 마무리하지 못하는 경우가 꽤 있다.

☐ 나는 반복적이고 일상적인 일에 금방 지루함을 느낀다.

☐ 나는 창조적이고 상상력이 풍부하다.

☐ 나는 권위를 싫어한다.

 사례 1

즐겁고 열정적인 그녀는 모든 일을 능숙하게 한다. 그녀는 낙관주의자이며 열정적이며 행복하고 늘 바쁘다. 열정이 많아서 새롭고 참신한 방법으로 자녀들의 삶을 풍요롭게 해 줄 방법을 찾는다. 그녀는 아이들을 위해 놀이, 공예, 연극 관람, 모험 체험하기 등의 많은 일정을 짠다. 생일에는 늘 파티와 친목 모임을 열어 축하해 준다. 그녀는 자녀들이 다양한 경험을 하는 것이 행복하다. 그녀는 자녀들에게 신나는 것을 보여 주기 위해서는 언제라도 시내나 해변으로 즉시 떠날 준비가 되어 있다. 자녀들이 기분이 좀 우울하거나 좋지 않은 날이면 자녀들의 기분을 좋게 만드는 능력를 발휘한다. 그녀는 자녀들이 곤란한 상황에서 벗어나도록 돕기도 하고, 인생을 긍정적으로 보는 방법도 알려 준다. 자녀들은 이런 그녀를 좋아하고 의지한다. 자녀들이 10대가 되면 그녀는 아이들이 속상하고 고통스러운 일에 대해서도 가끔 대화하길 원한다는 것을 알고 있고, 긴박한 상황에서도 즉각적으로 자녀들의 기분을 풀어 주고 앞으로 나아가게 해 준다.

 사례 2

즐겁고 열정적인 그녀는 자녀들에게 열린 마음을 가지고 대하려고 한다. 하지만 그녀의 가족들은 그녀가 여러 계획을 시도하고 지루해져서 또 새로운 것들을 찾다가 포기한 것들에 대해 놀리곤 한다. 그녀는 끝까지 해내지 못하고 중간에 포기하고 좌절하고 마무리하지 못하는 경우가 있다. 그녀는 아이들이 어릴 때 자녀들을 키우는 반복되는 일이 힘들다고 느껴진다. 반복적이고 일상적인 일들에 금방 지루해진다. 이러한 일들이 참을 수 없게 느껴진다. 자녀들을 키우면서 자녀들에게 규칙을 말하는 것이 어렵고 힘들게 느껴진다. 그녀는 자녀들에게 불편함이나 고통을 주는 것을 싫어하고, 가족들과는 전혀 갈등을 일으키지 않길 바라고 권위를 좋아하지 않는다. 그녀는 가족 모두가 동등하다고 느끼고 소속되어 있다는 것을 알게 해 주고 싶어 한다.

앞의 사례처럼 즐겁고 열정적인 부모는 자녀들에게 다음과 같은 긍정적인 영향과 부정적인 영향을 줄 수 있다.

즐겁고 열정적인 부모의 긍정적 영향

- 판단이 빠르다. 당신은 자녀들이 도전을 극복하고 전진할 수 있도록 도와준다.
- 당신은 창조적이고 상상력이 풍부하다. 창의력과 상상력으로 자녀들의 삶을 풍요롭게 해 준다.
- 당신은 자신의 삶을 사랑하며, 자녀들이 삶을 이해하고 세상을 알아 갈 수 있도록 용기를 준다.
- 당신은 낙천적이며 긍정적인 것에 초점을 맞춘다. 가족들이 인생의 밝은 면을 볼 수 있도록 용기를 준다.
- 당신은 자녀들이 삶을 발견하는 데 좋은 기회를 찾아 준다. 자녀들이 기회를 포착할 수 있도록 격려하거나 찾아 준다.
- 당신은 친근하고 외향적이어서 가족을 위해 우정과 사회적 교류를 맺도록 밀어 준다.
- 당신은 상황이 부정적이라 하더라도 긍정적으로 반전시킬 수 있는 재주가 있다.

즐겁고 열정적인 부모의 부정적 영향

- 정신없이 새로운 일을 찾아다니는 것이 지나쳐서 가족들의 소중한 시간을 허비할 수 있다.
- 어떤 선택을 하고 일을 곧잘 시작하다가 자주 일들이 지연되고 집중해서 노력을 하지 않아서 자녀들은 부모의 이런 면들을 신뢰하지 않게 된다.
- 재미있는 유머와 즉흥적인 태도는 미숙하게 보일 수도 있고, 이런 태도가 자녀들을 당황스럽게 할 수 있다.
- 권위를 무시하는 태도는 부모와 자녀들 사이의 위계 질서를 모호하게 만들 수 있다.
- 규율을 싫어하고 판에 박힌 것을 지루해하는 태도는 가족들에게 중요한 일조차도 수행하지 못하게 할 수 있다.
- 때때로 충동적이고 일관되지 못한 태도는 가족들을 혼란스럽게 만들 수 있다.

즐겁고 열정적인 부모는 다음과 같은 상황에서 스트레스를 받을 수 있다.

- 일상적인 일들에 발목 잡혀서 부모로서 책임져야 할 때
- 해야 할 일이 있고 선택의 여지가 없다는 느낌이 들 때
- 실수를 하거나 상황이 점점 나빠질 때
- 자신이 계획한 신나는 일을 하느라고 시간을 다 써 버릴 때
- 자녀들이 부정적이고 슬프거나 비관적일 때

이와 같이 즐겁고 열정적인 부모들은 좀 더 성숙한 부모가 되기 위해 다음과 같은 양육 전략을 배울 필요가 있다.

즐겁고 열정적인 부모: 성장을 위한 자녀 양육 전략
- 자꾸 새로운 것을 하려고 하기보다는 거절하기 위해 '아니요'라는 말을 해 보자.

당신은 열정적이다 보니 지나치게 새롭고 많은 일들을 벌이기 쉽다. 새로운 일을 벌이기 보다는 지금 하고 있는 일을 잘 마무리하고, 새로운 일을 하자는 다른 사람들의 제안을 때로는 거절할 필요가 있다.

- 과장되고 비현실적으로 낙관적인 자신의 모습을 인식하자.

당신은 너무 지나치게 긍정적으로 해석할 때가 있다. 진실을 왜곡하는가? 당신은 끔찍한 상황을 어떻게든 극복하는 데 능하다. 그러나 부정적인 상황을 재구성하면서 혹시 부인하거나 회피하는 것은 없는가? 자녀들이 싫어하거나 고통스럽거나 불편한 점을 발견하지는 않았는지 살펴보라. 자녀들이 인생에는 기쁨과 슬픔이 함께 존재한다는 것을 아는 것은 중요하다.

- 다른 사람의 말을 경청하고 다른 사람들이 자신의 슬프고 고통스러운 이야기를 털어놓을 수 있도록 하자.

다른 사람들이 자신의 고통스럽고 힘든 이야기를 할 때 빨리 서둘러서 긍정적으로 분위기를 바꾸려고 노력할 필요는 없다. 우리는 고통스러운 상황이나 감정을 피하기보

다는 힘들게 맞닥뜨리고 깊게 느끼고 깨달을 때 더욱 성숙해 질 수 있다. 가족구성원들이 슬프고 힘든 이야기를 할 때 가만히 들어 주고 깊게 공감해 주면서 함께 머무는 연습을 해 보자.

　• 더 좋은 것을 자꾸 찾기보다는 지금 가지고 있는 것에 감사하자.
　당신은 새로운 아이디어나 변화를 느끼는 것이 좋지만 정작 자녀들은 반복과 꾸준함이 가져다주는 편안함을 더 좋아할 수도 있다. 자신의 참을성 없는 기질을 자제하고 자녀들이 꾸준히 하고 반복해서 즐겨하는 것들을 인정하자.

　• 자녀들을 부모의 속도에 맞추도록 하지 말고 자녀들의 속도대로 가게 하자.
　자신의 생각이 앞서고 주의가 자주 산만해지는 것을 알아차리자. 잠시 멈추어서 호흡을 가다듬고 자신의 생각에 초점을 두면서 정리하자. 속도를 늦추고, 잠시 시간을 멈추어서 자녀의 속도에 관심을 갖고 집중하자.

　• 늘 사람들을 즐겁게 하려는 마음을 자제하자.
　고통스러운 상황이나 감정을 회피하려는 습관을 알아차리자. 고통스러운 느낌이 있으면 가족에게 솔직하게 털어놓자. 자녀들이 고통이나 불편함에 맞닥뜨리는 것은 당신이 필요하다고 생각하는 것보다 더 중요할 수 있다. 고통스러운 상황이나 감정을 회피하면 자녀가 그러한 힘든 일들을 겪어 볼 수 있는 기회를 빼앗을지도 모른다.

　지금까지 여섯 가지 부모 유형과 장점과 단점, 고쳐야 할 점들에 대해 살펴보았다. 당신의 유형을 찾으면서 자녀에게 영향을 주는 당신의 장점이나 단점을 보다 확실히 알게 되었을 것이다. 또 어떤 점을 앞으로 더 길러야 할지 생각해 보는 시간을 가졌을 것이다.

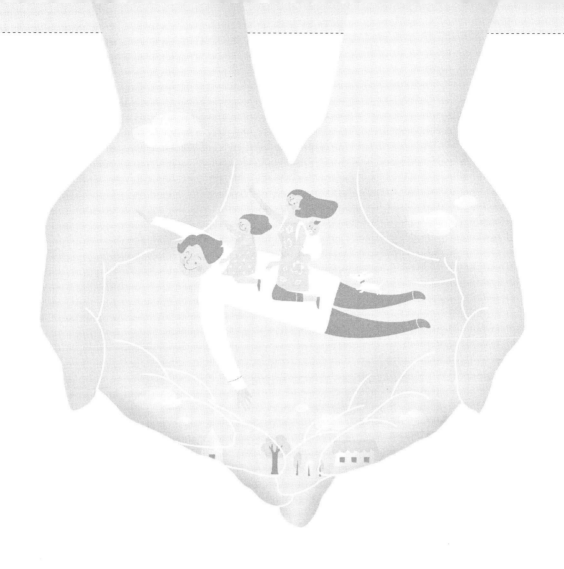

Part **III**

부모와 아이 사이를
좋게 하는 대화법

Chapter 5

부모와 아이의
대화

부모와 아이의 관계에서 가장 값진 것은 무엇일까? 아이와 대화를 하면서 대화를 잘했다는 느낌을 가진다면 관계가 좋아지는 것은 물론 서로에게 심리적인 성장과 편안함을 줄 것이다. 만일 대화가 잘못되어 매일이 시끄럽고 불협화음이라면?

뭔가 대화의 개선이 필요하다. 이 장에서는 자녀와의 대화를 좀 더 잘 하기 위해 토머스 고든(Thomas Gordon, 2000)이 제안한 적극적 듣기, 나 메시지 전달법, 부모와 아이 둘 다에게 좋은 원윈 대화법을 배울 수 있다.

➤ 주요 내용

1. 수용이란?
2. 침묵과 소극적 듣기
3. 적극적 듣기
4. 나 메시지 기법
5. 원윈(win win) 대화법

➤ 주요 질문

1. 잘 들어 준다는 것은 어떤 것을 의미하는가?
2. 잘 들어 주면 왜 관계가 좋아질까?
3. 부모인 나와 내 아이 사이가 너무 안 좋을 때는 부모인 나는 무엇부터 개선하면 좋을까?
4. 아이와 부모 둘 다에게 좋은 대화법은 무엇인가?
5. 아이에게 고민이 생기고 문제가 생겼을 때는 어떤 식으로 대화하는 것이 좋을까?
6. 아이로 인해 부모인 내가 마음이 불편하고 힘들 때는 어떤 방식으로 표현하면 좋을까?

1. 수용이란?

사례 1: 가출한 15세 여자아이

"아주 사소한 얘기도 엄마랑은 도저히 할 수가 없어요. 학교 공부 같은 것도 얘기하기 힘들어요. …… 시험을 망쳐서 속상해서 엄마한테 시험을 잘 못 본 것 같다고 말하면 엄마는 "그래? 그렇게 공부를 안 하는데 잘 볼 리가 없지." 하면서 마구 화를 내요. 그래서 거짓말을 하기 시작했죠. 거짓말을 하고 싶어서가 아니라 그렇게 해야 골치 아픈 일이 생기질 않으니까 그냥 그렇게 해요. 엄마나 저나 솔직한 얘기, 정말 무슨 생각을 하고 있는지는, 속 이야기는 절대로 얘기 안 해요."

사례 2: 고등학교 1학년 남자아이

"저는 엄마의 기대를 맞출 수가 없어요. 엄마는 너무 많은 기대를 하기 때문에 도저히 기대 수준을 맞출 수 없어서 무력해져요. 엄마는 너무 공부 얘기만 하기 때문에 다른 것들이 하고 싶어도 말을 할 수가 없어요. 말해도 들어 주지 않을 게 뻔하니까요. 그러니까 학교에서는 잠만 자게 되고 모든 게 부정적으로 되는 것 같아요. 빨리 커서 집을 나와서 독립하고 싶어요."

이들 사례에서처럼 부모와 대화하지 않으려는 것은 사춘기의 아이들에게는 흔한 일이다. 특히 아이가 사춘기가 되면 아이들은 부모와 얘기하는 것이 아무런 도움도 되지 않을 뿐 아니라 부모가 자신을 전혀 이해하지 못하고 있다고 생각한다. 이렇게 되면 부모는 아이가 살아가면서 마주하는 많은 어려운 문제를 해결하는 데 도움을 줄 수 없게 되고, 아이는 아이대로 힘겨운 생활을 하게 된다. 아이는 부모와 대화할 마음이 생기지 않고 대화를 해 보았자 부모는 자신의 생각만 계속 강요하고 자신에게 도움이 될 것이 없다는 생각을 한다. 그래서 사춘기의 청소년들은 고민이 있어도 친구들에게는 이야기를 해도 부모에게는 말을 하지 않는 아이들이 많다. 또 부모에게 자신이 잘못한 끔찍한 일들을 말했다가는 부모가 난리를 칠 것이고, 어떤 비난이 쏟아질지 뻔하다고 생각한다. 그래서 자신이 저지른 실수를 몰래 처리하려고 하다가 더 큰 곤경에 빠지거나 아주

112

드문 예이기는 하지만 극단적인 선택을 하기도 한다.

사춘기의 청소년들이 수많은 시행착오를 거쳐서 성인이 되는 발달 시기에 있다는 점을 이해하면 문제를 일으키고 실수를 하는 것이 어쩌면 당연한 일인데도 우리 부모들은 당장 내 마음이 불편하고 불안하고 두려워서 화부터 내게 된다. 또 부모의 입장에서는 자녀에게 일어난 안 좋은 일들이 앞으로 인생 내내 일어날까 봐 파국적인 생각을 하고 부정적인 결과를 확대하여 생각하기 때문에 부드럽고 침착한 태도로 아이와 대화하기 어렵게 된다. 대개의 경우 많은 불행한 일과 수많은 불화를 경험하고 나서야 자신의 대화법에 문제가 있다고 인식을 하게 되고, 많은 후회를 하게 되고, 대화법을 고치려는 마음을 갖게 된다. 그런데 막상 대화하는 방식을 고치려고 해도 어떤 방식이 좋은지 지식과 기술이 부족하고 또 이전의 방식보다 부드럽고 친절하게 대화했다가도 금방 예전의 방식대로 돌아가서 대화하고 있는 자신의 모습을 발견하게 된다. 이 장은 아마도 자신의 대화에 문제가 있고 개선해야겠다는 의지가 있는 부모들에게 확실히 도움이 될 것이다.

우선 우리의 아이들과 대화를 시작하려면 일단 비판하거나 판단하지 않고 듣는 것부터 연습이 필요하다. 이 연습은 매우 어렵고, 조금 되는 듯하다가도 다시 비판하고 판단하는 방식으로 되돌아가기 쉽다. 그렇기 때문에 끊임없는 연습이 필요하다. 이러한 '수용 화법(language of acceptance)'을 배우면 분명히 아이와의 대화에서 좋은 변화가 일어날 것이다.

1) 수용하는 대화

상대방을 진정으로 수용한다는 느낌을 주는 사람은 상대방이 그 사람과의 관계를 통해 좋은 변화를 하고, 문제를 해결하고, 자신의 잠재력을 최대로 실현할 수 있도록 도와줄 수 있다. 다른 사람이 자기를 있는 그대로 진심으로 받아들인다는 것을 알게 되면, 많은 사람이 새로운 변화를 추구하고 성장하여 어떻게 하면 좀 더 나은 사람이 될 수 있을지를 고민하기 시작한다는 것이다. 그런데 우리 부모들은 거의 반대로 생각을 한다. 부모인 내 자신이 하나라도 관여를 하고 잘못된 것은 바로 지적을 하고 고치게 해야 부모 역할을 제대로 하는 것이라는 생각을 많이 하고 있다. 잘못된 것을 고치게 하는 것이 부모의 역할은 맞다. 하지만 그 방법이 잘못되었을 때는 하나도 효과가 없게 된다. 그런데 그 방법들이 잘못된 경우들이 너무나 많다. 어린 시절 부모의 양육방식을 성인이 되어서 회상해 보면 부모님이 나를 사랑한 것은 알겠는데 그 방법이 잘못된 것 같다는 느낌을 많이 받았을 것이다.

인본주의 심리학의 주요 인물인 칼 로저스(Carl Rogers)는 무조건적인 긍정적 존중이 사람을 변화시킬 수 있다고 보았다. 그리고 부모의 가치나 기대에 근거해서 양육을 하면 아이들이 자신의 자아실현을 하기가 어렵다는 말을 했다. 왜냐하면 부모는 자신의 가치나 판단, 선입견에 의해서 자녀들이 그런 기대에 맞추어서 행동할 때는 칭찬해 주고 좋아하지만, 자신의 가치에 어긋나게 행동했을 때는 바로 비판과 설명, 충고와 비난을 쏟아내기 때문이다. 즉, 부모의 가치나 기대에 따라 아이가 행동하면 좋아하고 칭찬을 해 주는 조건적인 긍정적 존중을 해 주는 것이다. 로저스는 바로 이러한 조건적 가치가 우리의 자아실현을 방해한다고 말한다. 사실 부모의 기대와 가치가 너무 높고 아이들을 자신이 원하는 방향으로 이끌려고 하면 할수록 대개 아이들은 반발이 심해지고 부모가 자신을 이해하지 못한다고 생각하면서 더 어긋나게 행동하고 문제행동을 고치려는 마음도 줄어들게 된다. 아마 이런 경험을 이미 해 본 적이 있는 부모들이 많을 것이다.

우리가 다른 사람을 수용한다는 것은 그 사람이 잘 성장할 수 있도록 좋은 바탕을 마련해 준다는 의미이다. 좋은 바탕을 제공받은 아이는 안전한 분위기에서 충분히 잠재력을 실현하는 사람이 될 수 있을 것이다. 로저스는 인간이 자아실현을 하려고 하는 경향성을 갖고 태어난다고 보았고 그것이 누구나 갖고 있는 인간 본성의 일부라고 보았다. 마치 의연하게 서 있는 나무가 적당한 햇빛과 바람, 토양만 있으면 저절로 잘 자라듯이 인간도 자율적으로 자신의 잠재력을 최대한 실현하고자 하는 본성이 있다고 보았다. 여기서 말하는 수용 화법도 이러한 인본주의적 사고에서 나온 기법이라고 할 수 있다.

자녀를 수용한다는 것이 왜 이렇게 중요한 영향을 미치는 걸까? 부모들은 수용한다는 것이 매우 중요하다는 것 자체에 대한 인식을 하지 못할 수 있다. 대부분 사람들이 아이를 있는 그대로 받아들이면 아이가 더 이상 성장하지 않고 지금 상태로 정체될 것이라고 생각하기 때문이다. 아이가 더 발전하려면 아이에게 지금의 모습이 마음에 들지 않으니 고쳐야 한다고 말해야 할 것 같다는 생각을 가지고 있다.

그래서 대부분 부모들은 아이를 기를 때 끊임없이 참견하고 설명하고 판단을 하면서 양육을 한다. 부모가 아이의 성장을 위해 제공하고 있는 토양은 가치 평가, 비판, 설교,

훈계, 명령 등 아이의 지금 모습을 받아들이지 못하겠다는 메시지로 가득하다. 사실 부모들이 아이들에게 하는 말에는 '……하면 안 돼.' '……그렇게 하지 마라.'와 같은 말들이 많다. 부모의 입에 이런 말들이 붙어 다닌다. 어릴 때는 아이들이 무력하고 힘이 없는 존재이기 때문에 이런 훈육으로도 말을 잘 듣는 것처럼 보일 수 있다. 그래서 부모들은 그런 말로 끊임없이 아이들을 다그친다. 그러다 아이가 점점 커 가고 사춘기가 되면서 반발하게 되고 부모의 양육방식에 대해 불만을 갖게 되면서 더 이상 아이가 부모의 말에 순종하지 않고 모든 것이 너무나 갑자기 나빠진 것 같은 위기에 빠지게 된다.

부모의 가치 체계와 엄격한 훈육에 반항하기 시작한 13세의 아이는 다음과 같이 말한다.

> "부모님은 매일 저에게 제 생각과 행동에 문제가 많다고 하세요. 그리고 늘 제 말은 못 믿겠다고 하고 늘 맘에 안 드는 행동만 골라서 한다고 나무라죠. 제가 그렇게 못 돼먹고 문제가 많은 인간이라고 생각한다면 제가 뭘 어쩌겠어요. 어떠한 것도 고치고 싶지 않아요. 어쨌든 신경 안 써요."

이 아이의 경우처럼 부모가 아이에게 나쁜 애라고 계속 말하면 아이는 부모의 말 그대로 나쁜 아이가 될 수밖에 없고, 더욱 좌절하고 자신의 삶에 만족하지 못하게 될 가능성이 높아질 것이다.

뿐만 아니라 계속 이런 식으로 대화를 하면 결과적으로 아이는 부모에게서 멀어지게 된다. 아이들은 더 이상 부모와 이야기하지 않으려고 한다. 자기 감정과 고민을 혼자 마음에 담아 두는 것이 더 편하다는 것을 알게 모르게 깨달아 가는 것이다.

아이를 진심으로 받아들일 수 있고 또 그 감정을 말로 전하는 방법을 익히고 나면 부모로서 좀 더 편안하고 유능해지는 느낌을 가질 수 있다. 뿐만 아니라 살면서 맞닥뜨릴 수밖에 없는 크고 작은 문제들을 아이들이 스스로 해결해 나가고 아동기와 청소년기에 마주하는 좌절감과 고통을 발전적으로 극복해 나갈 수 있는 힘을 얻게 된다. '사랑받고 있다는 느낌'은 아이들에게 안전하다는 느낌을 주고 정신과 육체의 성장을 자극하고, 심리적·육체적 상처를 치유하는 데에 가장 강력한 약이라고 할 수 있다.

2) 수용하는 대화 기술은 왜 필요한가

부모가 아이를 수용한다고 해서 아이가 언제나 그것을 느낄 수 있는 것은 아니다. 부모가 가진 감정이 아이에게 전해지지 않는다면 아이는 수용받는다고 느끼지 못한다. 그렇기 때문에 수용한다는 것이 느껴지도록 표현하는 방법을 연습할 필요가 있다. 심지어는 자식에게 말을 심하게 하고 잔소리를 끊임없이 해도 마음속으로는 아이를 수용하고 사랑한다고 느낀다. 사랑하기 때문에 그런 말을 한다고 흔히 말한다. 그러면 아이는 이해하지 못하겠다는 눈으로 쳐다볼 것이다. 수용이 마음속 깊은 곳에서 우러나와야 하지만 다른 사람을 감동시키기 위해서는 상대방이 느낄 수 있도록 적절하게 전달하고 표현되어야 한다. 심지어는 마음속과는 아주 다르게 말이나 행동을 하면 아이는 사랑받는다는 느낌을 받기 어려울 것이다.

확실히 솔직하고 깊게 수용하는 대화를 통해 치유가 되고, 긍정적 변화를 이끌어 낼 수 있다. 하지만 그러려면 먼저 제대로 대화하는 방법을 익혀야 한다. 부모도 상담가처럼 아이를 있는 그대로 받아들인다는 것을 표현할 수 있어야 하고, 그러기 위해 필요한 대화 기술을 배워야 한다.

대화를 제대로 잘 하면 실제로 마음의 병도 낫게 할 수 있다. 이러한 대화를 통해서 기분이 좋아지고, 이야기할 용기가 나서 자기의 감정을 표현할 수 있게 되며, 자존감을 회복하고 두려움을 극복하고, 성장하고 발전적으로 변화할 수 있게 된다.

반면, 마음의 상처만 주는 파괴적인 대화도 있다. 대화를 하면서 오히려 기분이 안 좋아지고 비난받고 있다고 느끼고 죄책감을 느끼기도 한다. 솔직한 감정을 표현하기 어렵게 되고, 두려움을 느끼게 되며, 자신감을 잃게 되기도 한다.

간혹 이러한 치유적 대화 기술을 배우지 않아도 잘하는 부모들도 있지만, 대부분은 먼저 자기가 가지고 있는 좋지 않은 대화 습관을 끊고 새로운 대화방식을 습득하기 위해 끊임없는 연습을 해야 한다. 그러기 위해서는 먼저 부모들이 자신의 대화 습관을 분석하여 무엇을 고쳐야 하는지를 살펴보아야 할 것이다. 그런 다음 아이와의 대화를 개선할 수 있는 새로운 방법을 배워야 할 것이다.

3) 수용하는 또다른 방식: 간섭하지 않고 조용히 지켜보기

반드시 말로 표현하지 않아도 아이의 행동을 간섭하지 않고 가만히 지켜보는 것도 수용이라고 말할 수 있다. 아이가 뭔가에 몰두해 있을 때 내버려 두는 것은 말하지 않으면서 수용하는 방식이다. 우리 부모들은 아이들이 뭔가를 하고 있을 때 가만히 두지 못하고 계속 간섭하고 못마땅해하면서 지시하고 설명하는 경우가 많다. 부모인 자신도 모르게 끊임없이 간섭하고 지시하고 설명하려는 행동이 아이를 위한 행동인 것처럼 생각하지만 그런 행동들은 지금의 내 아이를 수용하지 않는다는 것을 의미하는 것이다. 아이들이 스스로 자신의 방식대로 뭔가를 할 때 그냥 내버려 두지 않는 부모들은 실제로 너무나 많다. 부모들은 아이의 방이나 사적인 영역에 침입하여 살펴보고 아이의 개인적인 생각들에 이런저런 간섭을 하고 좀 더 나은 방법에 대해 끊임없이 얘기한다. 이는 부모로서 아이가 잘 하지 못할까 봐 느끼는 불안감이 높아서이기도 하고, 부모들 자신이 심리적으로 불안정하기 때문일 수도 있다.

부모들은 아이가 배우면서 계속 발전하기만을 바란다. 뭔가 아이들이 퇴행을 하거나 발전하지 않는 것 같으면 부모 자신이 너무 불안해하고 안달하고 마음의 평정을 잃기 쉽다. 그래서 아이들이 스스로 묻기도 전에 미리 아이에게 수많은 설명을 혼자서 장황하게 한다. 그러면 마치 아이들에게 도움이 될 거라는 생각을 하면서 말이다.

또 부모들은 아이가 성취한 것에 대해 매우 자랑한다.

"우리 애가 그린 그림 좀 봐요."
"우리 애가 100점을 맞았어요."
"우리 애가 상을 받았어요."

그리고 무엇이 옳고 그른지에 대한 융통성 없는 어른들의 기준을 아이에게 강요하려 한다.

"색깔을 좀 더 다양하게 써야지."

그리고 아이에 대해 숨겨진 부모 자신의 욕심을 드러낸다.

"하루 종일 퍼즐 맞추기만 하고 있을 거니?"

"좀 더 의미 있는 일을 할 수는 없니?"

또 다른 사람이 아이에 대해 어떻게 생각할지에 대해 지나치게 신경을 쓴다.

"우리 애는 원래 이것보다 훨씬 더 잘하는 아이인데……. 오늘 몸이 피곤했나 봐요."

"오늘은 우리 애가 기분이 좋지 않아서 잘 못한 것 같아요."

그리고 아이가 자기를 필요로 한다고 생각하고 싶어 한다.

"아빠가 도와줄까?"

"엄마가 도와줄까?"

기타 등등. 끝이 없다. 그리고 아이들은 서서히 지쳐 간다.

따라서 아이가 무언가에 몰두하고 있을 때 가만히 두는 것만으로도 부모가 아이의 행동을 수용하고 자녀 스스로 뭔가를 하는 것에 대해 자유를 허용한다는 것을 표현할 수 있는 것이다. 그런데 대부분 부모들은 이런 '내버려 두기'를 잘 하지 못하는 경우가 많다. 그냥 두고 보는 것이 사실 말처럼 쉬운 일은 아니다. 자녀에 대해서는 간섭하고 싶고 말이 하고 싶어서 참을 수 없을 때가 너무나 많다. 하지만 대부분은 아이가 잘 할 수 있는 것인데도 쓸데없이 너무 참견하거나 아이의 자율적인 생각을 방해하기도 한다. 아이가 아주 어리거나 순종적인 타입일 때는 큰 문제가 일어나지는 않을 수도 있다. 하지만 아이들이 점점 커 가면서 부모의 간섭이나 지시를 너무나 고맙다고 여기는 경우는 거의 없을 것이다. 부모가 이런 점들을 알아차리지 못하고 계속 간섭하고 지시를 하면 아이의 자율성은 점점 더 훼손될 수밖에 없다. 나중에 아이가 스스로 자립하지 못하고 무기력해지고 의욕을 많이 잃어서 방황하는 모습을 볼 때 그때 부모는 깨닫는다. 뒤늦게 부모는 크게 후회를 하고, 자유를 주고 지켜보는 것이 매우 중요함을 깨닫게 된다. 이렇게 후회하지 않길 바란다.

4) 수용과 거리가 먼 부모의 언어 반응

사람과 사람의 관계에서 아무 말도 하지 않고 있기란 쉽지 않다. 사람들은 어떻게든 서로 이야기를 하려 한다. 물론 부모와 자녀 사이도 관계를 유지하려면 서로 대화를 해야만 한다.

대화는 반드시 필요한 것이지만, 대화를 한다는 사실보다 더 중요한 것은 어떻게 대화하는가이다. 수많은 가족 구성원이 서로 대화하자고 시도했다가 오히려 대화하다 크게 싸우고 상처받고 더 사이가 멀어지기도 한다. 처음에는 대화를 해서 잘 해결하려는 마음을 갖고 시작하다가도 상대방이 하는 말 때문에 감정이 상해서 더 격한 말을 하거나 말문을 닫아 버리고 끝이 나 버린다. 어떨 때는 차라리 말을 하지 않는 것이 더 나을 때도 있었다는 것을 뒤늦게 깨닫기도 했을 것이다. 이와 같이 대화를 통해 서로의 마음을 아는 것은 매우 중요하지만 대화방식이 제대로 되었을 때 서로를 이해하고 문제도 해결될 수 있을 것이다.

특히 아이가 문제나 고민거리를 말할 때, 부모인 자신이 어떤 방식으로 대응하는지 스스로 인식하려면 다음과 같은 대화에서 어떤 말들을 할 것인지 한번 적어 보길 바란다.

가장 가슴이 철렁하는 이야기들이다.

> "학교 다니기 싫어요. 학교에서 가르치는 거라고는 아무 쓸모도 없는 것들뿐이잖아요. 난 대학에 안 갈 거예요. 대학 안 가더라도 잘 살 수 있어요. 대학 안 가고도 얼마든지 성공할 수 있다고요."

> "도대체 내가 뭘 잘못했는지 모르겠어요. 친구가 전에는 날 좋아했는데, 이제는 싫어해요. 이제 우리 집에 놀러 오지도 않고요. 내가 걔네 동네로 놀러 가도 걔는 다른 애하고만 놀아요. 둘이서만 재미있게 놀고 나는 옆에서 그냥 보고만 있어야 돼요. 이제 둘 다 꼴 보기 싫어."

> "왜 제가 거실 청소를 하고 쓰레기를 치워야 해요? 다른 집 부모님들은 애들한테 그런 건 절대로 안 시켜요! 애들한테 이렇게 일을 많이 시키는 법이 어디 있어요! 이렇게 집안일을 많이 해야 하는 애는 나밖에 없어요."

당신의 자녀들이 이와 같이 말한다면 당신은 어떤 말을 할 것인가?

아마도 당신이 반응한 방식은 다음과 같은 대화 범주 중 어느 하나에 해당이 될 것이다. 당신은 어느 범주에 해당되는 말을 가장 많이 하는지 살펴보기로 하자.

명령과 지시

아이에게 지시나 명령을 내려 어떻게 하라고 말한다.

> "다른 부모들이 어떻게 하는지에 대해서는 말하지 마라.
> "엄마한테 그런 식으로 버릇없이 말하지 마!"
> "불평 좀 그만 해!"

경고와 위협

어떤 행동을 하면 어떤 결과가 생기는지 아이에게 이야기한다.

> "그렇게 하면 후회할 걸!"
> "한 번만 더 그런 식으로 말하면 집에서 내쫓는다!"
> "그렇게 하면 너 나중에 벌 받는다."

훈계와 설교

어떻게 하는 게 좋은지 아이에게 말한다.

> "이렇게 하는 것이 더 좋은 방법이야."
> "어른들한테는 늘 공손하게 대해야지."

충고와 해결책 제시

충고나 제안으로 문제를 해결하는 방법을 말해 준다. 해결책을 제시해 준다.

> "친구들한테 우리 집에 와서 같이 놀자고 하면 어떠니?"
> "대학 진학문제는 몇 년 더 있다가 결정하는 것이 좋겠다."

"선생님하고 의논해 보지 그러니?"

"다른 친구를 사귀면 되잖아."

논리적으로 따지기

사실, 증거, 정보, 자신의 의견 등으로 아이를 설득하려고 한다.

"어릴 때에는 서로 사이좋게 지내는 방법을 배워야 한단다."

"대학 졸업자들이 사회에서 얼마나 유리한지 한번 생각해 보자."

"가정에서 책임감을 제대로 배워야 책임감 있는 어른으로 자라는 거야."

"내가 네 나이일 때 너보다 두 배는 더 많은 집안일을 했어."

비판과 비난

아이를 부정적으로 평가하거나 비판한다.

"바보 같은 생각이야."

"이런 철없는 소리를 하다니."

"그건 네 생각이 틀렸어."

칭찬과 동의

긍정적으로 평가하거나 동의한다.

"내가 보기엔 예쁘기만 한데!"

"넌 충분히 더 잘 할 수 있어."

"네 말이 맞다."

"나도 그렇게 생각해."

매도와 모욕

아이에게 창피를 주고, 아이에게 꼬리표를 붙여 아이를 규정하고 자신을 바보처럼
느끼게 한다.

"버릇없는 녀석 같으니."

"잘난 척은 엄청 한다."

"알았다, 이 철부지야."

해석과 분석

아이가 왜 그런 말이나 행동을 하는지 분석해서 아이에게 말해 준다. 고민해서 분석했음을 아이에게 알린다.

"엄마를 속상하게 하려고 그런 말을 하는 거지?"

"너도 실제로는 그렇게 생각하지 않잖아."

"학교 성적이 좋지 않으니까 그런 생각을 하는 거 아니니?"

달래기와 편들기

아이가 느끼는 감정의 강도를 축소해서 말함으로써 감정을 경감시키고 아이의 기분을 풀어 준다.

"다른 아이들도 비슷하게 겪는 일이란다."

"걱정하지 마, 잘 될 거야."

"나도 그렇게 생각한 적이 있단다."

"맞아, 나도 학교가 지긋지긋했던 때가 있었어."

탐문과 질문

원인, 동기를 찾아내려고 한다. 문제 해결에 도움이 될 더 많은 정보를 캐낸다.

"언제부터 그런 생각이 들었어?"

"왜 학교가 싫어졌는데?"

"그 아이들이 왜 너랑 놀기 싫어한다고 생각하니?"

"대학에 안 간다면 뭘 하고 싶은데?"

아이가 문제에서 신경을 돌릴 수 있게 하거나 부모가 문제에서 한 발 물러선다. 아이의 주의를 딴 데로 돌린다. 농담을 해서 화제를 돌리고 문제는 뒤로 미루어 놓는다.

"잊어버려."
"저녁 식사 중이니 그 문제는 나중에 얘기하자."
"이거 말고 재밌는 얘기 좀 하자."
"그런데 축구부는 재미있니?"

이러한 대화방식이 아이에게나 부모에게 어떤 영향을 미치는지를 알기 위해서, 먼저 부모의 이런 습관적인 말들이 아이의 입장에서는 어떻게 받아들여지는지 이해할 필요가 있다. 예를 들어, 친구가 자기를 싫어한다거나 더 이상 자기랑 놀려고 하지 않는다고 아이가 말했다고 하자. 이때 "친구한테 좀 더 잘해 주지 그래. 그럼 다시 너랑 놀려고 할지도 모르잖아."라고 말한다면 아이는 다음과 같이 생각할 수 있다.

'엄마는 내 기분을 전혀 몰라 주고 나보고만 달라져야 한다고 하네. 결국은 내가 문제라는 거네. 항상 내가 문제인 거네.'
'나 혼자서는 이 문제를 해결할 수 없다고 생각하시는가 봐.'
'그럼 내 잘못이란 말인가? 또 내가 잘못했다는 거네.'
'내가 뭔가 잘못했다고 생각하시는구나.'

아니면 아이가 학교 다니기가 싫다고 했는데, 부모가 "학교 다닐 때 그런 생각 한두 번 안 해 본 사람 없어. 조금 참고 견디면 괜찮아질 거야."라고 대답했다고 해 보자. 그러면 아이는 이런 의미로 받아들일 것이다.

'엄마는 내 감정은 전혀 중요하게 생각하지 않아.'
'내 생각을 인정하지 않으려고 하네.'
'학교에 문제가 있는 것이 아니라 내 탓이라고 생각하시는구나.'
'내 말을 진지하게 받아들이지 않으셔.'

'내가 학교에 대해 그런 생각을 갖는 데는 그럴 만한 이유가 있다고 생각하지 않으시는군.'

대부분 부모는 아이에게 부모 자신이 '아이에 대해서' 생각하는 것을 말하는 경우가 많다. 아이가 정말 무슨 생각을 하고 어떤 고민에 빠져 있는지를 먼저 들으려 하기보다는 자신이 이미 생각해 놓은 삶의 방식이나 아이에 대해 자신이 알고 있는 지식들에 근거해서 가르치고 지시하고 설명하려고만 한다. 그래야 아이들이 빨리 고치고 올바른 방향으로 나아갈 것 같아서 그렇게 한다. 하지만 이런 생각은 대개 착각이다. 아이들은 부모와는 분명히 다른 생각들을 갖고 있다.

부모가 이와 같은 대화를 계속하면 아이들은 다음과 같이 느끼게 된다.

> 더 이상 얘기를 하고 싶지 않아서 입을 다물게 된다.
> 방어적이게 되고 변명하게 된다.
> 대들고 반항하게 만든다.
> 내가 보잘것없는 사람인 것처럼 느끼게 된다.
> 화가 나거나 속상해진다.
> 죄책감을 느끼거나 우울하게 만든다.
> 상대방이 스스로 문제를 해결할 수 없다고 생각하는 것처럼 느껴진다.
> 나를 마치 어린아이라도 된 것처럼 대하는 것 같다.
> 나를 이해하고 있는 것 같지 않다.
> 내 일에 참견하려 드는 것처럼 느껴진다.
> 나를 슬프게 하고 좌절시킨다.
> 마치 반대 심문을 받고 있는 것 같은 기분이 든다.

여기서 잠깐 베트남의 선사 틱낫한의 말에 집중해 보자. 그는 우리가 가족을 어떻게 대해야 서로 행복해질 수 있는지에 대해 말해 준다.

> 당신이 상추를 심을 때 만약 그것이 잘 자라지 않는다면, 당신은 그 상추를 비난하지 않는다. 당신은 그것이 잘 되지 않는 이유들을 찾나. 그것은 비료가 필요하거나

또는 더 많은 물이나 더 적은 태양이 필요할지 모른다. 당신은 결코 상추를 비난하지 않는다. 만약 우리가 우리의 친구나 가족에게 문제가 있다면, 우리는 다른 사람을 비난한다. 하지만 만약 우리가 그들을 돌보는 법을 안다면, 그들은 잘 자랄 것이다. 그 상추처럼 말이다. 비난은 아무런 긍정적 효과도 없으며, 이유와 논쟁을 사용해서 설득하려고 시도하지도 않는다. 그것이 나의 경험이다. 비난도 하지 말고, 추론도 하지 말고, 논쟁도 하지 말며, 오직 이해하라. 만약 당신이 이해하고, 당신이 이해함을 보여준다면, 당신은 사랑할 수 있고 그 상황은 변할 것이다.

—틱낫한, 『지금 이 순간이 나의 집입니다』(2019)—

2. 침묵과 소극적 듣기

사랑 속에는 말보다 오히려 침묵이 더 많다. 사랑하는 사람들의 말은 침묵을 증가시킨다. 사랑하는 사람들의 말 가운데에서는 침묵이 커져 간다. 그것은 오직 사랑만이 할 수 있는 일이다. "침묵해요, 내가 당신 말을 들을 수 있도록!"

사랑에는 말보다 침묵이 더 많다. 그리고 사랑은 말할 때보다 침묵할 때 비할 데 없이 더 쉽다. 말을 찾는 것은 마음의 감동을 크게 해친다. 침묵할 때에 사랑하기가 훨씬 더 쉽다. 침묵하면서 사랑하기가 더 쉬운 것은 침묵 속에서는 사랑이 가장 멀리까지 뻗어 나갈 수 있기 때문이다.

—막스 피카르트, 『침묵의 세계』(2017)—

부부의 사이에서도, 부모와 자녀 간의 사이에서도 사랑하므로 침묵이 필요하다. 아무것도 말하지 않는 것으로도 사랑하고 있음을 받아들이고 있음을 표현할 수 있다. 침묵 혹은 소극적 듣기는 수용을 표현하는 또 다른 강력한 비언어적 메시지이고 때로는 진정으로 받아들여지고 있다는 느낌을 줄 수 있다. 그래서 상담을 할 때도 상담자와 내담자의 침묵은 매우 중요하다. 침묵 속에서 내가 받아들여지고 있다는 느낌을 받는 것은 아주 평화롭고 특별하고 소중한 경험이다. 아무 말도 하지 않지만 상대의 말을 들어주고 수용하고 있음을 전달하고 있는 것이다. 아마도 부모가 침묵하면서 계속 들어 주면 아이들은 알아서 스스로 문제를 해결하여 말할 때도 있다는 점이 침묵의 가장 매력적이고 유용한 점일 것이다. 이럴 때 침묵은 확실히 말보다 우위에 있다.

하지만 부모가 계속 말하고 참견하고 설교하면 아이는 화를 내고 입을 닫아 버릴 것이다. 다음의 사례는 학교에서 막 돌아온 중학생 딸과 부모의 대화이다.

아이: 엄마 오늘 재수 없게 벌점 받았어요.

엄마: 그래?

아이: 네. 수업 시간에 떠들어서요.

엄마: 그랬구나.

아이: 그 선생님 정말 이상한 사람이에요. 수업 시간 내내 너무 지루하고 재미없어요.

엄마: 그랬니?

아이: 지루한 수업 시간에 앉아서 멍청하게 앉아 있으려면 정말 미칠 지경이에요. 선생님이 얘기하는 동안 친구와 같이 좀 떠들었을 뿐인데, 그 선생님은 정말 최악이에요.

엄마: (침묵)

아이: 내가 좋아하는 선생님 시간에는 저도 열심히 집중해요. 하지만 그 선생님 시간에는 아무 것도 배우는 게 없어요. 왜 그런 선생님더러 가르치게 하는지 몰라.

엄마: (난감하다는 표정을 지으며 침묵)

아이: 그래도 적응해야 하겠죠. 언제나 좋은 선생님만 만날 수는 없을 테니까. 사실 좋은 선생님 보다 이상한 선생님이 더 많아요. 그렇지만 재미없는 선생님 수업이라고 열심히 안 하면 성적이 떨어져서 좋은 대학에 가지 못할 테니까, 결국 나만 손해라니까요.

이 짧은 대화에서 침묵의 효과를 느낄 수 있다. 부모가 침묵과 소극적 듣기로 아이의 말을 들어 주자 아이는 '학교에서 벌점을 받았다'는 불쾌한 사실을 전달하는 데 그치지 않고 대화를 발전시킬 수 있었다. 아이는 자기가 왜 벌점을 받았는지 인정할 수 있었고, 선생님을 싫어하는 감정을 털어놓을 수도 있었으며, 싫은 선생님에게 계속 반항했을 때 어떤 결과가 있을지 스스로 생각해 낼 수 있었다. 결국 그렇게 하면 자기만 손해라는 결론에 스스로의 생각으로 도달했다. 엄마가 지적하고 간섭하지 않고 그대로 받아들여 준 짧은 순간 동안 아이는 스스로 생각하면서 깨달은 것이다. 아이에게 자기의 감정이나 생각을 쏟아 낼 수 있게 해 주면 아이가 스스로 문제를 해결해 나갈 수 있게 될 가능성이 커진다. 그렇게 해서 아이는 확실하게 옳은 판단을 하거나 문제 해결을 하지는 못해도 어쨌든 스스로 어느 정도 더 나은 해결책을 생각해 낼 수 있었다.

하지만 부모가 아이가 벌점을 받았다는 말을 듣고서 계속 아이에게 침묵이나 소극적 듣기를 한다는 것은 결코 쉽지 않다. 만일 아이가 앞의 대화에서처럼 "엄마 오늘 재수 없게 벌점 받았어요." 한다면 당신은 어떻게 할 가능성이 클까? 아마도 다음의 반응 중 하나 정도는 보이거나 다음에 있는 말들을 여러 번 반복해서 말하는 부모들이 분명히 많을 것이다.

> "뭐라고? 선생님한테 불려 갔다고? 결국 그런 일이 일어났네!"
> "선생님한테 이상하다니? 말버릇부터 고쳐라."
> "이제 정신 좀 차려라!"
> "글쎄, 그 선생님이 네가 말하는 것처럼 그렇게 나쁜 선생님은 아니지 않니?"
> "네가 먼저 잘못을 했으니까 선생님이 벌점을 주지."
> "얘야, 참는 법도 좀 배워야지."
> "학교에는 이런 선생님도 있고 저런 선생님도 있는데 네가 맞춰야지 않겠니."

이 말들은 부모들이 이런 상황에서 흔히 하는 얘기이며 아이와 더 이상 대화가 진행되는 것을 방해하고 아이가 스스로 문제를 해결할 수도 없게 만든다. 사실 부모인 내 자신이 아이가 벌점을 받고 다니는 것이 너무 창피하고 속상하고 그러다 일이 점점 더 커질까 봐 불안한 마음에 참지 못하고 바로 훈계나 설교, 지시를 하기 시작하는 것이다. 그러면 아이는 자신이 속상하다는 것을 표현하거나 앞으로 어떻게 해야 하겠다는 생각을 말하기보다는 괜히 말해서 일만 더 커지고 혼나기만 한다는 생각을 하게 될 것이다. 아이는 아마도 '앞으로 학교에서 혼난 이야기는 절대 하지 말아야지. 집에 와서 또 혼나고 골치만 아파.'라고 생각할 것이다.

수없이 실수하고 경험으로 배워야 하는 아이들에게는 가끔은 아무 말도 하지 않고 들어 주는 것만으로도 점진적인 성장과 변화를 가져올 수 있다.

1) 아이의 말문을 여는 방법

아이가 자기 감정이나 문제를 이야기할 때 가장 효과적인 방법 중 하나는 듣는 사람이 자신의 생각이나 판단, 감정을 말하지 않으면서 아이가 자기 생각, 판단, 감정을 표현하게 하는 방법이다. 말문을 열고 이야기를 시작하게끔 유도하는 방식이다. 부모가 자기 이야기를 계속하면서 질문을 하거나 충고, 격려, 훈계 등등을 늘어놓으면 아이는 말하기 싫어진다. 많은 부모가 자신이 하고 싶은 말만 계속하는 경우가 있다. 그러면 아이는 계속 풀이 죽어 듣고 있고 마음속으로는 '또 시작이다. 이 지긋지긋한 설교는 언제 끝나. 듣기도 싫다.' 하고 생각한다. 사실 이러한 모습은 어느 집에서나 흔하다. 그래서 서로 마주 보고 대화를 하면 할수록 화가 나고 서로 이해하지 못한다는 생각을 하게 된다. 그러나 어떻게 하면 대화를 주거니 받거니 이어 갈 수 있을까를 고민하고 바꾸려고 한다면 심리적으로 안정감 있고 존중받는다는 느낌을 받으면서 좋은 관계를 이어 나갈 수 있다.

2) 아이의 말문을 열어 주는 말

간단한 언어 반응

"그렇구나"

"정말?"

"그랬어."

"진짜?"

"그랬구나."

"그래?"

좀 더 적극적으로 이야기를 끌어낼 수 있는 언어 반응

"그 얘기 좀 해 봐."

"듣고 싶은데."

"그거 재미있는 생각이네."

"네 생각이 궁금해진다."

"그것에 대해 할 말이 더 있는 것 같은데?"

"너한테 아주 중요한 문제이구나."

아이의 말을 들으면서 단지 기계적으로 반응하기보다는 아이의 말에 정말로 관심이 있고 계속 듣고 싶다는 표현을 하는 것이 중요하다. 수용하고 존중하는 말들은 말문을 열게 한다.

"네 감정을 편안하게 말해 줘."
"너한테서 무언가를 배울 수 있을 것 같아."
"네 생각이 궁금해."
"네 생각은 들어 볼 만하다."
"너에게 관심이 있어."
"너에 대해서 더 많은 것을 알고 관계를 좋게 하고 싶어."

사실 이런 수용하고 존중하는 태도에 대해 어느 누구든 나쁘게 반응하기는 어렵다. 이런 말을 들으면 기분이 좋아지고 말할 용기가 생긴다. 우리 어른들도 다른 사람들로부터 존중받고, 가치 있고, 중요하고, 받아들여지고, 관심받는 사람이라고 느끼면 기분이 좋을 것이다. 아이들도 마찬가지이다. 말로 대화를 유도한 다음에는 아이가 스스로 표현하고 이야기를 전개해 나갈 수 있도록 방해하지 않는 것이 좋다. 그러다 보면 아이에 대해서 그리고 자기 자신에 대해서도 무엇인가 새로운 것을 느끼고 배울 수 있을 것이다. 사실 아이의 이야기에 가만히 귀 기울이다 보면 어른의 관점으로는 도저히 알 수 없는 아이들만의 새롭고 단순하고 창의적인 관점에서 세상을 바라보게 되기도 한다.

3. 적극적 듣기

적극적 듣기는 우리가 아이들이 잘 되기를 바라면서 비판하지 않고 지금 이 순간 아이의 말을 의식적으로 잘 들어 주는 것을 의미하며, 마음챙김 듣기(mindful listening)라고 할 수 있다. 선한 의도를 갖고 상대방의 마음을 잘 들어 주면 그 자체가 명상이다.

특히 적극적 듣기는 아이가 힘들어하거나 아이에게 어려움이 있을 때 부모가 할 수 있는 가장 좋은 방법이다. 아이들은 힘들거나 속상한 일이 있으면 말하고 싶어 하고 누군가가 들어 주길 바란다. 누군가가 적극적으로 잘 들어 주면 자신의 고민을 이야기하고 싶고 자신에게 도움이 되는 방향으로 스스로 문제 해결을 할 가능성이 높아진다.

적극적 듣기란 결국 듣는 사람이 말하는 사람의 감정이나 생각을 이해하려고 애쓰는 것을 말한다. 그리고 듣는 사람은 자기가 이해한 것을 자기의 말로 선달하여 말하는 사람에게 전달한다. 말하는 사람은 평가를 하거나 의견을 내놓거나 충고하거나 분석하고 질문하는 것과 같은 자기중심적인 메시지는 전달하지 않는다. 단지 자기가 들은 말이 무슨 의미인지를 말하는 것이다.

1) 왜 부모들은 적극적 듣기를 배워야 하는가?

적극적 듣기방법을 알게 되면 몇몇 부모는 다음과 같은 생각을 할 수 있다.

'너무 부자연스럽게 대화하는 것 같다.'
'보통 그런 식으로 말하지 않는데 어색하다.'
'이렇게 듣기만 한다고 해서 과연 우리 아이가 좋아질 수 있을까 의문이다.'

적극적 듣기를 하려면 우선 부모 자신의 생각이나 감정을 표현하는 것을 일단 보류해야 한다. 아이에게 당장 하고 싶은 말들이 입에서 튀어나오지 않도록 노력할 필요가 있다. 사실 적극적 듣기를 하는 것은 쉽지 않은 일이다. 마음의 각오를 단단히 하고 적극적 듣기를 연습하지 않으면 사실 매우 어려운 일이다.

이렇게 아이들의 말을 평가하지 않고 계속 적극적으로 들어 주면 아이들은 계속 자기 이야기를 할 가능성이 높아지고 부모는 자식에 대해 더 많은 것을 알고 이해할 수 있게 된다. 부모와 자식 간에 대화방법의 문제가 많아서 관계가 나빠지는 경우를 흔히 볼 수 있다. 이런 경우에도 적극적 듣기를 시도하면 아이의 입장에서는 부모의 달라진 대화법에 대해 좋게 느끼면서 서로 이해하는 관계를 맺어 보려고 마음먹을 수도 있다.

"전 제 아들이 사춘기가 되면서 대화다운 대화를 해 본 적이 없는 것 같아요. 아들이 마음에 들지 않다 보니 지적이나 잔소리를 계속 하게 되고 점점 대화를 하지 않게 되는 것 같아요. 이렇게 그냥 엄마로서 노력하지 않고 지내면 아이와 점점 멀어질 것 같아서 아들의 말을 적극적으로 들어 주려고 노력하다 보니 아이가 평소 때보다 자신의 말을 많이 하는 것을 느꼈어요. 확실히 적극적으로 들어 주니까 훨씬 아이와의 관계가 나아지는 것을 느끼게 되었어요. 미리 이런 방법들을 배웠으면 그렇게까지 관계가 나빠지지는 않았을 텐데 하는 생각이 드네요. 결국은 부모인 제가 변화를 해야 하고 제가 고쳐 나가야 한다는 생각이 들어요."

우리는 어떤 괴로운 생각이나 감정을 떨쳐 버리기 위해서 사고나 감정을 억누르거나 잊어버리거나 다른 생각을 한다거나 하는 등의 방법을 흔히 쓴다. 하지만 이렇게 억누르고 다른 생각을 하면 그 순간에는 그러한 감정이 없는 것처럼 보이지만 어느 순간더 큰 괴로움으로 다가와서 격한 감정을 쏟아내기도 한다. 차라리 그런 감정 자체를 수용하고 괴로움을 느끼는 감정을 솔직하게 표현하고 말하는 것이 더 바람직할 수 있다. 우리 어른들도 보통 너무 힘든 일이 있거나 괴로운 일이 있으면 아는 사람들과 대화를하면서 위로도 받고 자기 얘기를 오랜 시간 누군가에게 하면서 어떻게 할지 생각이 정리되고 어떻게 행동할지 결단이 서기도 한다. 상대방이 오랫동안 들어 주고 공감해 주면 마음이 편안해지면서 그 순간 많이 위로가 되고 문제를 해결할 용기가 생기기도 한다. 물론 문제 해결까지 명확하고 시원하게 할 수는 없어도 누군가가 진정으로 나의 고민을 들어 주면 나를 지지해 주는 것 같고 자신의 문제를 잘 풀어 나가고자 하는 동기나마음가짐이 생기게 된다. 마찬가지로 우리 부모가 아이의 말을 적극적으로 들어 주면아이들은 자신이 실제 느끼는 것이 무엇인지 더 정확하게 인식할 수 있게 되고 자기 감정을 다 털어놓고 나면 그 감정이 어느 정도 사라지는 것을 느낄 수 있을 것이다.

적극적 듣기는 또한 부정적 감정에 대해 죄책감을 갖지 않을 수 있게 해 준다. 흔히 아이들이 부정적 감정을 드러내면 우리 부모들은 그런 감정을 드러내면 좋지 않다는 말을 바로 하거나 싫은 내색을 한다. 적극적으로 들어 주기보다는 불안하고 빨리 뭔가 변화되기를 바라기 때문에 훈계하고 설교하기 시작한다. 그러면 아이는 괜히 자신의 부정적 감정을 드러내어 시끄럽게만 했다고 후회하거나 죄책감을 느끼게 된다. 따라서 부모는 아이들이 부정적인 감정 자체를 표현하는 것은 나쁜 것이 아니라는 인식을 할 필요가 있다. 적극적 듣기를 할 때 감정 그 자체는 '나쁜' 것이 있을 수 없다는 것을 인식하면서 부모가 아이의 감정을 받아들인다는 것을 보여 주면 아이도 자신의 감정을 받아들이고 좋은 방향으로 생각하게 될 가능성이 크다.

적극적 듣기는 아이와 부모 사이에 따뜻한 관계를 만들어 준다. 누가 자기 말을 귀 기울여 들어 주고 이해해 주면 말하는 사람은 많은 위로를 받으며 말을 들어 준 사람에 대해 감사하고 따뜻한 감정을 가지게 된다. 특히 아이들은 다정한 감정과 사랑스러운 말투에 마음이 아주 많이 흔들린다. 상대방의 말을 공감하며 정확하게 이해할 때에 그 사람을 이해하게 되고, 그 사람이 세상을 보는 관점도 소중히 받아들일 수 있게 된다. 다른 사람에게 공감한다는 것은 그 사람을 하나의 독립된 사람으로 보면서 그 사람과 함께하고자 하는 것이다. 다시 말해, 인생의 길에서 짧은 시간이나마 함께 있어 주는 것이다. 이러한 행동은 깊은 관심과 애정이 없이는 하기 어렵다. 공감하면서 적극적으로 이야기를 듣는 방법을 익힌 부모는 아이에 대한 존중과 소중함, 깊은 애정과 관심을 새로이 느끼게 될 것이다. 부모에게서 이런 감정을 느낀 아이들은 마찬가지로 이와 비슷한 감정으로 부모를 대하게 될 것이다. 적극적 듣기를 통해 서로 존중하고 소중하게 여기고 따뜻함을 느낄 수 있는 것이다.

적극적 듣기는 아이가 갖고 있는 문제의 해결을 쉽게 해 준다. 문제가 있을 때에 단지 머릿속으로 생각하는 것보다 말로 풀어서 이야기를 하다 보면 문제를 좀 더 잘 파악하고 해결할 수 있게 된다. 실제로 상담 장면에서 내담자들이 상담의 효과에 대해 말을 할 때 정해진 시간을 내서 누군가에게 자신의 고민이나 갈등을 풀어내어 말을 해 나가는 과정에서 자신이 어떻게 해야 할지 정리가 되고 자신에 대해 이해를 더 잘 하게 되었다는 보고들을 한다. 상담을 할 때 안전한 분위기에서 적극적으로 잘 들어 주면 편하게 말을 할 수 있기 때문에 스스로 문제의 실마리를 쉽게 찾아갈 수 있게 된다.

또한 적극적 듣기는 아이가 부모의 의견과 생각을 듣고 싶게끔 만드는 방법이다. 누군가 자기 입장에 귀 기울여 주면 상대방의 입장에 대해 듣는 것도 쉬워진다. 부모가 아이의 말을 끝까지 주의 깊게 들어 준다면 아이들도 부모의 말에 마음을 열고 들을 수 있을 것이다. 아이들이 자기 말을 듣지 않는다고 불평하는 부모가 있다면, 먼저 자신이 아이들의 말에 제대로 귀 기울였는지 살펴볼 필요가 있다. 한참을 진심으로 적극적으로 들어 주면 아이도 부모가 자신의 생각에 대해 어떻게 느끼는지 듣고 싶어 할 것이다. 아이가 정말로 듣고 싶어 할 때 부모가 자신의 생각을 말한다면 더욱 효과적일 것이다.

적극적 듣기는 아이를 주도적이게 한다. 적극적 듣기로 아이의 문제에 대응하다 보면 아이들 스스로 생각하기 시작하는 것을 볼 수 있을 것이다. 아이는 자기 문제를 분석하고, 결국 더 나은 결론에 이른다. 적극적 듣기는 아이가 스스로 생각하고, 문제를 스스로 진단하고, 스스로 해결책을 찾아낼 가능성을 높인다. 적극적 듣기는 신뢰를 바탕으로 하지만 충고, 따지기, 가르치기 등은 아이로부터 문제 해결의 책임을 빼앗는 불신의 방식이다. 사실 아이도 자신이 어떻게 해야 하는지 잘 알고 있는 경우가 많고, 그냥 가장 믿고 의지할 수 있는 부모에게 말하고 말하면서 자신의 생각을 정리하게 되는 것이다.

이와 같은 적극적 듣기는 부모와 자녀 간의 의사소통에만 중요한 것은 아니다. 배우자와 친구와 직장 동료와의 관계에서도 적극적 듣기는 필요하다. 우리는 너무나 듣기도 전에 자신이 생각하는 것을 바로 말하기 바쁘다. 다 듣기도 전에 자신의 말들을 시작한다. 그래서 늘 대화가 안 된다는 생각이 들고 상대방이 무슨 생각을 하는지 도무지 알 길이 없다. 적극적으로 잘 듣지 않으니 상대방의 생각이나 감정을 알 수가 없는 것이다. 우리는 사실 가족 내에서 가장 상처를 많이 받기도 한다. 가족은 나와 가장 친밀한 관계이고 혈연관계라고 생각해서 자신도 모르게 가장 심하게 모질게 말하고 서로에게 지울 수 없는 상처를 남긴다. 자신의 배우자나 자녀에게 자신의 생각이나 감정을 정확히 전달하는 것도 중요하지만 배우자나 자녀가 무슨 생각을 하고 느끼는지 적극적으로 듣기 기술을 통해 이해하기 시작하면 적극적 듣기의 효과가 생각보다 아주 크다는 것을 느끼게 될 것이다. 하지만 적극적 듣기 기술을 습득하는 것이 그리 쉬운 일은 아니다. 지속적인 연습과 인내가 필요하다. 적극적 듣기 기술을 잘 실천하기 위해서 적극적 듣기에 필요한 태도에 어떤 것들이 있는지 살펴보기로 하겠다.

2) 적극적 듣기에 필요한 기본적인 태도

적극적 듣기는 몇 가지의 기본적 태도를 실천할 때 이루어질 수 있다. 이러한 태도를 갖추지 않으면 적극적 듣기는 아무런 효과가 없을 뿐 아니라 위선적이고, 부자연스럽고 기계적이고, 성의 없이 느껴질 것이다. 적극적 듣기를 사용할 때 부모가 갖추어야 할 기본적 태도는 다음과 같다.

첫째, 부모는 우선 아이가 하는 말을 듣고 싶어 해야 한다. 그러니까 아이의 말을 듣고 싶은 마음가짐을 가지고 있어야 한다. 부모의 생각은 항상 옳고 아이의 생각은 틀렸고 문제가 많다고 생각하면 아이의 말을 듣고 싶은 마음이 생길 리 없다. 먼저 시간을 들여 아이의 말을 들을 준비가 충분히 되어 있어야 한다.

둘째, 아이의 생각이 어떤 것이든 진심으로 받아들일 수 있어야 한다. 아이의 생각이 부모의 것과 너무 다르거나 부모의 입장에서 아이의 생각이 너무나 못마땅하더라도 받아들일 준비가 되어 있어야 한다. 정말 이런 준비가 되어 있다는 것은 매우 어려운 일이다. 아이와 대화를 하다 보면 아이의 말을 끝까지 듣기가 어렵다. 철딱서니 없는 소리를 하는 것 같고 말도 안 되는 형편없는 말들을 하는 것처럼 느껴져서 다 듣지도 않고 부모자신의 생각을 막 늘어놓기 시작한다. 대개는 그런 식으로 대화가 망쳐진다. 처음부터 아이의 말을 판단하지 않고 공감하면서 듣는 부모는 아마 없을 것이다. 수많은 연습이 필요하다.

셋째, 아이가 자기 감정을 다스리고 문제를 해결할 만한 능력을 가지고 있다는 것에 대해 깊은 믿음을 갖고 있어야 한다. 아이들이 많은 문제를 가지고 부모를 힘들게 할 때에는 이런 신뢰를 갖기는 어려울 것이다. 자꾸 다그치고 앞서서 방법을 제시하고 싶어진다. 그러나 결국 부모인 내가 우리 아이를 신뢰하고 적극적으로 들어 줄 때 아이가 더 나아질 수 있다는 마음가짐이 꼭 필요하다. 그런 마음가짐을 가지고 아이가 스스로 문제를 해결할 능력이 있음을 신뢰하면서 적극적 듣기를 하다 보면 어느새 아이가 스스로 문제를 헤쳐 나가는 면들을 조금씩 보여 주게 되고, 이런 모습을 본 부모는 점점 적극적 듣기에 확신이 생기면서 아이에 대한 신뢰도 조금씩 쌓이게 될 것이다. 서로에 대한 신뢰는 어느 관계이든 평안함과 성장을 가져온다.

넷째, 감정은 일시적인 것이지 영원한 것이 아니라는 것을 자주 기억해야 한다. 감정은 수시로 변한다. 지금 당장 너무 미웠던 감정도 어느 순간 어떤 생각이나 사건으로 또는 대화로 몇 시간 후에는 사랑이나 측은함으로 변하기도 하고, 실망이 어느 순간 기대감으로 바뀌기도 한다. 따라서 아이들이 밖으로 드러내는 감정에 대해 너무 걱정하거나 불안해할 필요는 없다. 이 감정들은 아이들의 마음에 영원히 남아 있을 감정이 아니기 때문이다. 그런데 우리 부모는 아이들이 그때그때 쏟아 내는 감정에 대해 너무 휘둘리고 영향을 받아 자신도 모르게 아이의 감정에 대해 예민하게 반응하게 된다. 적극적 듣기를 실천하다 보면, 아이들의 감정이 말하는 순간에도 수시로 변하고 처음에는 부정적인 감정이었다 하더라도 스스로 말을 하고 정리를 하면서 갑자기 긍정적인 감정으로 쉽게 변한다는 것을 알 수 있을 것이다. 감정이란 일시적인 것이며 계속 변하게 마련이라는 점을 꼭 기억한다면 조금은 관대하고 침착하게 아이들을 양육할 수 있을 것이다.

다섯째, 아이를 개성 있는 독특한 존재로 볼 수 있어야 한다. 부모로부터 독립된 인격으로 아이를 생각함으로써 아이가 자기만의 감정과 생각, 사물을 보는 관점을 확립하도록 해 줄 수 있다. 부모는 아이에게 끊임없이 뭔가를 해 주고 싶고 또 그렇게 해야 아이가 더 잘 될 것 같은 생각을 한다. 그러다 보면 아이에게 더 많은 지시와 간섭을 하게 되고 그러면 그럴수록 아이의 자율성은 줄어들게 된다. 또는 부모의 간섭이나 지시가 싫은 아이들은 심지어는 반항적이게 된다. 아이가 고민에 빠졌을 때 부모는 아이와 함께 있어야 하지 대신 무엇을 해 주어서는 안 된다.

3) 적극적 듣기를 할 때 주의해야 할 사항

적극적 듣기를 하려면 주의해야 할 사항들이 있다.

첫째, 적극적 듣기를 잘하기 위해서는 아이가 하는 말을 집중해서 들을 수 있도록 자기 자신의 생각과 감정을 자제할 필요가 있다. 부모 자신의 생각과 감정을 자제하지 않으면 우리 부모는 몇 마디 듣다가 결국 다시 지적하고 설명하고 설교하기 시작한다. 또한 적극적 듣기에서는 정확한 이해가 반드시 필요하다. 아이가 의미하는 바를 정확하게 이해하려면, 아이가 이 세상을 바라보는 틀을 이해하고 아이의 입장이 되어야 한다.

이것은 때로는 부모에게 힘들고 두려운 일일 수 있다. 불안이 높고 방어적인 사람은 자기와 다른 생각과 감정을 경험하는 것조차 두려워하고 매우 불편해한다. 불안이 높으면 두려움이 많아지고 방어적이게 되어 새로운 것에 대해 비판하기 쉽고 변화하기 어렵다. 아이들은 부모의 유연하고 개방적이고 인간적인 모습을 좋아한다. 사실 우리 부모들은 아이들의 시선이나 생각을 통해 많은 것을 배우기도 한다. 아이들은 오랜 관습이나 고정관념에 익숙한 어른의 관점으로는 미처 생각지도 못했던 새로운 생각들을 한다.

둘째, 부모가 원하는 대로 이끌기 위해 적극적 듣기를 이용하면 아이가 알아차리게 되고 부정적 결과를 가져온다. 잘못된 의도를 갖고 적극적 듣기를 사용하기 때문에 실패하게 된다. 부모가 생각하는 방식으로 아이가 행동하거나 생각하도록 이끌기 위해 적극적 듣기를 쓰는 경우이다. 아이들은 기가 막히게 부모의 의도를 잘 알아차린다. 진실하지 않음은 어떻게든 표시가 나게 마련이다. 부모가 적극적 듣기를 통해 자신의 말을 하려 한다는 것을 알아차리고 대화의 문을 닫아 버리기 쉽다.

적극적 듣기는 부모가 바라는 방향으로 아이들을 바꾸어 가는 방법이 아니다. 그렇다고 생각하는 부모들은 적극적 듣기를 하면서 자신의 생각이나 가치를 은근히 말할 수도 있을 것이다. 이런 식으로 적극적 듣기를 이용하면 아이들은 재빠르게 알아차리고 관계는 이전보다 더욱 나빠지고 서로를 불신하게 되어 다시 대화를 하기가 힘들어지게 될 것이다.

셋째, 아이가 감정을 털어놓도록 부추긴 다음에 평가하고 비판하고 훈계하는 방법은 확실하게 실패하는 방법이다. 이런 방법을 쓰면 아이는 금방 의심을 하고, 부모가 아이를 평가하거나 야단치기 위해 아이의 마음을 터놓도록 한 것이라고 생각하게 된다. 아이의 입장에서는 괜히 자신의 이야기를 털어놓았다는 생각이 들 것이다.

넷째, 듣는 동안 아이의 감정을 읽지 못하면 적극적 듣기를 제대로 했다고는 볼 수 없다. 말을 할 때 공감을 갖고 친절하고 다정하게 해야 한다. 공감이란 상대방이 처한 상황과 그 상황에서 그 사람이 느낄 기분을 이해하고, 그러한 기분을 느끼는 그 사람의 입장을 보다 깊이 이해한다는 것을 의미한다. 부모와 이야기할 때에 아이들은 자신의 감정을 부모가 공감해 주기를 바란다. 부모가 자신의 감정을 함께 느끼지 않는다면, 아이는 그 순간 이해받지 못한다고 느낄 것이다.

4) 듣는 것도 적극적으로 배워야 한다

사람에 따라 다 다르기는 하겠지만 확실히 말하는 것보다 듣는 것이 힘들 수 있다. 만일 자신이 듣는 것보다 말하는 것을 더 좋아한다든지 평소에 듣지 않고 성급하게 말하는 습관을 가진 부모는 더욱 적극적으로 듣는 기술을 배워야 할 것이다. 연습 또 연습, 수많은 연습을 해야 할 것이다. 만일 듣기 기술을 높이지 않는다면 언젠가는 가족 구성원들이 불화에 휩싸일 것이다.

매우 성실하고 지적이고 교육 수준이 높은 한 엄마는 "이제 아들한테 조언을 하려 들고 직접 아이의 문제를 해결하려고 하는 제 습관이 얼마나 아들에게 해가 되는지 알 것 같아요. 사실 전 남편을 대할 때도 그렇게 해요. 제 생각이 옳고 제 말이 맞으니까 제 말을 들어야 한다고 생각했어요. 이런 방식들이 남편과 아이들을 힘들게 하는 것 같아요. 사실 제가 가장 큰 문제예요."라고 말한 적이 있다.

이와 같이 부모가 자신의 잘못된 습관을 스스로 깨닫게 되기까지는 얼마나 많은 갈등과 시행착오가 있었을까 하는 생각을 하면 뭔가를 고치고 나아신나는 것은 고통 속에서 이루어진다는 점을 새삼 느끼게 된다. 정말 처음부터 잘 할 수는 없는 일인 것 같다. 많은 부정적인 일과 갈등이 생긴 이후에야 자신의 대화방법을 생각해 보게 된다. 너무 늦지 않길 바란다.

앞의 예에서 보듯이 정말 이 부인은 인생에서 자식을 통해 큰 깨달음을 얻었다는 생각이 든다. 우리는 많이 배우면 배울수록 아는 것이 많다고 생각하고, 주변 사람들에게 자신이 알고 있는 것들을 집요하게 지시하고 설명하고 다른 사람들은 그 말을 들어야 한다고 끊임없이 생각하는 경향이 있다. 하지만 그것은 부모 자신의 생각일 뿐 배우자와 자녀의 생각은 분명 다를 것이다. 이러한 자기도취적이고 자기중심적인 행동방식이나 태도를 가진 부모는 거의 매일 배우자나 자식과 부딪힐 수밖에 없다. 그리고 자식과 배우자가 언젠가는 반기를 들고 대항할 것이다. 특히 이런 유형의 부모라면 꼭 적극적 듣기 대화방법을 배워 볼 것을 권한다.

5) 아이에게 어려움이 있을 때 적극적 듣기가 더 효과적이다

부모가 적극적 듣기를 해야 할 때는 아이가 힘들어할 때이다. 즉, 부모에게 어떤 어려움이 있는 것이 아니라 아이들이 곤경에 빠져 있을 때 아이가 자기 감정이나 생각을 표현하는 것을 들어야 아이에게 어떤 문제가 있다는 것을 파악할 수 있을 것이다. 따라서 아이에게 어떤 어려움이나 문제가 있을 때에는 부모가 적극적으로 들어 주어야 한다. 그래야 아이가 어떤 어려움을 겪는지 알 수 있다.

모든 아이는 자라면서 실망하고, 좌절하고, 고통을 겪기도 한다. 아이들은 다음과 같은 문제들을 가질 수 있다.

> 친구가 없다 외톨이다.
> 공부를 잘하고 싶은데 못한다.
> 대학을 좋은 데 가지 못할까 봐 걱정이다.
> 상을 받지 못해서 속상하다.
> 생일파티에 초대받지 못해서 우울하다.
> 진로를 결정하지 못하겠다.
> 대학에 가야 할지 말아야 할지 모르겠다.

뚱뚱해서 창피하다.

학교에서 같은 반 아이가 괴롭힌다.

너무 작고 왜소해서 반 친구들이 놀린다.

시험을 너무 못 봐서 괴롭다.

친구가 계속 담배를 피우라고 한다.

집중이 잘 되지 않는다.

이런 문제들은 아이들이 살아가면서 자주 겪는 문제들이다. 아이들의 실패나 고민은 부모가 겪는 것이 아니라 아이들 자신이 겪는 것이다. 부모들은 처음에는 이 개념을 잘 받아들이지 못한다. 대부분 부모들이 아이들 문제의 너무 많은 부분을 자기 것으로 받아들이기 때문이다. 아마도 거의 대부분 아이가 겪는 문제를 자신이 겪는 것처럼 생각하고 어떻게 하면 빨리 현명하게 해결해 줄 수 있을까 몰두하게 된다. 그러나 특히 아이들의 문제인 경우에는 빠르고 쉽게 해결되지 않는다. 부모의 마음은 애가 타고 인내심이나 기다림은 말처럼 쉽지 않다. 이러한 태도 때문에 아이들이 문제가 있을 때 부모들은 불필요하게 스트레스를 받고, 아이와의 관계를 오히려 악화시키고, 아이에게 좋은 코치나 상담자가 되기 어렵다.

문제가 아이에게 있다고 해서 부모가 전혀 신경을 쓰면 안 된다거나 관심을 갖거나 도움을 주어서도 안 된다는 의미는 절대 아니다. 상담사들은 상담을 받는 아이들을 진정으로 염려하고 관심을 가진다. 하지만 되도록 아이가 스스로 문제 해결을 할 수 있도록 돕는다. 아이가 문제를 자기 것으로 받아들이게 할 때에만 부모는 적극적 듣기를 실천할 수 있는 것이다.

적극적 듣기는 '아이들이 스스로 자기의 문제에 대해 해결책을 찾도록' 영향을 주는 방법이다. 하지만 여전히 많은 부모가 다음의 사례에서처럼 아이의 문제를 자신이 해결하려 하고 떠맡으려고 하고 있다.

아들: 재민이가 오늘 나랑 안 놀려고 했어. 내가 하자는 건, 걔는 뭐든지 다 하기 싫대.

엄마: 재민이가 하고 싶어 하는 걸 하고 놀면 되잖아? 친구들과 사이좋게 지내야지 ☺ **충고, 훈계**

아들: 걔가 하자고 하는 건 하기 싫어! 걔랑 사이좋게 지내기도 싫어!

엄마: 너는 너무 자기중심적이냐. 가끔 친구가 하자는 것도 해 줘야 관계가 유지되지? ☹ **비난,**

해결책 제시

아들: 걔가 이기적이야. 내가 아니라. 같이 놀 다른 친구가 없어.

엄마: 너무 피곤해서 짜증이 났나 보구나. 내일이면 기분이 괜찮을 거야. ☺ **해석, 달래기**

아들: 안 피곤해. 내일도 마찬가지일 거야. 걔가 얼마나 싫은지 엄마는 몰라.

엄마: 이제 그만해! 다시 친구를 그런 식으로 말하면 혼날 줄 알아! ☹ **명령, 위협**

아들: 이 동네가 싫어. 이사 갔으면 좋겠어.

똑같은 경우에 적극적 듣기를 사용하면 어떻게 달라지는지 살펴보자.

아들: 재민이가 오늘 나랑 안 놀려고 했어. 내가 하자는 건, 걔는 뭐든지 하기 싫대.

엄마: 재민이에게 화가 났구나.

아들: 응, 다시는 걔랑 놀기 싫어. 이제 친구도 아니야.

엄마: 너무 화가 나서 다시 보기도 싫은 거야?

아들: 맞아. 하지만 걔랑 안 놀면 같이 놀 다른 친구도 없어.

엄마: 그렇구나.

아들: 응. 할 수 없이 재민이랑 같이 놀아야 해. 그런데 걔랑 있다 보면 자꾸 화가 나.

엄마: 재민이랑 사이좋게 지내면 좋겠는데 놀다 보면 자꾸 화가 나는구나.

아들: 전에는 안 그랬는데. 그때는 내가 하고 싶다고 하는 대로 다 했는데. 근데 이제는 내가 대장 하는 게 싫대.

엄마: 재민이가 이제 네가 하자는 대로 하지를 않는구나?

아들: 응. 이제는 걔가 옛날처럼 애기가 아냐. 그래서 좀 더 재미있어지긴 했지만.

엄마: 좀 더 재미있어져서 지금이 더 좋다는 말이지?

아들: 응. 하지만 습관이 되어 버려서 내가 계속 대장을 하고 싶은데. 가끔은 재민이가 하자는 대로 하면 덜 싸우겠지? 그럴까?

엄마: 가끔씩 양보하면 괜찮아질 거라고 생각하는구나.

아들: 응, 그럴 것 같아. 그렇게 해야겠다.

첫 번째 대화에서 엄마는 충고, 훈계, 비난, 명령과 같은 잘못된 대화법을 사용했다. 두 번째 대화에서는 꾸준히 적극적 듣기를 사용했다. 첫 번째 대화에서 엄마는 문제를 자기가 해결하고 싶어 했지만, 두 번째 대화에서는 적극적 듣기를 하면서 아이가 계속 자신의 문제를 생각해 볼 수 있도록 들어 주었다. 첫 번째 대화에서 아이는 엄마의 제안이나 방법을 받아들이지 않았고, 아이의 화와 실망감도 누그러지지 않았으며, 문제는 여전히 해결되지 않았다. 또한 아이가 성장할 기회도 없었다. 하지만 두 번째 대화에서는 아이가 화를 풀었고, 문제를 해결하기 시작했으며, 자기 자신을 돌아볼 기회를 가졌다. 결국 해결책을 찾았고, 아이는 자발적으로 문제를 해결하는 사람으로 나아갈 수 있었다.

부모들이 아이를 대하는 전형적인 예를 더 살펴보자.

딸: 저녁 먹기 싫어요.

아빠: 이런, 네 나이 때에는 세 끼를 꼬박꼬박 먹어야 해. 그래야 키도 크고 건강해질 수 있어.
　　　☹ **지시, 설득**

딸: 점심을 너무 많이 먹었어요.

아빠: 일단 식탁에 앉기만이라도 하렴. ☹ **제안**

딸: 아무것도 안 먹는다니까요.

아빠: 무슨 일 있었니? ☹ **탐문**

딸: 아니.

아빠: 어쨌든 식탁에 앉아. ☹ **명령**

딸: 배 안 고파. 식탁에 앉기도 싫어요.

이제 적극적 듣기를 하면 대화가 어떻게 달라지는지 살펴보자.

딸: 저녁 먹기 싫어요.

아빠: 밥 먹을 기분이 아니라고?

딸: 응 싫어. 힘들어서 밥을 못 먹겠어요.

아빠: 뭔가 힘든 일이 있구나?

딸: 성적이 자꾸 떨어져서 밥맛도 없어요.

아빠: 그래 성적이 떨어지면 신경이 많이 쓰이지.

딸: 열심히 해도 성적이 잘 오르지 않는 것 같아요. 잘 하는 애들도 너무 많고……

아빠: 열심히 하는데도 성적이 잘 오르지 않아서 너무 속상하구나.

딸: 예. 어떻게 해야 좋을지 모르겠어요. 특히 수학 성적이 제일 좋지 않아서 걱정이에요. 수학이 중요한 과목인데…….

아빠: 수학이 중요한 과목인데 성적이 안 나오니 걱정이구나.

첫 번째 대화에서 아빠는 처음부터 아이가 뜻하는 바를 이해하지 못했고, 그래서 대화는 먹는 문제에서 그치고 말았다. 두 번째 대화에서는 아빠가 적극적 듣기를 함으로써 근본적인 문제를 들을 수 있었고, 아이가 자신의 문제를 해결해 나갈 수 있도록 다음 이야기를 할 수 있을 것이다.

아이와 이런 종류의 대화를 할 때 부모들은 반드시 어떤 결론을 내리거나 마무리 지으면서 대화를 끝마쳐야 한다고 생각하기 쉽다. 하지만 실제로 전문가들의 상담도 완전히 해결책을 찾지 못한 상태로 끝나는 경우가 많다. 미완성의 상태로 대화가 끝나도 아이가 스스로 나중에 해결책을 찾을 수도 있고 더 나은 방식으로 해결할 가능성이 있을 수 있다. 부모들은 아이들의 스스로 해결할 수 있는 능력을 너무 과소평가하는 경향이 있다.

적극적 듣기를 통해 어쩔 수 없는 상황을 아이가 받아들이게 되는 결과도 있을 수 있다. 적극적 듣기의 과정에서 아이는 어떤 상황에 대한 마음속에 있는 감정을 표현하고 이러한 감정을 누군가가 받아들여 준다는 것을 알게 되는 것이다. 아이들이 대개 표현하는 불만은 학교나 친구들에 대한 것인데, 사실 불평해도 크게 바뀔 수 있는 것은 별로 없다. 불평해 봤자 상황이 바뀌지 않는다는 것을 알고 있지만 누군가 자신을 공감하고 들어 주는 사람 앞에서 자신의 감정을 쏟아 놓을 수 있다는 것만으로도 도움이 될 때가 있다. 다음은 12세 딸과 엄마의 대화 예이다.

딸: 새 영어 선생님 너무 싫어. 그 선생님은 아이들을 싫어하는 것 같아.

엄마: 이번 학기에 정말 맘에 안 드는 선생님이 걸렸구나.

딸: 정말 그래! 수업 시간 내내 혼자 웃고 떠들고 있어. 난 지루해서 견딜 수가 없는데.

엄마: 선생님 수업이 너무 지루하구나.

딸: 그 선생님 좋다는 애 아무도 없어. 어떻게 그런 선생님이 학교에 계속 있는지 모르겠어.

엄마: 그 선생님의 수업방식이 마음에 안 드는구나.

딸: 응. 어쨌든 반을 바꿔 달라고 할 수는 없는 노릇이니 어떻게든 버텨야지 뭐. 아, 이번 주말에 뭐 하고 놀지. 희경이한테 전화해 봐야겠다.

이 대화를 들여다보면 뚜렷한 해결책에 도달한 것도 아니고 딸이 문제 해결을 위해 어떤 행동을 취할 것 같지도 않다. 하지만 감정을 표현하고 그러한 감정이 받아들여진다고 느끼면서 딸은 기분을 풀고 다른 생각을 할 수 있게 되었다. 또한 엄마는 딸에게 고민이 있을 때는 언제나 털어놓을 수 있는 사람이 곁에 있다는 것을 보여 주었다.

하지만 적극적 듣기를 배우다 보면 부모는 아이가 자신의 말을 전혀 듣지 않고 힘들게 할 때는 어떻게 해야 되는지 묻고 싶을 것이다.

많은 가정에서 이런 문제들을 겪고 있다. 아이들은 때때로 부모를 화나게 하고, 불편하게 하고, 실망시킨다. 그리고 자신의 욕구를 충족시키기 위해서 다른 사람에 대해서는 전혀 배려하지 않는 경우도 많다. 아이들은 자기 할 일도 안 하고 요구만 심하게 하고, 버릇없이 굴고, 집에 늦게 들어오는 등 하루도 바람 잘 날이 없다.

아이들의 행동이 부모의 욕구를 방해할 때 이런 행동을 다루는 효과적인 방법이 필요하다. 부모도 욕구를 가지고 있는 것이다. 부모도 자기 나름의 삶이 있고, 삶에서 기쁨과 만족을 느낄 권리가 있다. 그럼에도 불구하고 많은 부모는 가족이 아이들 중심으로 돌아가게끔 내버려 두고 있다. 이런 가정의 아이들은 늘 자기의 욕구를 충족시켜 달라고 요구하지만 부모의 욕구에 대해서는 무심하다.

이와 같이 부모로서 아이의 행동을 진심으로 수용하기가 어려울 때에는 어떻게 하면 좋을까? 사실 아이가 사춘기가 되면 부모로서 아이의 행동을 있는 그대로 받아들이기 어려울 때가 한두 번이 아니다. 아이가 부모의 마음을 이해하고 배려할 수 있게 하려면 어떻게 해야 할까? 이제 아이가 부모의 감정에 귀를 기울이고 부모의 욕구에도 신경 쓰도록 아이와 대화하는 방법을 살펴보도록 하겠다.

부모가 아이의 행동이나 태도로 인해 너무나 힘들고 괴로울 때 부모가 심리적 어려움을 갖고 있는 경우이다. 부모가 아이의 행동이나 태도로 인해 괴로울 때 어떤 대화법이 좋을까?

4. 나 메시지 기법

처음에는 누가 문제를 갖고 있는지의 개념을 부모들이 잘 이해하지 못하는 경우가 많다. 문제라는 것은 부모가 아니라 대부분 아이에게만 있다고 생각해서이다. 그러나 부모 자신이 힘들 때가 있다.

마음속에서 아이의 행동을 받아들이지 못할 때, 그러니까 아이에 대해 화가 나거나 실망스럽거나 미워지거나 하는 감정이 들 때에 지금 부모인 나한테 심리적 불편감이나 고통이 있는 것이다. 이때 부모는 마음이 긴장되고, 불편해지고, 아이가 하는 행동이 싫고, 아이의 행동을 수시로 감시하게 된다. 다음과 같은 경우들이 있을 수 있다.

> 아이가 저녁에 자꾸 늦게 들어온다.
> 친구랑 대화하는 데 아이가 계속 방해한다.
> 매일 회사에서 일하는 중에 수시로 전화를 걸어 댄다.
> 거실에 장난감을 늘어놓고 치우지 않는다.
> 자꾸 책을 읽어 달라고 조른다. 책 읽기가 끝나면 또 읽어 달라고 한다.
> 다른 일에 방해가 될 정도로 음악을 크게 틀어 놓는다.
> 자기가 맡은 집안일을 하지 않는다.
> 부모의 물건을 쓰고는 제자리에 돌려놓지 않는다.

문제가 부모에게 생길 때 부모는 다음 세 가지 중에서 하나를 택할 수 있다.

① 아이의 행동을 바로잡는다.
② 환경을 바꾼다.
③ 자기 자신의 태도를 바꾼다.

예를 들어, 아들이 장난감을 가지고 놀다가 치우지 않는 것이 신경이 쓰인다고 하자. 이때 부모는 아이를 붙들고 몇 마디 해서 아들이 자기 행동을 고치기를 기대할 수도 있다. 아니면 아이에게 큰 바구니를 사 주어서 아들이 장난감을 그 통 안에 넣기를 기대해 볼 수 있다. 이것은 환경을 바꾸어 보는 것이다. 혹은 아들의 행동에 대해 "남자애들이 다 그렇지 뭐."라고 하면서 부모 자신의 생각을 바꾸어 볼 수도 있다.

이 장에서는 첫 번째 방법을 다룰 것이고, 아이와 대화하고 피하지 말고 맞서면서 수용할 수 없는 행동을 바로잡는 방법을 살펴볼 것이다. 보통 아이의 행동을 바로잡으려고 말을 하다가 상황이 더 안 좋아지고 갈등이 심해질 때가 있다. 그래서 어떻게 말을 하느냐가 중요하다.

다음과 같은 상황에서 어떻게 말할지 각자 적어 보자.

10대인 딸아이가 학교에서 돌아오자마자 부엌에서 샌드위치를 만들어 먹었다. 엄마가 깨끗한 부엌에서 저녁 식사 준비를 하려고 거의 한 시간 동안 힘들여서 치워 놓은 부엌을 엉망진창으로 어질러 놓고는 그냥 나가 버렸다.

부모들은 대개 다음과 같은 말들을 한다.

"아니 먹었으면 치워야지, 이게 뭐니?"
"힘들게 부엌을 깨끗이 치워 놓았더니 난장판을 만들어 놓았네."

이러한 부모의 말들은 다음의 결과를 가져올 수 있다.

• 아이가 부모의 말에 저항하고 더 말을 안 듣는다.
• 부모가 자기를 못마땅하게 생각한다고 느낀다.
• 자기 자신은 잘못한 게 없다고 생각한다.
• 부모에게 대항하거나 부모를 공격한다.

다음 단계로 이러한 부적절한 대응방법들을 좀 더 구체적으로 살펴보고, 왜 이 방법들이 효과적이지 못한지를 살펴보자.

1) 부모가 아이에게 해결책을 제시한다

대개 아이들은 자신이 스스로 알아서 하려고 하는데 부모님이 미리 그 행동을 명령하거나 지적해서 하기 싫어진다는 말을 자주 한다. 아이들이 부모의 생각만큼 빨리 행동을 하지 않는 경향 때문에 부모는 아이를 다그치고 잔소리를 하게 된다. 하지만 아이의 입장에서는 '말 안 해도 하려고 했는데.' 또는 '조금만 더 참았더라면 말하지 않아도 그렇게 하려고 했는데.'라고 생각하거나 혹은 부모가 나를 믿지 않고 스스로 할 수 있는 기회를 주지 않는 것에 대해 기분이 상할 수도 있을 것이다.

명령과 지시

"가서 다른 거 하고 놀아."

"음악 소리 좀 줄여!"

"열한 시 전에는 집에 들어와라."

"빨리 가서 숙제 해."

경고와 으름장

"그만하지 않으면 벌을 줄 거야."

"엄마를 자꾸 힘들게 하면 혼낼 거야."

"당장 나와서 여기 치우지 않으면 가만두지 않을 테다."

훈계와 설교

"말하고 있을 때는 끼어들면 못쓴다."

"그렇게 행동하면 안 되지."

"모두 바쁘게 준비하고 있는데 너 혼자 빈둥거리고 있잖아."

조언과 제안

"나가서 놀지 그러니?"

"내가 너라면 그 일은 그냥 잊어버리겠다."

"사용한 다음에는 물건을 제자리에 놓는 게 좋지 않겠니?"

이러한 대꾸는 아이가 어떻게 해야 한다고 부모가 생각하는 바를 전달하는 방법이다. 부모가 주도권을 쥐고 지배하고 명령한다. 아이가 스스로 무엇을 할 여지는 남기지 않는다. 첫 번째 말들은 부모의 해결책을 따르라고 명령하고, 두 번째는 으름장을 놓고, 세 번째는 훈계를 하고, 마지막은 조언을 하는 것이다.

이렇게 문제의 해결책을 직접 지시하면 다음과 같은 결과를 가져올 수 있다.

- 어떻게 하라고 지시하면 아이들은 일단 반감을 갖고 대든다. 부모의 해결책을 맘에 들어하지 않을 수도 있다. 어떤 상황이든 간에 아이들은 어떻게 '해야 한다'거나 '하는 게 좋다'는 소리를 듣고 자기 행동을 수정하는 것을 좋아하지 않는다.
- 아이에게 해결책을 제시하는 것은 '나는 네가 스스로 해결을 할 거라고 믿지 않는다.'라는 메시지를 전달하는 것과 같다.
- 부모가 해결책을 말해 주면 아이는 부모가 자신의 욕구는 생각하지도 않고 부모의 뜻대로만 하려고 한다고 생각한다.

우리 부모들은 친구들이나 다른 사람들에게는 자녀들에게 말하는 것처럼 말하지 않는다. 대개 친구나 다른 사람을 대할 때에는 존중하면서 최대한 부드럽게 예의를 지키면서 조심스럽게 대화를 한다. 친구를 대할 때는 어떤 행동을 바로잡고 싶다고 하더라도 명령, 훈계, 으름장, 충고 등의 방식으로 말하는 것을 자제한다. 그런데 아이들한테는 매일 이런 식으로 말하고 있는 것이다.

아이들이 반항하거나 방어적이거나 적대적으로 반응하는 것도 당연하다. 아이들이 기가 꺾이고, 창피를 당한 것 같고, 억눌림을 당한 것처럼 느끼는 것도 당연한 일이다.

다음에는 아이를 무시하는 메시지에는 어떤 것들이 있는지 살펴보기로 하겠다.

2) 아이를 무시하는 메시지를 전달한다

나무라거나 비난하거나 창피를 주는 말을 들었을 때 무시당한 기분이 들고 기가 꺾이는 느낌은 누구나 경험해 보았을 것이다. 하지만 아이를 상대할 때 부모들은 이런 말들을 많이 사용한다.

비난과 나무라기

"그러면 안 된다는 건 알 텐데."

"너무 생각이 없어."

"나쁘다."

"너처럼 생각 없는 아이는 처음 봤다."

"너 때문에 힘들어 죽겠다."

매도와 망신 주기

"버릇없는 녀석 같으니."

"부끄러운 줄 알아야지."

해석과 분석

"관심 끌려고 그러는 거지."

"엄마를 일부러 화나게 하려고 그러는 거지."

"열등감 때문에 그러는 거야."

가르치고 교육하기

"다른 사람을 방해하는 건 예의에 어긋나는 거야."

"정신이 똑바른 상태라면 그런 짓은 하지 않아."

"남에게 존중받고 싶으면 남을 존중해야 하는 법이다."

이런 말들은 모두 아이를 무시하는 말이다. 아이의 인격을 깎아내리고, 무시하고, 아이의 부족한 면만을 강조하고, 아이를 평가한다.

이런 메시지들은 어떤 효과가 있을까?

- 평가받거나 비난을 받으면 아이들은 보통 죄책감과 가책을 느낀다.
- 아이는 '난 잘못한 거 없는데.' '못되게 굴려고 그런 게 아닌데.'라며 부모가 자신을 제대로 이해하지 못하고 있다고 느낀다.
- 아이는 '내가 뭔가 잘못해서 엄마가 날 미워해.'라며 자기가 사랑받지 못하고 있다고 느낀다.
- 이런 메시지를 들으면 반항하는 경우가 많다. 오히려 자신의 잘못을 인정하지 않고 부모에게 화살을 돌리는 경우도 많이 있다.

아이를 무시하는 메시지는 아이가 자아개념을 형성하는 데 매우 부정적인 영향을 미친다. 이러한 비난의 메시지를 계속 들으면서 자라난 아이는 자신을 쓸모없고, 게으르고, 생각 없고, 멍청하고, 모자라고, 부모의 마음에 들지 않는 아이라고 생각하게 될 것이다. 어린 시절에 형성된 자아개념은 어른이 되어서까지 유지되기 때문에, 무시하고 깎아내리는 말을 아이에게 하는 것은 결국 평생 마음의 상처를 가지고 살아가게 하는 그림자를 갖게 한다.

이렇게 해서 부모들은 매일매일 조금씩 자기 아이의 자존감을 파괴하고 있는 것이다. 단단한 돌 위에 떨어지는 낙숫물도 양은 작지만 끊임없이 떨어지면 지울 수 없는 자국을 만들듯이, 일상적으로 아무렇지도 않게 내뱉는 수많은 말이 눈에 보이지 않을 정도로 조금씩 아이의 마음에 상처를 주고 서서히 아이의 정신건강을 무너뜨릴 수 있다.

3) 나 메시지 기법과 너 메시지 기법의 차이

먼저 나 메시지가 무엇인지 이해하려면 상대적인 개념인 너 메시지를 이해할 필요가 있다. 너 메시지는 상대방인 너한테 문제가 있으니 그것을 고치라는 메시지이다. 우리도 우리 자신에게 문제가 있음을 어느 정도는 알고 있다. 물론 자신의 문제를 전혀 모르는 사람도 있지만 대개는 자신의 문제를 알고 있는 경우가 많다. 그렇다고 다른 사람이 우리의 문제를 고치라고 수없이 말해도 잘 고치지는 않는다. 아마도 기분이 상하고 간섭받는다는 느낌 때문에 불쾌감을 갖기 쉽다.

마찬가지로 우리의 아이들도 자신의 문제들을 알고 있는 경우가 많다. 그런데 그 문제를 고쳐 주기 위해 "네가 문제다." "너의 생각과 행동이 잘못되어 있다."라고 지적을 하는 메시지를 준다고 아이가 고치지는 않는다. 오히려 반항심만 생긴다. 다음은 모두 '너'를 중심으로 한 메시지인 것이다.

"그만해라."
"그러면 못 써."
"다시는 그러지 마라."
"그만두지 않으면 혼날 줄 알아."
"버릇없는 자식 같으니."

"그러면 안 된다는 거 알 텐데."

너 메시지는 아이가 듣기에는 아이가 무엇을 해야 한다거나, 아이가 나쁘다고 말하는 것으로 해석된다. 그러나 이와 달리 부모가 받아들일 수 없는 아이의 행동에 대해 부모 자신이 느끼는 감정만을 단순히 말하면 나 메시지가 된다. 우리는 나 메시지의 형태로 말을 들을 때 미안해지고 다른 사람에게 미치는 나의 행동에 대해 생각해 볼 수 있게 된다.

나 메시지 기법으로 말하면 다음과 같이 말할 수 있다.

"너 데리러 갔을 때 네가 거기 없으면 아빠는 힘이 빠진다."
"부엌을 깨끗이 치워 놓았는데 금방 다시 그렇게 어질러 놓으면 엄마는 정말 기운이 쏙 빠져."
"네가 약속을 지키지 않으면 엄마는 너무 속상하다."

4) 나 메시지의 세 가지 구성요소

부모가 보내는 나 메시지가 다음의 세 가지 구성요소를 갖추고 있다면, 아이가 자발적으로 자기의 행동을 수정할 가능성도 더 높아진다. 첫째, 받아들일 수 없는 행동에 대한 설명, 둘째, 부모의 감정, 그리고 마지막으로 아이의 행동이 부모에게 미치는 실제적이고 구체적인 영향의 세 가지 요소를 갖추어서 말하면 된다.

(1) 받아들일 수 없는 행동만을 설명한다

부모를 성가시게 하는 아이의 행동을 있는 그대로 전달하는 것이고, 평가나 판단은 하지 않는다. 예를 들어, 아침에 아이가 학교에 가면서 학교 끝나자마자 집에 오겠다고 말했다. 그런데 아이가 전화도 하지 않고 한 시간 늦게 집에 돌아왔다고 해 보자. 여기서 중요한 것은 부모를 불편하게 한 행동에 대해서만 설명해야지 그것에 대해 판단하지 않는다는 것이다.

판단하고 비난하면서 말하기

"도대체 전화도 한 통 하지 않다니! 너무한 거 아니니.
집에서 기다리는 엄마 생각은 할 줄 모르니."

야단치지 않고 행동을 설명하기
"학교 끝나고 집에 바로 온다고 했는데 전화도 없이 늦게 왔구나."

앞에서 보듯이 야단치지 않고 나 메시지로 말하면 아이들이 더 받아들이기 쉽다. 반대로 판단이나 비난이 섞인 말은 우선 듣고 싶지 않고, 더 안 좋은 것은 과거의 사건까지 들추어내서 말하는 것이다. 현재의 행동에 대해서만 말하고 과거의 행동과 연관짓지 않는 것이 매우 중요하다. 이렇게 단지 현재의 행동에 대해서만 말하는 것은 정말 많은 자제력과 인내와 연습이 필요하다.

(2) 아이의 행동에 대한 부모의 감정을 솔직하게 표현한다

너 메시지로 이야기할 때에는 아이의 행동으로 인해 부모의 감정이 힘들다는 점을 전달하기 어렵다. 그저 아이를 깎아내리는 말들을 불쑥 내뱉게 된다. "너 때문에 미치겠다." "게으른 녀석." 등등. 그런데 우리 부모는 정말 이런 말을 계속 내뱉고 싶지는 않았을 것이다. 사실은 너의 행동 때문에 내가 너무 힘들다는 말을 전달하여 서로에 대해 배려하고 이해하는 마음을 갖고 싶었을 것이다. 하지만 늘 생각과는 별개로 습관적으로 하던 설교, 지시, 협박이 입에서 자동으로 나온다.

나 메시지로 이야기하려면 먼저 부모 스스로 자신이 화가 난 건지, 걱정이 되는 건지, 불안한 건지, 당황한 건지, 아니면 다른 무엇인지를 먼저 파악해야 한다. 대개는 겉으로 드러나는 모습은 화가 난 것 같지만 속으로는 걱정이 되고 불안한 경우가 많다. 너 메시지로 말하면 아이는 부모의 화난 모습만 보게 되고 걱정이나 불안, 두려움과 같은 감정에 대해서는 전혀 알 수가 없게 된다. 자신의 감정이 무엇인지부터 정확하게 인식할 필요가 있다. 부모는 자신의 감정을 정확하게 인식하여 다음의 예처럼 말하면 된다.

"학교에서 바로 집에 돌아오지 않았는데 전화해서 늦을 거라고 말해 주지 않아서
많이 걱정했어."

나 메시지를 보내다 보면 아이의 행동이 달라질 가능성이 더 커지고 부모인 자신도 크게 변하는 것을 느낄 수 있을 것이다. 사실 부모들은 나 메시지를 쓰면서 자기 자신이 더 솔직해지는 것을 느낄 수 있다.

이런 나 메시지 방법은 자녀와의 관계뿐만 아니라 배우자와의 관계, 조직 내에서 윗사람과 아랫사람과의 관계에서 좀 더 솔직해지고 유연하고 세련된 방법으로 대화할 수 있게 해 준다.

(3) 아이의 행동이 부모에게 끼치는 문제를 설명한다

나 메시지로 이야기했는데도 아이가 문제되는 행동을 고치지 않는다면 그것은 부모가 제대로 나 메시지를 보내지 않았을 가능성이 있다. 물론 두 가지 구성요소, 즉 받아들일 수 없는 행동에 대한 설명과 부모의 감정을 갖추어 나 메시지로 이야기할 때에도 아이가 변화를 보이는 경우가 많다.

그러나 좀 더 효과적이기 위해서는 세 번째 구성요소가 필요할 때가 있다. 자기 행동이 왜 문제가 되는지 아이가 이해할 수 있어야 하기 때문이다. 그래서 아이의 행동이 부모에게 미치는 실제적이고 구체적인 영향에 대해 말해 줄 필요가 있다.

실제적이고 구체적인 영향이란 아이의 행동으로 인해 시간이 걸린다거나 일을 더 해야 한다거나 마음이 불편한 것 또는 몸이 힘들거나 피곤하거나 아프거나 하는 것이 있을 수 있다.

> "학교 끝나고 바로 집에 온다고 했는데 오지도 않고 전화해서 늦을 거라고 말해 주지도 않아서 걱정했다. 걱정이 되어서 엄마가 하나도 일을 못했어."

나 메시지를 보내는 목적은 아이의 행동을 변화시키기 위한 것임을 명심하자. 아이에게 단순히 어떤 행동이 받아들일 수 없는 것이고, 그래서 화가 났다거나 기분이 상했다고 말하는 것만으로는 충분하지 않을 수 있다. 왜 그런지도 정확히 알려 주어야 한다.

왜 어떤 행동을 받아들이지 못하겠는지 구체적인 이유를 이야기하면 아이가 행동을 고칠 마음이 더 생길 수 있다. 또한 이러한 세 가지 구성요소를 갖춘 나 메시지는 부모에게도 중요한 영향을 미친다. 때로는 아이의 문제행동이 자신에게 어떤 영향을 미치는지 정확하게 생각하다 보면 그렇게까지 심각한 영향을 주는 것은 아니라는 것을 깨닫게 되기도 한다.

"나 메시지를 연습하다가 내가 아이들을 대할 때 얼마나 자기중심적인지를 알게 되었어요. 예를 들어, '집에서 빈둥거리는 것을 도저히 못 참겠다.'라고 아이에게 말하고는 '왜 화가 난 거지?' 하고 생각해 보면 그렇게까지 화낼 일은 아니라는 걸 알게 돼요. 그래서 이제는 그 행동이 나한테 실제로 크게 부정적인 영향을 미치지 않는다고 생각되면 아이에게 늘 심하게 습관적으로 하던 말들도 자제를 하게 되더군요."

이러한 깨달음은 매우 중요하며 좀 더 깊게 생각하면 다음과 같은 사실도 인식할 수 있게 된다.

"저는 항상 아이를 통제하려고 했던 것 같아요. 아이가 하나다 보니 더 그렇게 된 것 같아요. 아이가 하는 행동을 하나하나 통제하려고 했어요. 하지만 정신 차리고 생각해 보면, '어떻게 내 마음대로 아이를 통제하는 것이 가능하지?'라는 생각이 들어요. 통제하려다가 오히려 불편하고 힘든 일이 점점 더 많아졌죠. 에너지 소모도 어마어마하고 마음도 편하지 않았어요. 이제는 한 발 물러서서 아이 스스로 하게끔 기다려 주고 이제 그만 간섭하고 통제하자는 마음이 들어요."

이와 같이 아이의 어떤 행동을 왜 불편하게 여기는 지를 아이에게 설명하려다 보니 그것이 그렇게 참을 수 없는 일인지 다시 생각해 보게 되었고, 전에는 받아들일 수 없었던 행동도 부모가 받아들일 수 있게 되는 결과를 가져온 것이다.

5) 왜 나 메시지가 더 효과적인가?

나 메시지는 아이가 잘못된 행동을 고치는 데 효과적이며 아이의 성장과 부모와 아이의 관계에도 긍정적인 영향을 미친다. 또한 나 메시지는 반항을 불러일으킬 가능성도 더 낮다. 아이의 행동이 부모에게 미치는 영향을 솔직하게 이야기하면 어떤 행동을 꾸짖고 나무라는 것보다는 아이가 훨씬 덜 기분 나쁘게 느낀다. 아이가 부모에게 무례한 말을 했을 때 부모가 보일 수 있는 두 가지 반응에 대해 아이가 어떻게 다르게 반응할지 생각해 보자.

> "아! 그렇게 말하면 너무 기분이 상한다."
> "나쁜 녀석 같으니라고. 말을 그런 식으로 하니!"

첫 번째 반응에서는 말을 무례하게 해서 기분이 안 좋다고 말하고 있다. 아이가 반발할 수 없는 어떤 사실인 것이다. 두 번째 반응에서는 아이가 '나쁘다'고 말하고, 다시 그러지 말라고 경고하고 있다. 이렇게 비난하고 경고하는 말투로 하면 아이는 강하게 반발할 수 있다.

또한 나 메시지는 행동을 고칠 책임이 아이에게 있다고 느끼도록 해 주기 때문에 효과적이다. "아! 너무 기분이 나쁘다." 혹은 "그렇게 말하면 기분이 좋지 않다."로 반응하면 '기분이 나쁘다'는 감정을 전달하고, 이것에 대해 어떻게 행동할지는 아이가 생각하도록 여지를 남긴다. 결과적으로 나 메시지는 아이가 자기 행동에 책임을 지도록 해 준다. 또한 나 메시지는 아이가 앞으로 이러한 상황에 더 성숙하게 대처할 것이라고 믿는다는 것, 아이가 부모의 마음을 존중할 것이라고 믿는다는 것을 아이에게 전달하는 것이다.

나 메시지는 부모의 솔직한 표현이기 때문에 아이 쪽에서도 솔직하게 감정을 표현할 수 있게 한다. 보통 한 사람이 너 메시지를 전달하면 상대방도 똑같이 너 메시지로 대응한다. 한쪽이 잘못된 방식으로 시작하면 다른 한쪽이 또 잘못된 방식으로 대응하고, 점점 나쁘게 말이 오가고 화해는 저만치 멀어지고 갈등의 골은 깊어만 간다. 원래의 문제행동이 무엇이었는지는 생각도 나지 않게 되고 서로 기분 나쁘고 상처를 받았다는 느낌만 남게 된다.

엄마: 저녁 먹고 나서 네가 먹은 것들은 치우기로 해 놓고 이게 뭐니. 나이가 몇 살인데 아직도 이렇게 행동하니? (너 메시지)

아이: 엄마도 밥 먹고 바로 설거지 안 할 때 있잖아요. (너 메시지)

엄마: 그렇게 말하면 안 되지. 경우가 다르지. 엄마는 할 일이 너무 많잖아. 너희들이 종일 집 안에다 어질러 놓는 것만 치우고 다녀도 하루가 다 갈 지경이다. (너 메시지)

아이: 난 어지르고 다닌 적 없어요. (방어적 메시지)

엄마: 생각해 보면 네가 얼마나 어지르고 다니는지 알 거다. (너 메시지)

아이: 엄마는 모든 사람이 완벽해야 한다고 생각하나 봐. (너 메시지)

엄마: 글쎄, 어쨌든 너는 집 안을 너무 어지렵혀. (너 메시지).

아이: 엄마는 집안일에 대해서 너무 예민하고 강박적이에요. (너 메시지)

아마도 이 대화방식은 보통의 가정에서도 흔하게 일어나는 대화의 예이다. 부모가 먼저 너 메시지로 말하면 흔히 일어날 수 있는 대화이다. 그러다 보면 대화는 자신의 잘못은 없고 상대방을 탓하며 서로를 공격하는 말다툼으로 끝나게 된다.

하지만 나 메시지를 쓰면 다툼으로 끝날 가능성이 훨씬 줄어든다. 나 메시지로 말하기 위해서는 깊은 생각과 이해가 필요하다. 솔직하게 나 메시지를 전달하는 사람은 상대방에게 자기를 있는 그대로 드러낼 용기가 있는 사람이다. 마음을 열고, 솔직해지고, 인간적인 면을 드러내는 것이 중요하다. 부모이지만 아이에게 부모도 상처받을 수 있고, 두려워하고, 실망하고, 화나고, 절망하는 하나의 인간이라는 사실을 이야기하는 것이다.

이렇게 솔직하게 아이를 대하면 부모와 아이 사이가 더 좋아진다. 솔직함은 친근감을 높여 준다. 아이는 부모를 있는 그대로 이해하게 되고, 그러다 보면 자기 자신도 자연스럽게 솔직하게 터놓게 된다. 두 명의 진실한 사람이 솔직하게 자신의 속마음을 표현하며 대화할 수 있게 된다.

부모와 아이가 서로를 터놓고 솔직해진다면 적어도 한 집 안에 살면서 서로 마주치는 것도 불편해하거나 각자의 방에서 하숙생처럼 외롭고 소외당한다는 느낌은 들지 않을 것이다.

6) 나 메시지를 효율적으로 사용하는 방법은?

나 메시지를 배우면 빨리 아이들과 사이가 좋아질 것 같아서 바로 사용하고 싶어 하지만 막상 이 방법을 처음 사용한 부모들은 기대한 만큼 효과를 얻지 못한다. 왜냐하면 부모들은 자신이 나 메시지를 사용했다고 생각하지만 제대로 효과 있게 사용하지 못했기 때문이다. 나 메시지를 처음 시도해 보는 부모들이 하기 쉬운 실수들을 살펴보고, 여러 사례를 통해 연습을 해 보자.

(1) 나 메시지를 가장한 너 메시지를 전달하지 않는다

엄마: 나는 네가 할 일을 제대로 안 하고 있다고 생각한다.

딸: 또 뭐가요?

엄마: 학원에서 전화가 왔는데 네가 오늘 학원을 빠졌다고…… 네가 다닌다고 해서 접수해 준건데 무책임한 행동이라고 생각해서 화가 난다.

이런 대화는 너 메시지하고 다를 게 없다. 많은 부모가 나 메시지를 사용할 때 흔히 저지르는 잘못이다. '내가 어떻게 느낀다'는 말만 앞뒤로 사용하여 너 메시지를 마치 나 메시지인 것처럼 전달하는 실수이다. 겉모양만 나 메시지이고 들으면 여전히 기분 나쁜 너 메시지 대화방식이다.

"학원을 네가 다닌다고 해서 보낸 건데 아무 말도 없이 학원을 빠져서 화가 난다."라고 그냥 어떻게 생각하고 느끼는지만 구체적으로 말하면 된다.

(2) 부정적인 감정만 강조하지 않는다

아직 나 메시지 연습이 잘 안 된 부모들이 하는 흔한 실수는 나 메시지를 이용해서 부정적인 감정만을 전달하고 긍정적인 감정은 전혀 이야기하지 않는 것이다. 사춘기의 아이들과 흔히 부딪히는 사례를 통해 살펴보기로 하자.

엄마와 딸은 아무리 늦어도 밤 12시 반 전까지는 집에 돌아오기로 약속을 했다. 어느 날 딸이 새벽 1시 반에 집에 들어왔다. 엄마는 잠도 못 자고 기다리면서 무슨 안 좋은 일이 일어난 건 아닌가 걱정이 되어 어쩔 줄을 몰랐다.

엄마: (딸이 집에 들어오자) 엄마 화났어.

딸: 늦은 거 알아요.

엄마: 너 때문에 잠도 못 자고, 정말 기분 안 좋아.

딸: 왜 주무시지 그랬어요? 걱정하지 말고 주무셨으면 좋았을 걸.

엄마: 어떻게 잠이 오니? 너한테 화가 났고, 혹시 무슨 사고라도 생기지 않았나 너무 걱정이 되어서 잠을 잘 수가 없었어. 약속한 시간을 안 지켜서 정말 힘들다.

이와 같이 자녀들이 사춘기가 되면서 귀가 시간이 계속 늦어지는 일은 아주 흔한 일이다. 이 경우에는 나 메시지를 잘 사용하기는 했지만 아쉬운 것은 부정적인 것만 말을 했다는 점이다. 부모라면 아이가 집에 돌아왔을 때 실제로 어떤 감정이었을까?

아마도 우리 부모는 가슴을 쓸어내리며 딸이 아무 탈 없이 집에 돌아와서 성말 다행이고 이제 마음 편하게 잘 수 있겠다는 생각을 할 것이다. 그런데 입에서 나오는 말은 부정적인 말만 하게 된다. 마음속에 정말로 하고 싶은 말은 아이를 안아 주면서 아무 탈 없이 집에 돌아와서 정말 다행이라는 말일 것이다.

이제 부모가 느끼는 진짜 감정을 나 메시지로 이야기해 보자.

> 엄마: 아이고, 다행이다. 아무 탈 없어서 다행이야. (딸을 끌어안는다.) 혹시 무슨 사고라도 난 게 아닌가 얼마나 걱정했는데.
>
> 딸: 어, 엄마 걱정 안 해도 되는데. …… 그냥 앞으로는 편하게 주무세요.
>
> 엄마: 아무 연락 없이 늦게 다니면 엄마는 별의별 생각이 다 들고 걱정이 너무 심해서 잠도 잘 수 없고 너무 고통스러워. 잠을 자고 싶어도 잘 수가 없단다.
>
> 딸: 앞으로는 많이 늦지 않도록 하고 너무 늦으면 전화도 할게요.

사실 부모들은 이런 식으로 사랑의 감정을 아이에게 솔직하게 표현하기가 어렵다. 아이를 보면 바로 비난을 하고 꾸중을 하고 설교를 하기 시작한다. 그보다는 실제로 마음속에 있는 진짜 마음, 얼마나 아이를 걱정하는지, 아이가 다치거나 아이에게 안 좋은 일이 생기면 얼마나 고통스러운지를 솔직하게 말할 필요가 있다.

약속한 것이 지켜지지 않은 것에 대한 실망감이나 불안감은 먼저 자기 감정을 솔직하게 표현하고 난 후에도 얼마든지 이야기할 수 있다. 먼저 긍정적인 나 메시지를 보내고 난 후라면 그 대화는 훨씬 부드럽게 좋은 방향으로 나아갈 것이다. 그런데 우리 입에서는 부정적인 말이나 비난하는 말이 거침없이 먼저 나가고 자식에 대한 깊고 솔직한 사랑의 감정은 말하기도 어렵게 된다. 속마음은 그렇게 말하려고 했던 게 아니었는데 늦게 들어온 자녀를 비난하고 꾸중하여 다시 관계가 나빠지면 속상해진다. 먼저 솔직하게 자녀를 염려하고 사랑하는 마음을 표현하고 불편한 감정에 대해서 이야기한다면 분명 상황은 매우 달라질 것이다. 어느 가정이든 자녀와 불편한 관계에 놓이는 것을 원하지는 않는다. 정말로 대화의 방식에 따라 상황은 얼마든지 달라진다.

(3) 부모의 솔직한 감정을 전해야 한다

형식은 나 메시지인 것 같은데 자신이 느낀 감정을 정확하고 생생하게 표현을 하지 않아서 아이가 행동을 바꿀 만큼 영향을 주지 못하는 경우가 꽤 많이 있다. 다음의 일화는 부모가 정확하게 그 상황에 맞게 자신의 불편함을 전하지 못해서 아들의 잘못된 행동이 잘 고쳐지지 않는 경우이다.

여섯 살 난 아들이 배드민턴 채를 들고 놀다가 아직 아기인 동생의 머리를 때렸다. 엄마는 "아들, 동생을 때리면 엄마가 너무 속상해."와 같은 나 메시지를 보냈지만 아들은 계속해서 어린 동생을 때렸다.

이런 경우에는 실제 감정을 솔직하게 더 표현했어야 했다.

> "아들, 아기 머리를 때리는 걸 보고 놀라서 기절하는 줄 알았다! 아기가 머리라도 심하게 다칠까 봐 너무 놀랐어."

나 메시지를 할 때는 솔직한 심정을 좀 더 정확하게 표현해야 아이에게 영향을 미칠 가능성도 더 높아진다.

(4) 화를 내기에 앞서 자기 감정을 정확하게 인식한다

'나 화났어.'라는 메시지는 대개 '너한테 화가 났어.' 혹은 '너 때문에 화가 났어.'라는 의미인 것이다. 그렇기 때문에 이 말은 실제적으로 나 메시지가 아닌 너 메시지이다. 이 말을 '내가 화가 난다'고 표현해도 이것이 사실상 너 메시지처럼 느껴진다는 것이다.

분노는 뭔가 이전에 경험한 것 때문에 이차적으로 생기기도 한다. 부모는 어떤 일차 감정에 대한 결과로 '화를 내는' 것이다. 화가 난 부모는 대개의 경우 아이들에게 다시는 그러지 말라고 가르치기 위해서 화를 내거나 화가 난 척하고 있는 것이다. 다음의 예는 아이들이 어릴 때 한 번쯤 경험했을 만한 예이다.

한 엄마가 백화점에서 아들을 잃어버렸다. 엄마의 진짜 일차 감정은 공포이다. 즉, 아이를 완전히 잃어버린 것은 아닌지, 아이한테 무언가 나쁜 일이 일어나지는 않았을까 하는 공포감이나 두려움이다. 아마도 누군가가 아이를 찾고 있는 와중에 지금 기분이 어떠냐고 물었다면 엄마는 "겁나서 미칠 것 같아요." "너무너무 걱정이 돼서 숨도 쉴 수가 없어요."라고 대답했을 것이다. 그 순간 아이를 찾고 나면 엄청난 안도감을 느낀다. 마음속으로 '하느님, 감사합니다. 아무 일도 없어서 정말 다행이다.'라고 생각할 것이다. 하지만 입 밖으로는 전혀 다른 말이 나온다. 화난 척하면서 "정말 미치겠다, 너 때문에. 바보같이 도대체 어디에 한눈을 판 거야?" "정신 딴 데 팔지 말고 엄마 쫓아오라고 했어, 안 했어?" 이런 말들을 할 것이다. 이 상황에서 엄마는 화가 난 것처럼 행동한다(이차 감정). 엄마를 놀라게 한 것에 대해 아이를 벌주고 다시 그러지 말라고 아이에게 가르치기 위해서이다.

이차 감정인 화는 아이를 비판하거나 나무라는 너 메시지의 형태로 표현된다. 무엇인가에 화를 낸다는 것은 다른 사람에게 영향을 주기 위해, 즉 상대방이 한 행동이 어떤 것인지 알려 주고, 교훈을 주고, 다시는 그러지 못하도록 하기 위해서 화를 내는 것이다. 그렇다고 분노가 솔직한 감정이 아니라는 뜻은 아니다. 하지만 화를 내는 부모는 화가 나는 상황이어서 화를 내기보다는 '화를 내는 것'을 선택했다고 볼 수 있다. 예를 들어 보자.

7) 진짜 일차 감정과 이차 감정 구별하기

아이가 식당에서 가만히 앉아 있지 못하고 돌아다니며 소란을 피운다. 부모의 진짜 일차 감정은 '창피함 혹은 당혹스러움'이다. 이차 감정은 분노이다.

"가만히 좀 앉아 있어라! 자꾸 말 안 들으면 혼낸다."

자녀가 부모의 생일을 잊어버려서 생일 축하한다고 말도 없고, 선물도 준비하지 않았다. 부모의 진짜 일차 감정은 '섭섭함'이다. 하지만 겉으로는 분노가 이차 감정으로 나타난다.

"요즘 애들은 자기 생각밖에 할 줄 몰라."
"부모 생각은 전혀 하지도 않아."

자녀가 좋지 못한 성적표를 들고 집에 왔다. 부모의 진짜 일차 감정은 '실망'이다. 하지만 겉으로는 이차 감정인 분노를 표출한다.

"이번 시험 완전히 망칠 줄 진작에 알았다. 그렇게 맨날 놀기만 하더니."

"열심히 하지 않는데 어떻게 잘 볼 수 있겠니?"

부모는 아이에게 이차 감정인 분노를 표출하는 대신 진짜 속마음인 일차 감정을 표현할 수 있어야 한다. 부모 자신이 느낀 진짜 감정인 일차 감정을 표현해야 아이와 더 진심으로 통할 수 있고 부모 자신의 마음을 제대로 전달하게 되는 것이다.

10세 된 딸아이를 둔 어머니는 자주 화가 나곤 했는데, 어머니가 화를 내는 것은 자기가 어렸을 때 공부한 만큼 아이가 열심히 공부하지 않아서 느낀 실망감에 대한 이차 반응이었음을 알게 되었다. 또 아이의 학교 성적에 너무 많은 기대를 한 나머지 성적이 좋지 않을 때마다 너 메시지로 분노를 폭발시켜 왔다는 것을 알게 되었다.

자신감 있고 외향적이며 전문직을 갖고 있는 어머니는 10세 된 딸아이와 외출할 때마다 화가 자주 났다. 어머니는 매우 적극적이고 사교적인 반면 딸은 무척 소극적이고 내성적이었다. 딸아이를 자신의 친구들에게 소개해 줄 때마다 아이는 인사말도 제대로 하지 못했다. 거의 들릴 듯 말 듯하게 겨우 웅얼거릴 뿐이었다. 어머니는 자기가 아이에게 지나치게 엄격하기 때문에 아이가 이렇게 소극적이고 겁에 질려 있다고 지인들이 오해할까 봐 신경 쓰고 있었다는 것을 인식했다. 이 사실을 인식하고 나자 어머니는 이런 상황에서 일어났던 화를 어느 정도 이해하고 다스릴 수 있었다. 이제는 단지 아이의 성격이 자신과 다르다는 점을 인정하게 되었다. 어머니가 화를 덜 내게 되자 시간이 흐르면서 차차 아이도 다른 사람들 앞에서 수줍음을 훨씬 덜 타게 되었다.

화가 나서 너 메시지를 자주 쏟아 놓는 부모들은 자기 자신에게 다음과 같은 질문들을 해 보길 바란다.

지금 내 마음속에 있는 진짜 생각, 진짜 감정은 무엇인가?

아이의 행동 때문에 나의 어떤 욕구가 채워지지 못하고 있는가?

아이의 행동 때문에 부모인 내가 무엇을 불편하게 여기고 있는가?

나의 진짜 일차 감정은 무엇인가?

이처럼 부모들은 겉으로 이차 감정인 화를 내지만 마음속에는 두려움, 불안, 섭섭함, 실망감 같은 진짜 일차 감정들이 숨어 있을 수 있다. 부모 자신의 진짜 감정인 일차 감정을 잘 인식하여 자녀와 대화를 하면 자녀와 더욱 솔직하고 좋은 관계를 맺을 수 있을 것이다.

8) 나 메시지가 효과 없을 때의 문제 해결방법

사실 나 메시지를 사용하면서 많은 문제가 일어난다. 이러한 문제들을 극복하려면 약간의 기술이 필요하다. 아이들이 부모가 나 메시지를 처음 시도하면 무시하는 경우가 많이 있다. 아이 입장에서는 자기 행동이 다른 사람을 괴롭힌다는 사실을 듣고 기분이 좋을 리는 없다. 아이들은 자기의 행동 때문에 부모가 어떤 기분인지를 듣고 싶어 하지는 않는다.

따라서 부모가 보낸 첫 번째 나 메시지에 아무 반응이 없다면 다시 메시지를 보내는 것이 좋다. 두 번째 메시지는 좀 더 강한 감정을 담고 좀 더 확고하고, 강하고, 크게 말해야 할 것이다. 두 번째 메시지는 '진심으로 하는 말이니까 귀 담아 들어라.'라는 의미이다.

아이들은 "그래서 어쩌라고요." 하고 말하기도 할 것이다. 이때에는 좀 더 강력하게 다시 얘기하면 효과가 있을 수 있다. 혹은 다음과 같은 식으로 말하는 것도 좋다.

> "얘야, 내 기분을 이야기하는 것은 나한테는 중요하다. 그러니까 내 말을 무시하지 않았으면 좋겠어. 내 감정에 대해서는 들으려고도 하지 않고 그냥 가 버리면 많이 섭섭해. 내가 정말 이렇게 마음이 힘든데, 그렇게 무시하는 건 아니라고 생각한다."

아이들이 부모들이 보낸 나 메시지에 대해 자기 자신도 나 메시지를 보냄으로써 대응하는 경우도 많다. 자기 행동을 바로 고치는 대신에 자기 감정은 무엇인지 부모가 알아주기를 바라는 것이다. 다음 대화를 보자.

엄마: 네가 학교에서 돌아오자마자 깨끗했던 거실이 어지럽혀지는 걸 보면 기분이 좋지 않다. 하루 종일 힘들여 청소했는데 정말 속상해.

아들: 엄마는 지나치게 깔끔해.

이런 상황에서 화가 나서 자기방어를 하는 것에 급급하면 다음과 같이 말하게 된다.

"그렇지 않아."

"네가 심하게 어지르는 것이지."

이런 상황을 효과적으로 다루려면 우리의 첫 번째 원칙을 상기해 볼 필요가 있다. 아이가 어떤 감정을 갖거나 문제를 가지고 있을 때는 적극적 들기를 해야 하는 것이다. '맞서 대응하기'에서 '듣기'로 전환하는 것이다.

엄마: 내가 지나치게 까다롭게 군다고 생각하는구나.

아들: 응. 엄마는 지나치게 까다로워.

엄마: 음, 그럴지도 모르지. 하지만 지금은 이렇게 어지럽혀 놓으면 너무 지치고 화가 난다.

부모가 자기 감정을 알아준다는 것을 일단 알고 나면 아이가 자기 행동을 바로잡을 가능성도 높아진다. 물론 당장은 아니다. 차차 나아진다는 말이다. 아이가 바라는 것은 그저 자기 감정을 이해해 주었으면 하는 것일 때가 많다. 이해받고 나면 부모의 감정에 대해서도 뭔가 좋은 방향으로 행동할 수 있게 되는 것이다.

나 메시지에서 적극적 듣기로 대화가 이어지면서 부모의 감정이 바뀌어 가는 상황의 예를 보자.

엄마: 그릇이 싱크대에 그대로 남아 있는 걸 보니 화가 난다. (나 메시지) 저녁 먹고 나면 네가 치우기로 하지 않았니?

딸: 어젯밤에 할 일이 많아서 새벽 세 시까지 못 잤더니 너무 피곤해서 할 수가 없었어요.

엄마: 그래. 저녁 먹고 나서 너무 피곤해서 설거지하기가 힘들었구나.

딸: 네. 그래서 방에 가서 잠깐 잤어요. 자기 전에 하고 잘게요. 그럼 되죠?

엄마: 그렇게 하렴.

대화가 이렇게 반드시 긍정적으로 되지는 않을 수 있어도 적어도 싸움으로 끝이 나지는 않을 것이다.

9) 나 메시지의 다른 활용법

(1) 나 메시지로 아이의 행동을 자연스럽게 칭찬할 수 있다

아이를 칭찬한다는 것은 부모의 입장에서 아이가 행동했으면 하는 의도를 갖고 하는 경우가 많다. 행동주의 심리학자들은 동물과 인간을 대상으로 한 많은 실험에서 어떤 바람직한 행동을 한 직후에 보상을 하면 그 행동을 '강화'시키는 효과가 있음을 보여 주었다. '강화'한다는 것은 그 행동이 다시 일어날 가능성을 높인다는 의미이다. 칭찬은 보상이다. 먼저 칭찬이 효과가 있으려면 아이가 이 칭찬을 보상으로 느껴야 한다. 부모가 아이를 칭찬하는데 부모가 보기에는 그 행동이 좋은 행동이지만 아이는 그렇게 생각하지 않는다면, 아이는 그 칭찬을 부담스럽게 여기거나 불편하게 여길 수도 있다.

부모가 아이를 칭찬할 때에는 거의 예외 없이 너 메시지의 형태로 표현된다.

"넌 너무 착하다!"
"아주 잘 했어!"
"성적이 많이 올랐구나!"

이 메시지들은 모두 아이에 대한 판단과 평가를 담고 있다. 그러나 긍정적인 나 메시지는 다음과 같이 사용할 수 있다.

"엄마 대신에 무거운 짐을 들어 주니 정말 고맙구나!"
"집에 몇 시에 올지 미리 말해 주니까 걱정을 안 해도 되고 정말 마음이 편해서 좋다."

이와 같이 긍정적인 나 메시지는 아이의 행동을 변화시키기 위해 의도적으로 칭찬하기보다는 자연스럽게 지금 현재의 감정을 솔직하고 진실하게 표현하면 된다.

(2) 나 메시지를 통해 문제를 사전에 예방할 수 있다

아이와의 관계에서 현재 아무런 문제가 없지만 사전에 어떤 문제를 예방하기 위해 어떤 메시지를 보내고 싶을 때가 있다.

"여행 가기 전에 준비해야 할 것을 먼저 생각해 보자. 나중에 필요한 것들을 빠뜨려서
　　곤란해지지 않게."

　　"오늘 저녁에 식당 가서 다른 사람들에게 피해 주지 않게 돌아다니지 않으면 좋겠다."

　이렇게 미리 말해 주어도 어려움이 일어나긴 하지만, 아이들이 생각 없이 부모의 욕
구에 어긋나는 행동을 할 때까지 기다리는 것보다는 부모가 느끼고 생각하고 있는 것
을 미리 말해 주는 것이 좋다. 적절한 시기에 예방적인 나 메시지를 보내면 아이는 부
모가 마음에 들어하는 방식으로 행동할 수 있게 된다. 아이들도 부모 마음에 들고 싶어
하고 적절한 행동을 하게 되므로써 부모와의 대립을 피할 수 있다.

　아이들도 부모 마음에 들고 싶어 할 때가 많다.

5. 윈윈(win win) 대화법

1) 갈등이란?

　부모와 자녀 사이에는 피하기 어려운 갈등은 늘 존재한다. 그렇다면 누구의 말을 들
어야 하나?

　30분 후에 집을 나서야 한다고 엄마가 수도 없이 말했는데도 아이는 여전히 꾸물대
고 있다. 딸이 식구들과 식사를 함께 하지도 않으면서 따로 혼자 자신이 먹은 그릇을
설거지를 하지도 않고 그대로 싱크대 안에 잔뜩 쌓아 놓았다.

　아이의 욕구와 부모의 욕구 사이의 이런 갈등은 어떤 가정에서나 피하기 어렵다. 때
로는 사소한 의견 불일치가 있을 수 있고, 아주 심각하게 다툴 수도 있다. 이런 문제는
아이 혹은 부모에게 속한 문제이기 보다는 관계에서 비롯된 문제라고 할 수 있다.

　갈등이 일어나는 순간은 사실 가장 불편하고 견디기 힘들다. 관계가 그동안 얼마나
깊고 진실되었는지 알 수 있는 순간이기도 하고, 가슴속 깊은 곳에 원망 또는 미움을 갖
게 하거나 잊을 수 없는 심리적 상처를 입힐 수도 있는 중요한 순간이다. 갈등을 통해
사람들은 서로 멀어지기도 하지만, 더 믿을 수 있고 관계가 예전보다 더 좋아지기도 한
다. 결국 중요한 것은 갈등이나 위기를 어떻게 해결하느냐의 문제이다.

따라서 갈등을 어떻게 해결하느냐가 부모와 자녀의 관계에서 매우 중요하다. 사실 갈등은 삶의 일부이지 반드시 나쁜 것이 아니라는 것을 받아들이기는 쉽지 않다. 대부분 부모들은 부모와 자식 사이에서나 형제들 사이에서나 갈등은 어떻게 해서든 피해야 할 것으로 생각한다. 갈등이 있는 순간은 정말 불편하고 힘들고 어떻게 해결해야 할지 난감하기 때문에 누구나 그 순간을 피하고 싶어 한다. 어떤 부모들은 자식들과 거의 갈등을 빚은 적이 없고 아이들이 말을 잘 들어주었다고 말한다. 또한 어떤 부부들은 자기들은 한 번도 심각한 의견 충돌을 한 적이 없다고 자랑스럽게 말하기도 한다. 사실 그런 말들이 믿겨지지도 않지만 의견 충돌이 없다는 것이 과연 사이가 좋다는 의미일까라는 생각을 해 보게 된다. 어느 한쪽이 다른 한쪽을 일방적으로 따르거나 순종하면 사실 갈등은 줄게 된다. 하지만 양쪽 입장에서 의견을 조율해야 하는 경우에는 갈등은 불가피하다.

그러므로 갈등이 항상 나쁜 것이라고 말할 수는 없다. 갈등은 관계에서 반드시 나타나는 현실이다. 사실 갈등이 없는 관계가 갈등을 일으키는 관계보다 오히려 건강하지 못할 수 있다. 예를 들어, 남편에게 절대 복종하는 아내라든가, 부모를 너무 무서워해서 감히 자신의 뜻을 말하지도 못하는 소심하고 겁먹은 아이의 경우 건강한 상태에 있다고 볼 수는 없다.

오히려 갈등을 솔직하게 표현하고, 자연스러운 현상으로 받아들이면 사실 부모들이 생각하는 것과는 다르게 아이들에게 긍정적인 영향을 미칠 수 있다. 적어도 가정에서 갈등을 경험했던 아이들은 그것을 대처하고 해결하는 방법을 배워서 이후에 다른 갈등에도 슬기롭게 대처할 가능성이 높게 된다. 집 밖에서 아이가 경험하게 될 피할 수 없는 갈등에 대한 준비 과정으로서도 가정에서의 갈등은 아이에게 유익한 것일 수 있다. 하지만 그러기 위해서는 집 안에서의 갈등을 발전적으로 잘 해결하는 연습을 해야 할 것이다.

2) 부모와 아이의 줄다리기: 누가 당기고 누가 끌려다닐 것인가

부모와 아이가 대화할 때는 주로 세 가지 방식이 나타난다. 첫째, 부모가 힘을 갖고 이기는 대화방법이다.

다음과 같이 말하는 부모들이 꼭 있다.

"부모는 초반에 주도권을 잡아야 합니다. 그렇지 않으면 아이들이 부모를 이용하려고 들고, 자기 뜻대로 마음대로 하려고 합니다. 아내는 완전히 아이들에게 휘둘려서 아이들한테 항상 져 주고 맙니다. 아이들은 엄마가 결국 자신들에게 진다는 것을 잘 알고 있습니다."

권위와 위계를 중요하게 여기는 부모는 이와 같은 생각을 많이 하고 부모가 힘을 가지고 자녀들을 끌고 가야 한다고 생각한다. 이것은 부모가 이기는 대화방법이다.

둘째는 자녀가 주도권을 갖고 이기는 대화방법이다.
10대 자녀를 둔 어머니는 다음과 같이 말한다.

"저는 아이들에게 강요하고 지적하면 아이들이 싫어하고 더 나빠질까 봐 대부분 크게 나쁘게 행동하지 않으면 아이가 하자는 대로 했어요. 그런데 그러다 보니 제가 힘들어지더군요. 사춘기가 되어서는 아이가 너무 세져서 저를 완전히 무시한다는 느낌이 들었어요. 한번 아이의 말을 들어주면 끊임없이 자기 입장에 유리하게 무리한 요구를 합니다."

부모의 입장에서 아이들을 주도하는 것은 매우 힘겨운 문제이다. 그렇다면 아이들의 입장에서는 어떨까? 아이들도 역시 부모와의 관계에서 자신이 주도권을 가지고 싶어 하는 경우가 많다. 15세인 여자아이는 부모와 전혀 이야기를 하려고 하지 않아 부모에게 불안감과 불편감을 주고 있다.

"대화해 봤자 무슨 소용이 있어요? 아무 소용없어요. 처음에는 대화를 하자고 하지만 결국에는 언제나 엄마 아빠가 하고 싶은 대로 주장을 하기 시작해요. 부모님은 언제나 자기 뜻대로 하려고 해요. 언제나 자기들이 옳다고 생각하니까요. 그래서 전 아예 얘기를 안 하려고 해요. 그냥 말을 피해 버리죠. 대화가 항상 그런 식이에요. 그냥 대화를 하지 않는 것이 더 낫다고 생각해요."

어떤 중학생 소년은 부모와의 갈등을 자신에게 유리한 부모를 이용하여 해결하기도 한다.

"뭔가 원하는 일이 있으면 절대로 엄마한테는 얘기 안 해요. 들어 볼 것도 없이 안 된다고 할 테니까요. 일단 아빠가 마음이 좋으시고 같은 남자이기 때문에 저를 잘 이 해해요. 아빠가 오실 때까지 기다린 다음에 아빠한테 먼저 이야기하면 제 편을 들어 주시죠. 아빠는 엄마보다 너그러워서서 보통 제가 해 달라는 대로 다 해 주세요."

부모와 자녀 사이에서 갈등이 일어나면 많은 부모가 주도해서 문제를 해결하려고 한 다. 하지만 부모의 뜻대로 하려면 집안이 시끄럽고 분위기가 험해지고 아이의 반항도 만만치 않다. 어떤 부모들은 이런 시끄러움을 피하고 아이의 기분을 망치지 않게 하기 위해서 늘 아이가 하자는 방식으로 문제를 해결한다. 둘 다 어느 한쪽이 주도하게 되는 방법이다. 어느 한쪽은 따라가야 하는 방식이다.

(1) 부모 뜻대로 하는 대화방법이 효과적이지 않은 이유

갈등 해결을 위해 부모가 주도하는 대화방법을 사용하는 부모들은 자신이 주도하긴 하지만 그런 '승리'에 대해 엄청난 대가를 치러야 한다. 어떤 결과를 가져올지 상상할 수 있다. 아이는 부모의 해결책을 따르고 싶은 마음이 없고, 부모를 피하게 되고, 억지 로 시키려고 하니 부모도 많이 힘이 들고, 아이는 반항하느라 정서적으로 소모가 많고 자율적으로 성장하기도 어렵게 된다. 결국 관계가 엄청 나빠지는 대가를 치러야 한다.

특히 사춘기의 아이들과 충돌이 있을 때 부모의 방식을 강요하면, 아이의 의견이 수 용되지 않기 때문에 아이는 부모가 말한 대로 실천하고 싶은 동기나 욕구를 느끼지 못 하게 된다. 아이가 그대로 하게 된다면, 그것은 외부적 강요에 의해 마지못해서 그렇게 하는 것일 뿐이다. 부모의 말을 따른다 하더라도 그것은 벌을 받거나 꾸지람을 들을 것 이 두려워서 따르는 것이다.

보통 부모가 이기는 대화방법으로 아이에게 무언가를 강요하면 아이들은 보통 부모 에게 화를 내거나 신경질이나 짜증을 낸다. 부당하다고 느끼고 이것이 부모 때문이라 고 생각해서 부모에게 화를 낸다. 이러한 방법을 사용하면 겉으로는 부모의 말을 잘 듣 는 것 같지만, 그에 대한 대가로 아이는 부모를 싫어하고 미워하게 된다.

부모가 이기는 대화방법의 또 다른 부정적인 면은 아이에게 결정을 요구하고, 아이

166

가 제대로 하고 있는지 감독해야 하고, 잔소리를 하고, 재촉하기 때문에 많이 지치고 시간이 많이 걸린다는 것이다. 그리고 아이들은 스스로 하려고 하기보다는 부모가 있을 때에만 하는 척을 하고 부모가 없으면 하지 않을 수 있다.

부모가 이기는 대화방법을 사용했을 때 생기는 가장 비극적인 대가는 아이가 자율성을 기를 수 없다는 것이다. 즉, 아이는 자신이 하고 싶어서 마음에서 우러나오는 자발적인 행동을 하지 못하게 된다. 자녀 교육에서 흔히 잘못 생각하는 것 중에 하나가 어린아이에게 어떤 일을 하라고 시키면 책임을 배우게 되고 아이가 자율적이고 책임감 있는 사람으로 성장한다고 믿는 것이다.

물론 부모의 권위에 순응하여 복종적이고 순종적이고 말 잘 듣는 아이가 되는 경우도 있지만, 대부분의 경우에는 어떤 외부의 권위나 힘에 눌려 억압당하여 할 수 없이 순종하는 사람이 되기도 한다. 힘과 권위를 이용해서 아이에게 무엇을 강요할 때마다 결국 아이의 자율성이나 자기관리 능력, 책임감을 배울 기회를 빼앗게 되고 주눅 들게 만든다.

엄격하고 통제를 많이 하는 어머니 밑에서 자란 16세 고등학교 여자아이는 다음과 같이 말한다.

"항상 엄마는 제가 스스로 알아서 하려고 하는데 잔소리를 해요. 그러면 기분이 엄청 상하고 더 하기 싫어져요. 또 어떨 때는 부모님이 지켜보고 있을 때만 하게 되고 부모님이 안 계시면 딴짓을 하게 되지요. 엄마는 제가 스스로 알아서 할 기회를 주지 않아요. 항상 저보다 앞서서 이래라저래라 해요. 정말 싫어요."

(2) 아이가 이기는 대화방법이 효과적이지 않은 이유

아이들이 이기고 부모가 져 주는 가정에서 자라나는 경우는 어떨까? 아이가 항상 자기 뜻대로 할 수 있을 때 어떤 결과가 있을 수 있을까?

이 아이들은 성질을 부리고 부모를 위협해서 부모를 이기는 방법, 부모가 죄책감을 느끼게 하는 방법, 부모에게 버릇없는 말을 해서 부모를 속상하게 하는 방법 등을 익힌다. 이런 아이들은 대개 무례하고 거칠고, 제멋대로이며, 말을 듣지 않고 충동적이다. 이런 아이들은 자기의 욕구가 다른 어느 누구의 욕구보다 우선한다는 것을 알고 있기 때문에 자기 행동을 잘 통제할 줄 모르고, 자기중심적이고 이기적이고 요구하는 것이 많은 아이로 자라난다.

(3) 부모가 이기는 대화방법이나 아이가 이기는 대화방법의 또 다른 문제점

부모가 주도하는 대화방법이나 아이가 주도하는 대화방법 중 하나만 쓰는 가정은 그렇게 많지 않다. 한쪽 부모는 부모가 주도하는 대화방법을 사용하고 다른 한쪽 부모는 아이가 주도하는 방법을 사용하는 가정도 많이 있다. 그러면 아이들은 영리해서 관대하고 자신의 이야기를 들어 주는 부모에게 더 많은 요구를 하게 되고, 강하고 힘있는 양육을 하는 부모를 소외시킨다.

또는 처음에는 부모가 주도하는 대화방법을 사용해서 아이에게 힘이나 권위를 세워서 아이를 교육시키다가 아이가 사춘기가 되면서 말을 점점 듣지 않게 되니까 할 수 없이 아이가 주도하는 방법으로 바꾸면서 아이에게 져 주면 아이의 힘은 더욱더 세지고 갈등도 아주 커지게 된다.

대부분의 부모는 아이를 양육하는 것이 힘들어지면 부모가 주도하는 대화방법 아니면 아이가 주도하는 대화방법을 갈팡질팡 사용하다가 아이와의 갈등은 줄어들지 않는다. 효과적이지 못한 이 두 가지 방법, 즉 누군가가 '주도하거나 따라가는' 방법 말고는 달리 어떻게 해야 할지 도무지 떠오르지 않기 때문이다.

3) '부모와 아이 둘 다 이기는 윈윈 대화법'이 왜 효과적인가

이 방법은 서로 힘을 겨루는 방법이 아니다. 어느 한쪽도 지지 않고 서로 좋은 방향으로 주도하는 윈윈 대화법이다. 이와 같은 윈윈 대화방법은 갈등을 화해와 평화로 갈 수 있도록 해 주는 좋은 방법이다. 이러한 대화방식은 사회적·정치적 갈등을 평화적으로 해결하는 데도 사용되는 방법이다.

부모와 자녀 사이의 욕구 충돌은 아주 빈번하게 일어난다. 이때 서로 받아들일 수 있는 해결방법을 함께 찾아보자고 이야기한다. 그리고 부모와 아이 양쪽이 가능한 해결책들을 제시한다. 서로의 생각을 솔직하게 말하면서 양쪽이 합의하여 최종 해결책을 정한다. 해결책을 정하고 나면 양쪽 모두 동의한 것이므로 어느 쪽도 마음 상할 일이 없다. 해결책에 반발하는 일도 없으므로 강제로 요구하거나 따를 필요가 없다.

다음 예는 가정에서 흔히 일어날 수 있는 갈등을 부모와 아이 둘 다 이기는 윈윈 대화방법을 이용해서 해결하는 과정을 보여 준다.

> 엄마: 얘야, 너한테 방 치우라고 얘기하는 것도 이제 너무 지겹다. 너도 내가 계속 잔소리하는 것이 싫지? 가끔 네가 방 정리하는 적도 있기는 하지만 그때뿐이고 다시 늘 어질러져 있어서 엄만 네 방을 볼 때마다 화가 나서 견딜 수가 없다. 그래서 말인데, 나한테도 좋고 너한테도 좋은 새로운 방법을 한번 시도해 보자. 우리 둘 다 맘에 들어할 만한 해결방법이 있는지 생각해 보는 거야. 너한테 억지로 방을 치우게 해서 네가 기분이 상하는 모습을 보기도 싫지만 방이 더러운 것을 보고 화가 나거나 마음이 불편한 것도 싫거든. 어떻게 하면 너도 좋고 나도 좋을 수 있을까?
>
> 딸: 글쎄. 어쨌든 결국 내가 방을 치워야 한다는 얘기잖아요?
>
> 엄마: 그게 아니고 우리 둘 다에게 좋은 방법을 생각해 보자는 거야. 나만 좋은 방법 말고.
>
> 딸: 어, 이렇게 하면 어때요? 엄마는 요리하는 걸 싫어하지만 청소하는 건 좋아하잖아요. 나는 반대로 청소가 싫고 요리가 좋고, 그러니까 제가 주말에 점심 식사 준비를 하고 대신 엄마는 제 방을 일주일에 한 번 정도 청소해 주는 건 어때요?
>
> 엄마: 그래, 그거 좋은 생각이다.
>
> 딸: 그러면 정말 좋을 것 같아요.
>
> 엄마: 그래, 그럼 한번 해 보자. 설거지까지 네가 할 거니?
>
> 딸: 그렇게 할게요.
>
> 엄마: 좋아. 그러면 네 방을 내가 청소해 주니 깨끗해지고 내 마음에도 들겠네.

이러한 방법은 어떤 나이대의 아이에게도 사용할 수 있는 좋은 방법이다. 모든 가정에 적합한 '최선의' 해결책이란 있을 수 없다. 어떤 한 가족에게 적합한 해결책, 즉 그 특정 부모와 아이에게 적당한 해결책을 합의해서 찾아내야 할 것이다.

부모와 아이 둘 다 이기는 윈윈 대화방법에는 다음과 같은 좋은 점들이 있다.

(1) 아이는 합의를 통해 스스로 좋은 방법을 생각해 낸 것이기 때문에 실천하고자 하는 동기가 생긴다

윈윈 대화법을 이용하여 갈등을 조정하고 나면 아이는 결정된 방법을 실천하고자 하는 좀 더 강한 동기를 갖게 된다. 대부분의 사람은 다른 사람이 강요한 결정보다는 의사결정 과정에 함께 참여하여 결정한 방법을 더 실천해 보려는 의지를 가진다.

(2) 윈윈 대화법은 아이의 사고력에 도움이 된다

자신에게도 좋고 상대에게도 좋은 방법을 찾아내려고 고민하고 생각하다 보면 합리적 사고를 기를 수 있다.

(3) 부모와 아이 사이의 갈등이나 적대감이 줄고 화해와 평화가 생긴다

양쪽이 다 유리한 방식으로 갈등을 해결하고 나면 부모와 아이는 오히려 더욱 가까워진다. 부모가 힘을 부리지 않아도 된다. 서로 욕구와 권리를 존중해 준 것에 대해 고마워하면서 다른 갈등이 생겨도 서로에게 좋은 방법을 생각해 낼 가능성이 커진다.

(4) 윈윈 대화법은 치유적이고 성숙으로 이끈다

윈윈 대화법을 통해 아이들의 고질적인 문제들을 치유할 수도 있고 보다 나은 행동으로 이끌 수도 있다.

> "우리 애는 무섭고 폭력적인 영화를 너무나 좋아해요. 이런 영화를 계속해서 많이 보면 아이의 정서 상태가 안 좋아질까 봐 무척 신경이 쓰여요. 그런 영화를 보지 말라고 하면 더 보지요. 다른 채널에는 아이에게 도움이 되는 프로도 많은데 하필이면 꼭 그런 프로만 보는지 모르겠어요."

이런 경우에는 아이와 윈윈 대화법을 사용하여 엄마가 걱정되는 부분들을 이야기하고 아이가 보고 싶은 영화도 보면서 서로에게 도움이 되는 방법들을 이끌어 낼 수 있다. 윈윈 대화법을 통해 아이가 무섭고 폭력적인 영화를 먼저 보았다면 그다음에는 교육적으로 도움이 되는 프로그램을 보기로 하는 것이다. 이렇게 윈윈 대화법을 통해 아이가 폭력적인 영화만 보지 않게 되어서 다행이고, 어쩌면 아이는 교육적이고 도움이 되는 프로그램을 나중에 더 좋아하게 될 수도 있을 것이다.

> "우리 애는 게임 시간을 늘려 달라고 계속 고집을 부려요. 이렇게 게임을 하다가는 몸도 상하고 계속 빠져들까 봐 너무 걱정이에요."

이런 경우에도 윈윈 대화법을 사용하여 엄마가 게임을 하는 것에 대해 어떤 부분을 걱정하는지에 대해 이야기를 하고 아이의 게임하고 싶은 욕구도 이해해 주면서 엄마와 아이 둘 다에게 좋은 방법을 찾아낼 수 있을 것이다. 물론 아이가 게임을 하지 않도록 하는 것이 가장 좋은 방법이지만 그건 불가능이다. 이럴 때는 아이가 게임을 1시간 하였다면 1시간 정도는 꼭 몸을 움직일 수 있는 스포츠나 운동을 하는 것으로 협상하면 좋을 것이다. 그렇게 아이가 게임을 하기 위해서 자신이 좋아하는 스포츠나 운동을 습관적으로 하다 보면 나중에 어른이 되어서도 그것이 좋은 취미로 자리 잡을 수도 있을 것이다. 이와 같이 아이의 문제가 되는 행동을 억지로 고치려고 하기보다는 부모도 만족스럽고 아이도 좋은 방법은 무엇일까 생각을 깊게 하다 보면 어떤 창의적이고 도움이 되는 방법들이 떠오를 수 있다. 각 가정마다 문제와 갈등의 내용은 매우 다양할 수 있다. 각 문제마다 윈윈 대화법, 즉 둘 다에게 도움이 되는 방법으로 해결할 수 있는 방안들이 있을 것이다.

윈윈 대화법을 잘 사용하면 감정표현도 솔직해지고 짜증이나 신경질을 내는 일도 줄어들고 극단적인 생각보다는 합리적이고 긍정적으로 생각하고 자립심이나 자신감, 책임감도 더 커질 가능성이 크다.

4) 윈윈 대화법이 성공하기 위한 주요 대화 방법

(1) 부모는 먼저 아이에게 윈윈 대화법이 무엇인지 자세하게 설명해 준다

아이에게 '부모가 이기는 대화방법'과 '아이가 이기는 대화방법' 그리고 '부모와 아이가 둘 다 이기는 윈윈 대화법'을 모두 설명해 주고 차이점을 알려 준다. 지금까지는 부모의 뜻대로 하려고 했을 때가 많았음을 인정한다. 그리고 진심으로 이제는 힘을 겨루는 방법을 버리고, 양쪽 모두가 이기는 윈윈 대화법으로 갈등을 해결하고 싶다고 이야기한다.

(2) '윈윈 대화법'을 처음 시도할 때 기본 원칙을 정한다

효과적으로 갈등을 해결해 나가려면 대화에 필요한 기본 원칙을 정해 놓고 시작하는 것이 바람직하다. 특별히 대화 도중에 어느 한 사람이 말을 시작하면 말이 끝날 때까지 중간에 말로 끼어들지 않고 끝까지 들어 주는 것을 원칙으로 약속한다. 대다수의 사람이 중간에 말을 가로채고 자신이 하고 싶은 말을 하는 습관을 아주 흔하게 갖고 있다. 상대방의 말을 끝까지 듣고 자신의 말을 하는 습관은 좋은 의사소통을 위해 매우 중요하다. 좋은 의사소통 기술들을 실천하지 않으면 말하는 과정 속에서 다툼이 일어나서 중단되는 일들이 많이 일어난다. 실제로 부부끼리의 갈등이나 부모와 자녀 사이의 갈등을 상담할 때도 흔히들 상대방의 말을 끝까지 듣지 않고 자신이 하고 싶은 말만 하게 되면 상담이 제대로 이루어지지 않기 때문에 상담을 하기 전에 상대의 말을 끝까지 듣고 자신의 말을 하는 원칙을 미리 말해 주기도 한다.

또한 '윈윈 대화법'에서는 두 사람 사이의 문제를 놓고 이야기하고 있을 때 다른 사람은 간섭하지 않는다. 그리고 갈등을 해결하기 위해 대화를 할 때는 산만한 행위를 하지 말아야 하고 전화가 울려도 받지 않으며 핸드폰 사용은 하지 않는다는 규칙도 필요하다. 복잡한 문제의 해결을 위해서는 종이나 노트 같은 것에 의견을 쓰면서 대화하는 것도 좋은 방법이다.

(3) '윈윈 대화법'을 위한 분위기를 만든다

아이의 참여를 유도하는 아주 중요한 단계이다. 아이의 주의를 끌고 아이가 문제 해결에 적극적으로 참여하도록 해야 한다. 다음과 같은 내용을 기억하면 좀 더 쉽게 이 방법을 실천할 수 있을 것이다.

① 명확하고 간결하게 시작을 하면 좋다. 자신감 있게 문제를 해결할 의지를 보인다.

"우리가 함께 해결해야 할 문제가 있다."
"이 문제를 한번 같이 고민해 보면 좋을 것 같다."

② 아이와 부모 어느 쪽도 손해 보거나 지는 것이 아니며 아이와 부모 모두 마음에 드는 해결 방안을 찾는 데 아이가 함께하기를 바란다는 것을 분명히 한다. 아이가 부모가 이 방법을 통해서 또 부모 뜻대로 하는 것은 아닐까 의심을 한다면 이 방법은 성공하기가 어렵기 때문이다. 이 방법은 서로에게 좋은 윈윈 대화법이지, 부모가 교묘하게 아이를 뜻대로 조정하려고 펼쳐 놓은 위장된 대화방법이 아니라는 것을 아이가 느끼고 이해하고 있어야 한다.

③ 언제 시작할지 서로 의논한다. 아이가 할 일이 있거나 다른 곳에 가 있어야 할 시간은 피하고, 서로 충분히 안전하고 편안하게 문제에 대한 해결 방안을 생각해 볼 수 있는 시간에 합의하는 것이 좋다.

윈윈 대화법에서는 양쪽 모두가 문제 해결에 참여하는 것이 반드시 필요하기 때문에 효과적인 의사소통이 기본이다. 따라서 부모는 아이의 말에 대해 적극적 듣기를 열심히 사용하고 자신이 느끼는 생각이나 감정은 나 메시지의 형태로 말해야 한다. 이 기술을 제대로 익히지 못했을 경우에는 윈윈 대화법에서도 좋은 성과를 거두기 힘들다.

적극적 듣기가 필요한 첫째 이유는 먼저 아이의 감정과 욕구를 이해해야 하기 때문이다. '아이가 원하는 것이 무엇인가?' '부모가 그것을 받아들이지 못한다는 것을 알고 난 후에도 아이가 어떤 행동을 고집스럽게 계속하는 이유는 무엇인가?' '어떤 욕구 때문에 아이가 그런 특정한 행동을 하는 것일까?'에 대한 대답을 얻기 위해서는 우선 아이의 말을 적극적으로 들어 보아야 알 수 있다.

나 메시지 또한 문제 해결 과정에서는 아주 중요한 것인데, 이를 통해서 아이들이 부모의 감정을 이해할 수 있기 때문이다. 나 메시지는 아이를 비난하거나 나무라고 깎아내리고 창피를 주지 않으면서 감정을 전달하는 방법이다. 갈등 해결 과정에서 너 메시지를 하기 시작하면 상대편에서도 너 메시지가 나오게 되고, 그러다 보면 결국 서로 누가 더 상처 주는 말을 많이 하나를 겨루는 말싸움으로 변한다. 우리는 모두 다 이런 경험을 한 적이 있을 것이다. 달라지려면 적극적 듣기와 나 메시지의 소통방법을 기본으로 하여 윈윈 대화법으로 서로에게 다 좋은 방식으로 문제를 해결해야 할 것이다.

5) '윈윈 대화법'의 여섯 단계

1단계는 '윈윈 대화법'에서 가장 중요한 단계이다. 아이와 부모 둘 다 서로 어떤 점 때문에 힘들어하고 무엇을 원하는지를 정확히 확인하는 것이 중요하다. 부모는 해결책을 떠올리기보다는 먼저 아이의 욕구가 무엇이고 어떻게 해결되길 원하는지 잘 들어야 한다. 적극적 듣기의 기술을 발휘할 때이다. 그리고 부모도 아이에게 분명하고 확실하게 자신의 감정을 이야기하는 것이 좋다. 어떤 감정인지, 어떤 욕구가 충족되지 않고 있는지, 무엇이 고민인지 말한다. 이때 나 메시지 기법을 활용하면 좋다. "혼자서 집안일을 다 하려니 속상하다. 쉴 틈이 없어."와 같이 말한다. 아이를 깎아내리거나 비난하는 표현은 하지 않는다. "너희는 하루 종일 집에서 빈둥대고만 있지!" "그렇게 게을러터져서 앞으로 무엇이 되겠니?" 등과 같이 말하지 않는다. 부모도 그동안 쌓여 왔던 감정들이 있어서 조금이라도 정신을 차리지 않고 자제하지 않으면 바로 이런 말들이 입에서 쏟아져 나올 수 있다. 바로 이런 말들을 하지 않고 끝까지 잘 들으면서 자제하는 태도가 필요하다.

(2) 2단계: 가능한 해결책을 생각해 낸다

"어떤 해결방법이 있을까?" "가능한 해결책들을 생각해 보자." "같이 고민해서 어떤 방법으로 해결하면 좋을지 찾아보자." "이 문제를 해결할 여러 가지 방안들이 있을 거야." 등과 같이 제안한다. 최대한 다양한 해결책을 끌어내는 것이 핵심이다. 그렇게 하려면 다음과 같은 점들을 알아두면 도움이 될 것이다.

① 먼저 아이의 해결방법을 듣는다. 부모보다도 아이들이 더 창의적이고 기발한 문제 해결방법을 생각해 낼 수도 있다. 정말 어른들은 생각해 내지도 못하는 방법들을 얘기하기도 한다. 부모의 해결방법은 나중에 덧붙여도 된다.

② 마음에 들지 않는 해결책을 평가하거나 비판하거나 무시하지 않는 것이 무엇보다도 중요하다. 어떤 해결책에 대해 마음이 들지 않는다고 바로 비판하고 평가하면 다른 해결책을 내놓고 싶은 마음은 완전히 사라질 것이다. 평가는 다음 단계에서 진행한다. 우선 가능한 모든 아이디어를 수용한다. 복잡한 문제라면 해결책들을 받아 적는 것도 좋다. 이 단계에서는 어떤 해결책이 '좋다'고 평가하지 않는다. 좋은 아이디어를 일단 모으는 것이 중요하다.

③ 더 이상 아무것도 나올 것이 없는 것처럼 느껴질 때까지 계속해서 다른 대안을 생각해 보도록 격려한다.

(3) 3단계: 각 해결책을 평가한다

이 단계에서는 이미 내놓은 다양한 방법을 놓고 평가할 수 있다. 다음과 같은 방식으로 말을 꺼낼 수 있다.

"좋아, 이것들 중에서 어떤 것이 가장 좋은 것 같니?"

"가장 우리 마음에 드는 해결방법은 무엇일까?"

"어떤 것이 좀 더 좋은지 이야기해 보자."

보통 부모나 아이 양쪽 모두를 만족시키지 않는 것들을 제거해 나가다 보면 한두 개 정도로 좁혀지게 된다. 이 단계에서는 부모가 자기 감정을 솔직하게 말하는 것이 중요하다는 것을 꼭 기억하자.

"이렇게 하면 난 별로 만족하지 못할 거야."

"내 마음에 들지는 않는데."

"이렇게 하면 나는 불공평하다고 생각해."

(4) 4단계: 최선의 해결책을 결정한다

이전 단계를 착실히 밟아 왔고 서로의 생각을 자유롭고 솔직하게 이야기할 수 있었다면 토론 과정에서 자연스럽게 다른 것들보다 더 좋은 방안 하나가 나오기 마련이다.

① 질문을 하면서 다른 해결책에 대한 아이의 생각을 확인해 본다.

"이 방법이면 모두가 만족하겠니?"

"이렇게 하면 우리 문제가 해결될까?"

"효과가 있을까?"

② 결정된 것을 다시는 바꿀 수 없는 것이라고 생각하지 않는다. 다음과 같이 말해 볼 수도 있다.

"좋아, 이렇게 한번 해 보고, 효과가 있는지 살펴보자."

"이 방법에 모두 동의하는 것 같은데, 이제 모두 다 같이 실천해 보고 우리 문제가 정말 해결되는지 보자."

(5) 5단계: 결정된 것을 실천할 구체적 방법을 마련한다

어떤 결정이 내려진 후에 결정된 사항을 어떻게 실천할 것인지에 대해 구체적인 행동들을 명확하게 말할 필요가 있다.

> "누가, 무엇을, 언제까지 할까?"
> "이것을 실천하려면 무슨 일을 해야 할까?"
> "언제 시작하면 좋을까?"

(6) 6단계: 결과가 어떠했는지를 확인한다

'윈윈 대화법'을 통해 내린 결정이 항상 좋은 결과를 가져오는 것이 아니다. 따라서 가끔 아이에게 결정된 사항이 여전히 마음에 드는지 물을 필요가 있다. 이렇게 확인해 보면 처음 결정한 것을 수정할 필요가 있다는 것을 알게 되기도 한다.

6) '윈윈 대화법'을 사용할 때 나타날 수 있는 문제는 무엇인가

(1) 아이가 '윈윈 대화법'을 믿지 않고 하기 싫어하는 경우

10대 청소년들을 수년 동안 부모와 갈등과 다툼이 있어 왔기 때문에 부모에게 지기 싫어하고 힘을 가지려고 하므로 부모의 시도에 대해 의심하고 저항하는 경우가 허다하다.

> "앉아서 이야기 좀 하자고 해도 필요 없다, 말해 봤자 소용없다는 식으로 전혀 말을
> 들으려고 하질 않아요."
> "문제 해결을 하던 중에 자기 뜻대로 하지 못하게 하니까 화를 내고 나가 버렸어요."
> "결국 부모님 뜻대로 하려고 그러는 거 아니냐고 하더라고요."
> "이딴 거 왜 하냐? 어짜피 다 소용없다고 하네요."

아이의 불신과 저항이 심할 때는 일단 문제 해결을 잠시 미루어 놓는 것이 좋다. 지금까지 부모 뜻대로 해 온 것들에 대해서 솔직하게 인정하는 태도를 보이는 것도 좋다. 하지만 지금부터는 서로에게 도움이 되는 방법을 찾고 싶다고 말해 준다. 진정으로 아이가 정말 하고 싶어 하는 말이 무엇인지 적극적으로 들어 주고 공감해 주는 것이 가장

먼저 할 일이다. 그러면 아이가 자기 감정을 조금 더 드러낼 것이다. 적극적 듣기를 하면 아이의 마음이 풀어지고 자신이 존중받는다는 느낌을 받아서 문제 해결을 하기 위한 좋은 분위기를 만들어 낼 수 있다.

(2) 적합한 해결책이 나오지 않는 경우

윈윈 대화법을 사용하면서 부모들은 적절한 해결책을 찾지 못할까 봐 걱정한다. 물론 그럴 수도 있지만, 적당한 해결책을 찾지 못하는 경우는 드물다. 이런 경우에는 우선 생각나는 모든 방법을 다 말해 보도록 한다. 뭔가 서로에게 감추어진 깊은 문제가 있어서 문제 해결을 방해하고 있는지에 대해서도 살펴보는 것이 좋다.

> "무엇 때문에 적당한 해결책이 나오지 않는지 이야기해 보자."
> "뭔가 마음속에서 말하지 못한 괴로운 문제들이 있으면 그것부터 말해보자."

(3) '윈윈 대화법'이 한계에 부딪혔을 때 '부모가 이기는 대화방법'으로 다시 가려고 하는 경우

윈윈 대화법을 시도했는데 효과가 없을 경우 부모는 자신이 결정을 내리고 싶은 유혹을 느낀다. 그러나 그렇게 했을 때 결과는 아이들은 또다시 속았다고 생각하고, 부모가 새로운 방법을 시도하고 있다고 믿었던 것에 대해 분노한다. 그리고 다음에 이 방법을 다시 시도하려고 할 때 아이는 이전보다 더욱 큰 불신과 저항을 보일 것이다.

(4) '윈윈 대화법'에서 나온 결정을 실천하지 않았을 때 벌을 주는 경우

'윈윈 대화법'에서는 약속을 지키지 않으면 처벌을 한다는 말을 하지 않는 것이 좋다. 처벌보다는 신뢰를 통해서 변화될 가능성이 더 많기 때문이다. 하지만 약속을 지키지 않았을 경우에도 앞으로 잘 지킬 것이라고 신뢰하는 것은 정말 어려운 일이다. 그럼에도 불구하고 신뢰는 처벌보다 더 나은 결과를 가져오기 때문에 아이가 잘 해낼 것이라고 계속 믿어 주는 것이 중요하다.

처벌에 대해 말한다면 그 자체로 아이를 믿지 못한다는 의미이고, 이 말은 아이가 언젠가 약속을 깰 것이라는 것을 전제로 한다. 사실 아이들은 수없이 약속을 깬다. 하지만 부모는 아이가 잘 해낼 수 있다고 우선은 믿어야 한다. 즉, 약속을 깨기 전까지는 아이를 책임감 있는 사람으로 여겨야 한다. 문제를 많이 일으킨 아이를 둔 부모는 이렇게 생각하는 것이 매우 어려운 일이다. 그럼에도 불구하고 일단 이야기가 된 약속들은 아이가 잘 지킬 것이라고 생각하고 아이를 책임질 수 있는 사람으로 여기는 것이 가장 좋은 방법이다.

(5) 아이가 약속을 지키지 않는 경우

사실 아이들이 약속한 것을 지키지 않는 일은 반드시 오며 거의 피할 수 없는 일이다. 약속이 깨지는 이유는 처음부터 실천하기 너무 어려운 약속을 했거나 스스로 행동을 실천해 본 경험이 거의 없을 때 일어난다.

아이가 약속을 지키지 않았을 때에는 인내심을 갖고 솔직하게 아이와 대면하는 것이 좋다. 이때에는 아이를 비난하거나 깎아내리거나 위협하지 말고 나 메시지로 이야기하는 것이 좋다. 아이가 약속을 지키지 않았다고 해서 또다시 화를 내고 지적을 한다면 다시 문제 해결을 위해 윈윈 대화방법을 사용하기는 힘들어진다.

부모가 아이에게 약속에 대해 자꾸 확인시켜 주어야 할까? 그렇게 하지 않는 편이 좋다. 하지만 부모들은 자꾸 확인한다. 아마도 아이가 잘 지키지 않으면 어떡하지 하는 불안한 마음 때문일 것이다. 이것은 아이를 아직 어리고 무책임한 사람으로 대하는 것이다. 책임을 아이에게 넘겨 주지 않으면 아이는 계속 미숙하고 무책임한 상태로 남아 있을 것이다. 일단 믿어 보고, 아이가 어쩌다 약속을 깨면 그때에 나 메시지로 말해 준다. 아이가 스스로 약속을 지킬 수 있도록 부모로서 어느 정도 마음먹고 기다려 주는 것은 인내가 필요하고 연습해야만 한다.

178

Chapter 6

주요 주제별
부모와 아이 사이 대화법

이 장에서는 아이들을 기르면서 꼭 필요한 주제별로 부모와 아이 사이 대화법에 중점을 두었다. 아이의 인격을 훼손하지 않고 비판하는 방법, 마음에 상처를 주지 않고 분노를 표현하는 방법, 감정에 대해 판단하지 않고 인정하는 방법 등에 대해 배워 본다.

주요 내용

1. 아이의 진짜 속마음 알아차리기   2. 격려하고 이끌어 주는 말

3. 아이에게 상처를 주는 부모

4. 책임감을 기르게 하려면 먼저 가치 있는 행동을 알려 준다

5. 처벌하지 않고 규칙을 지키게 하는 방법   6. 자율적인 아이로 키우는 방법

7. 비극을 낳는 질투, 어떻게 다룰 것인가?   8. 아이의 불안한 마음 진정시키기

9. 낙관적인 성향의 아이로 기르려면?   10. 아이의 예민하고 중요한 성, 어떻게 다룰 것인가?

주요 질문

1. 당신은 아이의 속마음을 잘 알아차리는가?

2. 당신은 아이가 부정적인 감정을 말할 때 어떻게 느끼는가?

3. 당신은 책임감이란 무엇이라 생각하는가?

4. 당신의 아이는 규칙을 잘 지키고 있는가?

5. 당신의 아이는 자율적인가?

6. 당신은 낙관적인가?

7. 당신의 아이는 낙관적인가?

8. 당신은 아이의 성교육을 어떻게 시키고 있는가?

9. 당신의 아이를 적극적으로 키우려면?

인간은 바보라는 말을 되풀이해서 들으면 그렇게 믿도록 되어 있다. 또 자기 자신에게 그렇게 말해도 스스로도 그렇다고 믿는다. 오직 인간만이 내적 대화를 하기 때문이다. 이 대화를 올바르게 규제하는 것은 대단히 중요하다.

-블레즈 파스칼 『팡세』(2003)-

우리는 정신적으로 문제가 심각한 부모들만 아이에게 해를 끼친다고 생각한다. 하지만 아이를 사랑하고 아끼는 많은 부모도 아이를 비난하고, 위협하고, 조롱하고, 매수하고, 낙인찍고, 처벌하고, 설교한다.

왜 우리 부모는 꾸짖고, 혼내고, 처벌하고, 설교하고, 훈계하는 방법을 자연스럽게 하는 것일까? 그것은 바로 부모들 대부분이 말의 파괴적인 힘을 심각하게 생각하지 않기 때문이다. 부모로서 당연히 잘못된 점들에 대해서는 바로잡아 주어야 한다고 생각을 해서 단호하게 혼을 내주는 것이 필요하다는 생각을 많이 하는 것 같다. 하지만 아이들을 훈육하다 보면 실제 문제에 비해 지나치게 꾸짖고 극단적으로 언어적 비난을 하는 자신의 모습을 발견할 수 있다. 그러면 아이들은 자신이 잘못한 것을 생각하기보다는 부모가 자신에게 상처를 준 말들만 유난히 잘 기억을 한다.

하임 G. 기너트(Haim G. Ginott)는 재미있는 예를 들어 사랑만 가지고는 아이들을 양육할 수 없음을 일깨워 준다. 어느 한 외과 의사가 수술실에 들어와서 "사실 난 수술 실습을 많이 하지 않았지만 환자들을 사랑해요. 상식에 따라 수술할 거예요." 하고 말한다면 어떤 기분이 들지 질문을 한다. 아마도 그 말을 들은 사람은 수술실에서 서투른 수술을 받지 않기 위해 벌떡 일어나 뛰쳐 도망쳐 나올 것이다. 그리고 안도의 숨을 쉴 것이다. 수술받지 않길 천만다행이라고…….

하지만 아이들은 이제까지 믿고 의지해 온 부모를 두고 환자처럼 도망칠 수 없다. 아이들을 잘 양육하려면 하임 G. 기너트는 부모들도 외과 의사들처럼 특별하고 전문적인 기술들을 배워야 한다고 말한다. 외과 의사가 수술 부위에 전문적 지식을 갖고 주의해서 칼을 대는 것처럼, 부모들도 말을 효과적으로 사용해서 아이들을 양육할 필요가 있다는 것이다. 특히 말이란 잘못하면 아이에게 심각한 상처를 줄 수 있다. 상담을 하면서 부모가 자신을 동생과 비교하여 무심코 내뱉은 말들을 부모가 세상을 떠난 후에도 가슴에 두고 슬퍼하고 곱씹는 내담자를 본 적이 있다. 눈물을 뚝뚝 흘리면서 서러워하고 좀 더 이해하고 배려하는 방식으로 양육받지 못한 것을 마음에서 풀지 못한 채 지내기도 한다. 또한 우리 부모들은 보통 다른 사람들에게는 최대한 예의를 갖추고 존중하고 부드럽고 친절하게 말하면서 가장 가까운 배우자나 자식에게 더 못한 행동을 할 때도 많다. 다른 사람들이 실수하거나 잘못을 저지를 때는 얼마든지 그럴 수도 있다고 위로하고 자신도 가끔 그런 실수를 한다고 하면서 관대하게 넘어가 준다. 그러나 자녀들이 뭔가 잘못된 행동을 했을 때는 어떻게 말하는가? 자녀들에게는 아주 사소한 실수에 대해서도 심하게 잔소리를 늘어놓는다.

"왜 매번 그렇게 행동하니? 좀 차분하게 행동할 수는 없는 거니? 왜 이렇게 실수가 많아."

우리는 똑같은 실수에 대해서 다른 사람에게는 다음과 같이 말한다.

"어쩌다 그럴 수 있어요. 저도 가끔 그래요. 마음에 두지 말고 잊어버려요."

도무지 똑같은 한 사람이 이야기한 것이라고 믿기 어려울 정도이다.

이처럼 부모들이 다른 사람에게 하듯이 아이들을 대하면 어떨까? 우리 부모는 아이들을 존중하면서 다른 사람들에게 예의를 갖추어서 말하듯이 말하는 법을 연습해야 한다.

부모는 누구나 자신의 아이가 다른 사람에게 친절하고, 예의바르고, 좋은 일에 헌신하고, 협력하고, 결단력 있고, 책임감 있게 살아가기를 바란다. 그런데 아이를 양육하는 방식이 상처를 주고 자존감을 떨어뜨리는 비인간적인 방식이라면 아이들이 사랑, 친절함, 배려심, 공감, 협력, 용기와 같은 좋은 덕목들을 배울 수 있을까? 아이들이 인간적이고 성숙한 행동들을 배우게 하고 싶다면 부모들이 먼저 성숙하고 인간적이고 따뜻한 방식으로 아이들을 대해야 할 것이다. 우리는 누구나 다 따뜻하고 부드럽고 배려하는 방식으로 양육받길 원한다. 마음속의 사랑만으로는 충분치 않다. 좋은 부모가 되려면 인간적이고 따뜻한 양육 기술이 필요하다.

부모들은 매일 문제 해결이 필요한 일상적이고 구체적인 문제들과 마주한다. 아이를 더 많이 사랑해 주고 아이와 좀 더 많은 시간을 함께하는 것도 중요하지만, 아이를 대하는 데 있어 대화방식이 잘못되어 있다면 아무리 같이 있는 시간이 많다 하더라도 도움이 되지 못한다. 그래서 아이를 존중하는 양육 기술을 배워야 한다.

1. 아이의 진짜 속마음 알아차리기

아이의 진짜 속마음의 감정을 정확히 아는 것은 아이를 양육할 때 매우 중요하다. 아이의 속마음에 있는 감정을 잘 알지 못하면 대화는 항상 불편하고 겉돌게 되어 있다. 부모는 자신의 선입견이나 고정된 사고의 틀 속에서 아이에 대해 판단이나 평가를 미리 해 버리기 때문에 아이는 그런 부모와 점점 대화하기가 싫어질 수밖에 없다. 이런 부모와 대화할 때 아이는 다음과 같이 말한다.

"맨날 뭐라는 거야. 맨날 딴소리야."

하지만 부모가 아이의 속상하고 힘든 감정들을 정확히 공감해 주고 이해하고 있다는 것을 표현해 주면 아이가 느끼는 심한 분노나 슬픔과 같은 강한 감정들은 어느새 줄어들게 된다.

다음과 같은 주제들을 살펴보면서 어떻게 부모가 아이들의 진짜 감정을 알아차리면서 대화할 수 있는지 살펴보자.

1) 아이와 대화하면서 아이의 속마음 알아차리기

우리 부모는 살면서 이런저런 경험을 수없이 많이 했기 때문에 아이의 때 묻지 않은 순진하고 창의적인 생각들에 감동하기에는 너무 고정되어 있고 틀에 박혀 있다. 부모들은 머릿속에 자신들의 생각이나 판단으로 꽉 차 있어서 그 틀 안에서 많은 해석을 하고 만다. 현명하고 합리적인 해석도 하지만 왜곡되고 비합리적이고 잘못된 해석도 많이 한다. 아이들과의 대화에서는, 아이들은 어른들이 상상하거나 기대한 것과는 전혀 다른 의미로 말을 할 때가 있다. 아이들의 말을 이해하려면, 겉으로 표현한 말 이면에 숨어 있는 아이의 진짜 속마음을 알아차리는 기술이 필요하다.

열 살 난 아들은 자기가 단짝으로 지내던 친구가 전학을 간다고 슬퍼하면서 눈물을 흘린다.

아들: (눈물을 글썽이며) 현준이가 전학을 가면 나는 같이 신나게 놀 애가 없을 거야.

엄마: 다른 친구를 사귀면 되잖아?

아들: 다른 애들하고는 놀고 싶지 않아.

엄마: 곧 괜찮아질 거야. 걱정하지 마.

아들: 아무것도 모르면서 말하지 마.

엄마: 울 일도 많다. 뭐 그런 걸 가지고 울고불고 난리니.

아들은 엄마에게 짜증을 내고 제 방으로 들어가 문을 쾅 닫아 버렸다. 엄마가 조금만 아들을 이해했더라면 이 대화는 얼마든지 좋게 끝맺을 수가 있었다. 사건 자체가 심각하지는 않더라도, 부모는 아이가 느끼는 감정을 진지하게 받아들여야 한다. 엄마가 보기에는 친구가 전학을 가는 것이 눈물을 흘릴 정도로 큰일은 아니다. 우리 부모는 감정보다는 어떤 판단을 한다. 하지만 아이들과 대화할 때는 판단보다는 감정을 같이 느끼는 것이 더 중요하다. 부모가 아이의 입장을 조금 생각해 보면 아이의 슬픈 마음을 함께 느낄 수 있을 것이다.

엄마는 아들의 섭섭한 마음을 충분히 이해한다는 걸 보여 주어서 아이의 마음을 달래 줄 수도 있었을 것이다. 그랬다면 아이에게 다음과 같이 말했을 것이다.

"현준이가 전학을 가면 너무 섭섭할 거야."

"늘 같이 지내다가 헤어지는 건 슬픈 일이야."

이렇게 부모가 아이의 마음을 이해하면서 반응하면, 아이는 엄마가 자신의 마음을 잘 알고 있다고 느낄 것이다.

중요한 것은 부모가 자기 감정을 이해해 준다고 느낄 때 아이의 외로움과 상처는 많이 줄어들 수 있다는 것이다. 아이는 이렇게 자신의 감정을 이해해 주는 부모를 더 좋아하게 될 것이다. 부모의 깊은 공감은 슬프고 외로움을 느끼는 마음을 달래 주는 정신적 치료제이다. 그런데 부모는 아이의 그런 감정이 적당한지 아닌지에 대해 신경을 쓰고 판단하여 말하는 데 익숙해서 대화를 엉뚱한 방향으로 끌고 가고 결국 아이와의 관계를 어긋나게 한다. 부모는 아이에 대해 항상 눈치가 빠른 것 같지만 결국 눈치 없게 말하고 만다.

1. 아이의 진짜 속마음 알아차리기

부모가 진정성을 갖고 아이의 어려움이나 괴로움을 공감하고, 그 슬픔이나 외로움을 말로 표현해 줄 때, 아이는 마음의 위로를 받고 다시 적응할 수 있는 힘을 얻게 될 것이다.

중학생인 딸은 친구와 토요일 오후를 함께 지낼 계획을 세웠다. 그런데 갑자기 그날 오후에 불가피하게 가족 모임에 가야만 했다. 딸은 짜증을 내고 신경질을 부리기 시작한다.

> 엄마: 우리 딸 실망이 크겠구나. 친구와 함께 놀려고 오늘 오후를 손꼽아 기다리고 있었는데.
> 딸: 그러니까. 주말에 놀지도 못하게 됐네.

딸은 신경질과 짜증을 부리긴 했지만 곧 가라앉았다. 친구에게 전화를 걸어 사정을 이야기한다.

엄마는 딸의 기분을 이해하고 공감해 주었다. 딸의 기분을 무시하면서 다음과 같이 말하지 않았다.

> "무엇 때문에 그렇게 신경질을 부리는 거니? 다른 날 친구하고 놀면 되잖아. 주말마다 만나면서 뭐가 문제야?"

다음에 나오는 짤막한 대화를 보면, 엄마는 아들의 기분과 불만을 인정해 준다. 그 결과, 아들의 분노가 가라앉는다.

아들은 집에 돌아왔을 때 집에 아무도 없는 것을 좋아하지 않는다. 엄마가 잠깐 장을 보고 집에 돌아오니 학교에서 돌아온 여덟 살 된 아들이 잔뜩 화가 나 있었다.

> 엄마: 아니, 이게 누구야, 우리 아들 화났구나. 정말 화가 무척 많이 났어.
> 아들: 나 화났어요. 정말 많이 화났어.
> 엄마: 오 그래? 우리 아들 화가 많이 났구나. 엄마가 집에 없어서.
> 아들: 학교에서 집에 왔는데, 엄마가 없잖아요.
> 엄마: 알았어. 학교에서 돌아올 때, 엄마가 집에 있으면 좋겠다는 말이지?

아들은 엄마와 따뜻한 포옹을 하고, 밖으로 나가 재미있게 놀았다. 엄마는 아들의 기분을 이해하고 풀어 주는 방법을 알고 있었다. "엄마는 장을 보러 가야 했어. 장을 보지 않으면 먹을 게 없잖아."하며 이유를 말하지 않았고 왜 그렇게 화를 내냐고 묻지도 않았다. 그 대신 엄마는 아들의 기분과 불만을 알아차렸다.

열두 살 된 딸이 학교에서 몹시 기분이 상해서 집으로 돌아왔다.

> 딸: 엄마 수학 성적이 엉망이야. 70점밖에 안 나왔어. 이번에 엄마는 내 수학 성적이 잘 나올 거라고 생각했지?
>
> 엄마: 엄마는 네 성적 때문에 실망하지 않아. 속상한 건 너 자신이지
>
> 딸: 그런데 엄마는 왜 내가 90점을 받지 못할 때마다 소리를 질러요?
>
> 엄마: 내가 언제 네게 소리를 질렀니? 네가 잘 하지 못해서 속상하니까 내 탓을 하는구나.

딸은 울먹거리며 방에서 뛰쳐나갔다. 엄마는 딸이 자신의 실망감을 인정하지 않고 엄마인 자기를 비난한다는 것을 알았다. 하지만 이 점을 지적하여 다툼을 벌였기 때문에 딸의 기분은 엉망이 되었다.

오히려 다음과 같이 말하면서 딸의 기분을 인정했더라면 좀 더 도움이 되었을지도 모른다.

> "엄마가 너의 성적에 신경 쓰지 않았으면 좋겠지? 성적에 관해서는 전혀 참견하지 않았으면 한다는 것을 엄마도 알아."

2) 캐묻는 질문과 길고 지루한 설교는 관계를 해친다

> 엄마: 어디 갔었니?
>
> 아들: 밖에요.
>
> 엄마: 뭘 했니?
>
> 아들: 아무것도 안 했어요.
>
> 엄마: 누굴 만났니?
>
> 아들: 말해도 엄마가 모르는 친구예요.

이런 질문이나 대화는 정말 하나마나이다. 그런데도 부모는 계속 이런 말들을 하게 된다. 또한 아이들은 부모가 말을 너무 많이 한다고 생각한다.

사춘기가 시작된 열두 살 난 아들은 엄마에게 나음과 같이 밀한다.

> "엄마는 내가 물어보는 말에 간단하게 대답하면 되는데 왜 그렇게 길게 대답을 해요?"
> "엄마는 왜 내가 좀 쉬고 놀려고 하는 시간에 꼭 말을 시키고 노는 시간을 빼앗아요."

부모와 아이의 대화를 들여다보면 각자의 입장에서 생각이 아주 다르다는 것을 알 수 있다. 서로 자신의 입장에서만 이야기를 한다. 부모는 캐묻고 길게 설교하고 지적한다. 아이는 자신의 진짜 속마음이나 감정을 알아주지 않는 이런 대화는 하고 싶어 하지 않는다. 아이는 부모의 질문에 마지못해서 대답하고 속마음을 결코 이야기하지 않게 된다.

이렇게 답답한 대화가 오고 가는 까닭은 서로 사랑이 부족해서가 아니라 부모가 아이를 다루는 데 있어 대화 기술이 부족하기 때문이다. 캐묻고, 설교하고, 지적하고, 비판하는 대화방식은 아이와의 관계를 점점 멀게 한다.

3) 아이의 행동이 아닌 감정에 관심을 두면서 대화하기

아이와 대화를 나누는 새로운 방법의 핵심은 존중이다.

어른이 자존심을 중요하게 여기듯이 아이들의 자존심도 존중해 주어야 한다. 부모는 아이들이 어리다고 생각해서 아이들의 자존심을 인정하는 것을 깜빡 잊는다.

아홉 살 난 아들이 잔뜩 화가 나서 집에 돌아왔다. 학교에서 소풍을 가기로 했는데, 그만 비가 왔기 때문이다. 이미 이런 비슷한 일을 여러 번 경험한 아버지는 새로운 방법으로 아이의 마음을 달래 보기로 했다. 이전에 실패했던 방법은 하지 않기로 했다.

> "비가 와서 못 간 걸 울면 뭐 하니, 다른 날 가면 되잖아?"
> "내가 비 오라고 했니? 나한테 화를 내게……."

그 대신 아버지는 다음과 같이 생각했다.

'소풍을 가지 못한 것 때문에 마음이 상한거구나. 실망이 크겠네. 날씨가 좋아서 소풍을 가서 즐겁게 놀면 너무 좋을 텐데……. 화가 날 만도 하네. 녀석의 기분을 이해하고 존중한다는 것을 보여 주면 대화가 달라질 거야.'

그래서 아들에게 다음과 같이 말했다.

"아들, 비가 오는 바람에 소풍을 가지 못하게 돼서 무척 실망했구나. 날씨가 좋아서 재미있게 소풍을 가면 좋았을 텐데. 아빠가 생각해도 너무 아쉽다."

아들: 예, 기분이 나빠요.
아버지: 소풍날을 그렇게 기다렸는데.
아들: 정말 그래요.
아버지: 소풍 준비를 다 해 놓았는데, 그만 몹쓸 비가 와 버렸어.
아들: 맞아요.

잠깐 침묵이 흐른 뒤, 아들이 말했다.

"뭐 할 수 없지요. 비가 오는 것은 어떻게 할 수 있는 것이 아니니까요."

어느 덧 아들의 화가 저절로 풀어지고, 그날은 평화롭게 보낼 수 있었다. 어떤 격한 감정에 사로잡혀 있을 때, 아이들은 어느 누구의 말도 듣지 않는다. 달래거나 야단치거나 충고를 해도 통하지 않는다. 아이들은 그 특정한 순간에 야단을 맞거나 충고를 듣기보다는 자기 마음속에 무슨 일이 일어나고 있는지, 자기 기분이 어떤지를 부모가 이해해 주길 바란다. 부모는 그저 아이의 기분을 이해해 주기만 하면 되는 것을 야단치고 충고를 하다가 서로 감정만 상하게 된다.

그러면 우리는 어떻게 아이들의 기분을 알게 되는가? 아이들을 바라보고, 이야기에 귀를 기울이면 된다. 사실 이것은 쉽지 않다. 우리 부모는 아이들의 기분을 알기 위해 적극적으로 듣기보다는 미리 판단이나 평가를 하고 머릿속에 이미 어떻게 조언을 하고 설명을 할까 생각하고 있기 때문이다. 또한 아이들의 기분을 잘 이해하기 위해서는 부

1. 아이의 진짜 속마음 알아차리기

모 자신이 겪은 감정적 경험을 생각해 볼 수도 있다. 아이가 감정이 상하는 일을 당했을 때 부모가 말로 그 감정을 표현해 주면, 아이들은 부모가 자신들이 겪은 일을 이해해 주고 있다는 사실을 알게 된다. 다음과 같은 말들이 노움을 줄 수 있을 것이다.

> "엄청 당황했겠네."
> "그것 때문에 무척 화가 났겠구나."
> "그럴 때는 선생님이 정말 미웠겠다."
> "나라도 무척 화가 났을 거 같아."
> "기분이 아주 나빴겠구나."
> "기분 나쁘겠네."

아이들은 감정을 함께 나누는 데 서툴다. 그러므로 아이들이 분노를 가리고 숨기기 위해 나타내는 두려움과 무력감의 소리를 듣는 법을 부모가 알면 도움이 된다. 이러한 아이의 두려움과 무력감을 줄여 주기 위해서는 아이가 내놓는 표면적인 행동에 대해 반응을 보이기보다는 아이의 당황한 기분에 반응하여 그것을 극복하도록 도와주는 것이 좋다.

그런 식으로 느끼는 것은 바람직하지 않다고 하거나 그런 식으로 느낄 이유가 없다고 부모가 아무리 단정을 지어서 설득하려고 해도 아이들의 상한 기분은 도무지 가라앉지 않는다. 그저 아이는 아무도 자신의 마음을 알아주지 않는다고 느낄 뿐이다.

어쨌든 상한 기분은 떨쳐 버려야 사라지는 법이다. 이야기를 들어 주는 사람이 공감하고 이해하면서 그 기분을 받아 주면, 정말 놀라울 정도로 그 강도가 약해지고 수그러든다. 그래서 아이의 행동에 반응하기보다는 아이의 기분을 읽어 주고 공감해 주는 것이 중요하다.

4) 깊은 이해와 공감이 있는 대화

아이가 어떤 사건에 대해서 말을 하거나 물으면, 사건 그 자체가 맞는지 또는 틀리는지 판단하거나 평가하지 말고 아이가 그 사건을 왜 말하는지, 무엇을 말하고 싶어서 그런 말을 하는지 깊게 이해하고 공감하는 태도가 필요하다.

여섯 살 난 딸은 엄마에게 다음과 같이 불평한다.

"엄마는 오빠한테만 선물을 많이 해 주고 나한테는 해 주지도 않아."

아이가 무엇을 말하려고 하는지 그 속마음을 이해하지 못하면 다음과 같이 말하기 쉽다.

"엄마가 언제 오빠한테만 선물을 많이 해 주니. 지난번에 너 생일 때도 엄마가 너한테 선물 해줬잖니?"

보통은 이 경우처럼 그렇지 않다고 말하거나 오빠가 너보다 나이가 많아서 필요한 것이 더 많다고 설명하기도 한다.

하지만 지혜로운 엄마는 아이의 관심이 선물이 많고 적음에 있는 것이 아니라는 사실을 알아차린다. 아이의 관심은 자기가 부모와 얼마나 깊은 관계에 있는지, 자신에 대한 부모의 관심이 얼마나 큰지에 있는 것이다.

그래서 엄마는 딸의 마음을 알기에 "엄마가 오빠를 더 사랑한다고 생각하나 보구나?" 하면서 딸을 꼭 껴안아 주었다. 어쩌면 하루 종일 말다툼을 해도 끝나지 않을 문제가 이런 깊이 있게 이해한 말 한 마디로 끝이 난다. 아이가 어떤 사건에 대해 이야기할 때, 사건 그 자체보다 사건을 그렇게 해석하는 아이의 감정을 깊게 이해하고 그 감정을 도닥거려 주는 말을 해 주는 것이 도움이 될 수 있다.

아이들이 친구나 선생님 또는 자신에 대해 산더미처럼 불평을 털어놓을 때는 사건의 잘잘못을 가리기보다 감정의 흐름을 자연스럽게 받아 주는 편이 좋다. 그런데 우리 부모들은 사건의 진상을 낱낱이 파헤친다. 마치 형사처럼. 정확하게 사건이 어떻게 진행되었는지 알고 싶어 한다. 그렇다고 뭔가가 좋아지는 것도 아닌데 왜 그렇게 하는지 도무지 알 길이 없고 왜 그런 방식으로만 대처하게 되는지 정말 모를 일이다. 사건을 파헤치고 정확히 안다는 것이 대체 무슨 소용이 있는가? 그럴수록 대화는 의미를 잃어 가고 서로 이해하지 못해서 왠지 서글퍼진다.

열 살 난 아들이 잔뜩 화가 난 채 집으로 돌아와 불평을 털어놓았다.

아들: 오늘은 진짜 재수 없는 날이에요. 내가 숙제를 잊어버리고 하지 못했다니까, 선생님이 나더러 거짓말한다고 야단을 치잖아요. 소리를 꽥 지르면서 엄마한테 알리겠대나?

엄마: 그래, 오늘은 정말 기분이 안 좋겠네.

아들: 정말 기분 안 좋았어요.

엄마: 친구들 앞에서 거짓말쟁이라는 말을 들었을 때 너무 창피하고 기분이 나빴겠네.

아들: 정말 기분 나빴어요. 그래도 엄마한테 이야기하니까 속이 시원해지고 기분이 조금 나아지네요.

자신의 감정이 부정적이고 아주 나쁘다 하더라도 사람이 그렇게 느낄 수도 있다고 다른 사람이 그것을 공감해 주면 아이들은 큰 위로를 받고 정서적으로 회복을 하게 된다.

"난 수학에 취미가 없어."라고 말하는 아이에게, "그래, 넌 수 개념이 부족해."라고 한다든가, "더 열심히 해 봐, 안 해서 그렇지 열심히 하면 나아지지." 하는 말은 아이를 더욱 화나게 한다. 이는 우리가 흔히 하는 말이다. 전혀 도움이 되지 않는다.

이런 무심한 말은 오히려 아이의 자존감을 상하게 하기 쉬우며, 자신감을 아주 잃어버리게 하는 수가 있다. 아이가 "난 수학에 취미가 없어."라고 말할 때는 솔직하고 이해하는 태도로 그 말을 받아 주어야 한다.

"수학은 정말 쉬운 과목이 아니야."
"어떤 문제는 계산하기가 참 어려워."

5) 복잡하고 양가적인 감정을 이해해 주면 아이의 죄의식과 불안을 덜어 줄 수 있다

아이들은 부모를 사랑하기도 하지만, 또 한편으로는 미워하기도 한다. 부모나 선생님, 또는 자기에게 큰 영향을 끼친다고 생각하는 사람이면 누구에게든 아이들은 이런 두 가지 감정을 복합적으로 함께 가질 수 있다. 이렇게 복잡하고 양가적인 감정이 우리 생활에 자연스러운 것인데도 불구하고 부모들은 이를 불편하게 여기고 잘 받아들이지 못한다.

그 까닭은 자기 마음속에서 이렇게 감정이 서로 어긋나는 것도 불편하고, 아이들의 마음속에서 그런 일이 일어난다고 하니 더욱더 마음이 불편해져서 인정할 수가 없기 때문이다. 사람들에 대해서, 특히 친밀한 가족 구성원에 대해서 상반된 두 가지 다른 감정을 느끼는 것은 뭔가 잘못된 것이라고 생각한다.

우리는 복합적으로 상반된 감정들이 우리 안에도 있고 아이들에게도 있음을 인정하고 받아들이는 유연함을 가져야 한다. 아이들에게 이런 감정이 정상적이고 자연적이라는 것을 깨닫게 해 주어야 한다. 그렇게 해서 아이들이 느끼는 죄의식이나 불필요한 걱정을 덜어 주는 것이 좋다. 이런 경우 다음과 같은 말들은 결코 도움이 되지 않는다.

> "너처럼 이랬다저랬다 하는 아이는 처음 본다. 어느 때는 좋아했다가 어느 때는 싫어했다가…… 변덕이 아주 죽 끓는 듯 하는구나."

사실 우리가 살고 있는 현실을 가만히 깊게 생각해 보면, 사랑이 있는 곳에 사랑만이 존재하는 것이 아니라 그 속에 미움과 질투가 있으며, 헌신이나 희생이 있는 곳에 적대감이나 위선이 있고, 성공이 있는 곳에 근심과 우울이 있다. 모든 좋은 사건이나 나쁜 사건은 긍정적 감정, 부정적 감정 그리고 혼합된 감정들 모두를 포함하고 있다는 사실을 깨닫는 유연함이 필요하다. 살면서 이런저런 경험을 하다 보면 자연스럽게 이런 지혜를 얻게 되겠지만 굳이 경험하지 않아도 깊게 생각해 보면 모든 것에는 좋고 나쁨의 양면성과 다양성이 존재함을 알 수 있다.

6) 있는 그대로 감정을 수용하면 아이가 스스로의 감정을 이해하게 된다

거울은 우리의 모습을 있는 그대로 비추어 준다. 거울이 "넌 정말 못생겼어. 다른 사람들보다 훨씬 못생겼어. 넌 정말 고칠 데가 너무 많아." 하고 말한다면 정말 거울을 깨어서 없애 버리거나 집어 던지고 싶을 것이다. 부모는 거울이다.

인본주의 심리학자인 칼 로저스는 상담 기법 중 반영(reflection)이라는 기술에 대해 말한다. 반영은 내담자와 대화를 할 때 있는 내담자의 그대로의 모습을 비춰 주는 기법이다. 평가하거나 판단하는 것이 아니라 있는 그대로의 모습을 내담자가 볼 수 있도록 상담자가 반영을 해 주면 스스로 알아서 진정하고 깨닫고 더 좋은 방향으로 나아갈 가능성이 높아진다는 것이다.

"화가 아주 많이 난 것 같구나."

"마음이 불편한 모양이네."

"오늘 정말 힘들었겠다."

"오늘 정말 기분이 좋겠다."

우리 부모들은 어른이지만 우리도 마음에 상처를 입고, 화가 나고, 두려워하고, 혼란스러워하고, 슬퍼하고, 끝없이 좌절한다. 감정이 상할 때는 이야기를 귀담아들어 주고 이해해 주는 사람만큼 위안이 되고 도움이 되는 존재는 없다. 어른에게 위로가 되는 것은 아이에게도 위로가 된다.

아이가 괴로워하거나 혼란을 느끼고 슬퍼할 때, 우리는 당장 아이의 문제에 뛰어들어 빨리 해결되었으면 하는 마음으로 성급하게 판단을 하고 각종 충고를 있는 대로 쏟아 낸다. 부모의 입장에서는 아이를 위해서 최선을 다하고 문제 해결을 위해 많은 말을 하고 애쓰는 것 같지만 부모가 그런 식으로 하면 할수록 아이는 더욱더 부정적으로 받아들인다. 그래서 종종 부모로서 최선을 다하고 아주 많은 노력을 한 것 같은데 아이하고는 자꾸 어긋나기만 한다.

아이의 입장에서는 "넌 정말 문제가 너무 많아서 내가 자세하게 하나하나 다 관여하지 않으면 안 되겠다. 무엇을 어떻게 해야 정말 네가 나아질 수 있니."라고 들릴 수 있다. 아이는 부모가 미리 예견하고 판단해서 좋은 충고를 해 주어도 도움이 된다고 생각하기보다는 오히려 더 무력해지고 자존심이 상한다는 느낌을 가질 수 있고 또 지겨운 잔소리를 시작한다고 여길 수 있다. 부모의 입장에서 도와주려고 했던 의도를 아이는 전혀 느낄 수가 없는 것이다.

좀 더 좋은 방법은 무엇일까? 너무 성급하게 아이의 상황에 반응하기보다는 시간을 두고 관대한 마음을 가지고 아이를 이해하게 되면 완전히 다른 말을 할 수 있다.

"나는 이 세상 어느 누구보다 너를 사랑한다. 너의 생각이나 기분을 잘 이해하고 싶어."

이렇게 생각하면 우선 아이의 기분을 존중하면서 대화하는 방법을 연습해 나갈 수 있을 것이다.

2. 격려하고 이끌어 주는 말

> 찬사는 어려서부터 모든 것을 그르친다. 아아! 참 잘도 말한다! 아아! 참 그 아이는 잘도 하는구나! 정말 얌전도 하지! 등등.
>
> —블레즈 파스칼, 『팡세』(2013)—

1) 아이에게 칭찬은 좋기만 할까?

아이의 행동에 대해 칭찬하는 것은 도움이 될까? 때로는 도움이 되겠지만 생각만큼 도움이 되지 않을 때도 많다. 결과에 근거한 칭찬은 아이를 불안하게 하고, 남에게 잘 보이기 위해 눈치를 보고 남과 비교하게 만들며, 심지어는 결과가 좋지 않을 때는 위축 되게 만든다. 결과의 칭찬에 익숙한 아이는 뭔가를 잘했을 때 칭찬받지 못하면 불안하 고, 지금은 왜 칭찬을 해 주지 않는지 생각하게 되고 자유롭지 못하게 될 것이다. 지나 치게 자주 하는 칭찬은 아이가 타인의 판단으로부터 자유롭게 성장하는 데 필요한 자 립이나 자율에 도움이 되지 않는다. 우리는 누구의 칭찬을 받기 위해 어떤 행위를 하기 보다는 그저 나답고 싶어서, 내가 좋아서 자유롭게 즐거운 마음으로 성취하길 원한다. 우리의 아이들도 또한 그러하다. 아이들도 그런 분위기 속에서 성장하길 원한다.

(1) 무슨 일을 잘했다고 해서 좋은 사람이 되는 것은 아니다

대부분 사람들은 칭찬을 통해 아이들에게 자신감을 줄 수 있다고 확실하게 믿고 있 다. 그러나 실제로 칭찬이 필요 이상의 긴장과 나쁜 습관을 초래할 수도 있다. 아주 어 릴 때부터 영리하고 머리가 좋다고 칭찬받는 아이가 오히려 배우는 것을 등한시하고 결과가 잘 나오지 못할까 봐 두려워하는 경우를 가끔 볼 수 있다. 주변을 살펴보면 어 릴 적 공부를 아주 잘해서 주변 사람들로부터 많은 칭찬을 받은 아이들이 커 가면서 공 부를 하기 싫어하고 흥미를 잃는 경우를 꽤 많이 볼 수 있다. 반면에, 어릴 적에는 성취 가 높지 않아 어른들의 칭찬이나 관심을 받지 못했지만 자기 나름대로 꾸준히 노력하 고 성실한 태도를 갖고 성장하면서 더 크게 성취하는 아이들이 있다. 남을 의식하지 않 고 스스로 노력하고 성실하고 인내심 있게 나아가면 더 좋은 결과를 낳을 수 있다. 부모들의 의도된 칭찬이나 아이의 성취를 높게 하려고 꾸며진 과장된 칭찬들은 아이들을 더 성장하지 못하게 한다. 그렇다면 칭찬을 어떻게 하는 것이 좋을까?

(2) 바람직한 칭찬과 바람직하지 못한 칭찬

칭찬을 너무 남용하면 안 된다. 칭찬을 잘하려면 몇 가지 원칙과 주의가 필요하다. 칭찬할 때 가장 중요한 원칙은, 성격이나 인격에 대해서 칭찬하기보다는 되도록 아이의 노력과 좋은 태도를 통해 성취한 것에 대해 칭찬하는 것이다. 예를 들어, 아이가 자신의 방을 청소를 했을 때 열심히 했다든가 방이 아주 깨끗해졌다고 말해 주는 것은 자연스러운 칭찬이다. 그러나 방을 깨끗이 치운 것에 대해 착하다고 말하는 것은 아이가 한 일과는 관련이 없으며 적절한 칭찬이 아니다. 아이를 칭찬하는 말은 인격에 대한 것이 아니라, 아이가 열심히 해낸 일을 있는 그대로 기분 좋게 말해 주면 된다.

중학교 2학년이 된 딸이 자신의 방을 깨끗이 치워 놓았다. 자신의 옷을 산더미처럼 쌓아 놓고 책상위에 온갖 책을 흩어 놓았던 딸이 어느 날 자신의 방을 치우기 시작하였다. 이것을 본 엄마는 감동하여 아이의 노력과 아이가 한 일에 대해 칭찬을 해 주고 싶었다.

엄마: 방을 이렇게 깨끗하게 치워 놓으니 정말 좋다.

딸: 방이 너무 지저분해서요.

엄마: 치우느라 힘들었겠다.

딸: 예, 좀 힘들었어요.

엄마: 방이 이렇게 깨끗해지니까 물건 찾기도 좋겠네.

딸: 예.

엄마: 이제 이렇게 자기 방도 척척 치우니 엄마는 정말 좋다.

엄마의 말은 딸에게 자신의 노력을 기쁘게 생각하고, 자기가 한 일에 대해 자랑스러운 마음을 갖게 해 주었다. 틀림없이 이런 칭찬을 자주 듣게 되면 사이가 점점 더 좋은 모녀지간이 될 수 있을 것이다.

앞의 칭찬과는 반대로 아이의 개인적인 성격에 대해 칭찬하는 것은 별로 도움이 되지 못한다.

"이렇게 방을 깨끗하게 치우다니 넌 참 착한 아이야."

"넌 엄마 말을 어쩜 그렇게 잘 듣니."

"네가 없으면 엄마가 어떻게 살겠니. 너 때문에 엄마가 살 힘이 생긴다."

이런 칭찬은 아주 좋은 것처럼 들리지만 가만히 생각해 보면 듣기 거북하다. 이런 말은 아이에게 부담이 될 수 있고 아이에게 걱정을 안겨 줄 수도 있다. 어쩌면 아이는 자신이 그런 칭찬을 받을 만큼 착한 아이라고는 생각하지 않을 수도 있다. 또 이런 칭찬을 받고 살려면 얼마나 힘들까라는 생각을 할 수도 있다.

인격이나 성격을 과다하게 칭찬하는 것은 마치 강한 햇볕이 내리쬐는 것처럼 조금 불편하고, 사실은 그렇지 않은 자신에 대해 부담을 느끼게 할 수 있다. 과다하게 '너는 훌륭하다, 천사 같다, 너그럽다, 겸손하다'고 하면 기분이 좋을 수는 있지만 듣는 순간 "아니에요." 하면서 바로 부정하게 되고 당황하고 불편한 마음이 생긴다.

(3) 도움이 되는 칭찬

칭찬을 하려면 아이들의 노력한 것, 도와준 것, 배려한 행동, 새로운 것을 해냈거나, 성취한 일에 대해서 어떤 점이 마음에 들고, 어떤 점을 높이 평가하는가를 정확하게 표현해 주는 것이 좋다.

고등학생 아들은 아버지를 도와 가구를 옮기는 일을 함께 하였다. 일을 하는 동안 아들은 꽤 오랜 시간 무거운 가구를 옮겨야 했다.

아버지: 가구가 엄청 무거운데 우리 아들이 척척 잘 해내는구나.

아들: 아빠, 이거는 제가 혼자 들게요.

아버지: 옮기는 데 많이 힘들지?

아들: 뭐 그렇게 힘들지는 않아요.

이 대화에서 아버지는 아들이 힘든 일을 해낸 데 대해 말했다. 자신의 힘에 대하여 결론을 내린 것은 아이 자신이었다. 만일 아버지가 "너 참 힘이 세구나."라고 했더라면, 아들은 "아니에요. 우리 반에는 나보다 더 힘센 아이가 있어요." 하고 대답했을지도 모른다.

대부분 부모가 칭찬을 하는 이유는 아이들의 기분을 더 좋게 해 주고 싶어서이다. 하지만 인격이나 성격에 대해서 칭찬을 하면 대개는 당황해하면서 부정하려고 하는 것은 무슨 이유일까?

우리 부모도 남들이 '훌륭하다, 참 좋은 사람이다'라고 말하면 기분이 좋기는 하지만 뭔가 부담되고 과한 말이라는 생각을 하게 된다. 우리 아이들도 인격이나 육체적이고 정신적인 특징에 대한 칭찬은 부담스러워한다. 아이들은 평가받는 것을 좋아하지 않는다.

- 도움이 되는 칭찬: 자동차를 닦아 줘서 고마워. 차가 반짝반짝 빛나네.
- 도움이 되지 않는 칭찬: 너는 천사야. 착한 아이야.

- 도움이 되는 칭찬: 네가 준 그림엽서 참 좋더라. 아주 예쁘고 멋지던데.
- 도움이 되지 않는 칭찬: 넌 언제나 남을 배려하고 이해할 줄 아는 아이야.

- 도움이 되는 칭찬: 네 시는 내 마음에 꼭 와 닿았어.
- 도움이 되지 않는 칭찬: 넌 훌륭한 시인이 되겠다!

- 도움이 되는 칭찬: 네 편지는 정말 감동이었어.
- 도움이 되지 않는 칭찬: 넌 대단한 작가야.

- 도움이 되는 칭찬: 오늘 설거지를 도와주어 고마워.
- 도움이 되지 않는 칭찬: 언니보다 훨씬 설거지를 잘하네.

- 도움이 되는 칭찬: 돈을 더 거슬러 주었다는 사실을 알려 줘서 고마워. 정말 고맙다.
- 도움이 되지 않는 칭찬: 너는 정말 정직한 아이야.

- 도움이 되는 칭찬: 네가 쓴 글을 보고 많은 생각을 하게 되었어.
- 도움이 되지 않는 칭찬: 네 나이에 비해서는 글을 꽤 잘 쓰는 편이야. 좀 더 연습하면 더 잘 쓸 수 있을 거야.

이렇게 사실에 근거한 칭찬을 듣고 아이는 스스로에 대해 긍정적인 생각을 하고 자부심을 느낀다. 우리는 칭찬을 들으면 나중에 조용히 혼자 중얼거리면서 마음속으로 되새긴다. 아이들도 마음에 드는 칭찬을 들으면 오랫동안 마음속에 간직하면서 좋아한다. 그리고 뭔가를 더 잘하고 싶은 의욕이 생긴다. 희망에 차서 뭔가를 해 보고 싶어진다. 칭찬을 통해 자신에 대해 스스로 긍정적인 생각들을 하는 것이 중요하다.

2) 아이를 비판하기보다는 이끌어 준다

평가를 내리는 칭찬과 비판은 둘 다 상대방에 대해 어떤 성취나 결과에 대해 판결을 내린다는 점에서 비슷하다. 부모는 아이를 평가하기보다는 이끌어 주는 것이 더 바람직하다. 이끌어 줄 때는 일어난 상황에 대해 가능한 해결책에 대해 말한다. 아이 자신의 성격이나 인격에 대해서는 말하지 않는 것이 좋다.

중학생이 된 딸이 냉장고에서 김치통을 꺼내다가 손에 미끄러져서 유리로 된 김치통이 왕창 깨져 버렸고 온통 유리 조각과 김치가 범벅이 되어 버렸다. 엄마는 침착하게 다음과 같이 말했다.

> "어디 다친 데는 없니? 유리 조각에 베이지 않도록 조심해라. 엄마가 티슈와 행주를 가져올 테니 천천히 조심해서 닦아내어야 한다."

딸은 엄마의 도움을 받아 흘린 김치와 유리 조각을 무사히 다치지 않고 치울 수 있었다. 그리고 마음속으로 '엄마, 고마워요.' '내가 이렇게 일을 저질렀는데 뭐라고 야단도 치지 않고 내가 다치지 않았는지 염려해 주어서 정말 고마워요.'라고 생각한다.

엄마는 다른 쓸데없는 잔소리나 딸을 깎아내리는 말을 하지 않았다. 엄마는 '다음에는 조심하라'고 말할 뻔했지만, 자신의 너그러운 침묵을 딸이 매우 고마워한다는 것을 알아차렸기 때문에 아무 말도 하지 않았다.

아마도 당신은 앞의 엄마처럼 하기가 매우 어렵다는 것을 잘 알고 있을 것이다. 보통은 다음과 같이 말하기 쉽다.

> "좀 조심하지 그랬어."

"왜 이렇게 늘 급해! 차분하게 좀 하지."

"무슨 일을 시키기가 겁난다."

일이 잘못되었을 때, 바로 그 자리에서 아이의 성격이나 기질에 대하여 나무라는 것은 바람직하지 못하다. 이럴 때는 그저 벌어진 사건을 어떻게 해결할지 이끌어 주는 것이 최선이다.

당신이 사랑하는 남편과 드라이브를 하는 중인데 그가 길을 잘못 들어섰다고 가정하자. 그런 상황에서 "신호등을 똑바로 봐야지. 정신이 없나봐."라고 말한다면 기분이 어떨까?

그럴 때는 상대방의 입장을 이해하면서 이렇게 말하면 더 좋을 것이다. "신호등을 잘못 볼 수도 있지. 가끔 나도 그럴 때가 있어. 지금 우리는 급할 거 하나도 없으니까 천천히 가면 되지 뭐." 그러면 계속 좋은 마음으로 드라이브를 할 수 있을 것이다.

아이의 잘못에 흥분하지 않고 차분하게 대처한다

많은 가정에서 부모와 자녀 사이에 일어나는 사건을 보면, 그 과정과 결과를 흔히 예측할 수 있다. 아이가 잘못을 저지르면 부모는 흔히 모욕적인 말로 꾸짖는다. 그래서 아이가 버릇없는 말로 대꾸하면, 부모는 큰 소리를 지르고 윽박지르거나 심하면 매를 들기도 한다. 보통 이런 과정을 거치기가 쉽다.

열 세 살 난 아들은 핸드폰을 바닥에 떨어뜨려서 핸드폰이 또 고장이 났다.

아빠 : 너 또 핸드폰을 떨어뜨렸니? 물건 소중한 걸 몰라.

아들 : 아빠도 지난번에 술 먹다가 핸드폰 잊어버렸잖아.

아빠 : 버릇없이 누가 아빠한테 그런 식으로 말하니! 자기 잘못은 인정 안 하고.

아들 : 아빠도 잘못을 인정 안 하잖아!

아이가 이렇게 아빠에게 대들자, 화가 머리끝까지 치솟은 아빠는 아들을 움켜잡고 마구 때렸다. 아빠를 뿌리치고 달아나려던 아들은 아빠를 유리문 있는 쪽으로 떠밀었다. 유리가 깨지면서 아빠는 손을 벴다. 피를 본 아이는 겁에 질려 집을 뛰쳐나간 뒤 저녁 늦게까지 돌아오지 않았다. 집안이 완전 어수선해졌고, 온 식구가 편안하게 잠을 잘 수 없었다.

처음에는 아주 작은 사건에서 시작해서 서로 말을 잘못 하는 바람에 사건은 아주 커지게 된다. 이런 사건에서 이렇게 심한 말이 오고 갈 필요가 있었을까? 그렇게 서로 마음 상하게 싸우지 않고, 좀 더 너그럽게 처리하는 방법은 없었을까? 부모가 좀 더 차분하게 반응했다면 아들은 부모의 차분하고 배려하는 태도에 감동하고 앞으로는 조심해야겠다는 마음을 가질 수도 있었을 것이다.

3) 중요한 것과 덜 중요한 것들을 구별하기

아이들은 부모에게서 단순히 불쾌하고 기분 나쁜 사고와, 비극적이거나 재앙을 안겨 주는 사건을 구분하는 법을 배워야 한다. 많은 부모는 물건 하나 깨트린 일을 두고 마치 아주 큰 일이 일어난 것처럼 다룬다. 특히 부모가 약간 신경증적이거나 비관주의적인 성향이 있을 때에 아주 작은 사건도 크게 지각하여 부정적으로 해석을 하는 경향이 있다. 중요하지 않은 사건들은 그저 가볍게 취급하면 된다. 그러나 이런 것조차 의식해서 생각해 보지 않으면 늘 하던 대로 필요 이상으로 과도하게 아이들을 다그친다. 부모와 자식 사이여도 이런 일들이 수없이 쌓이면 서로 상처가 되고 사이가 멀어지게 마련이다.

일어나는 사건의 중요성에 맞게 적절한 사고와 감정이 필요하다.

"그래, 너 또 우산을 잃어버렸구나. 정신 좀 차리고 살아라."

우산을 잃어버렸다고 이렇게까지 야단을 칠 필요는 없다. 물론 자꾸 반복되면 화가 나기도 하지만 그보다 더한 일도 인생에서 일어나므로 그저 작고 사소한 일에 대해서는 관대해질 필요가 있다. 옷이 찢어진 일을 두고 마치 큰 사고라도 난 것처럼 야단을 칠 필요는 없다. 오히려 아이에게 일어난 사고나 실수는 좋은 가치나 행동을 가르쳐 줄 수 있는 좋은 기회가 될 수 있다고 생각하면 된다.

여덟 살 난 딸아이가 자신이 늘 애지중지하던 머리핀을 잃어버리고 짜증을 심하게 내자 엄마는 다음과 같이 말했다.

199

"그러니까 물건을 제자리에 잘 정리해 놔야지."

"물건 잃어버린 일이 한두 번이야."

이런 식으로 자주 비난을 듣는 아이들은 자신의 행동을 고치기보다는 자기 자신과 다른 사람들을 비난하는 법을 배우게 된다.

고등학생이 된 아들은 학교에서 돌아오더니 신경질적으로 불평을 털어놓았다.

"오늘 별의별 일이 다 일어났어. 어떤 놈이 내 역사 책을 훔쳐 가질 않나, 내 운동화 도 훔쳐 가질 않나. 더러워서 학교에 다니기도 싫어."

엄마는 아들의 말에 공감하기보다는 비난하고 훈계했다.

"왜 너한테만 그런 일들이 한꺼번에 일어나는 거니? 뭔가 똑바로 행동하지 못하니 까 그런 일이 계속 일어나는 거지."

아들은 매우 자존감이 상했고 엄마에게 다시는 말도 하기 싫어졌다.

엄마는 아들에게 어떻게 말하면 좋았을까? 그저 힘든 하루를 보냈다는 사실에 대해 서 간단하게 공감하면서 인정하기만 하면 됐을 것이다.

"아, 그래. 오늘 정말 힘들었겠다!"

4) 아이에게 상처를 입히는 말

독설이 담긴 말은 독약처럼 사람을 시들고 아프게 한다. 그리고 잘 잊히지도 않는다. 독설이 담긴 말은 아이의 마음과 행동에 분노와 수치심이 생기게 하고 언젠가는 보복하 려는 마음이 생기게 할 수도 있다. 아이는 자신도 모르게 어느 순간 앙갚음을 하려고 한 다. 무의식적으로 바람직하지 않은 행동을 더 하기도 하고 몸에 아픈 증상을 만들어 내 기도 한다. 언어를 이용한 공격과 비난은 반드시 부모와 아이 모두를 슬프고 비참하게 만든다.

'행동이 느리다'는 말을 들었을 때, 아이는 당장에는 "난 행동이 느리지 않아."라고 대꾸할지도 모른다. 하지만 아이들은 이런 말을 자주 듣다 보면 대개 부모의 말을 더 믿기 때문에 어느새 자기가 굼뜨다고 생각하게 된다. 그래서 어쩌다 실수로 비틀거리거나 넘어지기라도 하면 자신을 향해 "너 정말 어눌하구나!"라고 자책할지도 모른다. 그렇게 되면 아이는 몸을 빨리 움직여야 하는 상황을 회피하려고 할 것이다. 아이는 자신이 느리기 때문에 아예 그런 상황을 잘 해낼 수 없다고 단정 짓게 될 수 있다.

선생님이나 부모에게서 자주 야단을 맞는 아이는 자신도 그렇게 믿게 되고, 자신을 그런 사람으로 생각하기 시작한다. 그러면서 잘하려는 노력을 포기한다. 웃음거리가 되지 않으려면 남과 경쟁하는 상황을 피해 가면 된다고 생각한다. 아이는 시도하지 않는 것이 더 안전하다고 생각한다. '시도하지 않으면, 실패도 없다.'라는 생각이 자신도 모르게 자리 잡게 된다.

부모는 아이들 앞에서 수없이 품위를 떨어뜨리는 표현을 하면서도 그것이 얼마나 해롭고 파괴적인 결과를 초래하는지를 인식하지 못한다. 끔찍한 일이다.

> "태어날 때부터 얘는 힘들게 했어."
> "저 아이는 제 아빠를 닮아서 고집불통이야. 자기가 하고 싶은 것만 한다니까. 저 아이는 너무 이기적이야."
> "쟤는 맨날 요구가 많아. 아무리 많은 것을 해 줘도 만족할 줄을 모른다니까."
> "쟤 때문에 나는 불안해서 아무것도 할 수가 없어. 항상 조마조마해서 늘 지켜봐야 한다니까."

불행하게도 아이들은 이런 말들을 있는 그대로 받아들인다. 어린아이들은 특히 부모들이 자신들에게 하는 이야기, 즉 자기가 어떤 아이이며 앞으로 무엇이 될 수 있을 것이라고 말하는 데 아주 민감하다. 우리 부모는 아이들의 마음속에 자기 자신이 가치 있는 존재라는 생각을 심어 주어야 한다. 그렇게 하려면 아이들은 자기 자신에 대해 긍정적으로 표현하는 소리를 직접 듣기도 하고, 우연히 엿듣기도 하면서 자랄 필요가 있다. 사실 부모나 누군가가 자신에 대해서 칭찬하는 말을 우연히 엿듣게 되었을 때 그 기분 좋음은 오랫동안 머릿속에 남아 있고 가슴 벅찬 일일 것이다.

'아, 엄마가 나를 그렇게 좋게 생각하고 있구나.'

'아빠가 나를 많이 믿고 인정하고 계시는구나.'

'아, 선생님이 나를 인정하고 계시는구나.'

하지만 많은 부모는 자기 아이들의 좋은 점보다는 잘못된 점을 더 잘 지적한다. 잘못된 점을 지적해서 고쳐 주어야 더 나은 사람으로 클 것이라고 믿기 때문인 것 같다. 어쩌면 이는 완전 착각일 수 있다.

우리 아이들이 자신에 대해 믿음을 갖고, 자신감 있는 사람으로 성장하기를 바란다면, 기회가 있을 때마다 긍정적인 말들로 마음을 고양시켜 주고, 품위를 떨어뜨리는 표현 같은 것은 하지 말아야 한다.

5) 분노 다스리기

우리의 삶은 분노와 함께한다. 그런데 화를 내면 그 행동은 나쁜 것이라고 바로 지적을 받고 혼나고, 그리고 뭔가 잘못했다는 후회와 죄책감을 갖는다. 화를 내는 것은 나쁜 것이라고 은연중에 배운다. 우리는 아이들 앞에서 화를 참으려고 애쓴다. 하지만 화를 참다 참다 결국 언젠가는 아주 크게 터뜨리고 만다.

분노는 자주 일어난다. 분노는 어떤 상황과 결과에 따라 발생하지만, 늘 갑작스럽고 예기치 않게 일어난다. 분노는 만성적으로 나타나기도 하지만 대개 짧은 순간 일어난다. 하지만 분노가 일어나는 그 순간에는 영원히 화가 날 것처럼 느껴진다.

침착함을 잃으면, 우리는 마치 제정신이 아닌 사람처럼 행동한다. 해서는 안 되는 막말을 아이들에게 퍼붓는다. 야단을 치고, 창피를 주고, 비난을 퍼붓는다. 대개는 많이 참다가 한번 분노의 단추가 눌러지면 끝까지 다 쏟아 내고야 만다. 그런 다음 한바탕 난리가 나고 진정이 되면 자신이 너무 심했다는 생각이 들면서 다시는 그렇게 하지 않겠다고 수없이 다짐한다. 하지만 분노는 반드시 또다시 찾아와, 그러한 다짐은 한순간에 물거품이 된다. 우리는 다시 한 번 더, 세상에서 가장 사랑하는 나의 아이에게 폭언을 퍼붓는다.

화를 내지 않겠다는 다짐은 쓸데없다. 우리는 분노를 마치 먹구름처럼 늘 왔다가 사라질 수 있는 삶의 일부분으로 인정하고 그것에 대비해야 한다. 중요한 것은 모욕이나 상처를 주지 않고 화를 표현하는 것이다.

평화로운 가정은 원래 있는 것도 아니고 또 갑작스럽게 얻어지지도 않는다. 그것은 긴장이나 불만이 폭발하기 전에 의도적으로 마음을 다해 분노를 다루는 특별한 과정, '마음을 알아차리는 과정'을 통해서 얻어지는 것이다. 다시 말하면, 살면서 언제든지 찾아올 수 있는 먹구름과 비바람 같은 분노를 작게 만들고 보낼 수 있는 '마음챙김 과정'이 정말 필요하다. 오히려 분노를 의식하고 부드럽고 너그럽게 인식하여 상황에 맞게 적절한 수준으로 표현해야 한다.

아이를 양육하다 보면 부모가 화를 내야 할 때가 있다. 사실 어떤 시점에서 화를 내지 못할 경우, 이것이 아이에게 무관심으로 전달될 때가 있다. 관심이 있는 사람이라면 분노를 드러내지 않을 수가 없다. 그렇다고 해서 순식간에 왈칵 솟는 분노를 다 드러낼 수도 없고 아이들도 그러한 분노들을 참아 낼 수 있다는 뜻은 아니다. 아이들도 눈치가 있어서 부모가 표출하는 "내 인내에도 한계가 있다. 더는 참기 어렵다."라고 말하는 분노는 이해하고 견딜 수 있기 때문이다.

분노 표출은 부모에게 부정적인 감정을 해소시켜 주고, 아이에게는 자신을 바라보게 하고, 양쪽 모두에게 부작용이 최소화되는 방법으로 표현되어야 한다. 특히 조심해야 할 것은 친구들이 보는 앞에서 아이를 꾸짖어서는 안 된다는 것이다. 친구들이 보는 앞에서 꾸짖으면 아이의 자존감이 떨어지고 아이를 더욱 비참하게 만들고 결국 공격적이고 사납게 행동하게 만들 뿐이다. 그러면 그러한 행동을 보고 부모는 더 거세게 화를 내게 된다. 서로 도움이 될 것이 없다. 분노를 표현할 때는 적절한 상황과 시간을 고려해야 한다.

화내는 아이 다루기

감정적으로 혼란 상태에 빠진 아이들에게는 논리적이고 이성적인 설득이 통하지 않는다. 화가 나면, 아이들은 오로지 자기 감정을 위로받고 싶어 한다. 우리 어른들도 그렇다.

어린 두 형제가 놀고 있었다. 갑자기 뭐가 부서지는 소리에 이어 소리를 지르고 다투는 소리가 들려왔다. 큰아이가 화가 나서 흥분하면서 엄마에게 일러바쳤다.

"민규가 내가 쌓은 성을 무너뜨렸어."

엄마는 아이의 기분을 맞춰 주며 다음과 같이 말했다.

"아, 그래. 정말 화가 났겠다."

아이는 "응, 그랬어." 하더니 등을 돌려 다시 놀러 갔다.

엄마는 아이들이 자주 하는 싸움에 관여하지 않았다. "누가 먼저 그랬니?"라고 묻지도 간섭하지도 않았다. 이 일화에서 볼 수 있듯이, 아이의 감정을 이해하면서 들어 주는 엄마의 말에 따라 아이의 마음이 진정되기도 하고 더 화가 나기도 한다.

아홉 살 된 아들은 치과에 가려고 하지 않았다. 아이는 화를 내며 누나를 못살게 굴었다. 누나는 "너 좀 의젓하게 굴어!"라고 했고, 아이는 점점 더 화를 내며 심술을 부렸다.

이때 엄마가 누나에게 말했다.

"민수가 오늘 좀 흥분했어. 치과에 들러야 하는데, 긴장이 되고 걱정이 되어서 그러는 거야. 지금은 우리 모두 민수의 마음을 이해해 주자."

그러자 신기하게도 민수가 차분해졌다. 더 이상 아무런 불평도 하지 않고, 치과에 들렀다. 엄마는 누나를 못살게 구는 행동에 대해서는 말하지 않고, 민수의 불안한 기분을 이해하자는 말만 했다. 그 결과, 아이는 마음을 좀 더 편안하게 가질 수 있었고, 불쾌한 기분을 달랠 수 있었다.

다음에 나오는 대화는 아이를 도와 화를 풀어 주고, 하나는 화를 더 돋우는 예이다.

두 형제가 자동차 장난감을 가지고 놀고 있었다. 자동차 장난감 바퀴가 빠져 움직이지를 못하자, 민규는 울기 시작했다. 엄마는 아이에게 주의를 주었다.

"그렇게 울고불고할 일 없어. 울음을 그치지 않으면 고쳐 주지 않을 거야."

아들은 울음을 그치지 않았고, 엄마는 아이에게서 장난감을 빼앗았다. 그러자 울고불고 떼를 쓰는 행동이 더 심해졌다.

이와 대조적으로 민규가 울기 시작했을 때 엄마는 다음과 같이 말했다.

"바퀴가 빠져서 우는구나. 고쳐야겠네."

아이는 울음을 그쳤다. 이젠 망치가 틈에 끼어도 아이는 울지 않는다. 대신에 고쳐 달라고 엄마에게 가져온다. 아이의 엄마는 문제를 확인하고 적절한 해결책을 제시했다.

감정을 이해하며 반응한다는 것은 아이의 상한 기분을 그대로 비춰 주고, 부모가 그 기분에 공감하고 이해한다는 것을 보여 준다는 것이다. 그것이 아이의 화난 기분을 누그러뜨리는 데는 효과적이다.

말에는 칭찬하고 격려하는 좋은 면들도 있지만 위협하고 파괴하는 면도 있다. 아이들의 노력을 지켜보고 그것을 인정해 준다면, 이는 희망과 자신감을 가지고 자랄 수 있도록 도와주는 것이다. 그와 반대로 아이의 행동에 대해 평가를 내린다면, 이는 불안감을 조성하고 무력감이나 반항심을 부추긴다.

'게으른, 멍청한'과 같은 부정적인 낙인이 아이에게 치명적인 해를 입히는 것은 분명하다. 그런데 놀라운 일은 '좋은, 완벽한, 가장 훌륭한'과 같은 긍정적인 꼬리표도 너무 지나치면 아이를 무기력하게 만들 수 있다는 것이다.

부모가 아이들을 긍정적으로 대하며 격려하는 것은 중요하다. 노력을 인정하고, 그 점을 인정한다는 것을 표현해 주는 것이 좋다,

"넌 그 과목을 무척 열심히 공부했는데."
"도와줘서 고맙구나."

아이에게 낙인을 찍거나 아이의 가치를 평가해서는 안 된다.

문제가 있을 때는 꾸짖거나 비판하기보다는 해결책을 찾아야 한다. 이런 기술들은 모두 의사소통에서 상대방을 배려할 때에 가능하다. 그러자면 아이들을 깊이 존중해 주어야 한다.

3. 아이에게 상처를 주는 부모

인간의 위대. 우리는 인간의 정신을 매우 위대한 것으로 생각하기 때문에 그것으로

인해 우리가 멸시당하거나 정신이 존중받지 못하면 참지 못한다. 인간의 모든 행복은 이 존중에 있다.

—블레스 파스칼, 『팡세』(2013)—

많은 부모와 아이의 관계가 자기파괴적인 유형에서 벗어나지 못한다. 자기파괴적인 유형의 행동에는 여러 가지가 있다. 위협하고, 매수하고, 약속하고, 빈정대고, 거짓말이나 도둑질에 대해 설교 투로 훈계하고, 사나운 태도로 공손함을 가르치는 것들이다.

1) 부모의 위협은 아이의 버릇없는 행동을 되풀이하게 한다

위협은 아이에게 금지된 행동을 반복하게 하는 역할을 한다.

"이 녀석, 한 번만 더 그랬단 봐라." 하고 위협할 경우, 아이는 '이 녀석'이란 말보다는 '한 번만 더 그랬단 봐라'라는 말에 더 귀가 솔깃해진다. '한 번만 더 하면 어떻게 한다'는 말은 정말 많이 하는 말이다. 아마도 부모는 아이가 계속 반복된 행동을 할까 봐 자신이 불안해서 이런 말을 하는 것 같다. 정말 하나 마나 한 말이다.

아이들은 위협을 다음과 같이 해석하는 경우가 가끔 있다. "엄마는 내가 정말로 한번 더 그런 행동하기를 바라고 있어. 안 그러면 실망할 거야." 어른들이 보기에는 당연할지 모르겠지만 이런 경고는 차라리 하지 않는 것보다 못하며, 아이들로 하여금 나쁜행동을 되풀이하게 하는 결과를 초래하기도 한다.

경고는 아이들의 자율성에 대한 일종의 도전행위이다. 만일 자존심이 있는 아이라면, 경고를 받고 나면 자신과 다른 사람에게 나도 만만하지 않은 사람이라는 것을 입증하기 위해 다시 한 번 해서는 안 될 행동을 하게 될 것이다.

5세 된 아들은 여러 번 주의를 받았는데도 줄곧 유리창에 공을 던지고 있었다. 이윽고 아빠가 "한 번 더 유리창에 공을 던지기만 해 봐. 가만히 안 놔둘 거야."라고 경고했다.

잠시 후 유리창 깨지는 소리가 났다. 공에 맞아 끝내 유리창이 깨진 것이다. 이와 같이 위협과 경고도 무색하게 바로 버릇없는 행동이 이어진 뒤에 어떤 장면이 펼쳐질지는 상상이 간다.

그와 반대로 다음 일화는 위협하지 않고 나쁜 행동에 효과적으로 대처하는 예이다.

일곱 살 난 아들은 어린 동생에게 장난감 공기총을 쏘았다. 어머니는 말했다.

"아이에게 총을 쏘지 말고 과녁에 대고 쏴."

그런데 아들은 다시 동생에게 총을 쏘았다. 어머니는 총을 빼앗으며 아들을 타일렀다.

"총은 사람에게 대고 쏘는 것이 아니야!"

어머니는 아이를 보호하기 위해서 필요하다고 생각하는 행동을 취했으며, 동시에 바람직한 행동 기준도 어기지 않았다. 아들도 자존심에 상처를 입지 않고, 자기 행동이 어떤 결과를 초래하는지 알게 되었다. 거기에는 분명히 대안이 주어졌다.

과녁을 향해 총을 쏘든지, 총을 빼앗기든지 둘 중 하나를 선택해야만 했다. 여기서 어머니는 흔히 빠지기 쉬운 함정에 빠지지 않았다. 실패가 빤히 내다보이는 길에 발을 들여놓지 않았다.

"그만두지 못해! 동생에게 총을 쏴서는 안 되는 것 모르니? 과녁은 뒀다가 뭐에 쓰니? 한 번만 더 동생에게 쏴 봐. 한 번 만 더. 그러면 영영 총을 가지고 놀지 못할 줄 알아."

결코 온순하지 않은 아이일 경우는 이런 경고를 들어도 오히려 금지된 행동을 되풀이하는 식으로 대응한다. 그다음에 어떤 광경이 펼쳐질지에 대해서는 굳이 말할 필요조차도 없다. 부모라면 누구든 쉽게 이런 함정에 빠져든다. 그것이 함정이라는 것을 알아야 한다.

2) 부모의 매수는 아이를 망친다

대개 부모들은 아이들이 열심히 뭔가를 하지 않을 때 아이에게 잘 하면 무엇을 해 주겠다는 매수하는 방법을 사용한다. 빨리 효과를 보기 위해서이다. 하지만 무엇을 하거나 또는 나쁜 행동을 하지 않으면 어떤 것을 주겠다고 아이에게 조건을 제시하는 방법은 아이를 망치는 유형 중 하나이다.

"동생을 잘 봐 주면 영화 구경을 시켜 줄게."

"오줌 안 싸면 이번 크리스마스 때 자전거 사 주지."

"숙제 잘하면 용돈을 올려 줄게."

이런 식으로 조건을 제시하면 일시적으로 당장 눈에 보이는 목적을 달성하는 데는 효과가 있을지 몰라도 지속적인 효과를 거둔다는 보장은 거의 없다. 조건을 붙여 보상을 내걸 때는 보통 아이가 말을 잘 듣지 않을 것 같다는 의심이 기본적으로 깔려 있다. 말을 잘 듣지 않을 것 같으니 보상을 내걸어 빨리 효과를 보자는 부모의 마음이 있는 것이다. '네가 성적을 올린다면'이란 말에는 아이가 성적을 올릴 거라는 확신이 부족하다는 뜻이 담겨 있다. 또는 '네가 성적을 올릴 수 있음에도 불구하고 보상이 부족해서 올리지를 않고 있구나'로도 해석될 수 있다. 어느 경우이든 보상을 걸고 행동을 재촉하는 방법은 좋지 않다.

부모가 아이에게 원하는 행동을 하도록 보상을 내거는 것은 부작용이 있다. 대가를 받기 위해 올바른 행동을 한다면 올바른 행동을 할 때마다 아이는 계속 요구를 할 것이다. 자발적인 의지나 동기로 올바른 일을 해야 지속적으로 유지되는데, 보상이 주어지지 않는다면 아이도 보상방식에 이미 길들여져 있기 때문에 보상을 계속 바랄 것이다. 불편한 일이다. 부모로서 오히려 아이를 양육하는 것이 예전보다 더 힘들어졌다는 무력감을 느낄 수도 있다. 아이에게 행동의 대가로 보상을 말할 때는 매우 신중하길 바란다.

보상이란 사전 예고 없이 받을 때, 기대하지 않았는데 받게 될 때, 가장 기쁘고 선물처럼 여겨진다.

3) 부모의 빈정거림은 아이의 정신건강에 심각한 위협이 된다

빈정거림은 아이의 정신건강에 심각한 위협이 된다. 빈정거리는 부모는 아이의 속마음을 들을 수 없다.

"몇 번이나 같은 말을 되풀이해야 하니? 귀가 멀었니? 도대체 왜 말귀를 못 알아듣는 거야?"

"버르장머리 없는 녀석 같으니라고. 부모도 없이 큰 녀석처럼 행동이 왜 그 모양이니? 씨는 못 속인다니까!"

"도대체 왜 그래? 미친 거 아니야? 제정신이 아니야. 평생 그 꼬락서니를 면하지 못할 거야!"

이 책을 읽는 부모들은 이런 말이 아주 생소하길 바라고 '어떻게 그런 말을 할 수 있지?'라고 생각하는 부모가 아주 많길 바란다. 하지만 강도는 차이가 있겠지만 비슷한 스펙트럼에 놓여 있는 말들을 많이 한다. 사실 흥분한 부모는 자기 말이 반발을 살 것이고, 그런 표현이 아이들을 복수심에 사로잡히도록 자극하기 때문에 의사소통을 가로막는다는 사실조차도 깨닫지 못한다. 빈정대는 말은 아이를 키우는 데 전혀 도움이 되지 않는다.

"뭣 때문에 그렇게 낄 데나 안 낄 데나 나서는 거냐? 제발 분별력 좀 가져라."

이런 표현들은 입에 담지 않는 것이 상책이다. 고의든 아니든, 부모는 아이를 앞에 두고, 또 친구들 앞에서 절대로 아이의 위신을 깎아내리면 안 된다.

4) 부모의 장황한 설명은 아이로 하여금 더 이상 듣고 싶지 않게끔 만든다

부모들은 뻔한 이야기를 하고 또 하며, 무슨 대단한 것이라도 되는 것처럼 장황하게 설명한다. 부모들이 그렇게 나오면, 아이들은 마음으로 "이제 그만 해!"라고 외치며 더 이상 귀를 기울이지 않는다.

다음 이야기에서 볼 수 있듯이, 공감이 담긴 간단한 대답으로 불필요한 말다툼을 예방할 수 있다.

딸: 엄마, 중학교 가면 거의 남자친구, 여자친구를 다 사귄대.

엄마: 무슨 말이니?

딸: 남자, 여자 아이들끼리 안 사귀는 아이들이 거의 없다고요.

엄마: 그래. 중학교에 올라가면 아이들이 이성에 대해 관심이 많아진다는 이야기지. 너도 중학교에 가면 재미있는 일이 생긴다고 생각하고 싶은 거지?

딸: 그럴 수도요.

그전 같았으면 엄마는 딸에게 이상한 소리 하지 말라고 훈계를 늘어놓았을 것이다. 학교는 공부하러 가는 곳이지, 남녀가 어울려 노는 곳이 아니며, 넌 아직 어리니 그런 것들을 생각해서는 안 된다고 말이다. 그러고 나면 긴 말다툼이 벌어지고, 모두 언짢은 기분이 되었을 것이다. 그러는 대신 엄마는 중학교에 대해 갖고 있는 설레임이나 흥미에 대해 인정해 주었다.

여덟 살 된 아들은 다리를 다쳤지만, 그날 밤에 있는 친구 생일파티에는 좋아하며 기꺼이 참석했다. 하지만 이튿날 아들은 다리를 다쳐서 학교에는 못 가겠다고 했다. 엄마는 생일파티에도 갈 수 있었으면 학교에도 갈 수 있다고 말하고 싶은 생각이 굴뚝같았지만 아무 말도 하지 않았다. 무거운 침묵이 흘렀다. 몇 분 뒤, 아들이 물었다.

"엄마, 나 학교 가야겠지요?"

엄마가 대답했다.

"그 생각 하고 있었니?"

아들은 그렇다고 대답한 후 서둘러 옷을 입었다.

엄마는 침묵을 지켰고, 그것이 아들이 스스로 결정을 내리는 데 도움을 주었다. 분명히 아들은 생일파티에 갈 수 있을 만한 다리라면 충분히 학교도 갈 수 있다는 결론을 내렸을 것이다. 만일 엄마가 굳이 그 점을 지적해서 이야기했더라면 말싸움이 벌어지고, 두 사람 모두 기분이 언짢았을 것이다.

엄마는 아이들에게는 말을 적게 할수록 좋다는 점을 알고 있었다. 그 덕분에 아이의 언짢은 기분이 다른 가족에게 전염되는 것을 막을 수 있었다.

열두 살 난 딸은 어느 날 저녁을 먹으러 식탁에 앉자마자 불평을 늘어놓기 시작했다.

"배고파 죽겠어. 저녁 어디 있어?"

엄마: 무척 배가 고프겠구나.
딸: 응, 청국장이네. 난 냄새 나서 별로 좋아하지 않는데.

엄마: 냄새 나서 별로 안 좋아하는구나. 그럼 이 콩나물을 먹어 보렴.

딸: 콩나물도 별로 맛이 없어서 먹기 싫어.

엄마: 콩나물도 별로구나. 맛있었으면 좋았을 텐데.

딸: 다른 날에는 맛있게 하잖아요.

엄마는 "너 때문에 특별히 만든 건데 왜 그래?" "반찬 투정 좀 그만해라. 고맙다는 말은 못할망정." 하고 맞대응하는 대신 딸의 기분을 맞춰 주었다. 그래서 말다툼을 피할 수 있었다.

5) 부모의 캐묻는 질문은 아이로 하여금 방어적으로 거짓말을 하게 한다

부모들은 아이들이 자기방어적으로 거짓말을 하지 않을 수 없게 만드는 질문을 하지 말아야 한다.

어쩔 수 없이 나오는 거짓말

이미 내용을 알고 있으면서 아이에게 질문을 던지는 것은 좋은 방법이 아니다. 그런데 우리 부모들은 알고 있으면서 아이가 거짓말을 하나 정직하게 말하나 알아보기 위해서 모르는 척 물어본다. 예를 들면, 딸의 방이 지저분한 것을 쳐다보면서 "내가 말한 대로 방 청소는 했니?"라거나, 딸이 학원에 빠졌다는 소식을 듣고 나서 "오늘 학원에 갔었니?"라고 묻는 것이 그렇다. 그보다는 "아직 방 청소를 안 했구나."라거나, "너 오늘 학원 빠졌다던데?"라고 말하는 것이 더 바람직하다.

아이가 거짓말을 했을 때, 이에 대응하는 방법은 분명하다. 먼저 무슨 판사처럼 굴거나, 자백을 요구하거나, 단순한 거짓말을 가지고 거창한 재판을 벌이지 말아야 한다.

아이들이 거짓말을 하지 않도록 예방하는 또 다른 방법은 "왜?"라고 묻지 않는 것이다. "왜?"라고 물으면, 아이들은 부모가 자신의 행동에 대해 실망하고 있으며 불쾌하게 생각하고 있다고 간주한다. 그것은 아이들에게 전에 들었던 꾸중을 다시 떠올리게 해 준다. 단순히 "왜 그랬니?"라고 하는 말도 "세상에, 왜 너 그런 바보 같은 짓을 했니?"라는 의미로 들릴 수 있다.

현명한 부모는 다음과 같이 해로운 질문을 하지 않는다.

"왜 넌 그렇게 이기적이니?"

"왜 넌 내가 말한 것은 죄다 잊어먹니?"

"왜 넌 늘 시간을 지키지 않니?"

"왜 넌 그렇게 어수선하니?"

"왜 넌 입을 다물고 있지 못하니?"

아이가 대답할 수 없는 파고드는 '왜?'라는 질문 대신에 공감을 표현하는 말을 하는 것이 좋다.

"네 것을 나눠 주면 친구들이 좋아할 텐데."

"기억하기 힘든 것들이 있긴 해."

"네가 늦으면 걱정되더라."

"차분하게 하기가 쉽지는 않아."

"넌 아이디어가 많아.

212

6) 부모는 물건을 훔친 아이에게 길게 훈계하기보다는 차분하고 단호하게 말하는 것이 좋다

아이들은 발달의 어느 시점에서 제 물건이 아닌데도 집으로 가져오고 싶어 하는 충동을 느낄 때가 있다. 아이가 훔친 것을 알았을 때는 훈계하거나 야단법석을 떨지 말아야 한다. 예를 들면, "그 장난감은 다른 사람 것인데, 임자에게 돌려줘야지." 또는 "그 총을 갖고 싶은가 본데, 친구가 돌려 달라고 하잖니." 하는 식으로 차분하고 단호하게 말해야 한다.

아이가 과자를 훔쳐서 제 주머니에 넣는 것을 보았을 때는 차분하게 대응하는 것이 최선의 방법이다.

"과자를 갖고 싶어서 왼쪽 주머니에 넣었나 보구나. 하지만 안 돼. 진열대에 갖다 놔."

만일 아이가 과자를 갖고 있지 않다고 부인하면 거듭 말한다.

"초콜릿, 진열대에 갖다 놓아야지. 자, 어서."

그래도 아이가 거절하면 주머니에서 과자를 꺼내 빼앗고 나서 말한다.

"이 과자는 가게 거야. 여기에 갖다 놓아야 해."

적절한 표현

아이가 당신 주머니에서 돈을 훔친 것이 확실하다면, "얘, 내 주머니에서 5,000원을 가져갔더구나. 돌려줘야지."라고 말한다. 그래서 돈을 돌려주거든 "돈이 필요하면 말해. 줄 테니까."라고 말한다.

만일 아이가 돈을 훔친 사실을 부인할 때에는 말싸움을 벌이거나 자백하라고 하소연할 필요가 없다. "내가 알고 있다는 거 너도 알잖아. 이리 내놔."라고 반복하는 것이 좋다.

만일 그 돈을 이미 써 버렸으면, 그 대가로 일을 시킨다거나 용돈을 줄여서 그 돈을 갚을 방법을 찾아 주는 것이 좋다.

피해야 할 표현

아이를 도둑이나 거짓말쟁이라고 하거나, 앞날이 뻔하다는 식의 표현은 하지 않는 것이 좋다. "왜 훔쳤니?"라고 묻는 것은 전혀 도움이 되지 않는다.

아이는 아무 생각 없이 돈을 훔쳤을지도 모른다. 거기다 대고 이유를 대라고 다그치면 결국 다른 거짓말을 할 수밖에 없다. 앞으로 돈이 필요하면 부모와 상의하길 바란다고 차분하게 말해 주는 것이 더 중요하다.

"돈이 필요하면 아빠에게 말하지 그랬어."
"이러이러해서 돈이 필요하다고 했으면 주었을 텐데."

7) 부모는 야단을 치는 방식으로 아이에게 예의를 가르칠 수는 없다

예의는 어느 사회에서든 필요하고 유행을 타지 않는 사회적인 기술이다. 아이들은 예의 바른 부모를 보고 배우며 예의를 배우게 된다. 무슨 일이 있어도, 예의는 예의 바

213

르게 가르쳐야 한다. 그런데 부모들은 거칠고 기분 나쁜 방법으로 예의를 가르칠 때가 많다. 정말 많이들 그렇게 한다. 아이가 숫기가 없거나 깜박 잊어버리고 "감사합니다."라는 말을 하지 않는다고, 다른 사람이 보는 앞에서 그걸 나무라고 강제로 자꾸 인사를 하라고 시킨다. 아이의 입장에서는 민망하고 창피해서 더 하기 싫을 것이다.

대신 어머니가 먼저 "이렇게 좋은 선물을 주시다니 감사합니다."라고 먼저 인사할 수도 있었다. 그러면 아이도 따라서 고맙다는 인사를 드릴 가능성이 높을 것이다. 아이가 인사를 드리지 않으면, 나중에 어머니가 아이에게 어떻게 해야 좋은지에 대해 말해 주면 된다.

어머니는 다음과 같이 말할 수도 있을 것이다. "네 생각을 하고 선물을 주시다니 너무 생각이 깊고 고마우신 분이다." 그 자리에서 당장 야단을 치는 것보다 이렇게 하는 것이 더 효과적이다. 부드럽게 다루어도 되는데 매번 너무 세게 다룰 필요는 없다.

아이들이 어른의 이야기에 참견을 할 경우, 어른들은 대개 화를 내면서 버릇없이 어른들 이야기에 참견하는 게 아니라고 말한다. 그러나 참견하는 아이에게 참견해서는 안 된다고 야단을 치는 어른들도 좋은 방법으로 예의를 가르치는 것은 아니라고 볼 수 있다. 예의 바른 행동을 가르칠 때는 부모도 예의 바르고 부드럽게 가르쳐 주는 것이 좋다.

꼬집어서 나무라며 앞날이 뻔하다는 식으로 비난하는 것은 아이들에게 도움이 되지 못한다. 어른들이 아이에게 친절하게 대해야 더 좋은 결과를 얻을 수 있다. 친구나 친척 집을 방문할 때가 아이에게 예의범절을 가르칠 수 있는 좋은 기회이다. 남의 집을 방문해서는 부모와 아이 모두 재미있게 지내야 한다. 따라서 예의범절을 가르치려면 집 주인이 책임지고 아이의 행동을 정해 주어야 한다.

아이들은 부모들이 남의 집에서 야단치기 싫어한다는 것을 들어서 알고 있다. 거기다 남의 집이라 익숙지 않아도 말썽 피우기 좋은 장소들을 잘 찾아낸다. 이때 집 주인이 자기 집의 규칙을 알려 주면서 이를 지켜야 한다고 요구하면, 아이는 마음을 접고 순응하기 쉽다.

자기 집의 규칙을 따르라고 요구하는 것은 주인의 권리이자 책임이다. 남의 집을 방문했을 때는 잠시 훈육자로서의 역할을 양보하는 것이 부모로서 책임 있는 행동이다. 적절히 간섭하지 않는 태도를 취함으로써, 부모는 아이가 현실 상황을 파악하는 데 도움을 줄 수 있다.

상담을 하다 보면 가끔 어떤 부모님들은 자기네 집에 놀러온 아이들이 너무 무례하고 참기 힘들게 하는 행동을 할 때는 말을 해야 하는지 그냥 놔둬야 하는지 묻곤 한다. 자신의 집에서 남의 집 아이들이 하는 행동이 부적절하다고 판단이 되면 그런 행동은 이 집에서 하면 안 된다는 것을 알려 주는 것이 맞다. 그럼으로써 아이들은 남의 집에 가서 그런 행동을 하면 안 된다는 것을 배울 수 있을 것이다.

아이들이 크는 동안에 거짓말을 하고, 물건을 훔치고, 이런저런 버릇없는 행동을 하면, 부모들은 당황해서 머리가 아플 지경이다. 아이를 조정하고, 매수하고, 약속하고, 빈정대고, 사납게 야단치고 해 보지만 그것으로는 해결책이 되지 못한다. 부모가 아이의 행동을 어떻게 판단하고 있는지를 분명하게 밝혀 주는 것이 가장 효과가 좋은 방법이다.

이미 대답을 알고 있으면서 아이에게 질문을 하면 안 된다. 가장 중요한 것은 아이를 존중해 주어야 한다는 것이다. 그래야 우리도 아이에게 존중을 받는다. 아이가 잘못된 행동을 했을 때, 권위를 잃지 않으면서도 상냥하게 대처하는 것도 좋은 방법이다. 그것도 서로 사랑하는 부모와 아이의 관계를 돈독히 하는 데 도움이 된다.

215

4. 책임감을 기르게 하려면 먼저 가치 있는 행동을 알려 준다

부모들은 어디에서나 아이들에게 책임감을 가르치고 싶어 한다. 책임감을 길러 주기 위해 부모들이 가장 쉽게 생각하는 것이 아이들에게 집안일을 돕게 하는 것이다. 쓰레기통을 비우거나, 식탁을 치우거나, 설거지를 하는 것이 아이들에게 책임감을 길러 주는 좋은 방법이라고 믿는다. 사실 아이들이 집에서 이런 일상적인 일들을 스스로 하는 것도 중요하긴 하지만, 책임감을 갖게 하는 데는 긍정적인 영향을 주지 못할 때가 많다.

왜냐하면 가정에서 부모와 아이들이 이런 일들로 매일 말다툼을 할 수 있기 때문이다. 부모가 이런 일들을 아이에게 하라고 계속 요구하면, 아이들이 부모의 말을 듣고 자신의 방과 거실을 깨끗하게 청소할 때도 있다. 하지만 이런 방법은 아이의 성격에 좋지 못한 영향을 미칠 수 있다. 책임감은 강제로 갖게 할 수는 없다. 책임감은 가정과 지역사회에서 자연스럽게 중요한 가치들을 보고 배우는 과정을 통해서 길러질 수 있다. 만일 책임감이 좋은 가치에 뿌리를 두지 않으면 이기적이고 반사회적이고 파괴적일 수 있다. 폭력배들도 자신의 집단을 위해 충성을 다하고 테러리스트도 목숨을 걸면서까지 자신의 임무를 수행한다.

다른 사람에게 해가 되고 자신에게도 도움이 되지 않는 것인데도 누군가가 하라고 했다고 해서 한다면 책임을 다했다고 말할 수는 없을 것이다. 책임감은 좋은 가치에서 비롯되어야 한다. 좋은 가치란 신뢰, 생산성, 사랑, 행복, 헌신, 동정심, 이해심, 배려와 같은 것이다. 이런 좋은 가치에서 크게 어긋난 행동들은 책임감과 거리가 멀다.

우리는 책임이라는 문제를 이런 큰 가치체계 내에서 생각하지 않는다. 훨씬 더 작고 구체적인 문제들을 가지고 책임감이 있다, 없다를 말한다. 방을 어지럽히고 늦게 일어나는 일, 지각한 일, 숙제를 엉망으로 한 일, 버릇없이 행동한 일을 놓고 책임감을 이야기한다. 그런데 예의 바르고, 방을 청소하고, 숙제를 빼놓지 않고 잘 하는 아이들도 무책임한 결정을 내릴 수가 있다. 늘 남이 시키는 대로 하고 좋은 가치를 내면화하지 못한 아이들의 경우 그럴 수 있다. 좋은 가치라는 것은 그저 가르친다고 되는 것은 아니며 가정 속에서 부모의 신념과 태도, 사회 속에서 좋은 어른들을 보고 배우면서 내면화되는 것이다.

1) 아이의 상처받은 감정 치유하기

먼저, 부모는 아이들이 감정을 드러낼 때 이것을 받아들이고 감정을 극복할 수 있는 방법을 아이들에게 본보기로 보여 줄 수 있어야 한다. 하지만 부모들은 아이들에게 감정에 대처하는 방법을 잘 가르치기가 쉽지 않다. 부모들 스스로도 자신의 감정을 잘 다스리지 못할 때가 많다. 그래서 아이가 격한 감정을 드러내면, 감정을 이해하고 공감하기보다는 외면하거나, 부인하거나, 억누르거나, 숨기려고 할 때도 많다.

- 외면하는 말: 진심으로 하는 말이 아닐 거야. 넌 동생을 귀여워하거든.
- 부인하는 말: 네가 그럴 리가 없어. 오늘 기분이 나쁜 거야.
- 억누르는 말: 한 번만 더 싫어한다고 말해 봐. 혼내줄 거야. 착한 아이는 그런 생각 하는 거 아냐!
- 숨기는 말: 동생이 미울 수도 있겠지만 진짜로 미워하지는 않을 거야. 우리 집에서는 서로 미워하면 안 돼. 사랑해야 한다.

부모의 이런 말들은 아이가 자신의 솔직한 감정을 말하기 어렵게 하고 자신의 감정도 솔직하게 말하지 못하는 내적 소외감을 갖게 한다. 감정이라는 것은 멈추게 하기 어렵다. 강렬한 감정은 갑자기 몰아치는 파도와 같아서 억압하거나 부인하거나 숨긴다고 결코 사라지는 것이 아니다. 차라리 격한 감정을 있는 그대로 수용하고 인정하여 그에 대처하면서 유연하게 그 감정의 방향을 돌려야 한다. 적절하게 배출하기만 하면, 격한 감정은 삶에 자극을 주고 생활에 활기참과 즐거움을 가져다줄 수 있다.

그렇다면 아이들의 생각과 감정을 어떻게 알 수 있을까? 아이들의 감정은 말과 어조, 몸짓에서 나타난다. 아이가 아무 말 없이, 지친 표정을 하며 느릿느릿 학교에서 집으로 돌아온다. 걸음걸이를 보고 아이에게 기분 나쁜 일이 있었음을 알 수 있다. 이럴 때에 비난하는 말투로 말을 걸어서는 안 된다.

> "아니, 왜 그런 얼굴이니?"
> "무슨 일이야. 친한 친구하고 싸우기라도 했니?"
> "이번에는 무슨 일을 저질렀니?"
> "오늘은 또 무슨 말썽을 피웠는데?"

아이들의 감정에 관심을 갖게 되면, 아이의 화를 불러일으키는 표현이나 집에 오기 싫은 마음을 부추기는 말투를 쓰지 않게 된다.

> "오늘 기분 나쁜 일이 있었나 보네."
> "오늘 힘들었나 보구나."
> "누가 널 괴롭힌 모양이구나."

이와 같이 말하는 것이 "너 무슨 일이야?" "무슨 문제니?"라고 묻는 것보다 더 바람직하다. 부모가 공감하는 표현을 했다고 해서 아이의 시무룩한 기분이 금방 바뀌는 것은 아니다. 그래도 아이는 자기를 이해해 주는 부모의 말에서 안전과 사랑을 느낀다.

아이가 학교에서 어떤 애가 자신을 괴롭히고 창피를 주었다고 투덜거렸다. 어머니가 할 일은 공감하는 마음으로 아이의 기분을 알아주고 감정적으로 도움이 되는 말을 해 주는 것이다.

"정말 무척 속상했겠구나."

"자존심이 상했겠구나."

"그 때문에 화가 많이 났겠구나."

이런 말을 들으면, 아이는 어머니가 자신의 분노와 마음의 상처를 이해해 주고 있으며, 자신이 힘들 때 도움을 청하면 어머니가 자기편을 들어 줄 것이라고 생각하게 된다.

아이들은 생활 속에서 배운다. 비난이나 조롱을 자주 들은 아이는 책임감을 배우지 못한다. 자신을 탓하고 다른 사람을 탓하는 법을 배우게 된다. 자신의 판단을 믿지 못하고 자신의 능력을 과소평가하고, 다른 사람의 마음도 믿지 못하게 된다. 무엇보다도 늘 일이 금방이라도 잘못될 것이라는 부정적인 생각을 가지고 살아간다.

아이들에게 일이 잘못되었다는 느낌을 갖게 하는 가장 쉬운 방법은 비난하는 것이다. 비난은 아이들이 자기 자신을 부정적으로 보게 만든다. 아이들에게 필요한 것은 비난이 아니라 있는 그대로 인식해야 하는 정보이다.

어머니는 아홉 살 된 아들이 자신이 좋아하는 음식을 거의 전부 먹으려고 하는 것을 보고 아이를 꾸짖는 말이 금방 입에서 툭 튀어나올 것 같았다.

"저렇게 이기적이라니까! 넌 꼭 너 혼자만 생각하더라! 이 집에는 너 혼자만 있는 게 아냐!"

하지만 어머니는 부정적인 꼬리표를 달아 주면 아이가 필요 이상으로 수치심을 갖게 되고 아이가 좀 더 남을 배려하는 사람으로 성장하는 데 하나도 도움이 되지 않는다는 사실을 잘 알고 있었다. 그래서 낙인을 찍는 대신에 그 상황에 맞게 알아야 할 정보만 주었다.

"애, 우리 네 사람이 같이 먹을 거야."

"알았어요. 엄마 미안."

"몰랐어요. 다시 덜어 놓을게."

2) 아이와 좋은 관계 만들기

자잘한 집안일을 시키면서 아이들에게 책임감을 가르치는 것은 생각보다 쉽지 않다. 아이들은 부모가 집안일을 시킬 때 엄청나게 저항하기 때문이다. 어쩌다 부모가 싸움에 이겨서 부모의 의지대로 되었다 하더라도, 아이들은 계속 시무룩하거나 내키지 않는 표정으로 꾸물대고 살살 반항하면서 결국은 자기 뜻대로 할 가능성이 높다.

그렇다면 이 어려운 과제를 잘 수행하려면 부모는 어떻게 해야 할까? 가장 좋은 방법은 아이와 좋은 사이를 유지하는 것이다. 아이들의 생각을 이해하고 버릇없는 행동을 유발하는 감정에 귀를 기울이기 시작하면, 아이와 좋은 관계를 유지하는 것이 가능해진다.

아이들은 부모가 자기들의 감정과 생각에 관심이 없어 보이면 실망하며 화를 낸다. 예를 들어 보자. 딸은 축구에 관심이 없었기 때문에, 아빠가 온 가족이 오빠의 경기를 보러 가자고 했을 때 가기 싫다고 했다. 그러자 아빠는 화가 나서 용돈을 깎겠다고 했다. 딸은 화를 내며 집을 뛰쳐나갔다. 마음에 상처를 입었고, 아빠가 자기를 사랑하지 않는다고 생각했기 때문이었다. 이런 일들은 거의 순식간에 일어난다. 시간이 흐른 뒤 아빠는 화가 가라앉자 딸이 거절한 이유를 딸의 입장에서 생각해 보니 자신이 딸의 감정을 존중하지 않았다는 사실을 깨닫게 되었다. 딸이 돌아왔을 때, 아빠는 사과하면서 딸이 좋아하지 않는 일에 가족과 함께 가는 것이 싫었을 것이라는 점을 이해한다고 말했다. 동시에 딸이 억지로 자신의 마음을 숨기고 마지못해 따라갔으면 틀림없이 다른 사람들도 축구 경기를 마음껏 즐기지 못했을 것이라는 점도 깨달았다.

가족 모임이나 축하 행사에 대해 모든 가족이 행복한 마음으로 함께 시간을 보내는 이상적인 이미지를 그리는 부모들이 많다. 하지만 현실은 다르다. 아이들에게 어떤 가족 행사에 참석하라고 할 때에는 신중하고 조심스럽게 생각해 보아야 한다. 아이들은 자신들이 원하지 않고 강요받아서 가게 되면 부루퉁해서 화를 내며, 재미없다는 표정을 짓고 있을 수밖에 없다. 그러면 부모는 그런 아이를 바라보는 것이 괴롭고 한 마디하게 되고, 거기서 다툼이 일어나고 축하하는 마음이나 즐거운 마음은 망쳐지기 쉽다. 왜 이런 일이 벌어지는가? 아이들은 자기가 싫어도 부모의 뜻에 따라 움직이는 경우가 많기 때문이다.

다음의 이야기는 우리가 아이들을 어떤 태도로 대해야 하는지를 생각하는 데 아주 도움이 된다. 꽤 거만한 어떤 사람이 앞으로 요리사를 대하는 태도를 고치기로 마음먹고 그를 불렀다.

> 거만한 사람: 지금부터 자네를 존중하기로 했네.
>
> 요리사: 점심 식사가 좀 늦어지더라도 소리 지르지 않을 건가요?
>
> 거만한 사람: 소리 지르지 않겠네.
>
> 요리사: 커피 맛이 별로라도 내 얼굴에 커피 잔을 던지지 않을 건가요?
>
> 거만한 사람: 던지지 않겠네.
>
> 요리사: 고기가 너무 많이 구워지더라도 내 월급에서 깎지 않을 건가요?
>
> 거만한 사람: 절대로 그런 일 없을 거야.
>
> 요리사: 좋아요. 그렇다면 나도 앞으로는 당신의 국에 침을 뱉지 않겠어요.

아이들이 부모나 어른들로부터 존중받지 못했을 때 우리에게 침을 뱉고, 삶을 비참하고 불행하게 만들 수 있는 방법은 많다. 부모가 자신을 존중하지 않고 기분 나쁘게 대하면 그에 대한 앙갚음으로 살살 꾀를 부리면서 느리게 하고 말을 듣지 않고 부모가 보지 않는 곳에서 결국은 자신이 하고 싶은 일들을 다 하고야 만다. 부모가 아이의 말을 적극적으로 들어 주고 감정을 수용하고 무시하지 않고 인정해 주면, 아이들은 자신들이 존중받는다는 느낌을 받는다. 그렇게 존중받는다는 느낌을 갖는 아이들은 자존감이 올라가고 앞으로 자신에게 더 도움이 되는 일들을 하고 싶은 마음을 갖게 될 것이다.

3) 아이를 있는 그대로 수용하기

부모는 아이들이 매일 자신의 모습을 바라보는 거울이다. 그런데 그 거울이 아이를 있는 그대로 보여 주는 것이 아니라 잘 못하고 못생긴 부분만 보여 주는 거울이라면 아이들은 어떤 마음일까? 자신의 원래 모습을 그렇지 않다고 애써 생각해도 기분이 좋지는 않을 것이다. 또는 진짜 자신의 모습은 결점투성이고 못생겼다고 여길지도 모른다.

"왜 이렇게 느리니?"

"뭐 하나 제대로 하는 게 없어."

"저렇게 이기적이어서야."

"이렇게 게을러서 무엇을 하려고 해."

이런 말은 아이들이 자신을 유능하고 자신감 있는 존재로 여기는 데 아무런 도움을 주지 못한다. 많은 부모가 자신의 아이들에게 이기적이고 게으르고 서투르고 거짓말을 잘한다고 말한다. 그렇게 지적하고 잔소리를 하면 아이들이 혹시 잘못된 점을 고치고 분발하여 좀 더 정직하고 부지런한 아이가 될 것이라고 기대하면서 말이다. 완전 착각이다.

이렇게 아이들에게 부정적인 말을 습관적으로 하면 아이들에게 지울 수 없는 상처와 슬픔을 준다. 이런 부정적인 말들을 많이 듣고 자란 아이들은 성인이 되어 자신도 모르게 우울하고 무기력하고 슬픈 감정을 자주 느낄 수 있다. 상담 장면에서 우울하고 무기력을 호소하는 성인들을 상담하다 보면 어린 시절 부모로부터 무자비하고 잔혹하고 부정적인 말을 많이 들은 경험을 이야기하는 경우가 많다.

부모의 입장에서는 무례하고 잘못된 태도를 고쳐 주고 싶어서 아이에게 부정적인 표현을 썼을지 모르겠지만, 그 말을 듣는 아이는 마음이 불편하고 평생 상처가 될 수 있다. 아이들에게는 자기가 소중하고 특별한 존재라는 감정을 갖게 해 주는 것이 무엇보다 중요하다. 예를 들면, 친절하고 따뜻한 마음을 가진 아이에게 아이의 좋은 점을 말해 주면서 소중하고 특별한 아이라고 말해 주는 것이다.

4) 미움과 분노 다스리기

부모들은 아이들에게 분노를 일으키는 말은 의식적으로 하지 말아야 한다.

- 모욕하는 말: 너 때문에 창피해 죽겠어. 뭘 해도 믿을 수가 없어!
- 예언하는 말: 너 하는 꼴 보니, 철창 신세 면하기 어렵겠다.
- 위협하는 말: 너 조용히 있지 않으면, 용돈 없을 줄 알아. 텔레비전도 못 보게 할 거야.
- 비난하는 말: 넌 말썽 피우는 데는 늘 첫째더라.
- 명령하는 말: 앉아서 입 다물고 저녁이나 먹어.

문제가 터졌을 때, 아이의 인격과 품성을 비난하지 않고 부모가 자신의 감정과 생각을 전달하면 훨씬 더 좋은 효과를 얻을 수 있다. 먼저 부모의 화난 감정을 표현하고, 아이의 행동을 받아들일 수 없다는 뜻을 전달할 수 있다. 굳이 아이를 비난하거나 체면을 깎지 않아도 된다. 하지만 이렇게 자신의 감정만을 표현하는 일은 생각보다 어렵고 연습이 필요하다.

"노래 소리를 줄여 달라고 계속 부탁했는데, 아들이 줄이지를 않아서 마음이 안 좋네."

부모들이 관심 있게 말을 귀담아들어 주고, 아이의 생각을 이해하려고 노력하고, 잔인하고 신랄한 표현을 자제하고, 창피 주지 않고 아이의 감정이나 요구를 반영해 주면, 아이는 스스로 변화하기 시작한다. 아이를 공감하면 할수록 아이는 부모에게 더 가까이 다가온다. 부모가 사려 깊은 말과 교양 있는 태도를 보여 주면, 아이들은 이를 지켜보며 자신도 모르게 배우게 된다. 하지만 이러한 변화는 서서히 일어난다. 노력하면 언젠가는 좋은 변화가 있게 마련이다.

이와 같은 태도를 생활 속에서 실천할 때, 부모는 아이에게 가장 길러 주고 싶은 책임감을 길러 줄 수 있다. 부모가 본보기가 되는 것이 아이가 책임감을 배우는 데 유리한 분위기를 만들어 줄 수 있다. 그리고 부모는 아이들에게 발달 수준을 고려하여 적절하게 개별적으로 책임을 부여하는 것이 중요하다. 책임감을 갖는 경험은 그 자체가 아이의 인격의 일부가 될 수 있다. 사실 부모가 본보기를 보여 주는 것만으로는 부족할 수 있다. 책임감은 아이 자신의 노력과 경험을 통해서도 형성된다.

대부분의 가정을 보면, 아이들이 문제를 내놓으면 부모들이 해결책을 찾아 주기 바쁘다. 부모가 계속 문제를 해결해 주면 아이들은 문제가 해결되지 않고 상황이 나빠질 때 부모 탓을 한다. 아이들이 성장하려면 문제를 자기 힘으로 해결하는 기회를 많이 가져야 한다.

5) 아이 스스로 판단하고 선택하게 하기

책임감은 날 때부터 가지고 태어나는 것이 아니다. 또 나이가 든다고 해서 저절로 책임감이 생기는 것도 아니다. 책임감은 꽤 오랜 기간에 걸쳐 서서히 형성되는 것이다.

그러기 위해서는 아이들은 매일 자기 나이에 적절한 문제들에 대해서 판단하고 선택하는 연습을 해야 한다.

책임감에 대한 교육은 아이의 생활을 통해서 매우 일찍부터 시작할 수 있다. 아이들의 문제에 대해 스스로 판단과 선택을 내릴 수 있게 해 주면 책임감을 갖게 된다.

아이에게 판단과 선택을 하게 할 때 전적으로 아이가 책임을 져야 하는 문제들이 있다. 그런 문제들에 대해서는 아이가 스스로 선택을 해야 한다. 하지만 어떤 문제는 아이의 행복에 영향을 끼치기 때문에, 부모가 전적으로 책임져야 하는 문제들도 있다. 그런 문제들에 대해서 아이들은 판단을 내릴 수는 있어도 선택을 할 수는 없다. 선택은 부모가 하되, 아이가 그것을 받아들이도록 도와주어야 한다.

그러면 우리가 아이를 기를 때 자주 부딪히는 몇 가지 주제와 관련해 책임감을 어떻게 기르게 할 수 있는지 살펴보기로 하자.

(1) 음식

2세 된 아이에게는 우유를 한 잔 마실 것인지 반 잔만 마실 것인지 물어볼 수 있다. 아이가 늘 반 잔만 마셔서 우유를 조금 더 먹이게 하고 싶으면 좀 큰 잔으로 시작하는 것도 좋다. 네 살 난 아이에게는 사과 반 개와 한 개를 놓고 선택하게 해도 된다. 또 여섯 살 난 아이는 계란을 반숙으로 먹을 것인지, 완전히 삶아서 먹을 것인지 스스로 결정하게 할 수 있다.

아이가 선택해야 하는 상황을 제시할 때는 신중해야 한다. 상황을 제시하는 것은 부모지만 선택을 하는 것은 아이들이기 때문이다.

어린아이에게 "아침에 무슨 반찬 해 줄까?" 하고 질문하는 것은 바람직하지 않다. 차라리 "계란을 찜으로 해 줄까, 반숙으로 해 줄까?" "빵 구워서 줄까, 그냥 줄까?", "오렌지 주스 마실래, 우유 마실래?"라고 물어보는 것이 좋다.

이렇게 하면 아이는 생활 속에서 어떤 행동에 대해서 자신에게도 어느 정도 책임이 있다는 것을 알게 된다. 부모가 하라는 대로 하는 존재가 아니라, 자신의 생활에 대해 선택할 기회가 있고 선택한 것에 대해서는 책임을 져야 한다는 것을 알아차릴 것이다.

부모라면 누구나 아이들에게 영양가 있는 음식을 먹이고 건강하게 키우려는 마음을 절실하게 갖고 있다. 하지만 아이들의 영양에 대해 매우 지나칠 정도로 관심을 보이는 부모들 때문에 오히려 아이들은 먹는 데 문제가 발생한다. 어떤 엄마는 아들이 너무 마르고 키가 작아서 성장에 대해 매우 집착을 하였다. 키가 작은 것 때문에 아들이 따돌림을 받을까 봐 두려움이 커서 식사 때마다 매번 이거 먹어라 저거 먹어라 하는 것을 반복하였다. 그러면 그럴수록 아들은 엄마의 말을 거부하고 모자 사이는 계속 갈등이 커져 가는 것을 본 적이 있다. 대부분의 경우 부모가 음식에 대해서 강하게 주장을 내세우지 않는 것이 아이들에게는 더 좋다. 영양가 있고 맛 좋은 음식을 차려 주고, 식욕에 따라 많이 먹든 적게 먹든 아이에게 맡겨 두는 것이 현명하다. 간혹 아이가 부모 마음에 들지 않게 편식을 한다든지 조금밖에 먹지 않아도 일단은 간섭하지 않고 아이에게 맡겨 주는 것이 좋다. 대개 부모가 아이가 식사를 할 때마다 간섭을 하면 아이는 더욱 편식을 하고 식습관에 문제가 생기는 것을 상담을 통해 많이 보게 된다.

아이들이 먹을 때에도 스스로 판단을 내리지 못하게 하고, 기회가 있을 때마다 선택을 하지 못하게 하면, 자유롭지 못하다고 생각하며 스스로 뭔가를 결정하는 데 어려움이 생길 수도 있다.

(2) 옷

어린아이들의 옷을 살 때, 필요한 옷을 고르고 가격은 어느 정도로 할 것인지 결정하는 책임은 부모에게 있다. 부모는 가게에서 가격과 모양과 색이 마음에 드는 옷을 몇 가지 골라 놓고 아이에게 그 가운데 입고 싶은 옷을 고르라고 해야 한다. 일곱 살 정도된 아이는 이렇게 자기 양말이나 셔츠, 겉옷, 속옷을 살 때 부모가 골라 주는 범위 내에서 선택할 수 있다. 몇몇 부모는 아이가 사춘기가 되어도 아이에게 어울리지 않거나 실용성을 이유로 들면서 아이들이 스스로 옷을 고를 기회를 주지 않는다.

비교적 나이가 든 아이들에게는 부모의 기준으로 볼 때 마음에 들지 않는 옷도 선택할 수 있게 해 줘야 한다. 부모야 마음이 좋을 리 없겠지만, 아이는 그런 방법으로라도 자신의 개인적인 취향을 나타낼 수 있기 때문이다. 나이가 든 아이가 자기 돈으로 옷을 사겠다고 하면, 자신이 선호하는 옷을 살 수 있게 허락해야 한다. 부모들은 굳이 아이가 산 옷에 대해 이렇다 저렇다 이야기해서 아이를 기분 나쁘게 할 필요는 없다.

10대 아이들은 부모의 눈에는 정말 마음 불편한 매우 자극적인 옷을 입을 때가 있다. 부모의 입장에서는 마음이 편할 리 없다. 계속 지적하고 그런 옷을 입지 말라고 해도 아이는 더욱더 그런 옷을 입을 가능성이 커진다. 심지어는 자신이 입고 싶은 옷을 부모 모르게 싸가지고 나가서 바깥에서 갈아입고 다니는 아이들도 있다. 중학교 교사인 어머니는 딸이 짧은 치마를 입고 야한 옷을 입고 다니는 것 때문에 너무 힘들어했다. 자신이 학교의 교사인데 딸아이가 너무나 눈에 띄고 튀는 옷을 입고 다니니 몹시 불편하고 힘들었을 것이다. 이런 엄마의 마음에는 아랑곳하지 않고 더욱 제멋대로 자기가 입고 싶은 대로 입으면서 반항을 하는 아이를 본 적이 있다. 아이의 입장에서는 교사인 엄마가 답답하게 느껴졌을 것이고, 엄마는 딸아이가 너무 심하다는 느낌이 들었을 것이다. 모든 면에서 딸아이가 자신과는 몹시 다르다고 느끼는 어머니는 정신적으로 매우 힘들어했다. 이 시기에는 아무리 부모가 이야기를 해도 당장 자신의 옷차림을 고치지는 않을 것이다. 이런 상황에서 부모는 아이에게 그런 차림의 옷이 남에게 어떤 느낌을 주는지를 생각해 보도록 하는 것도 방법일 수 있다. 물론 이런 대화를 한다고 해서 아이가 당장 받아들일 리는 없을 것이다. 단지 부모는 아이에게 다른 각도에서 자신의 옷차림을 생각해 볼 수 있도록 기회를 줄 뿐이다. 그리고 언젠가는 부모가 한 말이 갑자기 생각날지도 모른다. 오랜 시간이 걸리는 문제이다.

(3) 숙제

아이가 학교에 입학하면, 부모는 숙제에 대해서는 아이와 교사에게 맡겨야 한다. 숙제에 대해 잔소리하지 말아야 한다. 아이들이 부탁하기 전에는 숙제를 검사하지 말아야 한다. 부모가 아이의 숙제를 부분적으로 해 주다 보면 아이들은 스스로 하지 않고 부모가 해 주길 바라게 된다. 그러면 부모는 이러한 짐에서 벗어나기 어렵게 된다. 오히려 아이들의 숙제를 도와주다가 부모는 오히려 그 숙제로 인해서 비난을 받거나 협박을 당하는 수도 있다. 부모는 "숙제는 네가 할 일이다."라고 명확하게 해 두어야 한다. 그러면 많은 불편한 일이 사라지고, 아이는 자율성이나 책임감이 더 생기게 된다. 숙제는 아이가 해야 할 일이다.

숙제의 좋은 점은 아이에게 스스로 공부하는 경험을 갖게 해 준다는 것이다. 그러나 숙제는 아이의 능력에 맞아야 한다. 그래야 아이가 다른 사람의 도움을 거의 받지 않고 스스로 공부를 할 수 있다. 다만 아이가 힘들어할 때는 간접적으로 도움을 줄 수 있다.

어떤 아이들은 숙제할 때 부모가 옆에 있으면 좋아한다. 이런 아이들에게는 책에 있는 문제를 풀거나 문단을 이해하려고 끙끙댈 때 옆에서 말을 들어 주는 사람이 필요하다. 어떤 아이들은 남에게 말하고 설명하면서 공부하는 것을 즐기기도 하고, 실제로 이런 학습방법은 효과적이기도 하다. 이런 경우에는 부엌이나 거실의 식탁에서 숙제를 할 수도 있다. 그러나 앉은 자세와 같은 부수적인 학습 태도에 대해서는 아무 말도 하지 않는 것이 좋다.

다리를 흔들거나, 연필을 물거나, 머리를 긁적거리거나, 음악을 들으면 공부가 더 잘되는 아이들도 있다. 부모가 그런 행동들에 대해서 지적하거나 제지하면, 아이들은 자유롭지 못하다는 느낌을 받고, 공부도 방해를 받는다. 가끔 앉아 있는 자세나 태도를 너무나 중요하게 여기는 부모들은 그런 것들에 대해 지적하다가 아이들의 학습 욕구를 저하시키기도 한다.

또한 숙제 때문에 매일같이 서로 싫은 소리가 오고 가는 일이 없도록 해야 한다.

> "너 지금부터는 매일 오후마다 받아쓰기 공부를 해야 해. 토요일과 일요일도 조금씩 해야 해."
>
> "이젠 숙제하라고 말하기도 싫다. 앞으로는 숙제를 제대로 하고 있는지 아빠가 검사할 거야. 안 해 놓으면 혼난다."

보통은 위협하거나 잔소리를 하게 마련이다. 그렇게 해야 문제 해결이 빨리 된다고 생각하기 때문이다. 사실 그와 같은 훈계는 도움이 되지 못한다. 결과적으로 부모는 계속 안달하고 속이 상하고 아이는 화가 나서 분위기만 험해진다.

간혹 영리하고 똑똑한 아이들은 숙제를 등한시하다가 학교에서 기대보다 낮은 성적을 받는다. 이는 부모의 높은 기대에 아이가 자기도 모르는 사이에 거부감을 느끼기 때문이다. 부모가 학교 성적에 너무나 열띤 관심을 가지고 개입하면, 아이의 자율성이 크게 손상된다. 아이가 어릴 때는 부모의 개입이 어느 정도 효과가 있을 수 있지만, 아이가 커 가면서 아이는 부모의 기대를 맞출 수 없다는 불안에 시달리고 차라리 공부를 하고 싶지 않다는 생각까지 하게 될 수도 있다. 설혹 공부를 열심히 하는 아이가 된다 하더라도 부모와 끝없이 다투고 성적에 대해 매우 민감해져서 정서적 불안이 심해진다. 이러한 불안정한 정서 상태는 늘 집안을 조마조마하게 만들고 말다툼이 끊이질 않게 한다.

부모의 목표는 아이로 하여금 성공과 실패에 대해서 스스로 책임을 져야 한다는 사실을 깨닫게 하는 데 있다. 아이가 스스로 자발적으로 목표를 세우고 실천을 해 나가는 경험을 갖는 것이 필요하다.

(4) 용돈

용돈을 착한 행동에 대한 보상이나, 집안일을 도와준 대가로 사용해서는 안 된다. 돈을 쓰면서 어떤 선택을 해 보고 그에 대해서 책임을 지는 경험을 해 보게 하는 것이 용돈을 주는 목적이다. 그렇기 때문에 용돈을 검사하면 그 목적이 훼손된다. 그보다는 친구에게 한턱 쓰거나, 점심을 사 먹거나, 준비물을 사는 등 용돈을 어디에 어떻게 쓰면 좋을지를 정하는 일반적인 원칙이 있어야 한다. 아이가 클수록 용돈도 많아진다. 회비라든가, 오락 비용, 옷이나 액세서리 구입 등 지출하고 부담해야 할 금액이 커지기 때문이다.

용돈을 함부로 쓰는 경우도 예상할 수 있다. 용돈 관리를 잘못해서 순식간에 많은 돈을 다 써 버리는 아이들도 있다. 대부분 처음에는 거의 다 써 버린다. 용돈을 함부로 쓸 경우에는 서로 이야기를 나누어, 서로가 동의하는 해결책을 찾아야 한다. 아이가 용돈을 주자마자 다 써 버리는 일이 되풀이되면 나누어 줄 필요가 있다. 일주일에 두 번 또는 그 이상에 걸쳐 용돈을 나누어서 주는 것이다.

용돈을 아이를 통제하고 순종하게 하는 수단으로 사용해서는 안 된다. 기분이 나쁘다고 용돈을 깎고 기분이 좋다고 더 많이 주어서도 안 된다. 그런 식으로 용돈을 주면 서로 감정이 상하고 불편해진다.

어떻게 용돈을 주어야 공정하다고 할 수 있을까? 이 질문에 대한 보편적인 해답은 없다. 우선 용돈은 가정의 생활비에 비교해서 적절해야 한다. 다른 집에서는 용돈을 얼마를 주든지, 자기 집에서 줄 수 있는 정도를 지나치는 용돈을 줘서는 안 된다. 만일 아이들이 항의하면 진지하게 그 기분을 이해해 주면서 다음과 같이 말해 줄 수 있다.

"용돈을 더 많이 주고 싶지만, 너도 알다시피 우리 집 수입에는 한계가 있잖니?"

사실은 이런 말이 무슨 용돈이 더 필요하냐고 야단치는 것보다 더 효과적이다.

돈이라는 것은 경험이 없는 사람들 손에 들어가면 쉽사리 악용될 수가 있다. 용돈을 아이가 관리할 수 있는 능력보다 더 많이 주어서는 안 된다. 처음에는 조금씩 주다가 때때로 조정해 주는 것도 좋다. 그것이 처음부터 지나치게 많이 주는 것보다는 좋다. 용돈은 아이가 초등학교에 입학할 때부터 주는 것이 좋다. 그때는 돈을 계산하고 교환을 할 줄도 알기 때문이다. 용돈을 줄 때 반드시 지켜야 할 조건이 하나 있다. 필요한 지출을 다 한 뒤 용돈이 조금이라도 남으면 저축을 하든 마음대로 쓰든 아이에게 맡겨야 한다는 것이다.

(5) 친구

우리는 이론적으로는 아이들이 스스로 친구를 선택하기를 바란다. 우리는 자유를 좋아하고 강압이나 강요는 싫어한다. 그런데 부모가 보기에 자신의 아이가 어울리지 않았으면 하는 친구를 집에 데리고 올 때가 종종 있다. 부모의 입장에서는 자주 규칙을 어기는 아이들이나 싸움으로 말썽을 일으킨 아이들을 친구로 두는 것을 좋게 생각하기는 어렵다. 하지만 먼저 아이들의 친구에 대해서 이런저런 간섭을 하게 되면 역효과만 일어날 것이다.

그렇다면 아이들이 선택한 친구를 평가하는 데 어떤 기준을 적용하는 것이 좋을까?

친구라면 서로에게 유익하고 도움이 되어야 한다. 아이는 자기 자신의 성격과는 다르고, 또 자신의 성격을 보완해 주는 성격을 가진 친구들과 사귈 기회가 필요하다. 그러므로 내성적인 아이에게는 좀 더 외향적인 친구가 필요하며, 부모에게 과잉보호를 받는 아이에게는 좀 더 자율적인 친구가 필요하다. 또 겁이 많은 아이는 용감한 친구들과 놀고 사귀는 것이 도움이 된다. 나이에 비해 철이 덜 든 아이는 자기보다 나이가 많은 아이와 노는 것이 도움이 될 수 있다. 지나치게 공상에 사로잡혀 있는 아이에게는 아주 평범한 아이들이 필요하다. 공격적이고 강한 아이는 공격적이지 않은 친구들을 만남으로써 달라질 수 있다. 이와 같이 아이들이 자신과는 성격이 다소 다른 친구들과 다양하게 사귀면서 사람들과 적절한 관계를 맺어 나갈 수 있게 해 준다면 아주 바람직할 것이다.

하지만 어떤 아이들과는 만나지 못하게 해야 할 경우도 있다. 나이에 비해 철이 덜 든 아이들끼리 놀면 서로의 미숙함만 키우게 되고, 공격적인 아이들끼리만 어울리면 서로 공격성만 더 커진다. 지나치게 내성적인 아이들은 서로 공평하게 주고받는 사회적 활동에 끼지 못한다. 비행을 저지르는 아이들끼리 만나면 더욱 반사회적 경향만을 부추기게 된다. 친구들에게 으스대고 싶어 올바르지 않은 행동들을 하고도 죄의식을 느끼지 않고 이를 은근히 떠벌리고 다니는 아이들에 대해서는 특별한 경계가 필요하다.

아이가 스스로 친구를 선택하게 하여야 하지만 부모는 아이의 친구관계를 세심하게 지켜보면서 바람직한 방향으로 나아갈 수 있도록 도와주어야 한다.

교사와 면담을 하면서 부모들은 교사들 앞에서 위축될 수밖에 없다. 교사에게서 자기 아이들을 지적하고 비난하는 달갑지 않은 소리를 들어야 하는 경우가 종종 있기 때문이다. 면담 시간을 보다 유익하고 생산적인 시간이 되게끔 하는 방법은 없을까?

아이의 교사라고 해서 무조건 듣고만 있거나 교사의 이야기가 다 옳다고 생각할 필요는 없다. 교사가 아이에 대해서 지적하는 것이 대체로 옳은 말이긴 하지만 그런 대화를 했다고 해서 아이의 행동이 바람직한 방향으로 고쳐지는 것은 아니다.

다음의 예는 교사와 학부모 면담을 한 어머니가 교사와 대화를 하면서 교사가 아이에 대해 부정적인 말을 하면 그 말들을 긍정적인 행동으로 바꿔 표현을 하면서 생산적인 방향으로 대화의 방향을 바꾸는 사례이다.

엄마: 유진이가 올해는 어떻게 지내고 있나요?

교사: 네. 솔직히 말하면, 유진이가 제시간에 등교하지를 않아요. 숙제도 하지 않고, 공책 정리가 엉망이에요.

엄마: (이를 받아 적으며) 그러니까 제 아들이 등교 시간을 잘 지키고, 숙제도 꼬박꼬박 하고, 공책 정리도 깔끔하게 하면 좋겠다는 말씀이시군요.

엄마가 교사와 면담을 마치고 돌아오자, 열 살 된 유진이가 물었다.

"선생님이 나에 대해 뭐래요?"

엄마가 대답했다.

"선생님 말씀을 여기 적어 왔어. 보고 싶으면 읽어 봐."

이 대화에서 말썽 피운 일, 숙제를 빼먹은 것 등이 적혀 있을 것이라고 예상했던 유진이는 엄마가 적어 놓은 것을 보더니 조금 놀랐다. 엄마가 받아 적은 내용은 아들과 엄마에게 모두 도움이 되었다.

지난 잘못을 탓하기보다는 앞으로 고쳐야 할 점에 대해서 초점을 맞출 수 있게 해 주었다. 비난 대신, 앞으로 나아가야 할 방향에 대해 적혀 있었다.

> "유진이가 자신을 존중받을 만한 가치가 있고, 스스로 자기 일을 할 수 있는 책임감 있는 사람으로 생각했으면 좋겠어요."
>
> "유진이가 자신의 의견을 자신감 있게 말할 수 있으면 좋겠어요."
>
> "화가 날 때 유진이가 남에게 상처를 주지 않고, 다툼이 있을 때는 이를 대화로 평화롭게 해결했으면 좋겠어요."
>
> "유진이가 혼자서 스스로 공부하며 숙제를 끝낼 수 있었으면 좋겠어요."

훌륭한 부모라면, 훌륭한 교사처럼 아이들에게 점차 필요하지 않은 존재가 되어야 한다. 부모들은 아이가 스스로 선택을 내리고 자기 힘을 발휘하도록 이끌어 주는 안내자가 되어야 하며, 거기서 만족해야 한다. 아이들과 대화를 나눌 때는 아이들에게 아이 스스로 현명한 결정을 내릴 수 있는 능력이 있다는 것을 믿고 있다는 부모의 마음을 보여 주는 표현을 자주 하면 좋다. 아이가 어떤 요구를 했을 때 부모가 받아 줄 수 있다고 여겨지면, 그것에 대해 아이의 자립심을 높여 줄 수 있는 표현으로 대화하면 된다.

자립심을 높여 주는 여러 가지 표현이 있다.

> "네가 바라는 것이 정말로 그렇다면."
>
> "결정은 네가 내려."
>
> "사실 그건 네게 달려 있어."
>
> "그것은 전적으로 네 선택에 달려 있어."

우리는 모두 아이들이 책임감 있는 어른으로 성장하기를 바란다. 책임감이란 좋은 덕목은 부모가 아이를 존중하는 마음으로 전달하지 않으면 습득되기 어렵다. 사사로운 집안일, 음식, 숙제, 용돈, 애완동물 기르기, 우정의 문제에서 부모는 좋은 본보기가 되어야 한다. 좋은 안내자가 되기 위해서는 아이들에게 세심한 관심이 필요하며 아이가 자립심을 가질 수 있도록 이끌어 나가야 한다.

5. 처벌하지 않고 규칙을 지키게 하는 방법

아이들의 버릇을 고쳐 놓겠다고 겁을 주고 벌을 주기보다 지혜를 사용해야 한다. 부모에게 벌을 받으면, 아이들은 몹시 화를 낸다. 분노에 휩싸이고 불만에 사로잡힌 아이는 부모의 말에 귀를 기울이거나 집중할 수가 없다. 그렇기 때문에 벌을 주어서 아이를 화나게 하기보다는 아이에게 자신감을 갖게 하고 다른 사람들을 존중하는 마음을 길러 주는 방법을 찾아야 한다.

1) 아이의 자존감에 손상을 입히지 않으면서 규칙을 말하기

부모에게 벌을 받고 화가 나면 아이들에게 무슨 일이 일어나겠는가? 아이들은 자기 자신과 부모들을 미워하기 시작한다. 앙갚음하고 싶어 한다. 복수하겠다고 상상에 사로잡히게 된다. 벌을 받고 자존감에 상처를 입은 아이는 부모의 말을 더 듣지 않는다든지 꿈속에서 엄마가 죽고 아빠가 죽기도 한다.

왜 부모들은 아이들을 화나게 하는가?

아이들을 화나게 하는 이유는 부모가 아이에게 한 말 가운데 어떤 말이 아이에게 파괴적인 영향을 미치는지 인식하지 못하기 때문이다. 부모들이 아이들에게 벌을 주는 데는 다 까닭이 있다. 부모 자신이 아이의 감정을 상하게 하지 않고 갈등적이고 어려운 상황을 해결하는 방법을 배우지 못했기 때문이다. 그러한 방법밖에 모르기 때문이다.

다음의 예는 우리가 흔히 하는 잘못된 행동들이다.

어느 날 학교에서 돌아오던 아들이 문을 열자마자 씩씩거리면서 말한다.

> "담임 선생님이 싫어. 다른 애들이 보는 앞에서 날 야단쳤단 말이야. 시끄럽게 떠들어 수업을 방해했다면서 내게 벌을 줬어. 그래서 수업 시간 내내 복도에 서 있었어. 절대로 학교에 가지 않을 거야."

아들이 하는 말을 들은 어머니는 늘 습관대로 마음속에 떠오르는 말을 불쑥 내뱉고 말았다.

"학교생활을 하려면 선생님의 말씀을 들어야지. 마음 내키는 대로 떠들면 안 되는 거야. 말을 제대로 듣지 않으니까 벌을 받았겠지. 혼나지 않으려면 앞으로는 잘 해."

잔뜩 화가 나 있는데 어머니마저 그렇게 대꾸하자, 아들은 어머니에게도 화를 냈다. 이런 대화에서 얻는 발전은 하나도 없다. 모두 화만 날 뿐이다.

어머니가 다음과 같이 말했으면 어땠을까?

"떠든 행동은 잘못된 행동이지만 복도에 서 있으려니 창피했겠네. 친구들이 보는 앞에서 야단을 맞았으니 화가 많이 났겠어. 그렇게 처벌을 받으면 좋아하는 사람은 없을 거야."

우선 이렇게 말하고 나면 아들이 마음이 많이 풀릴 것이고 자신이 수업 시간에 시끄럽게 떠든 행동에 대해서도 한번 다시 생각하게 될 것이다. 우선 아들의 마음이 풀릴 수 있도록 하고 그다음에 떠든 행동에 대해서 말해도 될 것이다.

이렇게 아들의 상한 마음을 대신 표현해 주면서 이해하는 자세를 보여 주었더라면, 아이는 화를 가라앉히며 어머니가 자기 마음을 알아주고 사랑해 준다는 기분을 느꼈을 것이다.

하지만 아이가 마음 상했을 때 부모가 이를 그대로 받아 주면서 위로를 해 주면, 아이가 이런 엄마의 태도를 자신이 잘못을 저질러도 괜찮다는 뜻으로 받아들이면 어떡하나 하고 걱정하는 부모들이 있다.

아들이 잘못을 저지른 곳은 학교이고, 이에 대한 처벌은 교사가 이미 했다. 그 일로 마음이 상한 아들은 어머니한테 야단이 아니라 자기 기분을 알아주고 이해해 주는 말을 듣고 싶었을 것이다. 아들에게는 화난 기분을 다독이는 데 어머니의 도움이 필요했던 것이다. 감정이입, 곧 감정을 아이의 입장에서 이해해 주는 것이야말로 아이를 키우는 부모에게 없어서는 안 될 따뜻하고 인간미 넘치는 가장 중요한 능력이다.

우리 부모는 때때로 어린 시절 부모가 우리에게 했던 상처받고 지긋지긋하게 싫어했던 방법을 자녀들에게 사용하고 있다. 시끄럽게 하지 말라고 크게 소리를 지르고, 싸움을 말리려고 폭력을 사용하고, 예의 없고 말버릇이 안 좋다고 심하게 꾸짖기도 한다.

버릇없이 구는 아이에게 벌을 주었다고 그 버릇이 없어지는 것은 아니다. 오히려 그

반대이다. 처벌은 버릇없는 행동을 조장한다. 처벌은 비행을 막지 못한다. 처벌을 받을수록, 들키지 않기 위해 또 다른 방법을 개발할 따름이다. 벌을 받고 나면, 아이들은 말을 더 잘 들어야겠다고 생각한다든지 더 책임감 있게 행동하겠다고 다짐하지 않는다. 그보다는 어떻게든 들키지 않도록 더 조심해야겠다고 마음먹는다.

2) 아이의 발달연령을 고려하여 규칙을 정하기

아이가 자신의 나이에서 보일 수 있는 모든 감정이나 행동에 대해 너그러움을 보여 주면 아이들은 자신감을 갖고 감정과 생각을 표현하는 능력을 기르게 될 수 있을 것이다.

너그러움은 아이들이 아이답게 굴 때 이를 받아들이는 태도를 일컫는다. 다시 말하면, 아이들은 아이들이라는 사실, 곧 보통 아이에게 깨끗한 옷을 입혀 놓으면 금방 더럽혀서 집으로 돌아오고, 움직이고 뛰어다니는 것을 좋아하고 가만히 앉아 있는 것을 별로 좋아하지 않는다는 것을 인정한다는 뜻이다.

너그러움의 본질은 아이들이 그 발달에 맞게 갖는 감정이나 욕구를 안전하게 누릴 수 있도록 허용하는 것이다. 아이들이 갖고 있는 상상력, 사고력, 희망, 꿈은 존중받아야 한다. 어린이들이 어떤 느낌을 갖는 것은 누구도 막을 수 없다. 중요한 것은 이런 감정을 표현하는 방법에 대해서는 책임을 져야 한다는 사실이다. 다시 말하면, 어린이들에게는 감정이 아니라 오로지 행동에 대해서만 책임을 물을 수 있다는 것이다. 파괴적인 행동은 용납되지 않는다. 파괴적이고 다른 사람에게 피해를 주는 행동까지 허락하면 아이들은 처음에는 자신의 뜻대로 되니까 좋아하겠지만, 결국 바람직한 못한 행동은 불안감을 가져오고 잘못된 행동도 고치기 어려워진다. 그런 행동이 발생하면, 부모들이 관여하여 그것을 말이나 다른 방식으로 배출될 수 있도록 방향을 잡아 주어야 한다.

3) 감정은 허용하지만 행동은 제한하기

감정은 허용하지만 행동은 제한한다는 원칙은 감정과 행동을 다르게 바라보아야 한다는 것이다. 행동에는 적정한 한계선을 정해야 하지만, 소망이나 감정에는 제한을 두지 말아야 한다.

규칙문제에는 대부분 두 가지 측면이 있다. 화난 감정과 화난 행동이 그것이다. 이

둘은 각각 다르게 다루어야 한다. 감정은 확인해 주고 행동은 한계를 정해 두고 제지해야 한다. 때때로 아이의 감정을 알아 주고 확인해 주기만 해도 충분히 마음을 풀어 줄 수가 있다.

> 엄마: 너, 오늘 화가 잔뜩 난 모양이구나.
>
> 딸: 예.
>
> 엄마: 마음이 불편한 모양이네.
>
> 딸: 예.
>
> 엄마: 누구 때문에 화가 났는데?
>
> 딸: 엄마 때문이에요.
>
> 엄마: 그래? 왜 그런지 말해 보렴.
>
> 딸: 백화점에 언니만 데려가고, 난 안 데리고 갔잖아.
>
> 엄마: 그래서 화가 났구나. 엄마가 너보다 언니에게 더 관심을 갖는다고 생각했나 보구나.
>
> 딸: 예.
>
> 엄마: 가끔 그런 생각이 들 수도 있을 거야. 그럴 때는 엄마에게 와서 말해!

행동에는 명확하게 한계를 두어야 한다.

다섯 살 난 아들이 거실 벽에 잔뜩 낙서하는 것을 본 엄마는 매우 화가 나서 아들을 혼내 주고 싶었다. 그러나 아들이 너무나 겁에 질려 있어서 차마 때리지는 못하고 다음과 같이 말했다.

> "아들, 벽에 낙서를 하면 안 돼. 종이에다 해. 여기 종이가 얼마든지 있잖니?"

4) 도움이 되는 방식으로 규칙에 대해서 말하기

아이에게 도움이 되는 방식으로 나무라는 것과 도움이 되지 않는 방식으로 나무라는 것에는 엄청난 차이가 있다. 아이들을 야단칠 때, 부모들은 정작 자신이 바람직하지 못한 행동을 보인다. 아이에게 대놓고 모욕적인 표현을 하거나 반항할 것이 뻔한 표현을 써서 훈계를 하기도 한다. 잘못한 행동을 말하는 것이 아니라 아이를 나쁜 인간이라고 기분 나쁘게 수없이 표현하고, 앞날에 악담을 퍼붓는 경우도 자주 있다. 또한 아이가 행동에 규제를 받으면 화를 낼 것이라고 예상하고, 아이가 화내는 것을 이해해야 한다. 규제를 받았다고 화를 내는 아이에게 버릇없다고 추가로 벌을 주는 일은 없어야 한다.

아이를 규제할 때 반항을 불러일으키는 방법이 있고, 아이가 듣고 협조하게 하는 방법이 있다. 아이들을 키우다 보면 경험할 수 있는 예들이다.

① 부모는 아이의 욕구를 인정하고, 간단하게 반복해서 말해 준다.

"오늘 밤에 영화 구경 가고 싶어 하는구나."

② 특별한 행동에 대한 한계를 명확하게 표현한다.

"지난번에 주중에는 영화를 보러 갈 수 없다고 규칙을 정했잖니."

③ 부모는 아이의 욕구가 부분적으로라도 성취될 수 있는 방법을 가르쳐 준다.

"조금 참았다가 금요일과 토요일에는 영화 구경을 가도 돼."

④ 제지를 받는 아이는 화를 낼 수 있다. 부모는 그런 분노를 어느 정도 표현하도록 도와주어야 한다. 그런 다음에 공감을 표현해야 한다.

"분명히 그런 규칙이 싫을 거야."
"주중에도 영화를 볼 수 있으면 좋겠지."

하지만 위험하거나 다급한 경우에는 우선 당장 하지 못하게 하는 것이 맞다. 그러고 나서 나중에 아이의 감정을 헤아려 주는 방법도 필요하다. 위험한 상황에서는 다급하기 때문에 먼저 규제가 필요하다.

아이가 막 동생에게 돌을 던지려고 할 때, 어머니는 "동생에게 던지지 말고 다른 곳으로 던져."라고 말하는 것이 좋다. 던져도 다치지 않는 목표물을 알려 주면서 던지라고 하면 더욱 효과적일 수 있을 것이다. 그런 다음에 아이의 감정을 생각해 보고, 그것을 해롭지 않게 표현하는 방법을 몇 가지 알려 줄 수도 있다.

> "동생 때문에 몹시 화가 난 모양이구나."
> "무척 화가 났구나. 마음으로는 동생이 밉더라도 상처를 입히면 안 돼."
> "돌을 던지고 싶거든 다치지 않는 다른 곳으로 던져."
> "동생 때문에 무엇이 화가 났는지 엄마한테 말해 주렴."

이렇게 규제할 때도 되도록 아이의 자존심에 상처를 주지 않는 말로 해야 한다. 간단하고 인격을 존중하는 표현을 써서 규제하면 아이들은 더 잘 받아들인다. 규제할 때 대상의 용도를 설명해 주면 아이들은 이를 좀 더 기꺼이 받아들인다. "의자는 앉으라고 있는 것이지, 그 위에 서라고 있는 물건이 아니야. 넘어져서 다칠 수 있다."라고 말하는 것이 "의자 위로 올라서지 마."라고 말하는 것보다 더 좋다. "블록은 가지고 노는 것이지, 던지는 것이 아니란다."라고 말하는 것이 "블록을 던지지 마."라거나 "블록을 던지지 마라. 너무 위험해."라고 말하는 것보다 더 효과가 있고 현명한 방법이다.

5) 규율을 지키게 하는 데 필요한 세 가지: 격려, 너그러움, 금지

규율을 지키게 하는 데는 격려, 허락, 금지의 세 가지가 필요하다.

첫 번째로, 아이가 받아들일 수 있는 행동들을 할 때는 많은 격려를 해 줄 수 있다. 부모가 허락해 준 행동의 한계를 알면 그 속에서 아이들은 좀 더 안전감을 느낀다.

두 번째, 특별한 상황에서는 너그러움이 필요하다. 뭔가를 배우는 사람에게는 너그러움이 필요하다. 아이가 저지른 실수에 대해서도 아직 어리고 배우는 과정이기 때문에 실수를 통해 앞으로는 더 잘할 것이라고 생각하고 허용해 줄 수도 있다.

특히 힘겨운 상황에 처해 있을 때는 그것을 배려해 주어야 한다. 특별하게 어려움을 겪고 있는 상황, 이를테면 재난을 당했거나, 아프다거나, 이사를 했다거나, 친구와 헤어졌다거나, 가족이 죽었거나, 막 이혼한 사람들에게는 좀 더 너그러움을 베풀어야 한다. 그들을 너그럽게 대하는 까닭은 그들이 어려운 상황에 놓여 있고 새로운 환경에 적응해야 한다는 것을 인정하기 때문이다. 하지만 도가 지나친 행동을 좋아하지 않는다는 점은 분명하게 밝혀 둘 필요가 있다.

세 번째 영역에서는 격려나 너그러움을 베풀 수 없는 행동들, 즉 무조건 단호하게 중단시켜야 하는 행동들이 있다. 가족의 건강과 행복 또는 육체적이고 경제적인 행복을 위태롭게 하는 행동이 여기에 해당된다. 법이나 도덕적인 이유로 금지된 행동이나 사회적으로 용인할 수 없는 금지된 행동들이 여기에 해당된다. 규율을 지키게 하기 위해 격려하고 실수에 대해서 너그럽게 대하는 것도 중요하지만 남에게 피해를 주는 심한 행동들에 대해서 확실히 제지해야 한다.

어떤 아이는 자기 아버지에게는 올바른 기준이 없다고 생각할 수 있다. 자기가 밤늦게 바깥을 쏘다녀도 내버려 두기 때문이다. 부모가 마땅히 규제를 해야 하는 상황에서도 하지 않는 것을 본 아이는 부모를 믿고 의지할 수도 없고 존경하기도 어렵다.

어린아이들은 사회적으로 받아들일 수 없는 충동을 억누르는 데 어려움이 많다. 아이들이 그런 충동들을 억제해야 하는 상황에서는 부모가 옆에서 힘이 되어 주어야 한다. 규제를 하는 것이 바로 아이를 돕는 일이다. 규제는 위험한 행동을 멈추게 하기도 하지만, 아이들에게 다음과 같은 무언의 메시지를 전하기도 한다.

"네가 너무 어긋나지 않도록 내가 지켜봐 줄게. 그래야 네가 잘 성장할 수 있거든."

6) 공감하면서 규제하기

어떤 생각에 동의하지 않지만 그 생각 자체는 이해할 수 있는 것이 교양 있는 지성의 증거이다.

-아리스토텔레스, 『니코마코스 윤리학』(2005)-

공감하면서 반대하는 것이 가능하다.

아이들이 뭔가를 요구할 때 우리 부모는 다 들어줄 수는 없다. 그런데 요구를 거절할 때 공감하는 마음이 필요하다. 공감이 꼭 상대의 말에 동의한다는 의미는 아니다. 친절한 마음을 갖고 지적이고 감정적인 차원에서 아이의 마음을 이해하면서도 품위 있고 친절하게 아이의 요구에 대해 다른 의견을 말하는 것은 충분히 가능하다.

이스라엘의 교육자 하임 G. 기너트는 알래스카의 이누이트족이 사는 마을에 있는 한 초등학교를 방문하여, 하모니카를 불며 아이들과 함께 논 적이 있다고 한다. 그가 아이들의 마음을 다치게 하지 않고 공감하면서 아이들의 요구를 거절하는 방법이 얼마나 멋지고 감동적인 일인지를 느껴 보자.

하임 G. 기너트가 학교에서 아이들과 놀면서 하모니카를 다 불었을 때, 한 아이가 다가오더니 "그 하모니카를 갖고 싶어요."라고 말했다. 그러자 그는 이렇게 말했다고 한다.

"네게 줄 하모니카가 하나 더 있었으면 정말 좋겠구나."

그러자 다른 아이가 와서 똑같은 부탁을 했고 그는 또 "너희에게 줄 하모니카가 두 개 있었으면 좋았을 걸."이라고 말했다.

결국 놀이처럼 스물여섯 명의 아이들이 모두 다가왔고, 그때마다 그는 숫자를 더해 갔다. 마침내 그는 다음과 같이 말을 끝냈다.

> "내게 하모니카가 스물여섯 개가 있어서 너희들 각자에게 하나씩 줄 수 있었으면 정말 좋겠구나."

아마 아이들도 자신들의 요구가 받아들여지지는 않았지만 뭔가 공감을 해 주면서 거절하는 방식이 특별하고 좋다는 느낌을 받았을 것이다. 아이들은 하모니카를 얻지는 못했지만 그가 거절한 방식은 아주 마음에 들어했을 것이다.

이와 같이 아이들의 행동을 제지하고 싶을 때 부모가 공감을 하면서 말을 해 주면 아이들이 규제를 받아들이는 마음가짐이 달라진다.

여섯 살 살 난 아들이 엄마와 함께 백화점에 갔는데 엄마에게 자신이 좋아하는 모자를 사 달라고 조른다.

> "엄마, 이 모자 사 주세요."

이미 엄마는 백화점에서 돈을 너무 많이 써 버린 터라 입에서 이런 말이 튀어나왔다.

> "무슨 모자를 또 사? 너 집에 모자 많잖아. 도대체 어떻게 된 아이가 보는 것마다 모두 사려고 하니? 갖고 싶어도 좀 참아야지."

이처럼 아이가 무슨 부탁을 하는데 거절해야 할 경우가 있다. 그럴 때에도 최소한 그 것을 갖고 싶다는 소망은 공감해 줄 필요가 있다. 현실에서는 만족시켜 줄 수 없어도 상상 속에서는 만족시켜 줄 수 있다. 그래야 "안 돼."라고 하더라도 아이의 마음에 상처 를 적게 주게 된다. 아들의 엄마는 이렇게 말을 했으면 더 좋았을 것이다.

"우리 아들, 그 모자가 멋있어서 사고 싶은가 보구나."
"엄마도 너에게 모자를 사 주고 싶지만 지금은 돈을 다 써서 사 줄 수가 없구나."

딸이 학교에 다니고 싶지 않다고 할 때, 부모는 대개 다음과 같이 말한다.

"학교는 가야 해. 누구나 다 학교에 다녀야 하는 거야. 학교를 안 다니면 어떡하니."

하지만 이보다 좀 더 아이의 마음을 헤아리며 말하는 방법이 있다. 최소한 상상 속에 서라도 그런 마음을 허락해 주는 것이다.

"오늘 학교에 가지 않는다면 얼마나 좋겠니. 친구들과 밖에 나가 놀고 싶을 거야. 잠 도 좀 더 자고 싶을 테고. 나도 알아. 그런데 아침밥은 뭘 먹었으면 좋겠니?" 하면서 마 음을 헤아려 주면 어쩌면 아이는 학교에 갈 가능성이 더 커질 것이다.

물론 이렇게 말한다 하더라도 학교에 가지 않는다고 고집을 부릴 수도 있겠지만, 아 이가 순간적인 기분으로 한 말이라면 현명하게 잘 넘어갈 수 있을 것이다.

비록 상황이 더 안 좋아서 아이가 일시적인 아니라 정말로 학교를 그만두고 싶어 한 다고 하더라도 학교는 반드시 가야 하고 누구나 다녀야 하고 안 다니면 아주 곤란한 일 이 생긴다고 말한다면 어떻게 될까? 그렇다고 아이가 학교에 가고 싶어 하지는 않는다. 결국 이런 상황에서도 아이의 소망이나 욕구를 헤아리면서 대화를 하여 어떤 현명한 해결책을 강구해 보는 것이 훨씬 더 바람직할 것이다.

마음으로라도 아이의 소망이나 욕구를 이해해 주는 것이 무작정 거절하는 것보다 마 음에 상처를 적게 주는 이유는 무엇일까? 부모가 이해하고 배려하는 반응을 보이는 것 을 보고, 아이는 부모가 자기의 기분을 이해해 준다고 생각한다. 자기 마음을 이해해 주면, 우리는 마음이 편해지고 사랑받는다는 느낌을 받는다.

7) 규칙을 쉽게 가르치기 위해 아이들에게 에너지 쏟을 출구를 마련해 주기

어린아이들은 신체적인 움직임이 어른들에 비해 현저하게 많다. 어른과 아이들이 함께 모여 있는 장면을 우연히 보게 되면 어린아이들은 쉬지 않고 움직이는 것을 볼 수 있다. 머리서부터 발끝까지 정말 쉬지 않고 움직임을 알 수 있다. 이렇게 크고 작은 움직임이 많은 아이들에게 움직이지 말라고 하는 것은 쉽지 않다.

"뛰지 마. 다른 아이들처럼 걷지 못하겠니?"
"사방으로 뛰어다니지 좀 마."
"똑바로 앉아 있어."
"정말 어디 한 군데 부러지거나 다쳐야 정신을 차리겠니?"

어린이들이 몸을 움직이는 것을 지나치게 억제해서는 안 된다. 정신적·육체적 건강을 위해서, 어린이들에겐 달리고 뛰는 활동이 필요하다. 아이들의 움직임을 자꾸 규제하면, 마음의 불편감과 긴장을 일으켜서 짜증과 공격성이 증가할 수 있다.

근육 활동을 통해서 에너지를 직접 배출할 수 있도록 적절한 환경을 마련해 주는 것이 아이들에게 적절한 규율을 가르치고 부모의 생활을 더 수월하게 하는 데 가장 중요한 조건이다. 하지만 이 점이 무시되는 경우가 많이 있다. 어린이들에겐 활동적인 놀이가 필요하다. 공놀이, 야구, 축구, 줄넘기, 달리기, 수영, 스케이트 타기, 체조, 롤러블레이드 타기, 자전거 타기 등의 다양한 운동이 필요하다.

8) 확실하게 규칙 시행하기

대부분의 아이는 왜 규칙을 지켜야 하는지 잘 설명해 주고 아이의 마음이 상하지 않는 방식으로 표현하면 그 말을 따른다. 그런데 간혹 아이가 일부러 규칙을 어기려고 하는 경우도 있다. 말로 제지를 했는데도 아이가 그걸 어겼을 때는 어떻게 해야 하는가?

교육적인 면들을 고려하면, 부모는 친절하면서도 뜻이 단호한 어른의 모습을 잃지 말아야 한다. 아이가 말을 듣지 않는다고 일일이 따지고 들거나 말을 많이 해서는 안 된다. 부모의 제지가 공정한지 또는 불공정한지를 놓고 아이들과 토론을 벌일 필요도 없다. 엄마나 아빠가 나서서 장황하게 그것을 설명해서도 안 된다. 사실 이러한 행동을 자제하는 것은 쉽지 않다. 규제를 할 때 보통 부모들은 말을 많이 하고 지나치게 설명하고 장황하게 말하다가 일을 그르치는 경우가 많다. 예를 들어, 동생을 때려서는 안 되는 이유를 아이에게 설명할 필요는 없다. "사람을 때리는 거 아니야."라고 간단하게 말해 주는 것으로 충분하다. 유리창을 깨면 안 되는 이유를 설명할 필요가 없다. "유리 창은 깨라고 있는 것이 아니야."라고 간단히 말해 주면 된다.

부모의 규제를 어기면, 아이들은 대부분 불안해진다. 처벌이나 꾸중을 듣게 될 것이라고 예상하기 때문이다. 이때 부모는 아이의 불안감을 키워 줄 필요가 없다. 강한 의지를 보여 주어야 할 시점에서 부모가 너무 말이 많으면 오히려 나약함과 우유부단함을 보여 주게 된다. 다음은 유익하지 못한 방법으로 규제를 하는 예이다.

어머니: "꼭 큰소리치고 화를 내야 직성이 풀리지. 좋아. (크고 화난 소리로) 그만해. 그렇지 않으면 혼날 줄 알아. 한 번만 더 던져 봐. 정말 가만두지 않을 테니까."

이렇게 위협하고 큰 소리를 지르지 않고도 이 어머니는 자신의 분노를 매우 효과적으로 표현할 수 있었을 것이다.

"그걸 보니 정말 참을 수가 없구나!"
"그것들은 던지라고 있는 물건이 아니야. 공을 던지고 놀면 좋잖아!"

규제를 하면서 그걸 지키라고 요구할 때 부모가 주의를 기울여야 할 일이 있다. 그 일이 누가 더 고집불통인가를 겨루는 싸움이 되어서는 안 된다는 것이다. 다음 예를 보자. 다섯 살 된 딸은 어느 날 오후에 아버지와 함께 공원에서 놀고 있었다.

딸: (어린이 공원에서) 난 여기가 좋아. 지금 집에 가지 않을래. 여기서 더 놀다 갈 거야.
아버지: 넌 그렇게 하고 싶겠지만 아빠는 그럴 수가 없어.

좀 더 바람직한 해결책은 부모의 권위를 인정하지 않으려고 하는 딸의 고집이나 반항보다는 운동장에 더 있고 싶어 하는 딸의 소망에 초점을 맞추는 것이다.

> "네가 여기 더 있고 싶어 한다는 걸 아빠도 알아. 아주 많이 더 놀고 싶을 거야. 하지
> 만 지금은 집에 갈 시간이야."

만일 잠시 후에도 딸이 좀 더 있겠다고 고집을 부리면, 아버지는 아이의 손을 잡거나 안아서 운동장 밖으로 나오면 된다. 어린아이들에게는 때로는 행동이 말보다 더 효과적이다.

9) 때리지 않고 규칙을 지키게 하기

상담을 하다 보면 어떤 부모들은 자신의 부모로부터 단 한 번도 맞지 않고 컸다는 말을 듣기도 한다. 하지만 아이를 키우다 보면 어쩔 수 없이 때리는 일도 생기게 된다. 하지만 고의적으로 때려서는 안 된다. 왜 그래서는 안 되는가? 체벌이 갖고 있는 부작용 때문이다. 맞아 본 아이들은 분노를 바람직하지 못한 방법으로 다스리는 법을 배우게 된다.

> "화가 나거나 불만스러울 때는 해결책을 찾으려고 하지 마. 때려. 부모들도 그렇게
> 하잖아."

거친 감정을 배출할 수 있는 세련된 출구를 찾아내는 사려 깊음과 창의성을 보여 주지는 못할망정 아이들에게 싸움의 방식을 가르치고, 다투고 때려도 된다는 본보기를 보여 주면 안 되겠다.

여덟 살 된 아들이 네 살 된 여동생을 때리는 광경을 아버지가 보게 되었다. 화가 난 아버지는 훈계하면서 아들의 엉덩이를 때리기 시작했다.

> "너보다 작은 사람을 때려서는 안 된다는 것을 가르쳐 주기 위해 때리는 거야."

어느 날 밤에 일곱 살 된 딸은 아버지와 텔레비전을 보고 있었다. 딸이 손가락을 빠는 소리가 아버지의 귀에 거슬렸다. 아버지가 화를 내며 말했다.

"제발 그만해라. 애기도 아니고 그 손가락 빠는 소리 너무 신경 쓰여."

그래도 딸은 계속 손가락을 빨았고, 아버지는 그만하라고 했다. 그래도 딸은 멈추지 않았다. 네 번이나 말을 했는데도 그치지 않자, 아버지는 화를 참지 못하고 딸을 때렸다. 아이는 울음을 터뜨리면서 아버지를 때렸다. 그러자 아버지는 더욱더 화를 냈다.

"감히 아빠를 때리다니! 당장 네 방으로 가."

딸은 큰 남자가 작은 소녀를 때리는 것은 괜찮은데, 왜 자기가 자기보다 더 큰 사람을 때려서는 안 되는지 그 이유를 알 수 없었다. 이 사건은 자기보다 작은 사람이면 때려도 괜찮다는 사실을 딸의 머릿속에 새겨 주었다.

체벌의 가장 나쁜 영향 중 하나는 그것이 아이의 양심의 발달을 방해한다는 것이다. 체벌은 죄책감에서 너무나 쉽게 벗어나게 만든다. 체벌을 받아서 이미 잘못에 대한 대가를 지불했다고 생각하기 때문에, 아이는 그런 행동을 되풀이해도 괜찮다고 느낀다. 그래서 벌을 받겠다고 부모에게 요구하거나 스스로에게 벌을 주는 경우도 간혹 있다.

아이들이 여러 가지 감정을 드러낼 때 부모가 이에 공감하면서 이해해 주면, 아이들은 정서적으로 풍부한 감성을 가지게 될 것이다. 용납할 수 없는 행동을 했을 때 아이를 존중하면서 규제하며 그에 따를 것을 요구하면 사회의 규범을 존중하는 아이로 자랄 것이다.

6. 자율적인 아이로 키우는 방법

사회가 발달하면 할수록 아이들은 할 것이 많아지고 부모들을 어린아이들의 즐거움을 빼앗는 사람들이 되어 버린 것 같다. 아이들이 손가락을 빨거나, 콧구멍을 후비거나, 코딱지를 먹거나, 진흙탕 속에서 놀거나, 큰 소리로 떠들거나, 여기저기 뛰어다니면 부모들은 바로 이런 행동들을 하지 말라고 한다. 발달된 사회일수록 아이들에게 더럽다고, 시끄럽다고, 게으르다고, 그만 놀라고 수도 없이 차갑게 지적하고 매서운 요구를 한다.

이렇게 부모들이 아이들에게 지나칠 정도로 발달된 사회 속에 빨리 제대로 적응하라고 다그치면 아이들은 너무 힘들어하고 때로는 매우 심하게 반발할 것이다.

1) 아이의 하루

(1) 좋은 아침으로 시작하기

부모가 매일 아침 학교에 갈 아이들을 깨우는 사람이 되면 안 된다. 하지만 많은 부모가 아침에 아이들을 깨우고 아이들은 일어나지 않고 한바탕 전쟁을 치른다. 아이들은 단잠을 깨우고 꿈을 방해한 부모들에게 짜증과 화를 낸다. 부모가 방에 들어와 이불을 들추고 기분 좋은 목소리로 "일어나라! 얼른 준비해야지."라고 말하면 아이들은 무척 싫어한다. 매일 아침 엄마나 아빠가 잠을 깨워 주기보다는 자신이 스스로 맞추어 놓은 자명종 소리를 듣고 잠을 깨는 것이 더 좋다.

열 살 난 아들은 아침마다 잠자리에서 일어나려고 하지 않았다. 매일 아침마다 다만 몇 분이라고 더 자려고 실랑이를 벌였다. 어머니는 그런 아들에게 부드럽게 대하기도 하다가, 급기야는 폭발하여 신경질적으로 대하기도 했다. 그래도 아들은 변화하지 않는다. 꾸물거리고 일어나 세상에서 아주 못마땅한 찌푸린 표정으로 아침을 먹고, 학교에는 지각하기 일쑤다. 매일 아침 아이와 신경전을 벌이고 나면 어머니는 피곤하기도 하고, 화가 머리끝까지 치민다.

이런 상황에서 쉽게 일어나지 못한다고 아이를 게으름뱅이라고 놀리는 것은 좋지 않다. 곧장 일어나서 세수하지 않고 꾸물거린다고 잔소리를 하지 않는 것이 좋다. 대부분의 아이는 아침에 잠에서 깨면 몸을 활발하게 움직이는 데 어려움을 겪는다. 아침마다 아이들과 실랑이를 벌이기보다는 차라리 10분 더 잠을 자게 하거나 멍한 상태로 있게 하는 것도 좋은 방법이다. 시계를 조금만 더 일찍 울리게 맞춰 놓는 것도 좋은 해결책이 되기도 한다.

"오늘 아침에는 일어나기가 힘이 드나 보구나."
"10분 후에는 일어나서 준비하자."

이런 말은 차분하고 다정하고 친밀한 분위기를 조성해 준다. 그와 반대로 다음과 같이 화를 내고 비난을 퍼부으면 분위기가 냉랭하고 험악해진다.

"얼른 일어나, 이 게으름뱅이 같으니라고!"
"너 때문에 못 살겠다."
"아침마다 이렇게 일어나질 않고 속을 썩이면 어떻게 사니."

건강을 염려하여 다음과 같이 말하는 부모도 있다.

"아니, 너 아직 누워 있었구나? 병났니? 어디가 아파? 배탈 났니? 머리가 아프니?"

이렇게 말하면, 아이는 다정한 보살핌을 받으려면 병이라도 나야겠다고 꾀를 부릴지도 모른다. 부모가 저렇게 인자하게 이것저것 물어보며 어디 아프냐고 하는데, 차라리 아프다고 하고 일어나지 말아야겠다고 생각할지도 모른다.

(2) 등교 시간

서두르라고 하면, 아이들은 거의 틀림없이 더 꾸물거린다. "빨리 준비해!"라고 독촉하는 어른들에게 반항할 때 아이들이 가장 많이 쓰는 방법이 더 느리게 꾸물대는 것이다. 자신들에게는 의미도 없는 시간의 압박에 저항하는 아이들에게는 느리게 꾸물거리는 행동을 보이는 것이 가장 저항할 수 있는 방법이다.

되도록 아이에게 서두르라는 말을 하지 말아야 한다. 하지만 이런 말을 안 하는 것도 쉽게 되지는 않는다. 정말 자제와 인내, 연습이 필요하다. 가장 좋은 방법은 실제로 시간이 어느 정도 남아 있다고 말해 주는 것이다. 그런 다음 시간에 맞추는 일은 아이에게 맡겨 둔다.

"10분 후면 학교 버스가 올 거야."
"영화는 오후 1시에 시작인데, 지금 벌써 12시 반이네."

이렇게 간단하게 말하는 의도는, 부모는 아이가 시간을 맞출 거라고 기대하고 있으며, 또 그것이 당연하다는 점을 아이에게 전해 주기 위해서이다.

6. 자율적인 아이로 키우는 방법

(3) 아침 식사: 우선 식사하기

아침밥을 먹는 시간은 아이들에게 좋은 철학이나 도덕적 원칙, 예의를 가르치기에 적절한 때가 아니다. 그런데 우리 부모들은 아침밥을 먹는 시간에 이런저런 훈계를 하고 싶어 한다. 그러다가 아침밥을 먹으면서 설교를 듣고 어쩌다가 혼나기도 하면 그날 하루는 아주 기분 나쁘게 시작하게 된다. 오히려 아침 식사 시간은 부모가 아이들이 등교 시간에 맞춰 집을 나서는 것을 도와주면서 맛있는 밥을 차려 주기에 딱 좋은 시간이다.

일반적으로 아침 식사 시간은 하루 가운데 힘든 시간이다. 부모나 아이들이나 졸리고 기분이 언짢을 때가 자주 있다. 말다툼이라도 벌어지면, 말꼬리를 물고 늘어지며 서로를 비난하기가 십상이다.

> 아들: 아침에 뭘 먹어? 우리 집에는 먹을 만한 반찬이 없어. 내가 좋아하는 것은 하나도 없어.
>
> 엄마: 이렇게 아침부터 일어나서 좋은 음식을 마련했는데 입에서 나오는 소리는 그런 소리밖에 없다니. 네가 좋아하는 음식은 몸에 해로운 것들이잖아. 집에서 해 주는 음식을 고맙게 생각하고 먹어야지. 얼른 먹고 가라.

아들의 행동 때문에 어머니는 화가 났다. 엄마가 화를 내자, 아들은 훨씬 더 화가 났다. 두 사람 모두 언짢은 기분으로 직장과 학교로 가게 된다.

아이 때문에 부모의 반응이나 기분이 좌지우지되지 않도록 하는 것이 중요하다. 하지만 아이의 말이나 행동 때문에 기분에 영향을 받지 않기란 훈련하지 않으면 너무나 어려운 일이다. 부모는 화내거나 냉랭한 말로 대꾸하지 말고, 아들의 불평을 들어 주면서 지혜롭게 넘어가며 하루를 시작하는 것이 더 현명할 것이다.

부모교육을 받은 어머니는 다음과 같이 말한다.

> "전에는 아주 소소한 일로 아이들과 말다툼을 해서 저와 아이들이 기분이 많이 상했어요. 처음에는 별일이 아니었는데 말싸움을 계속 하다 보면 사소한 일이 아주 커다란 사건으로 확대돼요. 하지만 이제는 제가 아이들의 행동이나 말에 영향받지 않으려고 하기 때문에 되도록 아이들이 하는 말을 들어 주면서 일이 크게 확대되지 않도록 넘어가려고 해요."

부모들은 끊임없이 아이들의 불평에 시달린다. 그리고 보통은 화를 낸다. 아이의 불평에 대꾸하거나 변명하다 더 화를 내고 급기야는 말싸움으로 번지기까지 한다. 이를 예방하려면 아이의 불평에 대응하는 방법을 알아 둘 필요가 있다. 우선 가장 좋은 방법은 아이의 불평을 받아 주는 것이다.

딸: 엄마는 절대로 나에게 뭘 사 주질 않더라.
엄마: 엄마가 사 주었으면 하는 것이 있구나.

엄마는 다음과 같이 말하지 않았다.

"무슨 소리야. 바로 저번 주에 저렇게 예쁜 옷들을 사 주었는데도 그런 말이 나오니? 뭘 해 줘도 고마워할 줄 모른다니까. 넌 그게 문제야."

딸: 아빠는 날 어디 데리고 간 적이 없어.
아빠: 어디를 가고 싶은데?

아빠는 다음과 같이 말하지 않았다.

"가기만 하면 늘 말썽을 피우는데 어떻게 데리고 다니겠니."

딸: 엄마는 늘 늦더라.
엄마: 엄마를 기다리는 것이 싫구나.

엄마는 다음과 같이 말하지 않았다.

"너는 안 늦니? 내가 널 기다렸던 시간은 생각도 나지 않겠지."

아이들은 말을 할 때 '절대로'나 '늘'이란 말을 자주 즐겨 쓴다. 아이들은 흑백논리적이다. 하지만 경험을 많이 한 부모는 이 세상이 검은색이나 흰색보다는 회색이 더 많다는 것을 알기에 아이들이 그와 같은 표현을 쓰지 않도록 가르칠 수가 있다.

(4) 옷 입기

아침에 신발 끈을 잘 매지 못하는 것이나 말끔하지 못한 옷차림에 대해 잔소리를 할 필요는 없다. 또한 옷차림과 책임감이나 성실함과 같은 특성을 관련시키지 않는 것이 좋다. 그런데 부모들은 옷차림과 책임감, 성실함과 같은 특성을 지나치게 연결시키면서 갈등이나 불화를 크게 만든다.

아이에게 지저분해 보인다거나, 빨래하고 다림질하느라 힘들어 병나게 생겼다고 해봐야 아무런 도움도 되지 않는다. 아이들이 새 옷을 금방 더럽혀 와도 그럴 수 있다고 당연하게 받아들이는 것이 좋다.

> "오늘 하루 신나게 놀았나 보구나. 옷을 갈아입고 싶으면 옷장에 다른 셔츠가 있으니 갈아입어."

(5) 학교 가는 길: 잔소리보다는 도움을

아침에 시간에 쫓기다 보면 아이들은 책이나 안경, 점심 도시락이나 교통비 등을 잊고 챙기지 못할 수 있다. 이럴 때는 건망증이 심하다거나 야무지지 못하다고 야단치지 말고, 아이가 두고 간 물건을 재빨리 건네주는 것이 가장 현명하다.

> "오늘도 뭐 하나 잊어버리지 않으면 심심하지."
> "오늘 무슨 돈으로 밥을 사먹으려고 했니?"

이와 같이 비꼬듯 질문을 던지기보다는 "여기 오늘 용돈이다. 얼른 서둘러서 가라."라고 하면 아이는 더 고맙게 생각한다.

아이가 학교 가기 전에 지겹게 잔소리하며 훈계를 늘어놓지 말아야 한다. "아이들하고 싸우면 안 돼."라는 말보다 "즐겁게 지내."라는 말이 학교 가는 아이에게는 더 듣기가 좋다. "2시에 보자."라고 말하는 것이 "학교 끝나고 길거리에서 돌아다니지 마."라고 말하는 것보다 더 듣기에 좋다. 걱정이나 불안에서 비롯된 부정적인 말보다는 도움이 되고 기분을 좋게 하는 긍정적인 말로 학교에 보내자.

(6) 학교에서 돌아올 때: 따뜻하게 맞아 준다

아이들이 학교에서 돌아오면 부모나 다른 보호자가 집에서 맞아 주는 것이 바람직하다. "오늘 어땠니?"라든지 "좋았어."와 같이 뻔한 대답이 돌아올 질문들은 제발 하지 않는 것이 좋다. 그 대신 아이가 학교에서 겪은 어렵고 힘들었을 일들에 대해 이해하는 마음을 전해 주는 것이 좋다.

> "오늘은 학교에서 힘들었나 보구나."
> "힘들었을 텐데 좀 쉬어라."
> "날씨도 더운데 오느라고 애썼다."
> "어서 와라."

대부분의 경우는 캐묻는 질문을 던지는 것보다는 아이의 마음을 헤아려 주는 표현을 해 주는 것이 바람직하다.

요즈음에는 부모가 둘 다 맞벌이를 하는 집이 많아져서 집에 가도 부모가 없는 아이들이 많다. 이런 경우에 사랑을 담은 편지나 카톡으로 따뜻한 한 줄이라도 보내면 아이는 어느 정도 마음의 위안을 얻을 수 있다. 그런 메시지는 부모와 아이가 의미 있는 의사소통을 할 수 있도록 힘을 준다. 그리고 학교에서 돌아와 텅 빈 집에 들어설 때 아이가 느끼는 외로움을 덜어 준다.

(7) 저녁 식사

식사를 할 때 아이들이 식사하는 태도가 어떤지, 어떤 음식을 먹는지에 대해서는 거의 말을 하지 않는 것이 좋다. 될 수 있으면, 저녁 식사 때에 훈계하지 않는 것이 좋다. 어릴 적 밥 먹는 시간에 부모한테 이런저런 잔소리를 들으면서 밥을 먹었던 기억들은 누구든지 떠올리고 싶지 않은 기억일 것이다.

자녀들이 여러 명 있다면 가끔은 아이들을 한 명씩 데리고 나가 아이가 선택한 음식점에서 가서 1 대 1로 같이 식사를 하면 어떨까? 가서 뭔가 특별한 말을 하지는 않아도 사랑하는 엄마나 아빠의 관심을 한몸에 받으며 자신이 선택한 맛있는 음식을 먹으면서, 아이는 부모와 함께 자기가 하고 싶은 말도 하고 그렇게 부모와 아름답고 소중한 추억을 쌓을 수 있을 것이다. 그리고 어쩌면 먼 훗날 부모를 기억할 때 가장 먼저 떠올리는 행복한 순간이었다고 말하게 될지도 모른다.

유치원에 다니는 아이들에게는 잠이 드는 순간에 엄마나 아빠가 있어야 한다. 잠자리에 드는 시간을 아이와 친밀한 대화를 나누는 기회로 활용할 수 있다. 그러면 아이들은 잠자리에 들 시간을 기다리기 시작한다.

아이들은 아빠나 엄마와 단 둘이 함께 있는 시간을 좋아한다. 부모들이 귀를 기울여 들어 주기만 하면, 아이들은 두려움, 희망, 소원을 말하기 시작한다. 이런 다정한 접촉은 아이들의 불안을 덜어 주고 단잠을 잘 수 있게 해 준다.

그보다 더 나이가 든 아이들도 부모가 잠자리를 봐 주는 것을 은근히 좋아한다. 부모는 그런 욕구를 존중하고 충족시켜 주어야 한다. 부모 눈에는 아이가 '어린아이 같은 행동'을 하는 것으로 보일 수도 있지만 아직 부모의 보살핌을 필요로 한다고 이해하는 것이 좋다. 그리고 나이가 좀 든 아이들에게는 잠자리에 드는 시간을 좀 더 융통성 있게 적용해야 한다.

250

2) 자존심 키워 주기

진정한 자존심은 긍정적이고 건강한 자기와의 대화를 통해 서서히 얻어진다. 내가 나만의 독특한 개성을 지닌 훌륭하고 진실한 사람임을 스스로 인정하며 나를 사랑하고 믿고 받아들이는 것, 그것이 진정한 자존심이다. 나 자신을 꽤 괜찮은 사람으로 스스로 여기는 것이다.

아이의 자존심을 키워 주는 또 다른 방법은 자아존중감을 갖게 만드는 것이다. 자아존중감이란 자기 존재의 중요성과 가치를 믿는 마음을 말한다. 자아존중감이 부족하면 힘든 일을 겪고 나서 원래의 상태로 돌아가는 회복력이 약하며, 문제를 해결하는 능력도 떨어진다.

아이에게 다음 물음에 답해 보게 하라. 자신이 가진 재능과 장점, 가족 내에서 자신이 차지하는 중요성을 인식시킬 수 있다. 이런 질문에 답하거나 이야기하다 보면 기분이 좋아지고 자신감이 생긴다.

내가 제일 잘 하는 것은?

내가 학교에서 제일 잘 하는 과목은?

나의 신체 중 가장 좋은 부분은?

지금까지 내가 해낸 일 들 중에 가장 뿌듯한 것은?

사람들과의 관계에서 내가 제일 잘 하는 것은?

문제를 가장 잘 해결했을 때는?

나는 어떤 옷을 입었을 때 가장 멋진가?

나의 가장 친한 친구는 나의 어떤 점을 좋아하는가?

나의 가장 친한 친구는 나를 어떤 아이라고 생각하는가?

가족들은 내가 어떤 재능을 갖고 있다고 생각하는가?

내가 다른 아이들보다 훨씬 잘 하는 것은?

내가 사람들한테 도움을 줄 수 있을 때는?

내가 가족들에게 준 도움에는 어떤 것이 있는가?

선생님이 내가 괜찮은 아이라는 인상을 받으셨을 때는?

우리 가족 중 나에게 사랑하는 마음을 표현해 준 사람은?

식구들 이외의 주변 사람이 나를 인정해 주는 말을 해 주었을 때는?

내가 사랑받고 존중받을 가치가 있다고 생각하는 이유는?

3) 정신적 · 정서적으로 자신감 있는 아이

정신적 · 정서적으로 안정된 아이는 삶에서 부딪히는 어려움을 극복하는 능력이 뛰어나다. 정서적으로 건강한 아이는 실패나 좌절을 겪어도 원래 자기 자리로 훨씬 빠르게 돌아오며 회복력이 빠르다. 또한 자신의 진정한 자아를 쉽게 잃지 않는다. 부모는 아이가 긍정적인 것이든 부정적인 것이든 자신이 경험하는 모든 감정을 수용할 수 있도록 도와야 하며, 아이의 인생관은 그러한 감정의 경험들이 차곡차곡 쌓이는 속에서 형성된다.

(1) 아이에게 이런저런 감정을 느낄 권리가 충분히 있다

때로 화가 나거나 슬프거나 좌절할 수 있으며 그런 감정을 부모에게 얘기해도 괜찮다고 말하자. 간혹 아이가 부정적인 감정을 말하면 부모는 그런 부정적인 감정을 아예 듣기 싫어하거나 불편해한다. 이런 가정 속에서 자란 아이들은 자신의 부정적 감정을 표현하면 안 된다는 생각을 갖게 되므로 자신의 감정을 솔직하게 말하기가 어렵게 된다. 그러면 자신도 모르게 자신의 감정을 솔직하게 표현할 수 없게 되면서 내적 소외감이 점점 커져 갈 수 있다. 아이가 부정적인 감정을 말하면 꺼리지 말고 자기 감정을 표현할 기회를 아이에게 주라. 이런저런 감정을 적절하게 배출해야 정신적·정서적 안정감이 높아진다. 감정을 표현하는 아이가 건강한 아이이다.

(2) 감정의 주인은 자기 자신이란 점을 말해 주라

자신이 느끼는 슬픔이나 분노는 다른 사람이 만들어 낸 것이 아님을 가르칠 필요가 있다. 엄밀히 말하면 화가 나고 슬픈 것은 자신이 그러한 반응을 선택했기 때문이다. 감정이란 우리 자신의 상황에 대한 해석, 즉 상황에 자신이 부여한 의미 그리고 그 해석에 따른 반응에 의해 촉발되는 것이다. 자신이 사건을 어떻게 해석하느냐에 따라 감정도 달라진다.

다시 말해, 사람의 감정 반응은 주어진 사건이나 상황을 어떻게 바라보느냐에 따라 결정된다. 아이에게 스트레스를 받는 상황이나 문제에 부딪혔을 때 좀 더 지혜롭게 대처할 수 있게 가르쳐 주자. 어떤 상황에 처하든 적절한 반응방식을 선택하는 것은 자기 자신이다.

아이도 때로는 마음 아파하고, 슬퍼하고, 기뻐하고, 방에서 혼자 울고 싶을 때가 있다는 것을 인정해 주자.

(3) 부모는 정신적·정서적 안정감의 모델이 되어야 한다

아이들은 항상 부모를 주시한다. 특히 힘들거나 위기를 겪을 때는 더욱 그러하다. 자녀의 머릿속에 남는 좋은 역할 모델이 되라. 아빠가 얼마나 강인한 분인지, 엄마가 얼마나 감정적 회복이 빠른지, 모든 게 무너진 듯한 좌절을 겪을 때 부모님이 어떻게 상황을 수습하는지 아이들은 다 지켜보고 기억한다.

부모는 또한 자녀에게 그동안 경험했던 여러 감정을 하나하나 말해 보게 하면서 각각의 감정에 대한 대응방법을 가르칠 수 있다. 아이에게 다음과 같은 질문을 해 볼 수 있다.

- 다음 중 최근 6개월간 느꼈던 감정들은?

분노, 행복감, 두려움, 만족감, 즐거움, 공포, 흥분감, 좌절감, 걱정, 당황스러움, 만족감, 기쁨, 짜증, 압박감, 슬픔, 위협감, 우울감, 무서움 등

- 어떤 상황에서 그러한 감정들을 느꼈는가?
- 그러한 감정을 느꼈을 때 어떻게 행동했으며, 그때 자신의 행동방식에 대해 어떻게 생각하고 있는가?

기분 전환을 위한 특별한 계획을 생각했는가?

정신을 다른 곳으로 돌리려고 노력했는가?

책을 읽었는가?

타협을 시도했는가?

유머나 재미있는 이야기를 활용했는가?

휴식을 취했는가?

음악을 듣거나 악기를 연주했는가?

자신의 감정을 누군가에게 털어놓았는가?

이러한 물음들을 사용해서 아이와 대화를 하면 아이는 감정을 자제하고 해소하는 방법에는 여러 가지 건설적인 좋은 방법들이 있음을 알게 될 것이다.

사실 이러한 방법들을 가정에서 세련되고 효율적으로 가르치는 것이 쉽지 않을 수 있다. 하지만 최근 아이가 느끼는 감정이 어떤 것인지 대화하고 그러한 감정을 어떻게 해소하는지에 대해서 이야기하는 것은 매우 중요하다. 부정적이거나 비관적인 감정을 긍정적이고 낙관적인 감정으로 바꾸는 여러 가지 방법들을 알려 주는 것이 매우 도움이 될 것이다. 아이들은 이러한 이야기들을 부모와 얘기하면서 자신의 감정을 좀 더 효과적으로 다루는 방법을 배워 나갈 수 있을 것이다.

4) 적극적으로 아이 키우기

(1) 아이가 집중하여 잘 하는 것을 눈여겨보고 격려해 주자

부모가 자식에게 줄 수 있는 최고의 선물은 아이를 관심 있게 지켜보고 아이들이 평생 몰두할 수 있는 무언가를 찾도록 도와주는 일이다. 그러려면 아이가 집중하고 잘 하는 것이 무엇인지 관심을 둘 필요가 있다.

그 좋은 예로 역사화와 초상화로 유명한 미국의 화가 벤자민 웨스트(Benjamin West, 1738~1820)의 어머니를 들 수 있다. 벤자민 웨스트는 어렸을 때 어느 날 어머니가 외출한 동안 여러 가지 색깔의 물감을 보자 여동생 샐리를 그려 보기로 마음먹었다. 여러 가지 물감들로 인해 부엌을 엉망으로 만들어 놓았는데 어머니가 돌아와 난장판이 된 집을 보고 별로 기분이 좋지 않았을 수도 있었지만 어머니의 눈에 들어온 것은 바로 아들이 그린 아름다운 그림이었다. 어머니는 아들이 그린 초상화를 보고 이렇게 말했다. "어머나 이건 샐리가 아니니? 네 동생을 이렇게 아름답게 그려 내다니!" 그리고 그녀는 아들을 꼭 안아 주었다. 그리고 훗날 벤자민 웨스트는 이날 자신의 어머니의 진심 어린 포옹과 감동으로 자신이 화가가 되었다고 했다.

우리는 정말 중요하고 가치 있는 것에 집중하기보다는 부모 자신의 관점에서 아이들을 평가하고 지적할 때가 있다. 아이를 사랑과 관심으로 지켜보면서 아이가 몰두할 수 있는 것이 무엇인지 눈여겨보길 바란다. 아이가 어떤 과제에 집중하고 몰입할 수 있다면 인생의 어떠한 어려움도 잘 헤쳐 나갈 수 있으며 몰입하는 그 순간순간이 성장의 시간이 될 것이다.

(2) 아이들이 말썽을 부리지 않았으면 하는 잘못된 환상을 버리자

아이를 키우다 보면 이런저런 많은 사건을 겪으면서 그저 큰 문제 없이, 큰 말썽 없이 아이가 지내 주었으면 하는 소심하고 아주 작은 소망을 갖게 된다. 문제만 일으키지 않아도 다행이란 생각을 어느새 하게 된다.

아이를 기르면서 속이 너무 상한 부모들은 이런 말을 한다. "우리 애가 더 이상 문제만 일으키지 않았으면 좋겠어요." 이런 생각은 어쩌면 환상일지도 모른다. 속을 썩이지 않고 어떤 문제도 일으키지 않는 아이들이 있을까? 또 잘 순종하고 규칙을 잘 지키고 어떤 선을 넘어가지 않는 것이 꼭 좋은 일일까? 그러한 마음가짐은 군대 같은 곳에서나 필요할 것이다. 너무나 순종하는 아이는 아마도 스스로 어떤 결정을 내리기 힘들어할 수도 있다. 아니면 어른들이나 잘 보여야 할 사람이 있을 때만 얌전하고 그렇지 않은 상황이 되었을 때는 자신의 본색을 드러낼 수도 있을 것이다.

차라리 부모들은 아이들이 말썽을 부리지 않았으면 하는 환상을 버리고 말썽을 간혹 부리더라도 아이들이 의욕을 가지고 에너지 넘치게 자신만의 개성을 찾아가는 아이가 되길 바라는 것이 나을 것이다.

(3) 적극적 목표를 갖고 아이를 키우자

"우리 아이가 그냥 지금처럼 자라 주었으면 좋겠어요."라고 말하는 부모는 그저 별문제 없이 현상을 유지하는 것으로 만족하는 것이다. 어떤 부정적인 사건이 일어나지 않는 것을 목표로 두는 것은 매우 소극적인 목표이며 크게 도움이 되지는 못한다.

'무언가를 하지 않는 것'이 목표가 될 수는 없다. 아이가 말썽을 부리지 않거나 부모의 말에 거역하지 않은 것이 목표일 수는 없다. 그것은 단지 무엇을 억제하는 것이지 목표가 될 수는 없다. 예를 들어, 우리 어른들도 술을 마시지 않겠다거나 담배를 피우지 않겠다는 식의 다짐은 목표가 아니다. 목표란 보다 긍정적이고 가치 있고 의미 있는 것이어야 한다. 자녀를 위해서도 좀 더 적극적이고 가치 있는 목표를 세우는 것이 필요하다.

자녀들을 위해서 반드시 우선순위에 두어야 할 목표는 사회화와 진정한 자아실현이다.

① 사회화: 다른 사람들과 함께하는 것

사회화는 그저 다른 사람들과 좋은 관계를 형성하는 것만을 의미하지는 않는다. 사회화란 사회에 적응하며 살아가기 위해서 사회 구성원들과의 상호작용을 통해 사회생활에 필요한 가치, 기술, 지식, 규범들을 학습하는 것을 말한다. 또한 사회 속에서 성장하면서 자아정체감을 형성하고 사회의 구성원으로 살아가고자 그 사회의 행동방식과 사고방식을 배워 나가는 과정이라고 볼 수 있다.

◦ 책임감 있는 시민이 되는 법을 배운다.

어렸을 때에는 세상이 자신을 중심으로 돌아간다고 생각한다. 그러나 점차로 그렇지 않다는 사실을 깨달으면서 사회 속에서 자신이 해야 할 일에 대해 책임감을 갖게 된다.

부모는 아이가 살고 있는 사회 속에서 책임을 다하고 더 나아가 좋은 방향으로 사회에 기여할 수 있도록 도와주어야 한다.

• 타인과 협조하면서 일하는 방법을 배운다.

어느 정도 나이가 들면 우리는 모두 다른 사람과 함께 어울리는 방법을 습득해야 한다. 부모도 아이들의 활동에 동참해야 하며, 아이는 자기 나이에 적합한 놀이에 열중할 수 있도록 충분한 자유 시간도 가져야 한다.

• 친근하고 신뢰감 있는 관계를 발전시킨다.

아이들은 어려서부터 가족과 친척들의 관계 속에서 타인을 신뢰하는 법을 배운다. 하지만 친구들, 아는 주변 사람들, 완전히 낯선 사람들을 포함한 보다 넓은 관계망 속에도 또 다른 차원의 친밀함과 신뢰를 가질 수 있음을 인식시키고 타인의 감정도 존중해야 한다는 사실을 가르쳐야 한다.

• 주의 깊게 관찰하고 집중하는 법을 배운다.

아이들은 다른 사람을 관찰하면서 사회화를 배울 수 있다. 부모는 훌륭한 사람의 일생이나 다른 사람이 성공이나 실패에 대해 말해 주면서 아이의 사회화를 도울 수 있다.

② 진정한 자아의 발현

부모가 아이에게 맞는 적성과 능력, 흥미에 맞는 목표를 설정해 주어야 진정한 자아가 발현될 가능성이 높아진다. 자녀의 능력과 적성을 발견하려면 아이들에게 되도록 많은 경험을 할 수 있는 기회를 주어야 한다. 자녀가 스포츠, 음악, 미술, 요리, 과학, 사업, 책, 자동차 등과 같은 다양한 경험을 할 수 있도록 해 주자.

아이들이 살아가면서 만족과 성취감을 느낄 수 있는 길이 얼마든지 있다는 사실을 깨닫게 하는 일은 대단히 중요하다. 자기가 좋아하는 일을 하면서 돈을 벌 수도 있고, 다른 종류의 값진 일들도 얼마든지 존재한다는 것을 알려 줄 수 있다. 있는 그대로의 자기 모습을 받아들이는 자기수용, 자신이 존경하는 사람들로부터 받는 인정, 타인의 삶에 의미 있는 변화를 일으키는 일, 이 모두가 물질적 가치 못지않게 정신적 보상을 가져다주며, 때로는 돈 버는 일보다 더 높은 만족감을 주기도 한다.

7. 비극을 낳는 질투, 어떻게 다룰 것인가?

형제간의 질투는 아주 오래전부터 비극적 역사를 갖고 있다. 구약성서에 적혀 있는 최초의 살인은 바로 형 카인이 동생 아벨을 죽인 사건이다. 형 카인이 동생 아벨을 죽인 이유는 부모가 동생 아벨을 더 편애한 것과 그로 인한 형제간의 경쟁심 때문이었다.

이러한 성경 이야기는 질투가 아주 오랜 옛날부터 부모와 아이들 간에 중요한 문제였음을 보여 준다. 지금도 여전히 수많은 가정 속에서 형제, 자매, 남매 간의 질투는 일어나고 있다. 우리 부모는 아이들이 갖는 질투심에 대해서 나는 그저 공평하게 대했는데 아이들이 주관적으로 자기 스스로 그렇게 생각한다고 말아 버리는 경향이 많다. 하지만 이 장에서는 이 문제를 좀 더 깊이 들여다보고 아이들의 마음속에 들어 있는 질투심을 어떻게 하면 최소화할 수 있는지 생각해 보는 시간을 가져보도록 하겠다.

1) 새로운 아기의 탄생: 질투의 시작

새 아기가 태어나면 첫째 아이는 질투심부터 일고 마음에 상처를 받게 되어 있다. 겉으로는 새 아기의 탄생을 부모와 함께 기다리기도 하고 좋아하는 마음을 표현하기도 하지만 마음속에는 질투, 시기, 경쟁심이 생기기 마련이다. 둘째 아이의 탄생은 첫째 아이에게는 인생의 위기이다. 대개 부모들은 맏이에게 다음과 같이 말한다.

> "엄마 아빠는 널 무척 사랑해. 너처럼 생긴 동생을 낳으면 무척 신기할 거야. 너도
> 새 아기를 사랑하게 될 거야. 늘 함께할 동생이 생겼잖아."

하지만 이런 설명을 들은 첫째 아이는 긍정적으로 동생의 탄생을 생각하는 일면도 있지만 다른 한편으로는 동생에게 사랑을 빼앗길까 하는 두려움도 있을 것이다.

아이는 다음과 같이 생각할 가능성도 있을 것이다.

> "엄마 아빠가 날 정말 사랑한다면 또 아기를 가지려고 하지는 않았을 거야. 나보다
> 동생을 더 예뻐할지도 몰라."

아이는 동생과 부모의 사랑을 나누는 것이 선물이나 먹을 것을 나눌 때처럼 적게 받는 것이라고 생각할 수 있다. 부모를 나누어야 한다고 생각하면 걱정이 될 수밖에 없다. 아이의 입장에서 새 아기가 태어난 것을 기뻐해야 한다고 기대하는 것은 부모의 생각일 뿐이다.

아직 아이가 태어나지도 않았는데, 아기가 이미 부모를 차지했다는 사실을 알아차린다. 엄마에게 다가갈 수 있는 시간이 점점 줄어든다. 엄마는 몸이 불편하거나 힘이 들어 침대에 누워 휴식을 취한다. 아이는 불안을 느끼지만 엄마의 무릎에 앉을 수조차 없다. 아빠는 점점 더 엄마에게 신경을 써야 하기 때문에 아이와 함께 놀거나 다른 일을 할 시간이 없다.

이럴 때는 차분하게 아이에게 새 아기의 탄생을 알리는 것이 현명하다.

"우리 가족에게 새 아기가 생길 거야."

큰아이에게는 새 아기의 탄생이 불편할 수 있다. 이와 같은 긴장이나 부담을 통해서 아이의 성격이 좋아지느냐, 나빠지느냐는 부모의 지혜와 좋은 양육 기술에 달려 있다.

다음은 앞으로 태어날 형제들에 대해 아이에게 현명하게 이야기해 주는 사례이다.

다섯 살 난 여자아이에게 엄마가 다음과 같이 말해 주었다.

"어떨 때는 동생이 있어 재미있기도 하겠지만, 어떨 때는 귀찮기도 할 거야. 때로는 아기가 울면 짜증도 날 거야. 자기 침대에 오줌을 싸고, 기저귀에 똥도 쌀 테고, 엄마는 아기를 씻기고, 젖을 먹이고, 보살펴주게 될 거야. 그럼 넌 혼자 있다는 느낌이 들기도 할 거야. 그리고 엄마가 너를 사랑하지 않는다고 느낄 수 있을 거야. 그런 생각이 들면 꼭 엄마한테 와서 얘기해. 그럼 엄마가 너를 듬뿍 사랑해 줄 거야. 너도 엄마가 무척 사랑한다는 걸 알게 될 거야."

어떤 부모들은 뭐 이렇게까지 말할 필요가 있을까 하는 생각이 들기도 할 것이다. 아이 머릿속이 오히려 복잡해지는 거 아닌가 하는 생각이 들 수도 있다. 하지만 아이는 오히려 안심이 되고 부모가 자기 마음을 이해해 준다고 생각할 것이다. 새 아기가 태어나면 아이는 기쁘기도 하지만 분노와 적대감을 느끼게 되어 있다. 아이가 말없이 시무룩하게 지내는 것보다 걱정거리를 스스럼없이 털어놓게 하는 것이 더 좋은 방법이다.

2) 질투: 말로 표현하게 한다

3세 된 남자아이는 4주 후면 새 아기가 태어난다는 소식에 불편한 마음을 드러냈다. 어느 날 아이는 눈물을 터뜨렸다. 어머니는 아들이 감정을 표현할 수 있도록 도와주었다.

아이: 난 집에 새 아기가 생기는 거 싫어. 엄마와 아빠가 아기하고 놀아 주고, 아기를 예뻐해 주는 것도 싫고.

어머니: 새 아기 때문에 속이 상했구나.

아이: 응, 그냥 엄마 아빠하고 나만 살았으면 좋겠어.

어머니: 새 아기 생각만 해도 화가 나는구나.

아이: 응, 아기가 내 장난감을 전부 빼앗아 갈 거야.

어머니: 걱정도 되고.

아이: 응.

어머니: 엄마 아빠가 널 많이 사랑해 주지도 않고, 많이 놀아 주지도 않을 거라고 생각하는 거지?

아이: 응.

어머니: 동생 때문에 슬픈 마음이 들거나 화가 나면 언제든지 엄마에게 와서 말해. 엄마는 널 특별히 사랑하니까.

질투심을 억누르면 아이들은 신체 증상을 일으키거나 끔찍한 악몽을 꾸기도 한다. 예를 들면 동생을 위험하게 밀치는 꿈을 꿀 수도 있다. 악몽은 아이들이 말로 표현하기 두려운 것을 꿈속에서 이미지로 표출하는 방법이다. 아이들이 끔찍한 꿈보다는 말로 질투와 분노를 표현할 수 있게 하는 것이 더 좋다. 마음속의 질투나 분노를 적절히 표현하지 못하면 천식과 같은 다양한 신체 증상을 일으킬 수도 있다.

어떤 아이들은 질투를 말이 아닌 기침이나 피부에 나는 종기로 표현한다. 또 어떤 아이는 침대에 오줌을 싸는 것으로 질투를 표현하기도 한다. 한 기관으로 표현해야 할 것을 다른 기관으로 대신 표현하는 것이다. 어떤 아이들은 폭력적인 행동을 한다. 적개심을 말로 표현하는 대신에 물건을 깨뜨린다. 또 어떤 아이들은 동생이나 누나가 못 견디게 미울 때는 자기 머리를 쥐어뜯고, 어떤 아이들은 동생을 물어뜯고 때려 주고 싶은 마음을 감추기 위해 자기 손톱을 물어뜯거나 자기 머리카락을 쥐어뜯기도 한다.

이런 아이들에게는 자신의 감정을 중상이 아닌 말로 표현하게 해야 한다. 부모들은 아이들이 감정을 드러내는 것을 도와줄 수 있는 가장 중요한 사람이다.

형제간의 질투는 대부분의 부모가 알고 있는 것보다도 훨씬 더 많이 아이들의 삶에 영향을 끼친다. 그것은 인격에 지울 수 없는 흔적을 남기고, 성격을 왜곡시키기도 한다. 질투는 고통스러운 삶의 주제가 될 수 있다.

부모들이 아이들에게 선물, 칭찬, 노는 시간, 호의, 옷, 음식을 똑같이 공평하게 나누어 주어도 아이가 갖는 시기심을 모두 풀어 주지는 못한다. 질투는 절대로 완벽하게 막을 수가 없다. 이러한 질투를 안정적으로 잠재울 것인지, 질투로 아이의 마음을 상하게 할 것인지는 부모의 태도와 양육 기술에 달려 있다.

3) 시기심 다루기

질투는 가정에 따라 다양하게 나타난다. 대개는 동생이 형이나 언니를 질투하고, 여자아이는 남자아이가 더 대접받고 자유로운 것 같아서 부러워한다. 하지만 각 가정마다 다른 질투들이 일어난다.

부모가 한 아이의 성과 생김새, 지능, 음악적 소질이나 사회적 능력을 지나치게 추켜세울 때에도 질투가 심해진다. 타고난 뛰어난 재능 때문에 어떤 아이는 시기를 받을 수도 있다. 뛰어난 재능을 갖고 있거나 성취 수준이 아주 탁월한 아이는 어느새 집안에서 작은 황제가 되고, 다른 형제나 자매는 알게 모르게 자존감이 낮아지고 가정 안에서 그 늘진 열등감을 갖게 된다. 아이들 사이에 심한 질투감이 나타나고 냉혹한 경쟁이 벌어지는 까닭은 부모가 한 자녀의 소질이나 재능을 지나치게 추켜세우기 때문이다.

아이들을 동등하게 양육한다고 나이에 상관없이 똑같게 기르는 것은 바람직하지 않다. 오히려 나이에 따라 알맞은 특권과 책임을 주어야 한다. 나이가 많은 아이에게는 당연히 더 많은 것을 허락해야 한다. 동생들보다 더 늦게 잠자리에 들어도 되고, 밖에 나가 친구들과 놀 수 있는 자유도 더 많아야 한다. 이런 특권을 공공연하게 너그럽게 허락하면 다른 아이들도 그 나이가 되면 자기도 그런 특권을 누릴 것이라고 기대한다.

동생이 형이 가진 특권을 시기할 수도 있다. 부모는 아이가 이런 감정을 처리하는 데 도움을 줄 수 있다. 사실을 설명하기보다는 아이의 감정을 이해해 주면 된다.

　　"너도 형처럼 나이가 더 많아지면 그렇게 할 수 있어."
　　"너도 몇 년 후에는 그렇게 할 수 있어."

　아주 어린 아이들은 질투심을 노골적으로 표현한다. 부모로서 동생을 괴롭히는 아이를 그냥 내버려 둘 수는 없다. 행동으로든 혹은 말로든 동생들을 마구 못살게 구는 행위는 하지 못하게 해야 한다. 괴롭히는 아이나 희생을 당하는 아이 모두에게 피해가 가기 때문이다. 두 아이 모두 부모의 설득과 보살핌이 필요하다.
　세 살 아이가 갓난아기를 괴롭히는 장면을 발견했을 때는 즉시 말려야 한다. 그리고 아이가 그렇게 행동하게 된 동기를 엄마가 솔직하게 말로 표현해 주어야 한다.

　　"동생이 가끔 좋지 않을 때가 있지."
　　"너 동생에게 화났구나."
　　"얼마나 화가 나는지 엄마에게 말해 줘. 엄마도 알 수 있게."

　부모의 역할은 그저 지켜보면서 말로써 아이의 마음에 공감을 표현해 주면 된다. 아이의 감정이 너무 부정적이고 잔인하다고 해서 충격받을 필요는 없다. 그런 감정은 오히려 솔직한 것이며, 그런 공격은 신체적으로 아무런 해도 입히지 않는다. 아이가 분노를 표출한 것에 대해 간단하게 말하면 된다.

　　"우리 아들이 많이 화가 났구나."
　　"이제부터는 화가 나면 참지 말고 엄마한테 와서 얘기해."

　질투를 누그러뜨리는 데는 이런 방법이 벌을 주거나 창피를 주는 것보다 훨씬 효과적이다. 이와 반대로 다음과 같은 경우는 오히려 아이의 분노가 더 올라간다.

　　"아니, 너 무슨 짓을 하는 거야? 동생을 죽일 작정이니? 동생이 평생 다리를 못 쓰게
　　될 수도 있다는 거 몰라? 동생이 불구가 되길 바라니? 내가 몇 번이나 말했니? 아기를

침대 밖으로 끌어내지 말라고! 아기에게 손대지 마. 제발 절대 손대지 마!

이렇게 극단적으로 대응하면 아이의 적개심만 커진다. 어떻게 했어야 좋았을까? 나이가 조금 더 많은 아이들에게는 질투심과 직접 대면할 기회를 줄 수도 있다.

> "네가 가끔 아기를 좋아하지 않는다는 것을 엄마도 이해해."
> "엄마가 너하고만 있으면 좋겠지?"
> "너무 화가 나서 동생을 때렸겠지만 엄마는 동생을 때리는 것을 봐 줄 수는 없어.
> 하지만 외롭거나 따돌림 받는다는 생각이 들면 엄마한테 와서 말해."
> "네가 외롭다면 엄마가 더 오래 함께 있을게. 그럼 혼자라는 생각은 없어질 거야."

4) 아이 각각을 특별하게 사랑하자

모든 아이에게 사랑을 절대적으로 공평하게 나누어 줄 수는 없다. 오히려 부모들이 아이들에게 공평하게 사랑을 나눠 주려고 하다가 실패하고 결국은 아이들 모두에게 화를 내고 만다.

아이들을 사랑할 때는 공평한 사랑이 아닌 특별한 사랑을 보여 줄 필요가 있다. 공평하게 사랑하는 것이 중요한 것이 아니라 각각의 아이들이 각자 정말로 사랑받고 있다고 느낄 만한 특별한 사랑이 필요하다.

아이들은 부모님이 언니보다 자신을 덜 사랑한다고 생각하거나 자신을 집안에서 제일 하찮게 여긴다는 등 끊임없이 불평하고 주장한다. 이러한 아이들의 주장에 휘말려서는 안 된다. 부모가 공평하게 했느니 안 했느니 하는 밑도 끝도 없는 말싸움에 끌려 들어 가지 말아야 한다.

각 아이에게 똑같은 사랑을 주려고 하지 말고 아이마다 각자 부모의 관계가 특별하다는 점을 느끼도록 해 주어야 한다. 어느 한 아이와 몇 분이나 몇 시간을 함께 지낼 때는 온통 그 아이에게만 몰두해야 한다. 그 시간 동안에 아들은 자기가 부모의 특별하고 유일한 자식이고 딸은 자기가 특별한 단 하나의 소중한 자식이라는 기분을 느낄 수 있도록 해 주어야 한다. 어느 한 아이를 데리고 외출할 때는 그 순간 다른 아이에게 신경을 쓰지 말아야 한다. 다른 아이들에 대해서 이야기도 하지 말고 선물도 사지 않는 것이 좋다. 그 순간만큼은 아이에게 기억이 남을 수 있도록 부모가 모든 관심을 쏟아 주어야 한다.

사랑을 독차지하고 싶다는 욕구를 부모가 인정해 주면, 아이는 안심하게 된다. 그런 욕구를 부모가 이해하고 채워 주면, 아이는 위안을 얻는다. 각각의 아이가 지닌 특별함을 인정해 주면, 아이들은 사랑을 받는다는 느낌을 갖는다. 서로 시기할 필요가 없게 된다.

가족 내에서 시기와 질투심으로 절망하고 외로워하고 소외감을 느끼면 그 감정은 아주 오래갈 수 있다. 부모의 특별한 사랑을 받지 못한 자녀는 햇볕이 없는 어두운 그늘 속에서 자라는 것과 같다. 살면서 어쩌다 밝은 햇볕을 쬐어도 밝아지기보다는 또다시 어릴 적 어두운 그늘을 기억하면서 슬퍼하고 움츠러든다. 부모들이 자녀들을 각각 특별히 사랑하면 자녀들은 부모의 그 특별하고도 따뜻한 사랑을 기억하면서 힘과 용기를 얻을 수 있을 것이다.

8. 아이의 불안한 마음 진정시키기

부모들은 아이들이 저마다 두려움과 불안감을 가지고 있다는 것을 안다. 그런데 우리는 아이들의 불안의 원인은 잘 알지 못한다.

"우리 아이는 왜 이렇게 두려워하고 불안해할까?"

심지어는 어떤 부모는 불안해하는 아이에게 다음과 같이 말하기도 한다.

"그런 쓸데없는 생각은 하지 마. 네가 걱정할 게 뭐가 있니?"

1) 버림받음에 대한 불안: 준비를 통해 안심시키자

아이들이 가장 두려워하는 것은 부모에게 사랑을 받지 못하고 버림받는 것이다.

사랑을 받지 못할 때 아이는 가장 커다란 두려움에 빠진다. 버림받은 아이는 분노한다. 분노를 느끼면 앙갚음으로 부모 말을 더 거역하고 심지어는 아주 공격적이고 반항적이게 되거나 반사회적 행동을 하기도 한다. 그러고 나서 아이가 느끼는 것은 죄책감이다.

아이에게 농담으로라도 버리겠다는 위협을 하면 절대 안 된다. 또 화가 나더라도 아이에게 버리겠다고 윽박지르는 일이 있어서는 안 된다. 거리나 슈퍼마켓에서 여기저기를 돌아다니는 아이에게 부모가 울화통이 터져서 다음과 같이 소리치는 소리를 가끔 들을 수 있다.

"너 당장 오지 않으면 여기 버려 두고 갈 거야."

이런 말을 들으며 아이의 머릿속에는 부모에게 버림받을지도 모른다는 두려움이 늘 떠나지 않는다. 세상에 홀로 버려졌다는 상상이 들기도 한다. 더 이상 가만두어서는 안 될 정도로 아이가 마구 돌아다니거든, 버리겠다고 위협하지 말고 손을 잡고 끌고 가는 것이 더 좋은 방법이다.

학교에서 돌아왔는데 집에 부모나 보호자가 없을 때, 어떤 아이들은 두려움을 느낀다. 부모에게 버림받았다고 잠재되어 있던 걱정이 순간적으로 되살아나기 때문이다. 이런 경우에는 게시판, 전자메일, 쪽지를 이용하여 부모가 어디에서 무엇을 하고 있는지의 행방을 남겨 두면 도움이 된다. 배우자와의 관계에서도 마찬가지이다. 가족이므로 각자의 행방을 간단히 남겨 두거나 알려 주는 것은 서로의 마음을 편안하게 해 준다. 부모의 차분한 목소리와 다정한 말은 아이들이 어머니와 잠시 떨어져 있는 시간을 크게 불안에 떨지 않고 견딜 수 있게 해 준다.

살다 보면 어쩔 수 없이 어린아이들과 떨어져야 할 때가 있는데, 이런 때는 미리 준비를 해야 한다. 어떤 부모들은 수술이나 휴가 또는 직장 때문에 헤어져야 한다는 사실을 아이들에게 알려 주는 것을 어려워한다. 아이들이 차라리 모르는 것이 낫다고 생각하여 밤에 잠들었을 때나 학교에 가 있는 동안에 친척이나 아이를 돌봐 주는 사람에게 설명을 부탁하고 몰래 떠나기도 한다.

만일 어머니가 몇 주 동안 집에 있지 못하는 사정이 생겼을 때 아이들에게 말하지 않고 살짝 가면 어떤 일들이 일어날까?

아이들은 아침에 일어났는데 엄마가 없고 며칠 동안 기다려도 엄마가 오지 않는다면 매우 불안해하고 긴장할 것이다.

아이들은 틀림없이 그동안 풀이 죽어 있을 것이다. 아버지가 아무리 설명을 해도 아이들에게 위안이 되지 못한다. 매일 밤 어떤 아이들은 울다가 잠이 들거나 낮에는 많은 시간을 초조하게 어머니를 기다리면서 보낼 것이다. 대부분의 아이는 그렇게 불안해하면서 어머니를 기다릴 것이다.

하지만 사전에 이별의 경험을 준비해 둔 아이들은 그러한 불안감이나 중압감을 쉽게 이겨 낼 수 있다. 실제로 도움이 될 수 있을 정도로 준비를 하려면, 보통 말로 설명하는 것보다 훨씬 더 많은 준비가 필요하다. 아이들이 어릴 때는 아이만의 언어, 곧 아이의 마음에 호소하는 언어인 장난감과 놀이를 통해서 이야기를 나누는 것이 좋다.

병원에 입원해서 수술을 해야 하는 엄마는 아이들을 위해 정성껏 인형놀이를 하면서 아이들의 불안을 줄이기 위해 노력할 수 있다. 엄마는 병원에 입원하기 2주 전에 '엄마 병원 가는 놀이'를 하자고 하면서 인형들로 연기를 할 수 있다.

> "엄마는 건강을 회복하러 병원에 가야 해. 그래서 집을 비울 거야. 우리 유진이는 궁금할 거야. 엄마 어디 있어? 엄마 어디 있어? 하지만 엄마는 집에 없어. 부엌에도 침실에도 거실에도 없을 거야. 엄마는 병원에 있으니까 의사 선생님을 만나 병을 고치려고. 유진이가 우네. '엄마가 보고 싶어, 엄마가 보고 싶어.' 하지만 엄마는 병원에 있어. 병을 고쳐야 하니까. 엄마는 유진이를 사랑해. 엄마도 무척 유진이를 보고 싶어 해. 매일 유진이가 보고 싶어. 엄마는 유진이를 생각하면서 마음속으로 사랑해. 유진이는 엄마를 보고 싶어 해. 그런 다음 엄마가 집에 와. 유진이는 너무나 좋아서 엄마를 꼭 껴안아."

엄마와 딸은 이처럼 헤어지고 만나는 장면을 연극으로 꾸며서 여러 번 되풀이하며 논다. 처음에는 어머니가 대사를 거의 맡아서 하지만, 반복되면 아이가 대사를 암기해서 자신도 모르게 놀이처럼 말하게 된다. 이렇게 되풀이한 후에는 아이가 말한다.

> "엄마, 걱정하지 마. 엄마가 돌아올 때까지 여기 있을게."

2) 죄책감에서 오는 불안감: 너무 비난하지 않도록 하자

고의든 아니든 부모들은 아이들에게 죄책감을 불러일으킨다. 죄책감은 마치 소금과 같아서 우리가 올바른 생활을 할 수 있도록 해 주는 없어서는 안 될 유익한 요소이기도 하다. 그러나 죄책감이 너무 심해서 그것이 생활을 지배해서는 안 된다. 아이가 사회적이고 도덕적인 행동의 규칙을 어겼다면 비난을 받고 죄책감을 느끼는 것이 당연하다. 하지만 아이에게 지나치게 불필요한 수준의 죄책감을 갖게 할 필요는 없다.

아이들이 불필요한 죄책감을 갖지 않게 하려면 어떻게 하는 것이 좋은가?

잘못을 저지른 아이들을 대할 때, 부모는 능숙한 자동차 정비공이 고장 난 자동차를 다루듯이 해야 한다. 노련한 정비공은 자동차 주인을 나무라지 않는다. 어디를 어떻게 수리해야 하는지만 말한다. 그는 소음이 들리고 덜컹덜컹거리고 삐걱거리는 소리가 난다고 해서 자동차를 탓하지 않는다. 오히려 그런 소리를 이용하여 자동차의 상태를 파악한다. 즉, 자동차의 고장 원인이 무엇인지 따져 본다.

하고 싶은 대로 마음껏 생각을 드러내고 나서도 부모의 사랑과 인정을 잃을 위험이 없다는 것을 알고 있는 아이들은 안정감과 신뢰를 느낀다. 생각이 서로 다르고 의견이 일치하지 않을 때는 다음과 같이 말하는 것이 좋다.

> "얘야, 너의 입장에서는 너의 생각이 옳은 것 같지만, 내 의견은 조금 달라. 너의 의견을 존중하지만, 나는 의견이 조금 다르단다."

고의는 아니겠지만 부모들은 장황한 소리를 늘어놓고 불필요한 설명을 하여 아이들에게 필요 이상으로 죄책감을 일으키는 경향이 있다.

3) 부모의 자녀에 대한 믿음의 부족에서 오는 불안감: 아이에게 필요한 여유를 갖자

아이들이 책임지고 어떤 행동을 준비하고 있는데 못하게 하면 마음속에서 반항심과 분노가 생긴다. 어린아이들은 어떤 일을 능숙하게 하기 위해서 시간이 필요하다. 옷의 단추를 채우고, 운동화 끈을 매고, 머리를 감을 수 있으려면 시간이 걸린다. 그때 아이들을 도와주는 가장 좋은 방법은 너그럽게 기다리면서 아이가 잘 해내지 못할 때는 그런 일이 쉽지 않다고 가볍게 한 마디 해 주는 것이다.

> "단추 채우는 것이 쉬운 일이 아니야."
> "운동화 끈 매기가 쉽지 않아."

아이가 이런 일들을 잘하든 못하든 이런 말은 아이에게 도움이 된다. 아이가 잘 해내면 스스로 어려운 일을 잘 해냈다는 만족감을 갖는다. 혹시 잘 하지 못하더라도 그 일이 어렵다는 것을 부모도 알고 있다는 것만으로도 마음이 편안해진다. 어느 경우든 부모가 공감해 주고 이해해 준다는 것을 느끼는 아이는 부모에게 더욱더 친밀감을 느끼게 된다. 그 일을 해내지 못했다고 해서 아이는 자기가 무능하다는 생각을 하지는 않는다.

중요한 것은 아이가 일상생활에서 하는 일들을 어른의 관점에서 어른들에게 필요한 효율을 기준으로 판단해서는 안 된다는 것이다. 효율은 어린아이들에게는 성장을 방해한다. 아이들에게 빨리 잘 하라는 효율을 강조하면 너무나 큰 대가를 치르게 된다. 효율은 아이의 자질을 고갈시키고, 성장을 방해하며, 호기심을 없애고, 결과적으로 아이의 마음을 상하게 할 수 있다. 아이들은 마음껏 체험하고, 도전하고, 노력하고, 배울 수 있는 기회가 있어야 한다. 그런 아이들에게 빨리하라고 재촉하거나 그렇게 하지 못했을 때 지적하거나 야단치지 말아야 한다.

4) 가정불화에서 오는 불안감

특히 부모가 싸우면 아이들은 불안과 죄책감을 느낀다. 가정에 위험이 닥치기 때문에 불안하고, 실제이든 상상이든 부모의 불화가 자기 때문이라고 생각해서 죄책감을 느낀다. 아이들은 자기들이 가정불화의 원인이라고 생각한다.

아이들은 부모가 벌이는 싸움에서 중립을 지킬 수 없다. 아버지 아니면 어머니 편을 들게 마련이다. 이러한 편들기는 아이들의 인성발달을 저해한다. 부모끼리 싸우다 보면 아이들의 애정도 차지하려고 경쟁하고, 은근히 환심을 사고, 아첨하고, 또 거짓말까지 할 때도 많기 때문이다. 아이들은 한쪽으로 치우친 불균형된 애정을 가지고, 또 사랑과 미움을 함께 갖고 있는 양가적 감정을 가슴에 안고 성장한다. 이러한 감정은 거의 평생 가고 늘 마음이 불편하고 안정될 리 없다.

어머니와 아버지는 서로의 차이를 차분하게 이야기하여 처리할 수도 있고 또 그것을 해결할 시간을 따로 마련할 수도 있다. 하지만 부모가 서로를 매번 공격하는 것을 아이가 목격하는 것은 도움이 되지 못한다. 빈번한 부부간의 갈등이나 싸움은 우리가 생각하는 것 이상으로 아이의 생각이나 미래에 부정적인 영향을 미칠 수 있다.

가정의 환경이 적대적이고 불안정하면 아이들은 자존감이나 신뢰감을 발달시키는 데 상당한 위협을 받는다. 어린아이들은 무력하기 때문에 자신의 욕구를 채우기 위해 부모나 자신을 돌보는 사람들에게 의존할 수밖에 없다. 그러나 어떤 부모는 아이의 욕구를 만족시키지 못하기도 한다.

카렌 호나이(Karen Horney, 1885~1952)는 아이의 불안전을 야기할 수 있는 환경 내의 모든 부정적 요인을 '기본적 악(basic evil)'이라고 불렀다. 그녀는 가정 내에 지배, 고립, 적의, 무관심, 일관되지 않는 행동, 무시, 부모불화, 돌봄과 지도의 결여, 격려와 애정의 결여를 '기본적 악'이라고 보았다.

더 나아가 인간의 가장 본질적인 도전은 타인과 효과적으로 관계하는 것이라고 했다. 우리 아이들이 가정 내에서 기본적 악에 시달리고 가족 구성원들 간의 인간관계에서 자주 갈등을 느낀다면 호나이가 말하는 기본적 불안을 느끼기 쉽고 이러한 불안은 신경증의 토대가 될 수 있다. 호나이는 이러한 기본적 불안을 '적대적 세계에서 자신도 모르게 증가하는 모든 측면에 파고드는 고독과 무력감'이라고 정의했다.

또한 그녀는 이러한 기본적 악이 가정에 존재할 때 아이는 자신의 환경을 부당하고 위협적인 것으로 지각하기 때문에 불안을 느낀다고 보았다. 아동기에 아이는 이러한 불안을 보호하기 위해 네 가지 방식, 즉 애정과 사랑을 얻으려고 하거나, 복종하거나, 힘을 획득하거나, 철회하는 방식으로 자신을 보호한다고 설명하였다.

호나이는 이렇게 불안을 보호하기 위해 앞의 네 가지 방식을 너무 강렬하게, 너무 비현실적으로, 너무 무분별하게 얻으려고 하면 신경증에 질린다고 보았다. 그녀는 열 가지 신경증 욕구를 가정하였으며 이러한 욕구가 문제를 해결하는 데 비합리적으로 작용하기 때문에 신경증 욕구라고 불렀다.

호나이가 제안하는 열 가지 신경증 욕구를 살펴보면서 부모인 나 자신과 아이들의 욕구에 대해 생각해 보는 시간을 가져 보자.

애정과 인정 욕구

일반적으로 사람들은 자신이 좋아하는 사람들로부터 인정을 받고 싶어 하지만, 신경증을 가진 사람은 상대에 대한 고려 없이 애정과 인정을 위한 무분별한 강한 욕구를 보인다. 이런 사람은 타인의 비판이나 관심에 매우 민감하기 때문에 건전한 관계를 형성하기가 어렵다. 예를 들면 누군가가 사소한 문제에 대해 동의하지 않으면 사랑받고 인정받지 못한다고 극단적으로 생각해서 관계를 끊어 버릴 수 있다.

지배적 파트너 욕구

신경증을 가진 사람들은 타인에게 매우 의존적이다. 지배적 파트너를 찾는 사람은 파트너의 사랑이나 우정, 따뜻함이 없으면 고독과 부적절한 감정을 느낀다. 진실하고 성숙된 관계가 배려, 공유, 사랑을 수반하는 반면에, 지배적 파트너를 추구하는 신경증 욕구를 가진 사람은 타인에게 너무 의존적이기 때문에 상대의 사랑이나 자비를 심하게 요구한다.

힘 욕구

신경증적 힘 욕구를 추구하는 사람은 자신의 불안, 약함, 열등감을 보호하기 위해 힘을 추구한다. 즉, 신경증적으로 힘 욕구를 추구함으로써 자신의 기본적 불안의 핵심요소인 무력감을 보호하려고 시도한다.

착취 욕구

착취적인 신경증 환자들은 자신들의 안전함을 위하여 다른 사람을 착취하고 적대적이며 의심이 많은 사람들이다. 이들은 다른 사람의 아이디어나 직업 혹은 파트너까지 빼앗으면서 불안전감으로부터 벗어나려고 한다. 타인들이 자신들을 속이거나 착취할 것이라는 두려움을 많이 느낀다.

특권에 대한 욕구

건강한 사람은 자신이 이룩한 성취로 인해 인정받고 유명해지는 것에 자부심을 느낀다. 하지만 모든 에너지를 인정과 특권을 얻기 위해 쏟아붓지는 않는다. 건강하지 못한 사람은 타인에 의해 존경받고 인정받고자 하는 욕구에 과다하게 집중한다. 이들에게는 친구가 유명인사인가, 특권층에 속해 있는가, 최신 유행을 따라가고 있는가, 특권을 강화시켜 줄 수 있는 배우자가 있는가 등이 매우 중요하고 절실한 문제이다. 이들의 주된 두려움은 지위의 상실이다.

존경에 대한 욕구

신경증이 있는 사람들은 자신들이 착함과 똑똑함의 전형인 것처럼 행동하며 항상 관대하고 사랑스럽고 똑똑하지만은 않다는 사실을 받아들이지 못한다.

성취 혹은 야망 욕구

정상적인 사람은 자신이 선택한 직업에서 최선을 다하지만, 신경증 환자는 너무나 많은 분야에서 최고가 되고자 한다. 예를 들어, 훌륭한 화가, 의사, 음악가가 되기를 바란다. 기대치가 너무나 크기 때문에 그에 따라 에너지가 분산되며, 이는 결과적으로 실패와 실망으로 이어진다. 어떤 경우에는 성공하는 것보다 너무나 경쟁적이어서 다른 사람에게 실패를 맛보게 하는 것이 더 중요한 것처럼 보이기도 한다.

자아충족 욕구

때때로 우리는 혼자 있고 싶거나 고독을 만끽하고 싶을 때가 있다. 대인관계에서 심한 스트레스를 받다 보면 휴가를 내거나, 자기 방에서 혼자 조용히 있거나, 다른 건설적인 방법들, 이를테면 운동을 하거나 독서를 하면서 스트레스를 해소하기도 한다. 다시 원기를 회복하면 일상의 생활과 사람들 속으로 다시 돌아가게 된다. 하지만 신경증 환자는 지속적으로 다른 사람들로부터 자기 자신을 고립시키려 한다. 이렇게 자신을 고립시키면서 정서적인 거리를 두면 타인과의 경쟁이나 비교로부터 자신을 보호할 수 있고 그렇게 고립시키면서 자신이 갖고 있는 환상을 유지할 수 있다.

완전 욕구

완전 욕구를 추구하는 신경증 환자의 부모는 독선적이며 권위적이다. 이러한 부모는 과도한 기준을 설정하여 요구하며, 비현실적인 기준을 자녀가 충족하지 못할 때는 비난한다. 자녀는 부모의 이러한 가치를 받아들이게 되고 비난과 비판을 허용하지 않도록 노력하는 데 일생을 보낸다. 이들은 자신들이 공정하고, 올바르며, 책임감 있다고 믿기 때문에 자신들에게 흠이 있다거나 단점이 있다는 기미만 보여도 매우 민감해진다.

생의 편협한 제한 욕구

신경증 환자는 대체로 모험을 즐기지 않는다. 이들은 다른 사람이 인정해 주지 않고 비웃을까 봐 자신들의 소망을 표현하기를 꺼린다. 이들은 실패할까 봐 혹은 공공연한 창피를 당할까 봐 두려워서 도전하지 않으며, 그 결과로 단조롭고 정돈된 삶 속에 안주하려고 한다.

우리는 누구나 호나이가 말하는 열 가지 욕구에서 자유로울 수는 없다. 문제는 어떤 욕구에 지나치게 극단적으로 비현실적으로 매달릴 때 정신건강에 위협을 받을 수 있다는 것이다. 그리고 가정환경이나 부모의 양육 태도로 인하여 가정 내에 기본적 불안이 많아지면 아이들이 건강하게 성장할 수가 없고 자신의 불안을 방어하기에 급급해져 신경증적 욕구들을 발달시킨다고 본 그녀의 설명을 눈여겨볼 필요가 있다.

9. 낙관적인 성향의 아이로 기르려면?

> 낙관주의자는 낙관주의자로 태어나지 않는다. 학교에서, 직장에서, 자신의 기회를 테스트하고 자신만의 성공을 추구하는 과정을 통해 그들은 만들어진다.
>
> —미리엄 메텔, 『지적인 낭만주의자』(2018)—

1) 낙관적 성향의 중요성

낙관적 성향은 미래에 좋은 일이 일어날 것이라고 믿는 일반적인 기대를 말한다 (Isaacowitz & Seligman, 2003). 낙관적 성향의 사람들은 역경 속에서도 삶을 긍정적으로 생각하고 상황이 가장 좋게 나아질 것이라는 믿음을 갖는다. 즉, 좋은 것이 나쁜 것을 극복할 것이라고 믿는다(Carver & Scheier, 2001).

우리 부모들은 아이들이 성장하면서 역경을 겪게 될 때 좌절하거나 슬퍼하지 않고 당차게 극복하길 바란다. 어쩌면 우리 아이들뿐만 아니라 부모 자신도 그렇게 되길 원할 것이다.

이런 의미에서 마틴 셀리그먼(Martin Seligman)이 말한 심리적 면역성이라는 개념은 주목할 만하다. 이는 우리가 감기에 걸리지 않도록 미리 예방주사를 맞는 것처럼 마음도 면역성을 가질 수 있다는 것이다. 심리적 면역성은 주사를 맞아서 얻을 수 있는 것이 아니라 시련이나 어려움을 견딜 수 있는 면역성을 가질 수 있도록 마음을 훈련해서 얻을 수 있다는 것이다. 이러한 심리적 면역성을 기르면 스트레스뿐만 아니라 질병까지도 잘 이겨 낼 수 있다. 이 개념이 아주 새로운 개념인 것 같아 보이지만 사실 마음이 건강하고 낙관적인 성향의 사람들은 이미 삶에서 체험하고 연습해서 알고 있는 것이다.

사실 아무리 힘들고 복잡한 일이라도 우리 자신이 그것을 극복할 수 있고 현재의 고난으로 인해 우리가 더 나아질 수 있다는 신념을 가진다면 삶은 훨씬 나아질 것이다. 사람들이 하는 기대는 그 사람의 행동과 경험에 영향을 준다. 미래에 대한 부정적 기대는 무력감, 우울증, 스트레스, 느린 회복력, 사회적 고립감, 짧은 수명을 이끄는 경향이 있다. 반면에, 미래에 대한 긍정적 기대는 꾸준함, 긍정적인 의욕, 활기참, 적극적인 문제 해결, 문제 중심 대처, 긴 수명, 사회적 지지, 건강함으로 이끈다.

낙관주의는 비현실주의적이고 헛된 꿈이나 근거 없는 자만심과는 상당히 다르다 (Scheier & Carver, 1992). 낙관적 성향은 셀리그먼과 동료들이 말하는 융통성 있는 낙관주의(flexible optimism)와 유사하다.

누구나 낙관주의는 배울 수 있다. 낙관주의는 각 개인의 설명양식과 관련이 있다. 설명양식은 각 개인이 인과관계에 대해 나름대로 생각하는 방식을 의미한다. 한 사람의 설명양식은 어릴 때부터 발달되며 잘 변경되지 않는다.

낙관주의를 아이들에게 배우게 하기 위해서는 우선 부모인 나 자신이 얼마나 낙관적인지 알아볼 필요가 있다.

부모의 낙관주의 검사

당신은 낙관적인 사람입니까, 비관적인 사람입니까?
'그렇다'에 해당되면 체크해 보세요.

☐ 어떤 일이 현실화되기 전부터 좋은 쪽으로 생각하고 그 상황을 즐긴다.
☐ 성공을 간절히 바라고 있다.

☐ 패배를 겸허하게 받아들인다.

☐ '그 일, 우리가 해 보자.'라는 말을 자주 한다.

☐ 내가 어떤 일에 긍정적인 영향을 미칠 수 있다고 믿는다.

☐ 어떤 일을 시작하기 전까지는 신중하게 저울질하지만, 결정한 다음에는 꼭 성공할 것이라고 확
　신하며 일을 추진한다.

☐ 나에게는 직감적으로 위협적인 불운을 알아차리는 섬세한 능력이 있다.

☐ 나의 미래는 지금보다 더 좋아질 것이다.

☐ 새로운 발상을 받아들이지 못하는 사람, 매사에 불평하는 사람은 멀리하는 편이 낫다.

☐ 되도록 자주 설레는 기분을 느끼고 싶다.

☐ 크고 작은 위기에 잘 대응하는 편이다.

☐ 현재 가진 것을 파악하면서 안정감을 느낀다.

☐ 나에게 일어난 부정적인 일은 모두 일시적이고 결코 오래가지 않을 것이다.

☐ 나에게 일어난 긍정적인 현상에는 영구적인 원인이 있고 반드시 반복될 것이다.

☐ 때에 따라 작은 세부사항에 집중하기 위해 큰 그림은 무시할 수 있다.

☐ 가끔 위안을 얻기 위해 현실을 긍정적인 쪽으로 바라본다.

☐ 막다른 골목에 부딪혔다면 빠져나갈 길을 찾기 위해 적극적으로 나서는 편이다.

☐ 나의 직업적 전망은 밝다.

☐ 나는 평균 이상으로 건강하다.

☐ 나에게 이혼, 암 발병, 실업 등의 불운이 닥칠 가능성은 거의 없다.

☐ 그래도 이 세상은 조금씩 나아지고 있는 것 같다고 자주 생각한다.

☐ 직장에서 좋은 경력을 유지하는 일은 타이밍을 잘 맞춰야 하는 마라톤과 비슷하다.

☐ 현실적으로 생각해도 나는 계속 발전할 것이다.

☐ 모든 상황이 앞으로 더 나아질 거라고 믿는다.

☐ 더 나은 미래를 위해 실제로 무엇인가를 하고 있다.

☐ 만약 직장에 새로운 직무를 맡게 되어도 나는 그 일을 어떻게 처리해야 할지를 정확하게 알고
　있을 것이다.

☐ 다른 사람 앞에서 나의 장점을 어필할 준비가 되어 있다.

☐ 미래의 성공에 대해 구체적으로 떠올릴 수 있다.

☐ 공감능력이 뛰어난 편이다.

☐ '의욕적이고 유쾌한 회사 분위기가 병가, 이직, 내부 갈등 등의 문제를 감소시키는 데 도움이 된
　다.'라는 견해에 동의한다.

□ 나에겐 멀티플레이어의 자질이 있다.

□ 때로 일이 잘못되더라도 노력했다는 것에 의미를 둘 수 있다.

□ 미래를 생각하는 일은 내 특기 중 하나다.

□ 나는 일할 때 평균 이상으로 뛰어나다.

□ 내 이상향은 실현 가능하다.

□ 비관론에 대해 강한 저항감을 느낄 때가 있다.

□ 약간의 과대망상은 성공에 도움이 된다.

□ '성공=내 덕. 실패=남 탓'이란 주장에 대체적으로 동의한다.

□ 인내하며 목표를 꾸준히 추구해 나가는 편이다.

□ 나의 성공 가능성에 대해 얘기하는 것을 좋아한다.

□ 위기는 일종의 놀이 혹은 다른 기회처럼 여겨질 때가 있다.

□ 예기치 못한 상황에서 어떻게 행동해야 하는지 본능적으로 파악이 가능하다.

□ 앞장서서 사람들을 이끄는 것을 좋아하는 편이다.

□ '실행 가능성 분석+건전한 인격=성공'이라는 공식에 동의한다.

□ 서로 맞지 않는 사람들 사이에서도 생산적인 관계가 가능하다.

□ 불쾌한 일은 생각에 두지 않고 그냥 흘려보내는 편이다.

□ 낙관주의가 '자본주의 동력'이라는 말에 동의한다.

□ 실망이란 기대했던 결과를 얻지 못할 때가 아니라 환상을 잃어버리는 것을 의미한다.

□ 내가 성공할수록 낙관적 성향도 강해질 것이다.

□ '성공은 1%의 영감과 99%의 노력으로 이뤄진다.'라는 말에 동의한다.

체크한 항목의 개수:

평가

'그렇다'라고 대답한 항목의 개수를 더하면 어떤 유형에 속하는지 알 수 있다.

☑ '그렇다'가 0~10개일 때

이보다 더 비관적일 수는 없다. 당신의 컵에는 물이 절반 찬 게 아니라 절반 비어 있다. 당신은 혁신에 저항하기 때문에 일을 실행하는 사람들 입장에서 넘어서야 할 장애물처럼 여겨진다. 세상을 바라보는 당신의 비판적 시각은 가끔 주변 사람들을 부담스럽게 만든다. 낙관주의자는 당신을 피하려 든다. 상황이 이런데도 자신의 비판적 태도가 불편하지 않다면 그대로 살면 된다.

하지만 세상을 바라보는 낙관적 시선을 한번 경험하고자 한다면 사람들로부터 진심으로 환영받을 것이다. 사회화 이론에 따르면 우리는 마음만 먹으면 언제라도 변할 수 있다. 그러니 당신도 예외가 아니다.

☑ '그렇다'가 11~20개일 때

당신은 비관적인 편이고, 회의적이고 불신이 많다. 하지만 세련된 방식으로 소통하고, 매너가 있기에 당신보다 훨씬 긍정적으로 세상을 바라보는 사람과도 그럭저럭 잘 소통하며 살아왔을 것이다. 낙관주의자들의 시각에 동의하진 않지만 그래도 독선적으로 행동하지 않으려 애써 왔다. 그래서 당신은 좋은 평가를 받는다. 당신은 경찰 등의 사회질서 유지기관이나 국세청, 기업의 감사실에서 일하기에 탁월한 인물이다. 믿는 것도 괜찮지만, 감시가 더 좋은 방식이라고 생각하기 때문이다.

☑ '그렇다'가 21~40개일 때

당신은 스스로 낙관주의자라고 생각한 적이 있을 것이다. 사람들은 기꺼이 당신 곁으로 모여든다. 당신의 긍정적 아우라 덕분이다. 당신은 당신이 하는 일을 좋아하고 옳다고 믿지만, 그렇다고 자기애에 빠지진 않는다. 때론 장밋빛 안경을 쓸 때도 있지만 잠시일 뿐, 곧 다시 현실적 안경으로 바꿔 쓰고 현실을 저울질한다.

과도하게 나서지도 않는다. 기본적으로 당신은 팀플레이어이며, 그 점 역시 당신을 호감형으로 만들어 준다. 당신의 낙관적 시선이 저항을 받는 경우는 드물다. 과하지 않기 때문이다. 당신의 주변에 좋은 영향을 끼치고, 주변 사람들도 그 점을 알고 높이 평가한다. 사람들은 당신과 당신의 독단적이지 않은 방식을 옹호한다.

당신 모습 그대로도 충분히 좋다. 하지만 더 성공하기를 원한다면 아래 항목을 읽어 보는 것이 도움을 줄 것이다.

☑ '그렇다'가 40~50개일 때

당신은 최고의 낙관주의자 유형에 속한다. 최고의 낙관주의자들은 성공 지향적으로 상황을 주도하는 사람들이다. 당신은 무엇보다 더 많은 성공을 원한다. 평균 이상 효과는 당신 그 자체를 표현하는 말이고, 당신은 그걸 누구보다 잘 안다. 스스로 그 독보적인 유형에 속한다는 걸 알기 때문이다. 물론 아무 앞에서나 곧장 그 사실을 떠벌리고 다니진 않는다. 겸손해서가 아니라 허풍쟁이로 찍히지 않기 위한 전략이다. 당신의 자화자찬은 단순한 떠벌리기가 아니라 증빙이 확실한 사실관계의 나열이다.

당신은 열심히 일하므로 성공할 자격이 있다. 아무것도 아닌 것에서 아무것도 나오지 않는다. 당신은 당신의 아이디어를 굳건히 믿는다. 이것들이 당신의 신조다. 여기에 어긋나는 일은 아예 시작도 하시 않는다. 당신은 상황을 신중하게 김도힌다. 그리고 당신이 품고 기야 할 사람들, 즉 당신에게 동의하지 않는 사람과 당신에게 맞서는 사람을 정확하게 파악한다. 결국 승자는 당신이 될 거라는 건, 그 점이 달갑지 않은 사람들도 동의할 수밖에 없는 사실이다.

출처: 이지윤역(2018).

당신은 낙관주의자인가? 비관주의자인가? 아니면 그 중간인가? 만일 비관주의자라면 당신 자신뿐만 아니라 자녀들에게도 어떤 영향을 미칠지 한번 생각해 볼 필요가 있을 것이다.

2) 자녀의 우울 수준 점검하기

앞에서는 부모인 당신이 얼마나 낙관적인지를 살펴보았다. 이제 당신의 자녀들이 우울한지 아닌지 살펴보도록 하겠다. 만일 당신의 자녀가 우울 정도가 심하게 나왔다면 당신의 자녀에게 낙관주의를 좀 더 적극적으로 알려 주고 연습을 하도록 도와줄 필요가 있을 것이다.

아동용 우울검사(CDI)

본 질문지는 자기 자신이 어떻게 자신을 생각하고 있는지에 대한 것입니다.
아래 문항들에서 평소에 자기 자신의 생각이나 느낌이 가장 가깝다고 생각되는 곳에 O표를 합니다.

1. (　) 나는 가끔 슬프다.
   (　) 나는 자주 슬프다.
   (　) 나는 항상 슬프다.

2. (　) 나에게는 제대로 되어 가는 일이란 없다.
   (　) 나는 일이 제대로 되어 갈지 확신할 수 없다.
   (　) 나에게는 모든 일이 제대로 되어 갈 것이다.

3. ( ) 나는 대체로 무슨 일이든지 웬만큼 한다.

   ( ) 나는 잘 못하는 일이 많다.

   ( ) 나는 모든 일을 잘 못한다.

4. ( ) 나에게는 재미있는 일들이 많다.

   ( ) 나에게는 재미있는 일들이 어느 정도 있다.

   ( ) 나에게는 재미있는 일들이 전혀 없다.

5. ( ) 나는 항상 나쁜 행동을 한다.

   ( ) 나는 자주 나쁜 행동을 한다.

   ( ) 나는 가끔 나쁜 행동을 한다.

6. ( ) 나는 가끔씩 나에게 나쁜 일이 생길지도 모른다는 생각이 든다.

   ( ) 나에게 나쁜 일이 생길까 봐 걱정이 된다.

   ( ) 나에게 꼭 나쁜 일이 생길 것만 같다.

7. ( ) 나는 나 자신을 미워한다.

   ( ) 나는 나 자신을 좋아하지 않는다.

   ( ) 나는 나 자신을 좋아한다.

8. ( ) 나에게 일어난 모든 나쁜 일들은 다 내 잘못이다.

   ( ) 나에게 일어난 나쁜 일 등의 대부분은 내 잘못이다.

   ( ) 나에게 일어난 나쁜 일들은 보통 내 잘못 때문이 아니다.

9. ( ) 나는 나를 해치고 싶다는 생각은 하지 않는다.

   ( ) 나는 나를 해치고 싶다고 생각하기도 하지만 그렇게 하지는 않을 것이다.

   ( ) 나는 나를 해치고 싶다.

10. ( ) 나는 매일 울고 싶은 기분이다.

    ( ) 나는 매일은 아니지만 자주 울고 싶은 기분이 든다.

    ( ) 나는 가끔 울고 싶은 기분이 든다.

11. (　) 여러 가지 일들이 항상 나를 귀찮게 한다.

　　(　) 여러 가지 일들이 자주 나를 귀찮게 한다.

　　(　) 여러 가지 일들이 가끔 나를 귀찮게 한다.

12. (　) 나는 사람들과 함께 있는 것이 좋다.

　　(　) 나는 사람들과 함께 있고 싶지 않을 때가 많다.

　　(　) 나는 사람들과 함께 있는 것이 싫다.

13. (　) 나는 어떤 일에 대한 결정을 쉽게 내릴 수가 없다.

　　(　) 나는 어떤 일에 대한 결정을 내리기가 어렵다.

　　(　) 나는 쉽게 결정을 내린다.

14. (　) 내 외모는 괜찮은 편이다.

　　(　) 내 외모 중에는 못생긴 부분이 약간 있다.

　　(　) 나는 못생겼다.

15. (　) 나는 학교 공부를 하는 것이 늘 힘들다.

　　(　) 나는 학교 공부를 하는 것이 대체로 힘들다.

　　(　) 나는 학교 공부를 하는 것이 그리 힘들지 않다.

16. (　) 나는 매일 밤 잠들기가 어렵다.

　　(　) 나는 잠들기 어려운 밤이 많다.

　　(　) 나는 잠을 잘 잔다.

17. (　) 나는 가끔 피곤하다.

　　(　) 나는 자주 피곤하다.

　　(　) 나는 늘 피곤하다.

18. (　) 나는 밥맛이 없을 때가 대부분이다.

　　(　) 나는 밥맛이 없을 때가 많다.

　　(　) 나는 밥맛이 좋다.

19. (　) 나는 몸이 아플까 봐 걱정하지는 않는다.

　　(　) 나는 몸이 아플까 봐 걱정할 때가 많다.

　　(　) 나는 몸이 아플까 봐 항상 걱정한다.

20. (　) 나는 외롭다고 느끼지는 않는다.

　　(　) 나는 자주 외롭다고 느낀다.

　　(　) 나는 항상 외롭다고 느낀다.

21. (　) 나는 학교생활이 재미있었던 적이 없다.

　　(　) 나는 학교생활이 가끔씩 재미있다.

　　(　) 나는 학교생활이 늘 재미있다.

22. (　) 나에게는 친구들이 많다.

　　(　) 나는 친구들이 조금 있지만 더 많이 있었으면 좋겠다.

　　(　) 나에게는 친구가 전혀 없다.

23. (　) 나의 학교 성적은 괜찮다.

　　(　) 나의 학교 성적은 예전처럼 좋지는 않다.

　　(　) 내가 전에는 잘 했던 학과목 성적이 떨어졌다.

24. (　) 나는 절대로 다른 아이들처럼 착하지 않다.

　　(　) 나는 마음만 먹으면 다른 아이들처럼 착할 수가 있다.

　　(　) 나는 다른 아이들처럼 착하다.

25. (　) 나를 진심으로 좋아하는 사람은 아무도 없다.

　　(　) 나를 진심으로 좋아하는 사람이 있을지 확실하지 않다.

　　(　) 분명히 나를 진심으로 좋아하는 사람이 있다.

26. (　) 나는 나에게 시킨 일은 대체로 한다.

　　(　) 나는 나에게 시킨 일은 대체로 하지 않는다.

　　(　) 나는 나에게 시킨 일은 절대로 하지 않는다.

27. ( ) 나는 사람들과 사이좋게 잘 지낸다.
    ( ) 나는 사람들과 자주 싸운다.
    ( ) 나는 사람들과 항상 싸운다.

채점

채점 방법은 각 문항의 점수를 합산하면 된다. 첫 번째 문장은 0점, 두 번째 문장은 1점, 세 번째 문장은 2점으로 채점한다.

※단, 다음의 문항은 첫 번째 문장은 2점, 두 번째 문장은 1점, 세 번째 문장은 0점으로 채점한다.

(2번, 5번, 7번, 8번, 10번, 11번, 13번, 15번, 16번, 18번, 21번, 24번, 25번)

〈해석지침〉

21점 이하: 정상

22점~25점: 경도 우울(mild depression)

26점~28점: 중등도의 우울(moderate depression)

29점: 매우 심한 우울(severe depression)

출처: 조수철, 이영식(1990).

자, 이제 자녀의 우울 수준을 파악했을 것이다. 만일 자녀의 우울 수준이 22점 이상이라면 경미한 우울이 시작되는 지점이므로 특별히 더 신경을 써서 자녀에게 어떻게 하면 낙관주의를 배우게 할 수 있을지에 대해 생각해 볼 필요가 있을 것이다.

3) 낙관주의적 사고방식의 특징

아이들은 자신에게 일어난 좋은 일 혹은 나쁜 일에 대해서 보통 세 가지 측면에서 생각한다. 원인의 지속 정도, 파급성, 책임의 주체이다.

(1) 원인의 지속 정도: 나쁜 일의 원인이 영구적이냐, 일시적이냐고 믿는 정도

우울증에 빠질 위험이 큰 아이들은 나쁜 일의 원인이 영구적이라고 믿고 원인이 영원히 사라지지 않을 것이라고 생각하기 때문에 나쁜 일도 계속해서 이어질 것이라고 믿는다. 반면에, 어려움을 잘 극복하고 우울증에 대한 저항력이 강하거나 낙관적 성향의 아이들은 나쁜 일의 원인은 일시적이기 때문에 너무 심각하게 부정적으로 보지 않고 다시 힘을 얻어 힘든 상황을 극복할 가능성이 높다.

비관적 성향이 있거나 우울한 아이들은 나쁜 일이 생겼을 때 그러한 나쁜 상태가 영구적으로 지속될 것이라고 생각한다.

'새 학기가 되면 친구를 사귀는 데 또 어려움이 생길 거야. 매번 그랬잖아.'
'우리 부모는 나를 늘 힘들게 해.'
'태경이는 날 싫어해. 다시는 나와 놀지 않을 거야.'

반면에, 나쁜 일이 일시적으로 일어날 것이라고 생각하는 낙관적인 성향의 아이는 다르게 생각한다.

'새 학기가 되면 친한 친구를 사귀는 데 원래 시간이 좀 걸려.'
'마음에 드는 친구를 빨리 사귀어야지.'
'우리 부모는 좀 까다로운 면들이 있지만 좋을 때가 더 많아.'
'태경이는 오늘 화나는 일이 있어서 기분이 나빴나 보다.'

자, 그렇다면 좋은 일이 생겼을 때에는 어떻게 하면 낙천적 성향을 배울 수 있을까? 이미 눈치를 챘겠지만 좋은 일이 생겼을 때는 그것이 지속적이거나 영구적인 이유로 생겼다고 여기는 것이다.

반면에, 좋은 일이 일시적으로 생긴 것이라고 생각하는 아이는 비관주의적인 성향이 강하다. 비관주의 성향이 강한 아이는 다음과 같이 생각한다.

'내가 이번에 상을 탄 것은 다른 때와는 달리 이번에 아주 열심히 해서 탄 것이다.'
'요즈음 아빠가 기분이 좋으셔서 나랑 대화도 많이 하고 많이 놀아 주시는 것 같아.'

반면에, 낙관적 성향을 가진 아이는 좋은 일이 지속적이고 영구적인 이유로 생겼다고 여긴다.

'나는 늘 성실하고 열심히 공부를 하고 잘 하려고 준비를 철저히 하기 때문에 이번 대회에서 일등을 한 거야.'

'아빠는 원래 나와 같이 시간을 보내는 것을 좋아해.'

낙관적인 성향의 아이들은 지속적이고 영구적인 이유로 자신에게 좋은 일이 생겼다고 여긴다. 예를 들면, 자신이 가진 성격과 능력으로 인해 좋은 일이 생겼다고 생각한다. 예를 들어, 평소에 늘 성실하게 준비를 하기 때문에 좋은 결과가 생겼다고 여기거나 자신은 남들한테 인기가 많은 편이라는 식으로 좋은 일에 대해 원인을 지속적이고 영구적인 것으로 해석한다.

(2) 파급성: 영향을 미치는 범위가 일부인가? 전체인가?

실망스러운 일이 생겨도 감정을 추스르고 빨리 일상으로 돌아와 생활하는 아이가 있는가 하면 나쁜 사건이나 충격에서 벗어나지 못하고 앞으로도 계속 그런 일이 일어날까 봐 불안해하면서 상황을 부정적으로 몰고 가는 아이가 있다. 비관적인 아이는 부분적으로 좋지 않은 상황을 전체적으로 몰고 간다.

비관적 성향의 아이들은 나쁜 일이 생겼을 때 포괄적이고 전체적으로 비관한다.

'선생님들은 다 공평하지 못해.'

'나는 운동을 못해.'

'아무도 날 좋아하지 않아.'

반면, 낙관적인 성향의 아이는 나쁜 일이 생겨도 부분적으로 낙관한다.

'그 선생님은 공평하지 않아.'

'축구는 정말 자신이 없어. 하지만 난 농구는 잘해.'

'유진이는 날 좋아하지 않아. 하지만 나를 좋아하는 아이들도 있어.'

비관적 성향의 아이들은 좋은 일이 생겼을 때 부분적으로 낙관한다.

'난 다른 과목은 잘 못하지만 수학은 잘해.'

'수진이는 날 좋아하기 때문에 생일파티에 날 초대한 거야.'

반면, 낙관적인 성향의 아이들은 좋은 일이 생겼을 때 포괄적으로 낙관한다.

'난 똑똑해.'

'내가 인기가 많으니까 수진이도 날 자기 생일 날 초대한 거야.'

'몇몇 아이는 날 싫어하지만 날 무척 좋아하는 아이들도 많아.'

(3) 책임의 주체: '내' 책임 대 '네' 책임

설명양식의 세 번째 측면은 책임의 주체에 관한 것이다. 나쁜 일이 일어났을 때 어떤 아이는 자기 탓을 하고 어떤 아이는 다른 사람 혹은 주위의 책임으로 돌린다. 누구를 탓하느냐에 따라 아이들이 갖는 자존감이 달라질 수 있다.

나쁜 일이 생겼을 때 낙관적 성향의 아이들은 다음과 같이 전면적인 자기비난보다는 특정 행동에 대한 자기비난을 한다.

'이번에 열심히 하지 않아서 30점을 받았어.'

'체육 시간에 또 맨 마지막으로 뽑혔어. 난 축구를 잘 못하니까.'

반면에, 비관적 성향의 아이들은 다음과 같이 특정 행동에 대해 자기비난을 하는 것이 아니라 전면적으로 자기비난을 한다.

'난 정말 멍청해. 시험에서 30점을 받았어.'

'체육 시간에 또 맨 마지막에 뽑혔어.'

'아무도 날 좋아하지 않아.'

실패했을 때 습관적으로 자기 탓만 하는 아이는 자존감이 낮다. 그런 아이들은 죄의식과 수치심도 많이 느낀다. 하지만 실패의 책임을 다른 사람에게 돌리는 아이는 죄의식과 수치심을 덜 느끼고, 자기 자신에 대해 더 좋게 평가한다.

그렇다면 나쁜 일이 생길 때마다 아이들에게 그 원인을 외부나 다른 사람의 탓으로 돌리라고 가르치는 것이 좋을까?

분명 문제가 생길 때마다 외부 환경이나 다른 사람 탓을 하라고 하면 아이들은 책임을 무조건 남 탓으로 돌리는 나쁜 버릇을 갖게 될 수도 있다. 이런 문제들과 관련해 두 가지 방식으로 양육할 수 있다.

먼저, 아이에게 명백한 잘못이 있을 때에는 아이가 "죄송해요. 제 잘못이에요. 다음에는 잘 할게요."라고 말하고 책임을 질 줄 알아야 한다. 다음에는 그러지 않도록 노력하게 해야 한다. 하지만 문제가 생길 때마다 자기 잘못이 아닌데도 계속 자기 탓만 하는 아이도 마찬가지로 좋지 않다. 이런 아이들은 우울증에 빠지기 쉽다. 계속되는 자기비하와 죄책감은 우울증을 가져온다.

그다음으로는 아이에게 자기 자신을 정확히 보는 눈을 길러 주는 것이 무엇보다 중요하다. 누구의 잘못으로 문제가 생겼는지 분명히 알아야 그에 적합한 책임을 지고 잘못된 부분을 고쳐 나갈 수 있다.

지금까지 비관적 성향의 아이들과 낙관적 성향의 아이들의 설명양식이 세 가지 측면에서 다르다는 것을 살펴보았다. 이와 같이 비관적 성향의 아이들과 낙관적 성향의 아이들은 부정적인 사건이나 긍정적인 사건이 일어났을 때 원인이나 결과에 대해서 생각하는 방식이 매우 다르다. 확실히 낙관적 성향의 아이들은 비관적 성향의 아이들에 비해 어려움에 처했을 때 대처하는 에너지가 높고 회복하는 속도가 빠르다. 그렇다면 우리 부모는 어떻게 아이들이 낙관적 성향을 가질 수 있도록 도와줄 수 있을까?

4) 낙관주의는 배울 수 있다

'아이는 당신의 사고방식을 따라 배운다.'

아이들을 혼낼 때 "방을 많이 어질러 놓았구나. 얼른 치우는 것이 좋겠다."라는 말 대신에 "넌 정말 게으르구나. 어쩜 이렇게 어질러 놓았니."라고 계속해서 말한다면 아이들은 자신의 문제가 영구적이고 앞으로도 지속적으로 일어날 것이고 바뀔 수 없다고 생각하게 된다.

아이들은 부모가 자신들의 불행한 사건들을 어떤 식으로 해석하는지 가만히 듣고 있다가 자신도 모르게 그대로 해석하고 배운다. 부모가 낙관적이면 아이도 낙관적 사고를 배우고 부모가 비관적이면 비관적 사고를 배울 가능성이 높아진다.

실제로 너무나 부정적이고 비관적인 아이들에게 지금보다 긍정적으로 생각할 수 있는 방법이 많다는 것에 대해 알려 주고 이런 방법들을 습득하면 지금보다 훨씬 좋아질 수 있다고 말해 주어도 믿을 수 없다는 표정으로 상담자를 바라보고 있는 아이들을 볼 때가 있다.

어디서부터 시작을 해야 할까? 난감하여 부모와 상담을 해 보면 아이의 비관적인 성향은 부모의 비관적 성향과 매우 닮아 있음을 발견할 때가 많다. 가족 내의 심리적 환경이 비관적 분위기라면 힘이 없는 아이들은 닮아 갈 수밖에 없을 것이다. 물론 성장하면서 이러한 가정환경도 자신의 힘으로 극복해 가는 사람들도 있지만 이미 뿌리박혀 있는 비관적 성향을 낙관적 성향으로 바꾸는 데는 많은 긍정적 경험의 체험이 필요하고 시간이 걸리게 마련이다.

5) 낙관적인 성향의 아이로 기르는 양육방식

우리 부모가 아이들을 양육할 때 잘못된 행동에 대해 너무 극단적으로 과장되게 비난하거나 비판을 하면 아이는 잘못된 행동을 바꾸는 데 너무 불필요한 죄의식과 수치심을 갖게 된다. 가끔 부모들은 필요 이상으로 죄의식과 수치심이 일어나도록 아이의 잘못을 나무랄 때가 있는데, 이는 이렇게 과하게 야단을 치면 아이가 마음에 새기고 다시는 그렇게 하지 않겠지 하는 착각에서 비롯되는 것으로 보인다. 반대로 아이가 잘못을 하여 지적하고 고쳐 주어야 하는 상황이 생겨도 부모가 방관한다면 아이는 책임감이나 자기 행동을 고칠 의지를 갖지 않을 수도 있다.

따라서 만일 아이가 잘못하여 지적하고 고쳐 주어야 하는 상황이 생긴다면 되도록 낙관적인 설명양식에 따라 양육하는 것이 바람직하다. 자, 그럼 낙관적인 설명양식에 따른 양육을 배워보도록 하자.

낙관적인 설명양식에 따른 양육방법

먼저 비관적인 비판과 낙관적인 비판을 비교해 보자. 비관적인 비판을 하는 부모는 바꾸기 어려운 원인에 대해 말하고, 낙관적인 비판을 하는 부모는 바뀔 수 있는 원인에 대해 말을 한다.

비관적인 비판을 하는 부모는 아이에게 바꾸기 어려운 원인에 대해 말한다.

"대체 왜 그 모양이니? 너 정말 구제불능이다!"
"엄마가 없을 때 계속 울었다면서. 넌 너무 예민하고 까다로운 아이야."
"얘야, 방 정리를 하라고 했지? 넌 왜 항상 엄마 말을 안 듣니?"

반면에, 낙관적인 비판을 하는 부모는 아이에게 바뀔 수 있는 원인에 대해 말한다.

"너 정말 습관이 안 좋구나. 좋은 습관으로 바꿔야지. 엄마는 속상하다."
"엄마 없을 때 계속 울었다면서? 요즘 엄마가 자주 집에 없어서 많이 힘들지."
"얘야, 방 청소를 하라고 했지? 정리를 잘해 놓으면 기분이 좋잖니?"

이제 실제 예를 갖고 낙관적 설명양식으로 양육하는 방법을 연습해 보자. 한 예로, 형이 동생을 자주 놀리는 것을 본 엄마는 비관적 설명양식으로 아이를 혼낸다.

"동생을 놀리다니 넌 나쁜 녀석이야."

이 엄마가 낙관적 설명양식으로 훈육을 한다면 다음과 같이 말할 수 있을 것이다.

"넌 요즘 동생을 너무 많이 놀려."

예를 들어, 다른 아이와 노는 것을 싫어하는 아이를 보고 낙관적 설명양식을 가진 사람과 비관적 설명양식을 가진 사람은 어떻게 다를까? 어려움에 대해 포괄적인 원인으로 바라보는 비관적 성향의 사람은 다음과 같이 말할 것이다.

"그 아이는 다른 아이들과 노는 것을 싫어해요. 아주 내성적이고 부끄러움을 많이 타거든요."

반면, 어려움에 대해 구체적 원인으로 바라보는 낙관적 성향의 사람은 다음과 같이 말할 것이다.

"그 아이는 요즈음 아이들과 어울리는 것을 힘들어해요."

운동을 잘 하지 못하는 아들에게 비관적 설명양식을 하는 부모는 "넌 운동신경이 둔해."라고 말할지도 모른다. 반면, 낙관적인 설명양식을 하는 부모는 "공을 잘 보면 방망이로 잘 칠 수가 있어. 집중해서 연습해야겠다."라고 말할 수 있을 것이다.

물건이나 음식물을 잘 나눠 먹지 않는 자녀에게 비관적 설명양식을 하는 부모는 "어쩜 그렇게 자기만 알고 이기적이니?"라고 말한다면 낙관적 설명양식을 갖고 있는 부모는 "다 같이 나눠 먹어야지." "다 같이 나눠 써야지."라고 말할 것이다.

방을 심하게 어지럽히고 청소를 하지 않는 자녀에게 비관적 설명양식을 하는 부모는 다음과 같이 말할 것이다.

"방이 쓰레기 소굴 같다. 왜 이렇게 게으른 거니."

낙관적 설명양식을 하는 부모는 똑같은 상황에서도 다르게 말할 것이다.

"방이 많이 어질러져 있구나. 네가 어지럽혀 놓은 것은 스스로 치워야지."

이와 같이 낙관적인 설명양식을 가진 부모는 비관적인 설명양식을 가진 부모에 비해서 훨씬 자녀들을 전면적으로 비난하지 않고 특정 행동을 어떻게 하면 고칠 수 있는지에 대해 더 잘 말할 수 있다. 당연히 자녀의 입장에서도 낙관적인 설명양식을 가진 부모의 말이 더욱 듣기 좋게 느껴지고 거부감도 덜 하고 부모에게서 배울 것이 많다고 느낄 것이다.

심하게 비관적인 설명양식을 가진 아이들은 시련이나 역경에 대해 매우 수동적이고 적극적으로 대처하지 못해서 능력 이하의 성과, 건강 약화, 만성적 우울을 초래하기 쉽다. 반면에, 낙관적 설명양식을 가진 아이들은 시련에 대해 매우 적극적이고 불필요하게 심신의 에너지를 소진시키지 않으면서 꿋꿋하게 잘 헤쳐 나갈 수 있을 것이다.

10. 아이의 예민하고 중요한 성, 어떻게 다룰 것인가?

우리 부모들은 성에 대한 올바른 가치를 심어 주고 싶어 한다. 요즘 아이들은 인터넷, TV, 또래의 접촉뿐만 아니라 심지어 스마트폰을 통해서도 쉽게 성적인 자극이나 왜곡된 성행위를 접할 수 있다. 부모는 아이들에게 성적인 책임감과 자제력을 길러 주어야 한다고 생각은 하지만 어떤 방법으로 어떤 시기에 할 것이냐에 대해서는 거의 준비가 되어 있지 않다.

대부분의 부모는 아이의 성에 대해서만큼은 상당히 보수적이다. 부모 자신은 결혼전에 성관계 경험이 있어도 자녀들은 혼전 순결을 지키길 원하고, 적어도 아이가 진정한 친밀감을 느끼는 성숙한 관계를 맺기 전까지는 성적으로 자제하기를 바란다. 이런주제에서 정답이나 진리가 존재하는 것은 아니지만, 앞으로 다룰 내용들은 성에 대해어떤 관점을 가지고 어떤 가치를 부여할 것이며 아이들에게 어떻게 교육할 것인가에대해서는 부분적으로 도움이 될 것이다.

1) 아이들의 성, 어떻게 다룰 것인가?

현재 우리 사회는 10대 임신으로 인한 경제적 비용, 이와 관련된 법률, 복지 비용과더불어 심리적 · 정서적인 상처까지 생각하면 정말 끔찍한 상황에 놓여 있다고 할 수 있다. 게다가 무분별하고 난잡한 성관계와 부정적인 성적 태도로 인해 당사자와 가족들이감당해야 할 감정적인 고통과 실제적으로 감당해야 할 대가는 이루 말할 수 없다. 아이들의 성에 대해 우리 부모는 어떻게 교육을 시켜야 할지 많은 관심을 기울여야 한다.

먼저, 부모들이 성에 대해 흔히 갖게 되는 일곱 가지의 질문과 그 대답들을 살펴보자.

Q1 아이에게 성에 대해 이야기하는 것이 왜 이렇게 어려울까요?

A. 아이에게 성을 이야기하기 어려운 이유들이 있다. 먼저, 성이라는 주제를 생각할때 부모 자신이 당혹감을 느낀다. 성에 대해 어떻게 말할지 준비가 되어 있지 않다. 성에 대해서 말하려면 우선 부모 자신이 불편한 느낌을 갖고 있다. 우리가 성에 대한 생각을 의식적으로, 무의식적으로 억압하고 표현하는 것을 꺼리기 때문이다. 또한 성에

288

대해 어떻게 말할지 구체적인 계획이나 아이디어가 부족한데다가 성에 대한 우리 자신의 생각이 분명하지 않고, 아이들에게 성에 대해 어떤 가치를 심어 주어야 할지 부모 자신이 정리가 되어 있지 않기 때문이다.

Q2 아이들과 성에 대한 이야기를 나눌 때 가장 중요한 것이 무엇일까요?

A. 아이들이 성을 부정적인 것이 아니라 사랑하는 사람과의 긍정적이고 즐거운 것으로 받아들일 수 있게 하고 성을 결혼, 가족, 사랑, 헌신과 연결해서 설명하는 것이 중요하다.

Q3. 언제 성교육을 해야 할까요?

A. 아이들이 성에 대한 올바른 태도를 형성할 수 있도록 친구나 또래 혹은 대중매체에서 접하게 되는 '지저분하고 말도 안 되는 성'에 대한 이야기에 영향을 받지 않도록 미리 지도하는 것이 중요하다. 하지만 성교육을 너무 빨리 시작하면 아이가 준비가 안 되어 있으므로 아이의 수준을 고려하는 것이 좋다.

초등학교에 들어갈 나이인 7세나 8세 정도의 아이라면 성에 대해 조금씩 이야기할 수 있다. 그 나이 때는 호기심이 많고 감수성이 예민해 부모의 말을 잘 받아들일 수 있으며, 성에 대한 이야기를 할 때 냉소적이거나 당황스러운 반응을 보이지 않을 가능성이 크다. 하지만 한 번의 토론으로 끝내지 말고 지속적으로 대화를 나누어야 한다. 그래서 빠르면 3세부터 시작해서 아이들이 클 때까지 성에 대한 다양한 면에 대해 계속 대화와 토론을 이어 나가는 것이 중요하다.

289

Q4. 아이들이 저보다 성에 대해서 더 조심하고 더 보수적인 태도를 갖기를 바란다면 잘못된 것일까요? 저는 성적으로 자제하지 못했으면서 아이들에게 신중하라고 가르치는 것은 모순적이고 위선적인 행동 같은데요.

A. 부모로서 아이가 진정으로 사랑하는 사람을 만날 때까지 성적으로 자제하기를 바라는 것은 당연하다. 이것은 아이가 자신의 몸을 소중히 여기면서 보호하고, 마음에 상처를 받지 않고, 윤리적 문제로 자책하지 않고, 더 나은 결혼생활을 하기 위해서 필요한 일이다. 대부분의 부모는 아이의 문제에 대해 매우 신중하다. 자신은 그렇게 살지 못했다고 해도 아이에게 최선이라고 생각되는 것을 가르치는 것은 부모로서 당연한 일

이다.

Q5. 아이에게 결혼하기 전에 성관계를 하지 않도록 가르치는 것이 현실적으로 가능한 일일까요?

A. 사랑하고 서로에게 책임을 지고 헌신할 사람을 만나 결혼하기 전에 '성적 만족을 지연시키는 것'은 현명할 뿐만 아니라 매우 안전한 선택이다. 아이들에게 상황은 바뀌기 마련이다. 성관계를 한 적이 없다는 것을 부끄럽게 여기던 아이가 5년 후에는 자신이 성에 대해 자제한 사실을 다행스럽게 여길 수 있다. 물론 이것은 개인에 따라 다르겠지만 부모는 무엇이 아이에게 최선의 길인지 결정할 수 있도록 도와줄 필요가 있다. 그리고 부모는 아이들이 가장 좋은 길을 갈 수 있도록 구체적이고 긍정적으로 아이에게 접근하는 것이 좋다.

Q6. 성에 대해 우선 무엇을 알려 주어야 할까요?

A. 우선 당신은 아이에게 성에 대한 생물학적인 사실을 알려 주어야 한다. 그뿐만 아니라 서로 배려하고 헌신하는 사이에서의 성관계를 통해서만 얻을 수 있는 정서적이고 영적인 측면에 대해서도 설명해야 한다.

Q7. 왜 아이에게 성교육을 해야 하는지요?

A. 기본적으로는 아이를 신체적·정서적 위험에서 안전하게 보호하고 앞으로의 결혼생활을 행복하게 해 주기 위한 것이다. 성에 대한 대화는 두 가지 면에서 매우 중요하다. 첫째, 부모들이 아이들과 성과 같은 매우 사적이고 은밀한 주제에 대해 자연스럽게 대화할 수 있다면 다른 주제에 대해서는 더 쉽게 이야기를 나눌 수 있다. 둘째, 아이들이 자신의 충동을 자제하고 더 좋은 결과를 얻기 위해 만족을 지연시키는 능력을 키우게 된다. 현재 우리가 사는 세상은 성에 대해 매우 개방적이고 즉각적인 만족을 추구하느라 경제적·감정적인 소모가 크고 이로 인해 부정적이고 파국적인 결과를 가져오기도 한다. 성에 대해 '기다리고' '아낄 수 있는' 만족 지연을 할 수 있는 아이들은 다른 면에서도 충동적이지 않고 자신에게 더 도움이 되는 결과를 얻을 가능성이 크다.

2) 성교육을 위한 핵심적인 원칙

(1) 성에 대해 이야기할 적절한 시기

성에 대한 이야기를 시작하는 시점을 잘 맞추어야 한다. 관심이 없거나 이해할 준비가 안 된 아이에게는 너무 많은 이야기를 하지 않는 것이 좋다. 하지만 아이들이 성에 대해 부정적이고 난잡하고 잘못된 정보를 너무 많이 받아들이기 전에 시작해야 한다.

성에 대해 이야기할 수 있는 적절한 시기가 몇 살이라고 단정 지어 말할 수는 없다. 이런 주제에 대해 딱히 정답은 늘 없다. 하지만 아이가 의사소통도 가능하고 책임감도 어느 정도 알고 어른처럼 행동하는 것을 좋아하게 되는 8세 정도가 성에 대한 중요한 대화를 하기 좋은 나이라고 보는 전문가들이 있다. 8세 정도의 아이들은 부모와 나누는 성 이야기에 냉소적이지 않고 진지하게 관심을 갖고 호기심을 느낀다고 한다. 또한 성적인 내용 때문에 당황하거나 마음을 닫아 버리거나 선입견을 갖는 나이도 아니라고 본다.

아이가 청소년기가 되면, 이미 성에 대한 지식을 넘어서서 실제로 성행동을 할 때 조심해야 하는 내용을 중점적으로 다루어야 한다. 즉, 성행동에 대해 토론이 이루어져야 한다. 다시 말해, 머릿속으로 아는 것을 넘어서서 실제로 자제하고 책임감을 갖는 것에 대해 대화를 나누어야 한다.

(2) 성에 대한 대화와 토론 방법

가장 유용하고 도움이 많이 되는 것은 바로 대화를 통한 방식이다. 성에 대한 대화를 하게 되면 성에 대해 아이 자신이 어떤 태도와 행동을 취해야 할지 미리 한번 생각하게 되는 과정을 거치기 때문에 충동적이고 위험한 성행위를 하는 것을 미리 예방하는 데 큰 도움이 될 수 있다. 성에 대해 직접 이야기하는 것도 필요하지만 성을 비유적으로 설명할 수 있는 실질적인 대화 예시를 활용하면 좋다. 청소년기 후반의 아이들에게는 대화 대신 '성에 대한 토론 주제'를 읽고 의견을 나눌 수도 있다. 성과 관련된 주제에 대해 토론을 하는 경험은 위험하고 충동적인 성행위를 예방하는 데 많은 도움을 줄 수 있다.

(3) 성에 대한 자신감 있고 적극적인 태도

평상시 자신감이 없는 부모라면 아이에게 처음 성에 대한 이야기를 꺼낼 때 마음이 불편할 수 있다. 힘들여서 성에 대한 대화를 시작했는데 아이가 들은 척도 안 하거나 "그런 이야기 하고 싶지 않아요."라는 반응을 보일 수도 있다. 하지만 포기하지 말고 자신감을 갖고 아이와 대화를 나누는 것이 필요하다. 아이를 사랑하기 때문에, 아이가 좋은 선택을 하고 행복한 삶을 살도록 돕고 싶어서 이야기를 꺼내는 거라고 말해 주자. 아이와의 대화를 무엇보다 중요시한다면 대화를 전혀 하지 않았을 때보다 훨씬 좋은 결실을 맺을 수 있을 것이다.

(4) 성에 대한 올바른 반응 이끌어 내기

"너는 소중한 사랑을 어떻게 표현하지?"라는 질문에 아이가 잘 모르겠다는 듯 어깨를 으쓱할 수도 있다. 이럴 때 "엄마와 아빠가 널 사랑하는 것을 어떻게 보여 주지?" "너는 할머니한테 사랑표현을 어떻게 하지?"라는 식으로 주변 사람들이 사랑을 어떻게 표현하는지에 대한 물어보면 "사랑한다고 말해요." "상대방이 좋아하는 일을 해요." "뽀뽀해 주거나 안아 줘요." 등 기대했던 반응들을 끌어낼 수도 있다.

(5) 성에 대한 대화를 아이가 주도하도록 하기

대화를 하다가 아이가 궁금해하거나 하고자 하는 이야기를 놓치지 않도록 조심해야 한다. 아이의 말을 주의 깊게 듣고 관심을 갖다 보면 자연스럽게 특정한 주제에 도달할 수 있음을 기억하자. 어떤 내용에 대해 토론이나 대화를 하던 도중이라도 아이가 질문을 하거나 의견을 내놓으면 아이의 말에 우선 집중하는 것이 바람직하다.

또한 아이의 집중 시간을 충분히 배려해야 한다. 일반적으로 아이들은 대화할 때는 좀 더 길게 집중할 수 있지만, 강의를 들을 때는 집중할 수 있는 시간이 짧아진다는 것을 기억하자. 아이의 관심이나 집중이 흐트러진다고 느껴지면 무리하게 계속 대화를 하기보다는 마무리하고 다음 기회에 다시 대화를 시작하는 것이 좋다.

(6) 성에 대해 긍정적이고 자신감 있는 태도 길러 주기

아이들이 흥미를 갖고 활기차게 토론하게 하려면 아이가 대답을 잘 하거나 좋은 의도로 대답했을 때 지지와 격려를 많이 해 주어야 한다. "맞아. 바로 그거야!" "정말 멋진 대답이네!"라고 짧게 이야기해 주는 것도 좋고, 때로는 "이렇게 깊이 있게 생각을 하다니 정말 대단하다!" "너랑 같이 이야기하니까 정말 좋다." "이렇게 적절한 대답을 하다니, 정말 잘 이해하고 있구나!"라고 하면서 아이의 대답에 반응해 주자.

3) 아이의 수준에 맞게 이야기해 주기

아이가 7세나 8세가 되기 전에는 성에 대한 질문에 대해 간단하게 대답해 주는 것이 좋다. 8세가 되면 자세히 대답을 들을 수 있다는 기대를 갖게 해 주면서 말이다.

예를 들어, 다섯 살짜리 아이가 "아기는 어디에서 나와요?"라고 물어보면, "엄마랑 아빠가 사랑할 때 아이가 생길 수도 있단다."라고 대답해 주면 된다. 아이가 "어떻게요?"라고 다시 묻는다면, "그건 거의 기적과 같은 일이란다. 굉장히 신비하고 멋진 마법 같은 거야. 초등학교에 들어가면 더 자세히 말해 줄게."라고 대답해 주면 된다.

(1) 자기 몸에 대해 제대로 인식하기

성에 대한 건전한 태도는 아이들이 '자기 몸을 어떻게 느끼는지'에서 시작한다. 예를 들어, 왼손을 얼마 동안 사용할 수 없게 하면 왼손이 얼마나 소중한지를 알 수 있다. 이와 같이 창의적인 방법으로 몸의 중요성을 이해하고 감사할 수 있는 기회를 가져 볼 수 있다. 자신의 몸과 기능에 대해 잘 이해하는 것은 어른이 되어 사랑을 표현하고 성적 쾌감을 즐길 수 있을 때 자신의 몸을 대하는 좋은 기준이 된다. 어린 시절에 자신의 몸에 대해 이해하고 감사한 마음을 가질수록 아이는 자신의 몸을 더 소중하게 여기고 긍정적으로 받아들이게 된다.

(2) 자연의 신비로움을 느끼기

아이들에게 자연이 아름답고 조화롭게 변화하는 모습을 관찰할 수 있도록 도와주면 우리는 좀 더 쉽고 자연스럽게 아이들에게 몸의 소중함을 가르칠 수 있다. 사실 우리 존재 자체가 자연이고 우리의 몸도 자연의 일부이기 때문이다.

아름다운 자연의 창조물에 감탄하고 관심을 기울이는 것은 세상에서 가장 놀랍고 강력하면서도 신비로운 일, 즉 아기가 태어나는 것에 대해 아이와 이야기를 나누는 데 중요한 바탕이 될 수 있다. 그러니까 평소에 아이와 함께 아름다운 자연을 보고 즐기고 감상하는 것은 성과 같은 주제를 자연스럽게 이야기하는 데 도움이 된다.

293

"얘야, 해지는 모습이 너무 아름답지 않니?"

"봄이 되니 세상이 전부 연둣빛이구나. 너무나 예쁜 연둣빛이네."

"눈이 내리네! 하늘에서 이런 눈이 내리다니 너무 신기하지 않니?"

"이 가로수 길은 정말 너무 아름답다."

이런 말을 자연스럽게 아이와 함께 하는 것이 필요하다. 사춘기의 아이는 부모가 이런 감동적인 말을 수없이 해도 자신과는 전혀 관계없는 일이라고 시큰둥하면서 반응을 전혀 보이지 않을 수도 있다. 하지만 지속적으로 부모가 진심으로 자연에 대해 열정적이며 긍정적인 태도를 보여 준다면 아이 역시 차차 자연에 관심을 갖게 될 것이다. 지금 당장은 자연의 소중함에 대해 느끼지 못해도 점점 커 가면서 부모가 했던 말이 생각나기도 하고 자연과 함께하는 것이 어색하지 않고 친숙하게 느껴질 것이다. 또한 아이와 산책을 하거나 자전거를 타면서 그리고 여행을 하면서 자연이 주는 치유와 고마움에 대해 이야기할 수 있다. 짙은 초록의 쭉쭉 뻗어 있는 울창한 나무와 표현하기 어려운 아름다운 색을 뿜내는 특이하고 귀여운 꽃들을 감상해 보자. 아이는 부모의 이야기를 들으면서 자연을 통해 얻는 치유와 즐거움에 서서히 빠져들게 될 것이다.

(3) 가족의 헌신과 사랑에 대해 말하기

부모가 아이에게 성에 대해 이야기를 할 때 가족의 헌신이나 사랑에 대해 말하는 것은 중요하다. 성과 가족의 헌신과 사랑, 이 두 가지는 따로 생각할 수 없는 개념이다.

부모는 자신이 경험했든 하지 않았든 성에 대한 올바르고 좋은 가치에 대해 가르칠 수 있다. 사랑과 헌신이 넘치는 가정에서 자랐다면 아이에게 그것에 대해 자연스럽게 말해 주면 된다. 어릴 때 기억을 되살려 부모님이 서로를 얼마나 사랑했는지 이야기해 주고, 현재 배우자에 대해 느끼고 있는 사랑을 표현해 주어도 좋다.

하지만 부모가 가정에 책임을 다하지 않고 헌신적이지 못해서 상처를 많이 받으면서 자랐다면, 아이들에게도 그 이야기를 솔직하게 해 주면서 당신만큼은 가족에게 헌신하고 사랑하겠다고 확실하게 표현해 주면 된다. 아이들이 잠자리에 들 때나 적당한 상황에서 다음과 같이 이야기해 줄 수 있다.

"가족에게 가장 중요한 것은 서로 아끼고 사랑하는 것이라고 생각한단다. 엄마와 아빠는 언제나 너를 사랑해. 엄마 아빠는 너를 아름답고 소중한 보물이라고 생각한단다. 아무리 힘든 일이 생겨도 가족이 항상 네 곁에 있고 언제나 네 편이라는 것을 꼭 기억하렴."

이런 말은 자주 해 줄수록 좋다.

부모인 당신이 행복한 가정에서 성장을 했을 수도 있고 고통과 갈등이 많은 가정에서 성장했을 수도 있지만, 당신이 경험한 것들과 감정들을 솔직하게 표현하면서 아이가 부모의 사랑을 느끼게 해 주면 된다. 이런 과정은 부모가 아이와 성에 대한 이야기를 할 수 있는 분위기를 마련해 준다. 부모가 아이에게 사랑을 표현해야 아이는 '사랑하고 헌신하고 책임을 지는 관계가 얼마나 소중한지' 알게 된다.

(4) 옷차림을 단정히 하고 몸을 소중히 지키기

아이가 학교에 다니기 전이나 초등학교 1학년 때부터 서로 사랑하고 헌신하고 책임을 지는 가족의 이야기를 시작하는 것이 좋다. 아이가 어릴 때 단정함이나 정숙함에 대해 이야기를 나누게 되면, 아이는 어떤 옷을 입어야 적절하고 몸을 어떻게 소중하게 여겨야 할지 스스로 생각을 정리해 볼 수 있고 적절한 기준을 세울 수 있다. 물론 친구들이나 대중매체의 유행이나 유혹에 빠져 일시적으로 휩쓸리고 잘못된 결정을 할 수도 있지만, 어릴 때 나눈 진실하고 친밀한 대화가 아이가 성에 대해 적절한 개념을 형성하고 의사결정이나 행동을 할 때 좋은 방향으로 나아갈 수 있는 지침이 될 수 있다.

부모는 다음과 같은 대화를 하면서 몸을 소중히 지키는 것에 대해 말할 수 있다.

"네 몸은 정말 특별하고 소중하단다. 그래서 몸을 잘 지키고 돌보는 것은 정말 중요해. 텔레비전이나 영화를 보면 예쁘게 보이고 성인처럼 보이는 것이 가장 중요한 것처럼 착각할 수도 있어. 그래서 여자아이들은 너무 지나치게 짧은 치마에 몸매가 심하게 드러나는 옷을 입기도 한단다. 그런 옷을 입어야만 사람들로부터 관심과 사랑을 받을 수 있다고 생각하기도 하지."

"엄마와 아빠는 너를 무척 사랑한단다. 우리는 네가 제대로 몸을 돌보지 않거나 몸을 함부로 하다가 고통을 겪지 않길 바란단다. 어떤 여자아이들은 예쁘게 보이려고 짧은 스커트에 몸에 딱 붙은 옷을 입고, 귀나 코에 엄청 많은 피어싱을 하고 문신을 새기거나 진한 화장을 하기도 한단다. 넌 어떻게 생각하니? 넌 네 옷이나 외모 같은 겉모습에 반하는 친구를 원하니, 아니면 너의 성격 같은 신정한 내면의 모습을 좋아하는 친구를 원하니?"

또는 우리의 몸을 차에 비유하면서 아이들에게 옷차림을 단정히 하고 몸을 소중히 여기는 것의 중요성을 간접적으로 알려 줄 수도 있다.

"우리가 어디를 가고 싶으면 차를 타고 가서 즐겁게 지낼 수 있는 것처럼 우리 몸도 마찬가지란다. 너는 어떤 차가 가장 멋있다고 생각하니?"
"자신의 차를 자랑하기 위해 차에 스티커를 잔뜩 붙이고 화려하게 꾸미거나 음악 소리도 아주 크게 하면서 위험할 정도로 지나치게 빨리 달린다면 어떨까?"
"네 몸이 차라면 어떻게 하고 싶니?"

이러한 이야기로 성에 대해 대화를 시도해 보자. 가정마다 부모의 화법이나 경험에 따라 조금 다르게 할 수는 있지만 아이들과 이런 식의 대화를 하는 것과 하지 않는 것의 차이는 엄청 다를 수 있다. 우리가 성이라는 민감한 주제에 대해 바로 이야기하면 민망하고 대화를 피하게 되지만, 어떤 예시를 통해 비유적으로 이야기하면 좀 더 머릿속에 잘 들어오고 자연스럽게 인식을 하는 데 도움이 될 수 있다.

(5) 자신의 몸을 존중하고 보호하기

아이들이 몸을 존중하고 위험한 성적 행동으로부터 자신을 보호할 수 있도록 주의를 주되, 성에 대해 너무 부정적이거나 불안한 마음을 갖게 해서는 안 된다.

아이들과 성에 대한 '중요한 대화'를 하기 전에 부모는 아이가 몸을 소중하고 신비로운 선물로 인식해서 자신의 몸을 소중히 여기고 보호할 수 있도록 해야 한다.

또한 성적인 위험에 대한 이야기는 아주 조심스럽고 신중하게 꺼내야 한다. 대다수의 어른은 좋은 사람이 많지만 간혹 아이들을 해치는 사람이 있어서 조심해야한다는 점을 강조해야 한다. 다음과 같은 질문은 아이들이 성에 대해 올바른 생각을 할 수 있도록 도와줄 수 있다.

"우리 몸은 정말 신비롭단다. 몸은 많은 것을 할 수 있지. 우리가 몸으로 할 수 있는 것들은 무엇이 있을까?"

"우리 몸은 정말 많은 일을 할 수 있단다. 이러한 사실에 대해 감사하게 여겨야 한단다. 네 몸에서 가장 감사한 부분이 어디라고 생각하니?"

"우리 몸은 아주 특별하고 소중하기 때문에 다른 사람들에게 보여 주지 않는 은밀한 부분이 있어. 그게 어디일까?"

"우리가 소중한 부분을 잘 돌보지 못하면 어떤 어려움이 생길까?"

"가끔 사람들이 성에 대해 농담을 하거나 상스러운 표현을 하기도 한단다. 혹시 그런 말을 들어 본 적이 있니?"

"우리의 은밀하고 소중한 부분은 다른 사람이 절대로 만지거나 보면 안 되는 거야. 알고 있지?"

"사랑하는 누군가가 우리를 안아 주거나 어깨를 두드려 주면 느낌이 좋지. 그런데 나쁜 느낌의 접촉은 어떻게 다를까?"

"만약 누군가가 너에게 나쁜 접촉을 하려고 하면 어떻게 해야 할까?"

"너는 가족과 친구들 그리고 사랑하는 사람과 좋은 느낌의 접촉을 많이 하게 될 거야. 하지만 나쁜 느낌의 접촉은 피해야 한다. 만약 그런 일이 생기면 어떻게 해야 하는지 잘 알고 있지?"

이와 같이 대화를 좀 더 잘 하려면 우선 부모가 아이들을 위한 성교육 책들을 미리 읽어 볼 필요가 있으며, 어떻게 이야기를 진행해 나갈지 미리 생각을 하고 아이들과 성에 대한 대화를 하면 더 잘 할 수 있을 것이다. 어떤 부모들은 성에 대한 대화를 이렇게 어린 나이에 꼭 할 필요가 있을까 하는 생각이 들기도 할 것이다. 부모가 되면 책임이나 자율성, 성실함과 같은 좋은 덕목을 아주 어린 시기부터 가르치듯이 성에 대한 올바른 가치 교육도 함께 이루어져야 하는 것은 당연하다.

4) 초등학교 아이들을 위한 성교육

대부분의 8세 정도의 아이는 순수하고 순진하고, 다른 사람의 인정을 받고 싶어 하고, 주변 세상에 호기심이 많아서 뭐든지 알고 싶어 한다. 이 시기에는 나중에 사춘기에서 많이 보이는 냉소적이고 비꼬는 태도는 별로 없다. 그래서 이 시기부터 성에 대해 올바르고 긍정적인 개념을 심어 주는 것이 적절할 수 있다.

성관계는 특별하고 소중하다는 것을 알려 주자. 또한 부모는 서로에게 충실하고 헌신하는 관계라는 것과 서로에 대한 헌신과 충실함을 보여 줄 수 있는 가장 좋은 방법이 결혼이라는 것을 아이에게 설명해 주자. 부모는 다음과 같은 질문들을 하여 대화를 끌어갈 수 있다.

"상대방에게 헌신하고 책임지고자 하는 마음이 없는 상태에서 성관계를 가지는 것이 왜 나쁠까?"

"아무하고나 성관계를 갖게 되면 아주 몹쓸 병에 걸릴 수도 있어."

아이가 이해하고 받아들일 수 있을 정도로만 충분히 설명을 해 주는 것이 좋다. 아이들이 너무 겁을 먹거나 무서워하지 않도록 주의하여 대화하는 것이 필요하다. 아이들에게 성관계라는 것은 진정으로 사랑하는 사람이 나타날 때까지 충분히 기다릴 만한 가치가 있는 '가장 아름답고 신비로운 것'임을 알려 주는 것이 가장 중요하다.

아이에게 조금 더 크면 사춘기가 온다는 것과, 사춘기가 되면 몸의 변화도 생기고 힘도 세지며 아기를 가질 수 있게 된다는 것을 설명해 주자.

"아이들이 사춘기가 되어 아기를 낳을 만큼 크면 아기를 가져도 된다고 생각하니?"

"소중한 성관계를 가장 사랑하는 사람, 즉 너와 결혼할 사람과 나누기 위해 아껴 두고 기다리는 것에 대해 어떻게 생각하니?"

"네가 성에 대해 뭔가를 듣고 신경이 쓰이거나 이상하다는 생각이 들면 언제든지 우리에게 이야기해 주어야 해. 그러면 우리가 대답을 해 줄게. 그렇게 해 줄 수 있지?"

성관계를 가족의 소중함과 연결해서 설명하는 것도 매우 도움이 된다.

"이 세상에서 너에게 가장 중요한 사람이 누구일까?"

"언젠가는 너 역시 결혼을 해서 배우자와 아이들이 생길 거야. 지금은 상상이 안 되겠지만, 넌 네 가족들을 그 누구보다도 사랑하게 될 거야. 지금 가족과 네가 앞으로 꾸리게 될 가족, 너한테는 이렇게 가족이 둘이 되는 거지. 그렇다면 성관계는 가족과 무슨 관계가 있을까?"

"가족은 얼마나 오래 지속되어야 할까?"

아이들에게 성관계라는 것은 진정으로 사랑하는 사람이 나타날 때까지 충분히 기다릴 만한 가치가 있는 '가장 아름답고 신비로운 것'임을 알려 주는 것이 가장 중요하다.

"네가 이런 이야기를 나눌 정도로 많이 컸다니 정말 놀랍다. 우리가 더 가까워진 느낌이야. 너와 이런 이야기를 나눌 수 있어서 정말 좋았어. 우리 앞으로는 어떤 이야기든지 나눌 수 있겠지?"

아이가 당신의 사랑을 느낄 수 있도록 아이를 꼭 안아 준 후에 대화를 마무리한다.

299

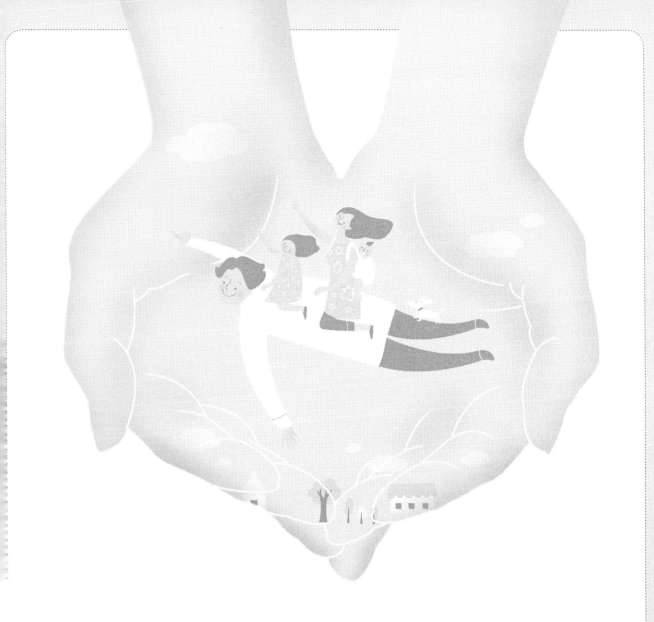

Part **IV**

10대 아이와
잘 지내기

Chapter 7

10대를 정확히
이해하기

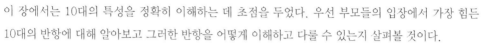

이 장에서는 10대의 특성을 정확히 이해하는 데 초점을 두었다. 우선 부모들의 입장에서 가장 힘든 10대의 반항에 대해 알아보고 그러한 반항을 어떻게 이해하고 다룰 수 있는지 살펴볼 것이다.

우선 10대와 자주 부딪히는 이유는 부모와 10대의 아이들 간에 서로 기대하는 신념들이 다르기 때문이다. 그리고 부모와 10대들이 갖고 있는 신념들이 대개 비합리적이다. 이러한 비합리적인 신념들에는 어떤 것이 있는지 살펴보고 합리적인 신념들을 갖는 연습을 해 본다.

또한 감정의 기복이 심한 사춘기의 10대 아이들과 잘 지낼 수 있는 최선의 방법은 공감이고 이 시기에는 공감이 가장 효과적인 양육 기술이라 할 수 있다.

주요 내용

1. 반항하는 10대와 잘 지내는 법
2. 부모와 10대 아이의 비합리적 신념을 합리적인 신념으로 바꾸기
3. 격동의 사춘기: 공감 또 공감이 필요하다

주요 질문

1. 당신은 어떠한 생각 때문에 아이를 대할 때 괴로운가?
2. 당신은 아이들이 반항할 때 주로 어떤 방식으로 대응하는가?
3. 당신의 어떤 특성이 아이의 반항을 부추기는가?
4. 당신의 자녀에 대한 공감 수준은 어느 정도인가?

1. 반항하는 10대와 잘 지내는 방법

 사례

열일곱 살인 아들은 학교를 가끔 빠지며 주말이면 술도 마시고 집에 들어온다. 심지어 자기 방에서 담배를 피우는데 담배에 대한 해로움이나 담배 냄새가 온 집안에 퍼져 나가서 가족들을 괴롭히는데도 아무런 신경도 안 쓴다. 아들은 이렇게 형편없는 모습을 보이면서 오히려 부모님께 불같이 화를 내며 당당하게 대든다. 아들은 무단결석도 너무 많이 했기 때문에 자칫하면 고등학교 졸업도 하지 못할 수도 있다. 엄마는 아들을 차에 태워 강제로라도 학교에 등교시키고 싶지만, 말을 듣지 않고 일어나지도 않기 때문에 거의 불가능하다. 아빠는 아침마다 벌어지는 이 소란과 난감함에 지쳐서 회사생활에도 지장이 있으며 너무나 무기력해지고 자신감을 잃어 가고 있다.

이 아들의 부모는 아이를 자기 뜻대로 하려는 강압적인 사람들은 아니다. 청소년기의 아이들은 그저 여러 가지 이유로 반항적으로 변할 수 있다. 만약 당신의 자녀가 갑작스럽게 변하고 가족들을 너무 힘들게 한다면, 아이에게 무슨 일이 일어나고 있는지 파악할 필요가 있다.

10대의 반항은 어떻게 나타나는가?
☐ 어른의 요구에 제때 순응하지 않는다.
☐ 과제나 일을 제대로 마무리하지 않는다.
☐ 규칙을 따르지 않는다.

'반항'이란 부모가 요구한 것을 자녀가 완전히 무시하고 저항하고 대들고 복종하지 않은 행동이라고 정의할 수 있을 것이다.

문제는 아이의 반항을 부모 자신의 문제는 하나도 없고 자녀만의 문제라고 생각하면 반항은 줄 수 없으며 안정적이고 평화로운 삶으로 되돌아가기는 어렵다는 것이다. 자녀가 반항할 때에는 여러 이유가 있을 수 있다. 대개 부모와의 대화방식으로 인해 분노나 짜증이 일어날 수도 있다. 그러나 이런 요인들이 없는데도 아이의 반항이 끝이 없고 가족 모두를 힘들게 한다면 아이의 반항을 발달상 있을 수 있는 일시적이고 지나가는 행동이라기보다는 기질이나 성격 특성으로 볼 수 있다. 일반적으로 기질이나 성격 특성은 쉽게 바뀔 수 없지만 행동 수준의 변화는 얼마든지 바꿀 수 있다.

만일 아이의 반항이 부모 자신의 문제가 아니라 아이만의 문제행동이라고 여기면 매번 아이에게 다음과 같이 말하기 쉽다.

> "너는 왜 항상 말버릇이 그 모양이니?"
> "왜 너는 늘 똑바로 행동하지 못하니?"
> "도대체 뭐가 불만이어서 그렇게 투덜대니?"

이와 같은 비난을 끊임없이 하게 된다. 이런 대화방식으로는 자녀와의 말다툼이 끊이지 않을 것이다.

하지만 보다 침착하게 객관적으로 아이의 행동을 자세히 살펴보면 아이가 '계속해서' '항상' 반항하지는 않는다는 것을 알아차릴 수 있을 것이다. 자녀들이 항상, 어디서나, 누구에게나 반항적이지는 않으며 매번 똑같은 방식으로 반항하는 것도 아니다. 어떤 아이들은 집에서 너무 심하게 반항적인 성향을 보여서 학교에서도 매우 반항적일 것으로 생각한다. 하지만 반드시 그런 것은 아니다. 아이들은 모두에게 반항하는 것이 아니라 마음에 들지 않는 특정 사람에게만, 혹은 자신이 생각하기에 부당한 요구라고 생각될 때 훨씬 더 반항적이 된다.

반항하는 아이들은 모두 비슷하게 보일 수 있는데, 가만히 잘 관찰해 보면 반항에도 정도의 차이가 있다. 이 미묘한 차이를 알아차릴 때 당신은 무엇이 잘못한 행동이었고, 무엇이 잘한 일이었는지 알게 된다. 문제를 어디에서부터 어떻게 다루어야 할지 제대로 방향을 잡을 수 있는 것이다. 누구나 기본적인 성격과 기질은 쉽게 바뀌지 않지만 행동은 바뀔 수 있다는 사실을 자주 기억할 필요가 있다. 자녀의 반항을 자세히 관찰하면 어떻게 대처해야 하는지 방법이 보이고 적절하게 부모의 의사소통 방식이나 행동을 수정하면 반드시 변화는 일어난다.

반항은 하나의 행동이 아닌 반응이다. 반항은 어떤 대상과 잘 맞지 않고 참을 수 없는 상황에 대해 일어나는 반응이며 상호작용의 결과이다. 만약 부모가 자녀에게 어떤 지시나 요구도 내리지 않는다면 아이가 지시를 어길 일도 없을 것이다. 마찬가지로 미리 정한 규칙이 없다면 자녀가 규칙을 위반할 일도 없다. 반항은 외부의 요구나 규칙을 지키라는 압력이 없는 상태에서는 일어나지 않는다.

만약 열다섯 살 아이들에게 자신이 반드시 해야 하는 일이라고 매일 설거지를 하라고 다그치면 아이는 밖으로 나가 버릴 것이다. 만약 딸에게 10시까지 집에 들어오라고 강요하면 아이는 그에 대한 반항으로 더 늦게 집에 돌아올 수도 있다. 10대의 반항은 부모나 권위적인 인물들이 내리는 지시에 대한 반응이다. 반항은 부모와 자녀가 서로 대립하게 하며, 부모와 자녀 사이를 점점 더 멀어지게 만든다. 당신이 반항을 자녀만의 문제행동이 아닌 상호작용에서 나온 행동으로 이해한다면 서로의 관계를 개선하는 데 큰 도움이 될 것이다. 그런데 사실 아이가 먼저 변화하여 부모를 변화시키기는 어렵다. 아이가 먼저 변화하여 부모를 변화시킨다면 아이가 아니다. 부모가 먼저 자녀와의 관계를 깊게 생각하고 관찰하여 조금씩 변화하는 연습을 할 때 자녀에게도 변화가 일어날 수 있을 것이다.

다음 질문 중 자녀의 행동이 하나라도 해당한다면 자녀의 반항에 관심을 기울여야 한다.

□ 자녀의 반항적인 행동이 다른 또래 청소년들보다 훨씬 심한가?
□ 자녀의 반항적인 행동이 그 나이 또래가 해야 하는 역할을 하는 데 방해가 될 정도인가?
□ 자녀의 반항적인 행동이 자신은 물론 가족 구성원들에게 심각한 정신적 고통이나 피해를 일으키는가?

자녀들이 반항을 심하게 할수록 부모는 자녀들에게 좀 더 긍정적인 관심을 기울이고, 바람직하고 올바른 행동에 격려와 지지를 해 주고, 아이를 어른처럼 존중하면서 문제 해결에 주체적으로 참여할 수 있도록 도와주어야 할 것이다. 아이에게 '부모의 지지'는 단단한 빛의 갑옷이다. 부모의 지지는 온갖 어려운 일과 유혹적인 일들을 용기를 내어 당당하게 헤쳐 나가는 데 도움을 준다. 부모의 지지를 받는 아이들은 자신감이 생겨 세상의 어려운 일들에 대해 강인하고 유연하게 대처할 수 있다.

가정 안에서 불거진 아이와의 갈등은 계속 반복되고 잘 해결되지 않는다. 부모든 아이든 변화하기는 매우 어렵고 또 변화를 시도해도 계속 지속하기는 정말 어렵다. 행동 변화를 성공적으로 이끌어 내기 위해서는 도전과 지속성이 가장 중요하다. 10대 자녀와의 갈등을 줄이기 위해 나아가는 길은 계속 좋아지는 직선이 아니라 발전했다가 다시 퇴행하고 다시 발전하고 다시 퇴행하는 수많은 톱니바퀴 같은 반복이 있게 마련이다. 아이의 행동이 조금 나아졌다가 다시 안 좋아졌을 때 부모는 많이 실망한다. 자신의 노력이 또 헛되었다는 생각이 들 수 있다. 힘이 빠진다. 하지만 지속적으로 부모가 일관되게 바람직한 방향으로 훈육하는 것이 매우 중요하다. 부모는 많은 시도를 하지만 수없이 좌절한다. 좌절하는 순간은 수없이 많겠지만 그래도 일관되게 나아가야 한다. 시간이 조금씩 흐르면서 아이도 조금씩 성장하면서 부모와 아이 둘 다 좀 더 나아지는 방향으로 분명히 나아갈 수 있다.

1) 반항을 악화시키는 길

15세인 딸 네나는 기분이 종일 가라앉아 있었고, 엄마가 뭔가를 부탁할 때마다 건방진 소리를 하며 반항적인 태도를 보였다. 아이의 신경은 매우 날카로웠고 짜증을 부리고 조급하게 굴었다. 밤이 다 되도록 딸은 숙제를 하지 않고 평소처럼 친구들과 전화통화를 하며 수다를 떨었다.

> 딸: 얘야! 당장 전화 끊고 숙제해!
> 엄마: 1분만!
> 딸: 1분 있다 한다고 했잖아!
> 엄마: 저녁 내내 이야기했잖아. 숙제 먼저 하라고, 지난번 성적을 생각해 봐. 그러다 수학 시험 또 망칠 셈이야?
> 딸: 1분이면 된다고 했잖아. 지금 통화 중이란 말이야!

딸의 말대꾸에 화가 머리끝까지 난 엄마는 지나치게 많이 나오는 아이의 휴대전화 요금이 떠올랐다. 딸에게 주의를 준 적이 있는데, 자신의 말을 들은 척도 하지 않고 전화기만 붙잡고 있는 딸을 보니 참을 수가 없었다.

딸: 왜?

엄마: 왜? 왜냐고? 왜 이렇게 화났는지 알 텐데, 당장 집에서 나가!

엄마의 눈에서는 눈물이 솟구쳤다. 고작 열다섯 살 먹은 딸에게 이런 괴롭힘이나 당하는 자기 자신이 처량하고 슬프고 바닥까지 내려가는 기분이었다. 아이와의 이런 갈등이 한두 번은 아니었다. 딸아이가 초등학교에 다닐 때만 해도 집안일을 곧잘 거들어줘 자랑스러웠는데, 지금 엄마는 실망감과 좌절감에 괴로워하고 있다. 엄마와 딸의 싸움에서 엄마는 매번 좌절이다. 지난 2년 동안 서로 제대로 된 대화를 하기가 어려웠고 딸의 행동은 절망적이었다 .

반항은 시간이 지날수록 나빠진다. 그런데 반항이 하루아침에 심해지는 건 아니다. 반항은 아이를 양육하는 과정에서 시간이 지날수록, 때로는 몇 년에 걸쳐 점점 악화하는 행동이다.

시간이 지나 아이가 성장하면서 자녀와의 대화는 점점 더 불쾌해질 것이다. 아이가 청소년기에 이르기까지 아이와 수도 없이 적대감에 찬 대화를 했을 것이다. 아이는 이제 당신은 물론 다른 어른들에게도 완전히 반항적인 행동과 태도를 굳혔을 것이며, 이는 무례함을 넘어 적대적으로까지 보일 것이다. 최악의 경우에는 사사건건 부모에게 날을 세우고 무례하게 굴 수도 있다.

반항하는 10대는 대부분 이런 식으로 부모를 힘들게 하는데, 반항을 해서 얻을 수 있는 것이 있다는 사실을 터득했기 때문이다. 반항은 엄마의 잔소리를 간단히 피할 수 있는 방법이며, 반항을 함으로써 부모의 관심을 끌 수도 있다. 부모가 바빠 관심을 쏟지 못할 때 자녀에게 긍정적인 사회적 행동방식을 제대로 가르치기란 매우 어렵다. 이런 경우에 아이들은 부정적인 행동을 시작하게 된다. 이때 부모가 아이의 부정적인 행동에 반응을 보인다면 아이는 자연스럽게 그 전략을 계속해서 사용할 것이다. 만약 부모의 관심이 시들하다고 느끼면 아이는 더 심각한 부정적 행동을 보이고 그 정도 또한 심해질 것이다. 이는 10대들이 만성적으로 반항적인 아이가 되는 길 중 하나이다.

반항적인 행동을 악화시키는 또 다른 경우는 부모가 아이의 불복종을 견디지 못하고 쉽게 항복해 버릴 때다. 한번 시작된 반항을 잠재우는 일은 정말 쉽지 않은 일이다. 대개는 몇 년을 두고 부모의 양육방식이 바뀌고 아이도 커 가면서 조금씩 줄어드는 과정을 거친다.

2) '강압'은 반항을 부른다

강압은 상대방에게 자신이 원하는 것을 강요하기 위해 부정적이거나 공격적인 혹은 적대적이거나 위협적인 말과 행동을 하는 것이다. 강압은 적대적 관계를 만들고 반항을 더욱 심하게 만든다. 앞의 사례에서 아이는 소리를 지르고 엄마와 싸움으로써 숙제를 하지 않게 됐다. 한편, 엄마는 딸을 때리려는 행위를 통해 아이의 욕설을 멈출 수 있었다. 이들 모녀는 목적을 이루기 위해 적대적인 감정을 드러냈고, 모욕적이고 폭력적인 언어를 사용했다. 하지만 문제는 아이의 반항이 더 심해졌다는 것이다. 이런 행동으로 아이는 숙제나 설거지를 하지 않게 됐으니 앞으로 의식적으로나 무의식적으로 이런 방식을 계속해서 할 가능성이 높아질 것이다.

3) 반항을 부추기는 세 가지 요인

아이가 반항적이게 되는 원인은 10대 자녀의 특성, 부모의 특성과 양육방식, 스트레스크게 세 가지가 있다.

(1) 10대 자녀의 특성

10대의 반항은 그들의 기질이나 성격과 관련이 있다. 어떤 아이는 또래에 비해 쉽게 좌절하고, 더 빨리 화를 내고 짜증을 많이 부린다. 또한 그들은 충동적이고 자제력이 부족하고 감정적이다. 이 외에도 청소년기가 되면 10대들은 부모로부터 벗어나 자신만의 정체성을 찾고 싶어한다. 게다가 주의력결핍 과잉행동장애, 조울증, 우울증 등의 증상을 갖고 있는 아이들은 때에 따라서 반항적 행동을 보일 수도 있다.

(2) 부모의 특성과 양육방식

부모의 사고 틀이나 자녀에 대해 갖고 있는 사고나 고정관념도 관계에 영향을 미친다. 만약 부모는 딸아이가 자신이 바라는 인생의 틀에서 자주 벗어난다는 생각이 들면, 아이가 결국 나쁜 길로 빠져 임신을 하거나 약물에 중독되어 삶을 망치게 될 거라고 극단적으로 생각할 수도 있다. 아니면 아이를 '무능력한 아들' '희망이 없는 딸'이라고 생각할 수도 있다. 이렇게 도움도 되지 않고 근거도 부족한 비합리적이고 극단적인 신념을 심리학자들은 '인지 왜곡'이라고 부른다. 이러한 비합리적이고 인지 왜곡은 부적응적인 심리적·정서적 결과를 가져오고 성장에 도움이 되는 건설적인 행동을 하지 못하도록 하는 방해요소이다. 부모가 자녀에 대한 비합리적이고 부정적인 고정관념을 갖고 있다면 자녀는 부모로부터 이해받지 못한다는 생각이 들고 반항이 심해질 것이다.

또한 부모의 양육방식이 강압적이고 독단적이고 자녀에게 지나치게 높은 기대를 요구할 때 아이들은 거의 틀림없이 반항한다. 아이 자체도 힘을 가지려고 하는 경우에는 더욱 심하게 반항할 수 있다. 또한 부모가 자녀에게 너무 높은 기대를 계속해서 요구하면 아이는 부모의 기대를 채울 수 없다고 생각하여 아예 포기하고 잘못된 활동에 빠져들면서 반항이 점점 심해질 수 있다. 강압적이고 독단적인 방식은 아이의 반항심을 부추긴다. 부모에게 반항하는 아이일수록 부모가 아이의 생각을 잘 들어 주고 아이가 스스로 선택할 수 있도록 힘을 주면 의외로 반항이 많이 수그러드는 경우들이 있다.

(3) 스트레스

가족 중 누군가가 세상을 떠난다거나 경제적 어려움, 결혼, 직업, 질병 등의 문제로 고통을 받으면 인내심이 떨어지고 스트레스를 심하게 받게 된다. 이렇게 스트레스가 심한 상황에서는 아이가 사소한 잘못을 저지르더라도 부모는 참을 수가 없고 짜증을 내거나 화를 내게 된다. 스트레스는 처벌의 강도를 높이고 갈등을 증가시킨다. 스트레스를 받으면 나쁜 일을 곱씹어서 생각하게 되고 집중이 잘 안 되고 정서적으로 우울해지고 불안해져서 가정에서 아이를 대할 때 조그만 일에도 짜증이 일어나고 일관성 있는 양육을 하기 어렵다. 10대들에게 규칙을 일관성 있게 훈육하지 않으면 아이를 혼란스럽게 하고 아이가 반항하게 만드는 요인이 될 수 있다. 또한 아이들 역시 이 시기에는 학교 성적, 왕따나 괴롭힘, 이성 친구 문제, 자신이 원하는 또래 집단에 끼기 위한 신경전 등으로 다양하게 스트레스를 받고 있다는 것을 명심해야 한다.

사실 아이의 타고난 성격과 기질은 변하기 힘들다. 다만 부모로서 우리가 노력할 수 있는 것은 '양육방식'이다.

4) 청소년기에 나타나는 발달 특성

10대들의 이해할 수 없고 과격하고 반항적인 행동들이 왜 일어나는지 그리고 어떻게 그런 행동을 하는지 이해하면 문제 해결이 쉬워진다. 자녀가 내적으로 혼란을 겪을 때 그들의 욕구를 알아차리고 이에 적절히 대응하면 반항과 갈등을 줄일 수 있다. 아이의 요구를 무시하거나 억누르려고 하면 상황이 더 나빠질 뿐이다. 청소년기에는 다음과 같은 발달특성을 보인다.

(1) 10대에게 친구는 인생에서 큰 부분을 차지한다

10대 아이들은 부모보다는 친구들의 의견이나 가치를 더 중요하게 생각하면서 또래와 어울리는 시간을 많이 갖길 원한다. 하지만 부모와는 될 수 있으면 시간을 보내지 않으려 한다. 부모의 입장에서는 무척 섭섭하고 슬픈 일이지만 가까운 친구들과 관계를 맺거나 친밀함을 유지하는 능력을 키우는 것은 청소년기의 중요한 발달 과제다.

(2) 10대는 부모로부터 독립하고 싶어 한다

독립은 10대에게 가장 중요하다. 독립의 욕구가 자녀에게 꼭 필요한 과정이라고 이해한다면, 아이의 반항이 단지 부모를 화나게 하려는 행위라는 단순한 생각은 하지 않게 될 것이다. 부모는 독립하고 싶어 하는 청소년기의 특징을 이해하면서 양육하는 것이 좋다. 다음의 질문에 대해 생각해 보자.

① 당신의 자녀는 어떤 부분에서 부모의 간섭을 받지 않으려고 하는가?

10대는 의상, 헤어스타일, 음악적 취향 면에서 간섭받고 싶어하지 않는다. 이는 부모로부터 벗어나기 위한 노력의 일부이다. 이러한 아이들의 모습을 자연스럽게 받아들일 수 있는가, 아니면 아이들에게 이런 면들을 통제해야한다고 생각하는가?

② 당신의 아이는 가정이나 학교에서 사생활을 자주 주장하는가?

아이가 방문을 닫고 친구와 속닥속닥 전화 통화를 하거나 친구의 이름을 아무리 물어도 엄마 아빠는 몰라도 된다고 하면서 말해 주지 않은 경험이 있을 것이다. 당신은 아이의 사생활을 어느 정도 봐줄 수 있는가?

③ 요즘 아이와 얼마나 함께 시간을 보내는가?

아이가 이제 더 이상 부모와 함께 보내는 시간을 좋아하지 않는다는 것을 느낄 것이다. 아이는 이제 가족 모임이나 여행에도 같이 가고 싶어 하지 않는다. 이런 문제들에 대해서 그래도 어느 정도 설득해서 같이 가서 시간을 보내는 것이 좋을지, 아니면 아이의 의사를 존중하여 함께 가지 않는 것이 좋을지 생각해 보아야 할 것이다.

부모로서 당연하다는 생각에 자신의 방식을 고수하며 자녀에게 강요한 적이 있는가? 청소년기의 특성을 고려해서 다른 방식으로 아이를 대할 것인가?

만약 아이가 '머리를 노랗게, 빨갛게 또는 파랗게 염색하는 것을 허락해 줄 것인가? 아니면 귀가 시간을 늦춰 줄 것인가? 정확한 답은 존재하지 않지만, 중요한 것은 부모가 자녀의 독립성을 인정하고 융통성을 발휘해서 어느 정도를 허용할까 해답을 찾아야 한다는 것이다. 좀 더 중요하다고 생각하는 행동들을 지키게 하고 덜 중요하다고 여겨지는 행동들을 조금 허용하는 유연함도 필요하다.

(3) 10대는 독립으로써 정체성을 찾는다

청소년은 자신의 정체성을 찾아가는 과정에서 부모의 가치관과 의견을 대부분 거부한다. 반면, 친구의 가치관과 의견은 스스럼없이 따른다. 부모는 이러한 청소년기의 특징을 알지만 더 이상 자신을 따르지 않는 자녀를 보며 마음이 비참해지고 우울해지기 쉽다. 당신은 아이가 자기 주장을 강하게 할 때 그것을 단지 반항으로 생각하는가? 물론 노란색 혹은 파란색으로 머리를 염색하려는 행동을 이해하기는 힘들 것이다. 하지만 아이가 파란 머리를 고집하는 것은 단지 자신을 감각 있게 드러내고자 하는 하나의 방식일 수 있다. 또는 부모가 보기에 아이의 이런 행동들이 보기 불편하고 튀는 행위로 보일 수도 있지만 또 모르는 일이다. 먼 훗날 아주 재능 있는 예술적 활동으로 이어질지도……. 다행히 적어도 나이가 들면서 아주 파격적이고 돌발적인 행위들은 줄어들게 마련이다.

(4) 10대는 정체성을 찾아갈 때 강하고 힘 있게 보이기를 원한다

10대는 스스로를 독립적인 존재라고 느껴서 자신을 치장하고 꾸미는 것에 대해 스스로 선택할 권리, 조금 늦게 귀가할 수 있는 권리를 위해 부모와 맞서는 것이다. 이것은 10대에게 자존심이 걸린 문제이다. 특히 10대 초반의 아이는 자신을 어린아이처럼 취급한다고 느끼면 바로 반항하기 쉽다.

10대들이 아빠보다 엄마를 더 힘들게 하는 이유는 남자와 여자의 생물학적 차이 때문이기도 하다. 보통 아빠는 몸집이 크고 힘도 세며 목소리도 권위적으로 느껴지고 중후한 목소리를 가지고 있다. 아이들은 아빠와 엄마를 비교한다. 아이들은 자신을 벌할 때 아빠와 엄마가 각각 어떻게 하는지, 자신을 더 힘들게 하는 사람이 누구인지 잘 알고 있다. 아빠는 간단하고 힘 있고 무게 있게 말한다. 하지만 엄마는 말이 길고 장황하며 그러면서도 감정적이며 마음이 약하다. 아이들에게 엄마는 자신에게 유리한 협상을 할 때 만만하고 편해 보인다. 이는 아이들 대부분이 아주 어릴 적부터 살면서 터득한 사실이다. 그래서 10대들은 엄마의 강압에 더 쉽게 맞설 수 있다고 생각하고, 아빠보다는 엄마의 한계를 더 시험해 보려고 한다. 이러한 한계 시험은 특히 엄마와 아들 사이에서 많이 일어나고, 아빠가 집을 비울 때 더 많이 발생한다. 물론 10대 딸들도 역시 엄마를 시험하는 것은 마찬가지이다.

엄마와 아빠의 이런 차이는 많은 문제를 일으킬 수 있다. 만약 당신이 반항하는 10대의 엄마라고 하자. 아이가 아빠의 말만 잘 듣는다면 당신은 모든 문제의 원인이 자신에게 있다고 생각할 수 있다. 이렇게 생각하면 엄마로서 많이 무기력해지고 문제 해결에 대한 에너지가 소진되고 뭔가 자신이 잘못한 것은 아닌지 죄책감을 갖게 된다. 결국 아이와의 관계 개선에서 자신감이 떨어지고 지치게 될 것이다. 이럴 때는 문제를 해결하기 위해 더 깊게 관여하기보다는 조금 물러나 자신을 위해 휴식을 취하고, 상황을 다르게 바라보고 에너지를 얻는 시간이 필요하다. 사실 엄마들은 자식의 일에 있어서 물러나거나 멈추거나 휴식을 취하기가 매우 어렵다. 어떻게든 매순간 열심히 해결하려고만 한다.

만일 반항하는 10대의 아빠라면 아이의 엄마가 반항에 어느 정도 책임이 있을 거라고 생각해서는 안 된다. 아이는 엄마가 하지 못하게 하는 것을 하기 위해 머리를 돌리면서 아빠와의 관계를 이용할 수 있다. 오히려 아이와의 갈등을 줄이고 아이의 반항을 줄이기 위해서는 아빠는 아이 엄마를 잘 이해해 주고 위로해 주고 지지해 주는 자세를 가져야 한다.

이러한 청소년기에 나타나는 발달 특성에 우리 부모는 어떻게 대처해야 하는가?

① 10대 자녀에 맞게 합리적인 기대를 하자

10대 자녀는 아직 어리고 미성숙하고 불안정한 상태이다. 부모가 기대하는 것보다 성숙하지 못한 단계임을 인식한다.

② 규칙을 일방적으로 지키라고 강요하기보다는 선택의 여지를 주자

10대 아이에게 비록 제한된 범위일지라도 몇 가지 선택을 할 수 있도록 해주면 일방적으로 규칙을 명령하는 것보다 쉽게 협조를 구할 수 있다. 복장, 친구, 귀가 시간, 용돈 등의 주제에서 일방적으로 명령하기보다 몇 가지 선택할 수 있는 대안이나 범위를 제시하면 반항을 훨씬 줄일 수 있다.

③ 아이에게 바라는 것이 부모가 아닌 아이 자신의 생각이라는 느낌이 들게 하자

10대에게 규칙에 대해 명확한 이유를 제시한다면 아이들도 어느 면에서도 합당하다고 생각할 것이다. 물론 이것이 말처럼 쉬운 건 아니지만, 아이 스스로 규칙을 지켜야 할 이유가 합당하고 자신에게도 이롭다는 생각이 들면 부모가 원하는 것을 실천할 가능성이 훨씬 높다.

④ 아이가 잘 하고 있다는 사실을 알려 주자

이는 모든 연령의 자녀에게 해당되는 말이다. 자녀가 사춘기일 때 갈등이 발생할 경우, 부모가 아이의 좋은 점에 관심을 갖고 있음을 알려 주는 것이 좋다. 이런 관심을 표현하는 가장 좋은 방법은 아이가 잘 하고 있다고 아이를 격려하는 것이다.

⑤ 어떻게 하면 자녀와의 문제를 잘 해결할 수 있는지 생각하자

이제 부모는 아이에게 엄하게 규칙을 강요하고 순종을 억지로 강요하는 것이 효과가 없음을 잘 알 것이다. 이는 어린아이에게 쓰는 전략을 10대 자녀에게 사용했기 때문이다. 어떤 방식이든 가장 나은 결과를 이끌어 낼 수 있는 방법은 서로 존중하면서 서로에게 좋은 효과적인 문제 해결방식을 사용하는 것이다. 창의적인 해결책이 떠올랐다면 어느 것을 시도할지, 만약 그것이 효과가 없다면 무엇을 해야 할지 결정해야 한다.

5) 자녀의 반항을 부추기는 부모의 특성

자녀의 반항은 부모의 특성과 상호작용해서 일어난다. 자녀가 반항을 할 때 부모가 똑같이 바로 공격하면 자녀와의 충돌은 불가피하다. 반면에 아이가 반항을 해도 부모가 반응하지 않거나 아이의 반항이 줄어들 수 있도록 이끌어 간다면 상황은 훨씬 좋아질 것이다.

① 부모의 변덕스럽고 급하고 공격적이고 충동적인 성향은 자녀와의 상호작용을 갈등으로 번지게 하고 자녀는 반항할 가능성이 매우 커진다.
② 부모와 아이 두 사람이 똑같이 예민하고 고집스럽고 까다로운 성격을 가지고 있다면 한 사람만 그럴 때보다 충돌할 가능성이 훨씬 크다. 발달상의 문제는 아이가 성장하면서 차차 줄어든다. 하지만 아이와의 갈등이 10대 후반까지 지속된다면 부모와 아이가 서로 비슷한 성격을 가지고 있을 가능성이 크다. 스스로를 객관적으로 인식하기 어려우면 객관적으로 봐 줄 수 있는 주변 사람들의 의견을 진지하게 들어 보는 것도 도움이 된다. 또는 지난 몇 년간 주위 사람들이 당신에 대해 이야기한 것들을 떠올려 봐도 좋다.
③ 보수적인 부모는 자유분방한 성향의 아이와 대화할 때마다 마음이 불편할 수 있다. 대개 10대는 매우 자유롭게 행동한다. 특히 걱정이나 불안이 많은 부모를 둔 아이들은 기회만 되면 부모로부터 벗어나려고 한다. 이것저것 경험하고 부딪혀 보고 싶은 아이들에게 근심 걱정이 많은 부모는 피하고 싶은 숨 막히는 존재이다.

6) 반항 속에서 해결책 찾기

(1) 부모는 가정에서 먼저 서로의 의견을 통합하고 협조하는 태도를 지녀야 한다

그렇지 않으면 아이들은 집안의 규칙을 잘 지키지 않을뿐더러 더 반항적이 될 것이다. 아빠가 엄마를 무시하고 10대 자녀의 편을 들어 주면 규율과 규칙 등의 문제에서 부모의 권위가 절반 수준으로 떨어진다. 또한 엄마가 아빠를 무시하고 자녀와 융합하여 갈등을 감정적으로 처리하면 가족은 분열된다. 많은 가족이 이런 구조적인 문제로 인해 갈등이 오래 계속되고 서로에게 상처를 주는 경우가 많다. 이러한 오래된 가족의 잘못된 역동이 청소년기의 불안정하고 혼란스러운 시기와 맞물려서 그동안 인식하지 못한 작은 흔들림이 온 집안을 크게 뒤흔들고 아수라장을 만들 수 있다.

(2) 부모는 10대 자녀에 대해 좀 더 유연하고 합리적인 신념을 가질 필요가 있다

예를 들어, 아버지는 아들이 심부름을 잘 하지 못하면 앞으로 삶의 가치와 목적이 없는 형편없는 사람이 될 것이라고 믿는다. 아버지는 심부름 때문에 아들과 갈등을 빚게 되고 사실 크게 중요한 일도 아닌데 확대 해석하여 마음이 불편해지고 불안해진다. 보통 아버지의 이런 극단적인 신념은 어렸을 때부터 자신의 아버지로부터 습득된 것일 수 있다.

물론 아들도 자기중심적인 비현실적인 생각을 한다. 아들은 10대들이 완전히 자유로워야 하며, 집안일을 도와야 한다는 부모의 기대가 터무니없고 너무 강압적이라고 믿는다. 그래서 아들도 아버지와 타협을 하지 못한다. 아들은 아버지의 강압적인 독재에서 벗어나기 위해 틈만 나면 밖에 나가 친구들과 어울리고 자유로울 권리와 부모의 노예가 되지 않을 권리에 대해 허세를 떨며 다른 사람들이나 친구들의 의견에만 맞장구를 치면서 스스로를 끊임없이 정당화한다.

(3) 의사소통과 문제 해결 기술의 개선이 필요하다

비난, 부정, 위협, 명령, 방해 그리고 시선을 잘 맞추지 않는 것은 모두 부정적인 의사소통 습관이다. 자신의 할 말만 하고 전화를 먼저 뚝 끊어 버린다든지, 자신의 마음에 들지 않으면 소리를 지르고 눈을 부라리고 불쾌한 눈빛을 발사하거나 그 밖의 기분 나쁘고 무례한 신체 동작을 하며 상대를 무시하고 화를 내는 것 또한 자제해야 할 행동들이다. 이러한 부정적인 의사소통에 극단적인 신념과 기대가 더해지면 관계는 최악으로 갈 수밖에 없다.

7) 자녀의 반항을 줄이는 방법

(1) 자녀의 긍정적인 측면을 주목하자

자녀와 갈등을 겪고 있는 부모라면 자녀의 긍정적인 면에 주목해야 한다. 하지만 갈등과 싸움으로 심하게 나빠진 관계에서 자녀의 긍정적인 측면을 생각해 보는 일은 매우 어렵다. 긍정적인 면이 잘 보일 리 없다. 하지만 자녀와의 관계를 개선하려면 긍정적인 측면에 관심을 가져야 한다. 의도적으로 마음을 두면서 자녀의 긍정적인 측면에 관심을 두어야 한다. 부모는 아이가 어떤 좋은 행동을 갖고 있는지 또는 어떤 재능이 있는지 잘 살펴보고 그러한 아이의 재능을 펼칠 수 있게 도와주어야 한다. 아이에게는 분명 자신이 좋아하고 잘 하고 싶은 분야가 있을 것이다.

(2) 긍정적이거나 부정적인 결과를 현명하게 사용하자

아이들을 키우다 보면 아이들의 행동으로 인해 수많은 긍정적인 결과와 부정적인 결과들이 있게 마련이다. 특히 10대의 행동에는 긍정적인 결과도 있지만 부정적인 결과가 더 많이 있는 나이이다. 다행히 아이가 긍정적인 행동을 했을 때는 아낌없이 칭찬과 격려를 해 주면 되지만, 아이의 행동으로 인해 부정적인 결과가 일어났을 때는 당황하기보다는 앞으로의 더 나은 행동을 위해 어떻게 훈육할지 깊게 고민해야 한다. 대부분의 아이들은 처음부터 행동을 잘 하지는 않는다. 10대는 수많은 실수와 잘못된 행동을 하면서 대가를 치르고 행동들을 고쳐 나가는 시기이므로, 부정적인 결과가 일어났을 때 너무 좌절하고 흥분하기보다는 앞으로의 더 나은 행동을 위해 어떻게 이 부정적 결과를 활용하고 응용할 것인지 지혜를 발휘해야 한다. 따라서 부정적인 결과가 일어났다고 해서 꼭 나쁜 일만은 아니라고 생각할 필요가 있다. 사실 아이들은 잘못된 행동의 대가를 치른 후 많은 것을 깨닫고 많이 달라지면서 성장한다.

(3) 건전한 의사소통을 위해 노력하자

부모와 자녀 간에 상처를 주는 심한 말이 오가면 갈등은 점점 더 커진다. 문제의 본질은 어디론가 사라지고 잘못 내뱉은 말 때문에 또 심한 말을 하게 되고 거리는 점점 더 멀어진다. 서로를 존중하고 관심이 깃든 의사소통을 하는 습관은 큰 갈등을 막아 줄 수 있고 효과적인 문제 해결을 가져온다. 문제는 늘 있게 마련이므로 그때마다 존중하고 사려 깊은 의사소통을 하면 갈등 속에서도 서로에 대한 긍정적인 느낌을 가질 수 있고 이전보다 더 좋은 관계로 발전할 수 있을 것이다. 아이에게 명령을 내리고 아이를 지휘하려는 마음을 포기하는 것이 좋다. 부모는 자신도 모르게 자녀에게 거의 모든 순간 명령한다. 하지만 명령이 아닌 대화를 통한 협상이 가장 중요하며, 이를 통해 부모와 자녀 둘 다 승자가 될 수 있다. 협상을 통해 부모는 원하는 것을 얻을 수 있고, 자녀는 대화를 통해 협상을 하면서 어른이 되는 과정에서 필요한 의사소통 기술이나 문제 해결 능력들을 배우게 된다.

(4) 가정에서의 생활 규칙을 정하고 이 규칙을 지속적으로 유지하자

모든 가정에는 부모가 자녀에게 전달하고 싶어 하는 핵심 가치를 담고 있는 규칙들이 있다. 하지만 문제를 일으키는 10대 자녀와 싸움에 휘말렸을 때 부모는 아이를 제압하고 싶은 마음에 과정이야 어떻든 별로 중요하지 않은 문제들까지 말하면서 언성을 높일 것이다. 따라서 반항하는 10대가 있는 가정에서는 규칙이 뒤죽박죽이고, 비난과 고성이 난무하다 결국 힘없이 포기해 버리는 상황이 발생한다.

(5) 아이에게 맞는 신념과 기대를 갖고 적절한 독립성을 찾도록 도와주자

부모는 10대 자녀의 반항을 줄이고 싶지만, 그렇다고 아이가 어릴 때처럼 고분고분해지길 바라지는 않는다. 10대의 독립은 아이의 건강을 위해서도 필수적인 요소이다. 아이에게 책임감을 가르치려면 그만큼의 자유를 더 주어야 스스로 해 보는 행동들이 많아지면서 책임을 지는 행동을 배울 수 있을 것이다. 자녀가 열다섯 살인데도 '아이는 부모에게 순종해야 한다'는 생각을 갖고 있다면 아이의 나이에 맞지 않는 생각을 갖고 있으므로 아이와의 갈등이 심해질 가능성이 크다. 부모와 자녀 간의 갈등은 보통 10대 자녀가 부모의 규칙이 불공평하고 이러한 규칙으로 인해 자신의 삶이 불편해지고 자유롭지 못하다고 생각하면서 나빠지기 시작한다.

(6) 가정의 구조를 존중하자

엄마와 아빠 사이가 좋지 않아서 자녀 중의 한 명과 혹은 자녀들과 연대하여 상대편 배우자를 비난하거나 소외시키면 배우자의 권위가 무너지고 가정의 구조가 흔들릴 수 있다. 부모는 서로 존중하며 협력하는 관계이어야 한다. 엄마와 아빠가 서로 한 팀이 되어 서로의 장점을 존중하고 힘들 때 서로 지지하면서 자녀들이 안정적으로 존재하는 위계구조 속에서 아이들은 성장할 수 있다. 예를 들면, 엄마와 딸, 엄마와 아들, 아빠와 아들, 아빠와 딸처럼 관계가 심리적으로 융합될 때 소외되는 가족 구성원이 생기게 되고 가족 내에 외로움과 상처, 비난과 열등감과 같은 건강하지 못한 요소들이 생기게 된다.

2. 부모와 10대 아이의 비합리적 신념을 합리적인 신념으로 바꾸기

아이를 기르면서 부모는 감동하고 기쁜 일들도 많지만 때로는 너무나 지치고 힘들 때가 많다. 이럴 때 회복력이 필요하고 합리적인 현실적 낙관주의가 필요하다. 회복력을 높이려면 우선 자신의 잘못된 사고의 함정부터 점검하는 것이 필요하다. 대개는 이런 사고의 왜곡으로부터 나쁜 감정들이 나오게 마련이다.

엄마: 얘야, 방 치워라.

딸: 지금 못해. 맨날 치우라는 소리밖에 못해. 지금 나가야 해.

엄마: 청소하기 전에는 못 나갈 줄 알아. 용돈도 없을 줄 알아라. 집구석이 쓰레기 천지야.

딸이 반항했을 때 엄마는 무슨 생각을 했을까? '엄마가 방을 치우라면 치울 것이지 매번 버릇없게 말대꾸야. 얼마나 우리 부모가 잘해 주는데 저런 식으로 버릇없이 굴어. 자식 키워도 다 소용없어. 저렇게 더럽게 살아서 커서 뭐가 되려고 저러는 거야?'라고 생각했을 것이다. 이런 생각으로 인해 엄마는 매우 화가 나고 좌절감을 느꼈을 것이다. 이 상황을 침착하고 객관적으로 다루기란 쉽지 않다.

반면, 딸은 엄마가 방을 치우라고 했을 때 어떤 생각을 했을까? '또 시작이다. 나를 가만히 내버려 두지를 않네. 엄마 때문에 되는 게 없고 빨리 독립하고 싶다!'와 같이 생각했을 것이다. 엄마와 마찬가지로 딸의 극단적이고 부정적인 해석은 딸을 몹시 화나게 하고, 적절한 행동을 하고 싶은 마음을 사라지게 한다.

이런 상황에서 부모 자신의 비합리적 사고를 개선하지 않으면 갈등은 반복될 것이다. 아이가 자신의 극단적인 사고를 바꿀 리는 거의 없어 보인다. 아무래도 어른인 부모가 자신의 사고를 점검하고 비합리적 사고를 합리적인 사고로 바꾸려는 노력이 필요하다. 이러한 사고 훈련을 하기 위해서는 다음과 같은 과정을 거치면 된다.

① 당신과 10대 자녀가 가진 비합리적이고 부정적인 신념과 기대를 확인한다.

② 현재 가지고 있는 비합리적인 신념에 대한 증거를 수집하고 다른 합리적인 대안들로 대체할 수 있는지 알아본다.

③ 합리적인 신념을 갖고 의사소통을 하고 문제 해결을 해 본다.

먼저, 당신이 10대 자녀에 대해 어떤 비합리적인 신념을 가지고 있는지 확인해 보자. 대개 부모가 전형적인 비합리적인 신념과 기대를 가지고 있으면 10대 자녀 또한 다른 유형의 비합리적 신념과 기대를 갖게 된다.

부모가 아이에 대해 갖는 왜곡되고 극단적인 신념(고혜민 역, 2013)은 대개 다음과 같다.

- 순종: 아이는 부모의 말을 들어야 한다.
- 파멸: 아이에게 너무 많은 자유를 주면 결국 아이의 미래는 망칠 것이다.
- 높은 기대와 완벽주의: 내 아이는 항상 완벽하게 행동해야 한다.
- 악의적인 의도: 내 아이는 부모를 화나게 하기 위해 의도적으로 잘못된 행동을 한다.
- 끊임없는 감사: 아이는 부모가 그들을 위해 하는 모든 것에 감사해야 한다.

10대가 갖는 왜곡되고 극단적인 신념은 다음과 같다.

- 자유: 10대는 원하는 만큼 많은 자유를 누려야 한다.
- 파멸: 자유에 대한 부모의 제한은 나의 삶을 망칠 것이다.
- 불공평: 부모의 제한은 불공평하다. 특히 친구나 형제자매들과 비교해 나에 대한 제한은 너무 엄격하고 불공평하다.
- 부모의 의무: 자식은 아직 힘이 없고 부모 밑에 있기 때문에 부모는 자녀가 원하는 것은 무엇이든 해 주어야 한다. 그러기 위해 부모가 있는 것이다.
- 끊임없는 감사: 부모는 자식이 부모의 말을 잘 듣고 순종하고 집안일을 하는 것에 대해 감사하게 생각해야 한다.

부모와 10대 자녀의 이러한 비합리적 믿음은 별문제 없이 지나칠 수 있는 문제들도 큰 소리가 나는 싸움으로 번지게 하고 심리적으로 서로 상처를 주어 좋은 관계를 망치게 한다. 그럼에도 불구하고 부모와 자녀들은 자신들의 잘못되고 왜곡된 신념을 깊게 생각해 보지 않기 때문에 자신들의 생각이 틀림없이 옳다고 믿고 이런 융통성 없는 비합리적인 생각들을 계속해서 믿는다.

먼저, 부모가 갖는 전형적인 비합리적인 신념과 기대를 좀 더 자세히 알아보고 합리적인 신념이란 어떤 것인지 생각해 보자.

1) 부모의 비합리적인 신념

(1) 순종

비합리적인 신념

10대 자녀는 항상 부모에게 순종해야 한다.

합리적인 신념

10대 자녀가 항상 부모의 말에 순종할 것이라 기대하는 건 비현실적이다. 10대는 부모로부터 독립하기 위해 맹목적인 순종보다는 자신의 생각을 주장하고 도전할 필요가 있다는 점도 기억해야 한다. 아이를 기르면서 있을 수 있는 몇 가지 주요 주제들에 대해 부모의 비합리적인 신념과 합리적인 신념이 어떻게 다른지 살펴보자(고혜민 역, 2013).

아이의 행동

비합리적인 신념	합리적인 신념
10대는 부모에게 절대 무례하게 행동해서는 안 된다.	반항은 10대의 자연스러운 행동이다. 말대꾸 또한 마찬가지이다. 하지만 심한 욕설이나 조롱은 허용할 수 없으며, 아이가 만약 그렇게 행동했을 경우에는 사과하게 할 것이다.
아이는 친척 모임에서 좋은 인상을 주어야 한다.	아이에게 자유를 줄 것이다. 10대는 가족들과 그렇게 많이 어울리고 싶어 하지 않는데, 이것은 정상적인 행동이다. 물론 특별한 가족 행사에는 참여해야 한다.

비합리적인 신념	합리적인 신념
부모가 태도를 바꾸라고 했을 때 짜증을 부리지 않고 부모의 말을 들어야 한다.	10대 때는 감정 기복이 심해지는데 이건 어쩔 수 없는 현상이다. 아이가 기분이 좋지 않다면 혼자 있게 하고, 너무 많은 요구를 하지 않을 것이다.

심부름

비합리적인 신념	합리적인 신념
내가 처음 말했을 때 바로 그릇을 치워야 한다.	10대에게 무엇을 처음 명령했을 때 아이가 바로 그 일을 하지는 않을 것이다. 만약 몇 번을 말했는데도 그 일을 하지 않는다면 잔소리를 하지 않고 직접 행동으로 보여 줄 것이다. 또한 행동에 대한 대가를 치르게 함으로써 아이의 행동을 바꿀 것이다.
항상 방을 먼지 하나 없이 깨끗이 청소해야 한다.	방이 전반적으로 정리되어 있으면 된다. 깨끗한 방을 요구하는 것은 현실적이지 못하다.

(2) 파멸

비합리적인 신념

아이에게 너무 많은 자유를 주면 잘못된 판단을 해 큰 문제에 휘말릴 것이며, 결국 자신의 인생을 망칠 것이다.

합리적인 신념

너무 많은 자유가 아이에게 해롭게도 하지만, 아이는 자유를 통해 자신의 행동에 대한 대가를 치르면서 책임감을 배우기도 한다. 따라서 약간의 자유와 그에 따른 책임은 10대에게 필요하다.

완전히 청소되지 않은 방

비합리적인 신념	합리적인 신념
아이는 자라서 외모와 행실이 지저분해질 것이며, 직업도 갖지 못해서 사회에서도 쓸모없는 사람이 될 것이다.	방의 상태와 성장 후 모습은 상관이 없다. 방을 잘 청소하지 않고 지저분하게 생활하는 아이도 좋은 직업을 가질 수는 있다.

늦은 귀가

비합리적인 신념	합리적인 신념
아이가 피임을 하지 않은 상태로 섹스를 해 결국은 임신을 할 것이다. 그리고 그 때문에 아이는 많은 상처를 받고 몸이 망가지고 인생을 망칠 것이다.	아이가 늦게 집에 들어온다고 그렇게 된다는 증거가 있는가? 다만 아이는 자기중심적으로 행동하고 재미를 즐기고 있을 수 있다. 아이가 집에 늦게 귀가한다면 그때 대화를 하면서 아이에게 도움이 되는 규칙을 정해 훈육을 하면 된다.

형제자매와의 싸움

비합리적인 신념	합리적인 신념
형제자매와 잘 지내지 못하면 아이가 다른 사람들과 친밀한 관계를 유지하지 못하고, 결혼생활도 원만하게 할 수가 없을 것이다. 결국 삶이 힘들어질 것이다.	형제자매와 자주 싸운다고 해서 다른 인간관계에 영향을 미친다는 과학적인 증거는 없다. 형제자매는 원래 서로 싸우면서 성장한다. 이러한 과정들을 통해 그들은 더 친밀한 관계를 형성하며 어른이 되어 갈 수 있다.

(3) 높은 기대와 완벽주의

비합리적 신념

내 아이는 나의 기대 수준을 맞춰야 하고 완벽해야 한다.

합리적 신념

내 아이가 최선을 다하는 것이 중요하고 실수를 하더라도 차차 배워 나가는 것이 중요하다.

학교생활

비합리적인 신념	합리적인 신념
항상 숙제를 제때 해야 한다.	아이가 숙제를 완성할 수 있도록 격려하겠지만, 항상 완벽하게 할 수는 없다는 사실을 인정한다.
숙제가 없더라도 매일 2시간 동안 공부해야 한다.	아이들에게도 휴식이 필요하다. 공부하라고 격려할 수는 있지만, 매일 일정한 양의 공부를 강요하지는 않을 것이다.

최소한 적어도 80점 이상을 받아야 한다.	아이가 모범생이라면 이런 기대는 합리적이다. 하지만 아이가 무엇을 가장 잘 하는지 파악하는 게 더 중요하다.
아이는 숙제를 함으로써 공부에 재미를 붙인다.	모든 아이가 자발적으로 좋아서 숙제를 하는 건 아니다. 많은 아이가 숙제를 해야하니까 하는 것이다.

(4) 악의적인 의도

비합리적인 신념

아이는 나를 화나게 하고 나에게 상처를 주며, 심지어는 의도적으로 앙갚음을 하기 위해 잘못된 행동을 한다.

합리적인 신념

대부분의 10대는 자기중심적이고 독립적으로 행동한다.

버릇없는 말투와 행동

비합리적인 신념	합리적인 신념
아이는 고의적으로 나에게 투덜댄다.	10대는 원래 말이 곱지 않고 짜증이 나면 투덜대는 시기이다. 이런 행동을 심각하게 생각하지 않을 것이다.

지시사항에 불복종

비합리적인 신념	합리적인 신념
아이는 나를 괴롭히기 위해 일부러 내가 하라고 한 일을 제대로 하지 않는다.	10대는 종종 노력하지 않는다. 아이의 이런 행동은 나를 화나게 하기 위한 것이 아니다. 단지 아이는 다른 것에 관심이 더 많을 뿐이다.

충동적인 소비

비합리적인 신념	합리적인 신념
아이는 충동적으로 돈을 낭비하면서 30만 원어치의 옷을 샀다.	10대 아이는 옷에 관심이 많고 멋 부리는 것을 좋아한다. 10대는 종종 미리 생각하지 않으며 예산을 잘 세우지 못한다. 나는 행동에 대한 대가로 아이에게 용돈을 줄일 것이다.

(5) 사랑과 감사

비합리적인 신념

아이는 내가 한 모든 희생에 대해 사랑과 감사를 표현해야 한다. 또한 아이가 나를 정말 사랑한다면 나에게 솔직하게 비밀을 털어놓아야 할 것이다.

합리적인 신념

10대는 부모의 은혜를 종종 당연하게 생각한다. 자식의 입장에서 부모가 자신을 잘 돌봐주는 것이 당연한 것이라고 생각이 들고, 우리 자신도 또한 우리들의 부모에 대해서 그렇게 생각한다. 그것이 인생이다.

의사소통

비합리적인 신념	합리적인 신념
아이가 더 이상 내게 말을 하지 않는다. 아이는 이제 나를 사랑하지 않는다.	10대가 뭔가 비밀을 간직하는 것은 자연스러운 일이다. 아이가 말하고 싶어 할 때 대화하면 된다. 그렇다고 아이가 나를 사랑하지 않는 것은 아니다.

돈

비합리적인 신념	합리적인 신념
더 많은 용돈을 원한다니 말이 되는가? 아이는 지금 받는 용돈만으로도 나에게 감사해야 한다. 어떤 아이들은 그것도 없어서 마음대로 돈을 쓰지 못한다.	부모가 자식을 위해 주는 물질적인 도움에 대해서 아이가 진심으로 감사하게 생각하긴 어렵다는 것을 이해한다.

시간 보내기

비합리적인 신념	합리적인 신념
아이가 정말 나를 사랑한다면 그렇게 오랫동안 혼자 방에 있지는 않을 것이다. 이제는 더 이상 아이가 나를 사랑하지 않는다.	혼자 시간을 보내는 것과 사랑하는 것은 관계가 없다. 아이가 혼자만의 시간을 원한다는 건 그만큼 아이의 독립심이 커졌다는 의미이다. 그렇다고 아이가 나를 사랑하지 않는 것은 아니다.

2) 10대 자녀가 갖는 전형적인 비합리적 신념과 기대

(1) 자유
비합리적인 신념

나는 완벽한 자유를 누려야 한다. 그러므로 부모님이 나를 통제해서는 안 되며, 나에게 심부름을 시켜서도 안 된다. 나는 이제 자유롭게 행동해도 될 만큼 나이를 먹었다.

합리적인 신념

나는 자유를 원하지만 그렇다고 완전한 자유를 원하는 것은 아니다. 어떠한 10대도 완벽히 자유로울 수는 없다. 사실 어른도 마찬가지이다. 나는 돈이 필요하거나 큰일이 생겼을 때 부모님의 도움이 필요하다. 물론 나는 많은 자유를 원하지만 완전한 자유를 원하는 것은 아니다. 여전히 부모님의 도움은 필요하다.

잔소리

비합리적인 신념	합리적인 신념
나는 잔소리를 들을 이유가 없다. 나는 그 모든 것을 스스로 알아서 할 수 있다.	나 혼자 모든 것을 할 수는 없다. 때로는 부모님이나 다른 사람의 조언이나 도움이 필요하다.

흡연

비합리적인 신념	합리적인 신념
내 몸은 나의 것이다. 내가 원하면 무엇이든 할 수 있다. 부모님은 나에게 담배를 피우지 말라고 말할 권리가 없다.	내 몸은 나의 것이다. 그러니까 정말 자신의 몸을 해롭게 할 필요가 있을까? 담배를 피우면 건강도 안 좋아지고 돈도 많이 든다.

(2) 파멸과 불공평
비합리적 신념

우리 집의 규칙은 완전 불공평하다. 나는 결코 좋은 시간을 보낼 수 없을 것이며, 친구도 사귀지 못할 것이다. 나의 부모님은 불공평한 규칙으로 내 인생을 망치고 있다. 부모님은 나를 이해하지 못한다.

나는 우리 집의 규칙을 좋아하지 않으며, 엄마와 아빠는 불공평한 면을 갖고 있다. 하지만 나 말고도 많은 10대가 부모님과의 관계에서 비슷한 일을 겪을 것이다. 이미 10대를 경험한 사람들처럼 나 또한 최선을 다해 이 상황을 견뎌 낼 것이다.

귀가 시간

비합리적인 신념	합리적인 신념
왜 나는 친구들보다 더 빨리 귀가해야 하는 걸까? 친구들은 그런 나를 애처럼 대한다. 나는 친구들을 모두 잃게 될 것이다.	내 친구들은 의리가 있기 때문에 부모님이 귀가 시간에 엄격하다는 것을 이해할 것이다. 그러므로 나는 친구들을 잃을까 봐 걱정할 필요가 없다.

심부름

비합리적인 신념	합리적인 신념
왜 내가 그 모든 일을 해야 하나? 반면, 형은 아무것도 하지 않는다. 정말 불공평하다!	형도 심부름을 한다. 하지만 내가 심부름을 지나치게 더 많이 한다는 생각이 들면 부모님께 말씀드릴 것이다.

학교

비합리적인 신념	합리적인 신념
선생님은 불공평하다. 그는 항상 나만 괴롭히고, 요구사항도 많고 까다롭게 군다. 그래서 학교도 재미없고 가기도 싫다.	선생님이 나한테 그렇게 하는 데에는 아마도 이유가 있을 것이다. 평소 나는 학교 수업을 따라가지 못하고, 시험도 잘 못 본다. 또 선생님 말을 잘 듣지 않는 편이다. 되도록 나 자신을 위해 선생님의 요구사항을 되도록 지키려고 노력하는 것이 좋을 것이다.

(3) 부모의 의무와 감사
합리적인 신념

부모님은 내가 집에서 하는 사소한 일들에 대해 고마워해야 한다. 그리고 부모님이 나를 정말 사랑한다면 내가 원하는 것을 해 주어야 한다.

　　부모님은 내가 그들이 시킨 일을 했을 때 기뻐하신다. 또한 부모님은 내가 원하는 것을 다 해줄 수는 없을 것이다. 누군가가 진심으로 사랑하는지는 물질이나 눈에 보이는 것만으로 확인할 수 있는 것은 아니다.

심부름

비합리적인 신념	합리적인 신념
부모님은 내가 화장실을 청소하는 것에 대해 감사하게 여겨야 한다.	내가 화장실을 청소했을 때 부모님이 기뻐해 주시길 바라지만 어떻게 보면 당연히 가끔은 해야 할 일이다.

콘서트

비합리적인 신념	합리적인 신념
부모님이 나를 정말 사랑한다면 내가 친구들과 함께 콘서트에 갈 수 있게 해 주어야 한다.	부모님이 나를 정말 사랑하더라도 콘서트에 가는 것이 나에게 도움이 되지 않는다고 여기면 허락하지 않을 수도 있다.

옷

비합리적인 신념	합리적인 신념
부모님이 나를 정말 사랑한다면 유명 브랜드의 옷을 사 주어야 한다.	나는 유명 브랜드의 옷을 입고 싶지만 이런 옷들이 부모님이 나를 사랑하는지를 판가름해 주는 것은 분명 아니다. 부모님의 사랑은 나를 대하는 방식이나 마음을 통해 알 수 있다.

　　지금까지 부모와 10대 아이의 비합리적 신념과 합리적 신념에 대해 알아보았다. 아이들을 키우면서 정말 수많은 문제를 갖고 갈등을 겪지만 그중에서 흡연문제와 늦은 귀가 시간은 잘 해결되지 않는 대표적인 주제일 것이다. 특별히 이러한 주제들에 대해 부모와 아이 둘 다 좀 더 합리적이고 융통성을 갖고 현명하게 해결해 나가는 방법들을 익혀 보자.

사실 사춘기 때 흡연을 시작한 아들에게 담배를 끊게 한다는 것은 너무 힘든 일이다. 어떠한 노력을 해도 아마 아들은 담배를 피울 가능성이 높을 것이다. 그렇다고 부모로서 몸에 해로운 담배를 계속 피우라고 할 수는 없는 노릇이다.

고집이 세고 스스로 매우 남자답다고 생각하는 아들은 '부모님한테는 나에게 담배를 피우지 말라고 할 권리가 없다.'라고 생각하고 있다. 자신은 스트레스가 많아서 담배를 피우는 것이고 담배를 피우는 것이 그렇게 나쁘다고 생각하지 않는다. 이런 아들에게 부모는 제삼자인 전문가에게 그 문제를 서로 이야기해 보면 어떨까 하고 제안을 할 수 있다. 전문가의 견해로는 흡연을 하지 않은 것이 바람직하다는 판단을 해 주겠지만 그렇다고 이미 흡연에 익숙한 아들은 절대 담배를 피워서는 안 된다는 의견에 쉽게 동의하기는 어렵다. 그러나 이런 과정에서 중요한 것은 부모가 아들의 의견을 완전히 무시하거나 담배를 피우지 말라고 강압적으로 요구하는 것이 아니라 아들이 스스로 다른 사람들의 의견을 듣고 자신에게 도움이 되는 쪽으로 판단을 하기를 바란다는 부모의 유연한 태도를 보여 주는 것이다. 이런 과정에서 아들도 처음에는 흡연에 대해 다른 사람들의 의견이나 생각 따위에는 관심도 없었지만 이러한 부모의 태도로 인해서 흡연에 대해 생각을 해 보게 되고 또 다른 사람들은 어떻게 생각하는지 귀담아듣는 자세가 생겼다는 점이 중요한 것이다. 아마도 당장 흡연을 그만두지는 않겠지만 부모의 이러한 유연한 태도로 인해 아들은 앞으로 흡연에 대해 좀 더 자신에게 도움이 되는 판단을 할 가능성이 높아질 것이다.

이와 같이 자녀가 흡연을 한다는 것을 알게 되었다 하더라도 흡연을 당장 중단시키는 것은 매우 어려운 일이다. 특히 부모의 말은 잘 듣지 않는 시기여서 부모가 아무리 흡연을 말려도 할 가능성이 크다. 이럴 때 제삼자인 전문가의 의견을 들어 보게 한다든지, 또 다른 사람들은 흡연에 대해 어떤 생각을 갖고 있는지, 흡연하면 어떤 결과를 가져오는지 하는 정보나 교육에 대해 좀 더 개방적이고 관심을 가질 수 있도록 유도할 수는 있을 것이다. 흡연과 같은 문제는 강제적으로 훈육한다고 되는 것도 아니고 결국은 아이 스스로 여러 정보에 귀를 기울이고 다른 사람의 의견을 귀담아듣고 스스로 자신에게 해로우니까 자신이 담배를 피우지 말아야 하겠다는 결심을 하는 것이 중요할 것이다. 흡연하는 아이를 너무 성급하게 강한 방법으로 흡연을 하지 못하게 훈육한다고 해서 금연을 하게 되기는 어려울 것이다.

사례 2: 새벽 1시에 귀가하는 딸의 신념에 대해 도전하기

요즈음 청소년들은 학교에서 수업을 마치고 또다시 학원 가서 공부를 하고 늦게 끝나기 때문에 조금이라도 친구들과 놀다가 집으로 귀가하고 싶어 한다. 또는 학원에 가지 않아도 한참 놀고 싶어 하는 나이이다. 아마도 앞으로 청소년의 늦은 귀가 시간은 전 세계적인 문제가 될 것이고 어느 가정에서나 흔히 겪는 문제일 것이다.

딸은 새벽 1시에 귀가하고 싶어 하지만, 당신은 딸이 그렇게 늦게 귀가하면 곤란한 상황에 처하게 될 것이며 결국에는 인생도 망치게 될 거라고 생각한다. 그때 딸은 자신의 친구들은 귀가 시간에 대한 통제가 없다고 주장한다. 다른 집 엄마들은 귀가 시간가지고 그렇게 신경을 곤두세우지 않으며 편안하게 자고 있는데 왜 엄마만 신경을 쓰냐고 생트집을 잡는다. 이럴 때는 딸에게 다른 친구들의 부모들은 귀가 시간을 어떻게 정하고 있는지 알아보라고 요청할 수 있다. 이렇게 다른 부모들의 자녀에 대한 귀가 시간을 알아보면서 딸 스스로 이 신념을 검증하게 하는 것이 좋다. 당신은 딸 친구들의 부모를 통해 그 아이들에게도 귀가 시간이 있다는 사실을 확인할 수 있을 것이다. 그런데 조사를 하다 보니 자녀의 귀가 시간은 10시였고, 다른 아이들은 그보다 귀가 시간이 더 늦다는 사실을 알게 되었다고 가정하자. 게다가 그 아이들 중 어느 누구도 행동상의 큰 문제가 있는 경우는 없다고 하자. 그럼에도 불구하고 딸의 귀가 시간을 늦게 변경해 줄 수가 없다고 생각한다면 딸에게 타당한 구체적인 이유를 제시하는 것이 좋다. 늦게 귀가하면 잠을 충분히 잘 수 없고, 부모 또한 아이가 들어올 때까지 편히 잠들 수 없다는 등의 이유를 들 수 있다. 그렇지 않으면 아이의 귀가 시간을 조금 늦춰 줄 수도 있을 것이다. 중요한 것은 부모 자신과 자녀 모두 자신의 신념이 융통성이 부족하다는 것을 인식하게 되면 좀 더 유연해질 필요가 있고 상호 타협이 필요하다는 것이다. 부모가 자녀의 나이나 상황을 고려하고 다른 아이들의 부모들과 대화를 하면서 자신이 정한 귀가 시간이 너무 이르다고 판단되면 자녀의 귀가 시간을 조금 늦춰 준다든지 하는 양육방식이 오히려 바람직할 수 있다.

3. 격동의 사춘기: 공감 또 공감이 필요하다

사춘기는 아이와 부모 모두를 힘들게 만드는 시련의 시기이다. 부모는 갑자기 많이 변한 아이를 감당하기 어렵고 뭔가 크게 잘못되었다는 생각에 많이 사로잡혀서 매우 힘든 시기를 겪는다. 아이는 부모의 고민에는 아랑곳하지 않지만 아이대로 심각하게 자아를 고민한다.

'나는 누구인가?' '나는 무엇을 하고 싶은가?' 등의 질문을 끊임없이 스스로에게 던지며 정체감을 찾으려고 고민한다. 사춘기에 접어들기 전에는 너무나도 간단하고 당연하게 생각했던 것들이 이제 더 이상 간단하지 않고 잘 해 왔던 것들을 더 이상 하지 않으며 무력해지고 혼란에 빠지기도 한다.

이런 사춘기 아이를 바라보는 부모도 매우 혼란스럽고 당혹스럽다. 부모로서 그 어느 때보다 아이의 기분을 살피고 올바른 방향으로 나아갈 수 있도록 이끌어 주는 것이 중요하다 그러기 위해서는 사춘기 때의 공감하는 양육이 다른 무엇보다 중요하다. 이 시기를 어떻게 보내느냐가 아이의 인생에 많은 영향을 줄 수 있고 또 앞으로의 부모와 자녀 간 관계도 달라질 수 있기 때문이다.

1) 청소년의 불안정하고 변덕스러운 행동은 '뇌'의 발달 과정과 관련이 있다

청소년의 뇌는 아동의 뇌와 어른의 뇌의 중간 단계에 있다. 아동의 뇌는 단순하고 어른의 뇌는 어느 정도 성숙된 뇌이다. 청소년의 뇌는 성숙으로 가기 전에 다소 혼란스럽고 어수선하고 더 성숙한 뇌로 가기 위한 공사를 하고 있는 뇌라고 할 수 있다. 우리 부모들이 원하는 바람직한 행동들, 즉 잘 판단하고 통제하고 계획하는 능력은 대부분 뇌의 전두엽에서 관여한다. 13~14세 때까지 어느 정도 발달했던 전두엽이 새롭게 재구축된다는 연구 결과들이 있다. 뇌가 성숙하게 재구축되는 과정에서는 여러 가지로 어수선하고 정리가 안 되어 있고 혼란스러운 상태라고 할 수 있다. 그래서 뭔가 통합적이고 성숙한 생각을 하기가 어렵다. 아주 어렸을 때는 말도 잘 듣고 과제도 잘하고 책임감도 높았던 아이가 사춘기가 되면서 완전히 딴판으로 행동하거나 퇴행을 하는 것처럼 보이기도 한다. 이런 상태에 있는 것이 바로 청소년의 뇌이다. 청소년의 뇌는 아직 어수선하다.

어른들이 이해할 수 없는 미성숙하고 충동적인 행동을 하는 것은 대부분 전두엽이 한창 발달 중이기 때문이다. 청소년들의 전두엽은 어떤 의미에선 초등학생의 전두엽만도 못하다고 할 수도 하다. 초등학생의 전두엽은 간단한 생각과 판단을 할 수 있는 수준이어서 오히려 안정적이다. 실제로 청소년의 아이들을 상담하다 보면 자신은 어릴 적에 훨씬 단순하고 몇 가지만 생각하고 살면 되었기 때문에 그때가 더 좋았다고 말하기도 한다. 어릴 때는 적어도 학교에 늦으면 큰일 난다고 생각하고 선생님 말씀을 잘 들어야 하며, 학교 과제는 꼭 해야 한다는 것쯤은 잘 알고 행동한다. 하지만 중학교로 올라가면서 여러 지역의 아이들이 섞이기도 하고 낯선 환경에 적응하면서 신경 쓸 것들이 늘어나고 감정 변화는 심해지고 통제력은 약해지면서 학업이나 인간관계도 더 이상 간단하게 느껴지지 않을 것이다.

하지만 청소년의 전두엽은 그야말로 공사 중의 어수선한 상태여서 합리적이고 이성적인 판단이 더 어렵다. 따라서 청소년의 뇌를 이해하기만 해도 청소년의 변덕스럽고 미성숙한 행동을 훨씬 잘 이해할 수 있다.

2) 청소년기에는 '감정의 뇌'가 우세해진다

초등학교 4, 5학년까지 형성된 전두엽은 단순하다. 학교와 집을 거의 정확하게 오가며 숙제하고, 약속을 지키고, 부모님의 말씀을 잘 듣고, 심부름을 할 수 있는 정도의 능력을 갖춘 것이다. 하지만 이 정도로는 어른들의 세계처럼 매우 복잡한 사회에 적응하기가 어렵다. 정보량이 많아지고 신경 쓸 것도 한두 가지가 아니다. 따라서 발달상 청소년기에 뇌에 변화가 일어나는 것이다. 그래서 이 시기의 아이들은 입버릇처럼 말한다.

"내가 얼마나 힘든지 알아!"
"나도 정말 너무 힘들어. 죽겠다고!"

청소년의 뇌가 잘 성숙하기 위해서는 좋은 경험과 자극이 필요하다. 좋은 경험, 즉 학교 공부뿐만 아니라 좋은 책을 읽고 영화를 보거나 여행을 하거나 새로운 문화를 체험하는 것 등은 모두 청소년기에 해 보면 좋은 경험이다. 여러 사람을 만나 다양한 생각을 나누고, 함께 어울리면서 협동하는 경험을 하는 것도 매우 중요하다.

무엇보다 중요한 것은 이러한 다양한 경험을 할 때 기분 좋게 하면 더 효과가 있다는 것이다. 억지로 공부하고, 혼이 나고 강제적으로 운동을 해야 한다거나, 너무나 어려운 시험을 치거나 각종 경시대회에서 나가서 실패하여 부끄러움이나 좌절감이 많으면 심한 스트레스를 받게 된다. 오히려 이런 도움이 되는 활동들을 반항하면서 피하게 된다. 그런데 우리 사회는 대개 아이들이 이러한 억압적인 경험에서 벗어나기 어렵게 한다.

특히 청소년기에는 전두엽이 미숙한 반면 감정의 뇌는 우세해지고 매우 활성화되어 있다. 그래서 두려움, 공포, 불안, 수치심, 죄책감 등의 부정적인 감정에 휩싸이면 아주 예민해지고 매우 취약할 수 있다. 그래서 청소년의 기분을 될 수 있으면 즐겁게 하도록 하는 것이 좋은 양육의 기본이 될 수 있다.

3) 청소년기에는 마음이 수시로 변한다

청소년들은 감정의 기복이 아주 심하다. 조금만 기분이 좋으면 들떠서 어쩔 줄 모르다가도 조금만 기분이 나쁘면 죽고 싶다고 울고불고한다. 어떤 감정이든 잘 받아 주려고 노력하는 부모도 너무 극단적으로 변덕이 죽 끓듯 하는 사춘기 아이들의 감정은 감당하기 어려워한다. 부모들도 많이 지친다.

청소년들이 감정 기복이 심한 데는 그럴 만한 이유가 있다. 감정의 뇌가 한창 활발하게 발달하고 있는 중이기도 하고, 사춘기 때는 감정 조절 역할을 하는 '세로토닌'이라는 신경전달물질이 뇌에서 덜 나와서 그렇기도 하다. 세로토닌은 마음의 안정을 준다.

청소년들은 아동과 성인에 비해 세로토닌이 훨씬 덜 나온다고 한다. 일반 성인의 경우에도 세로토닌이 평소보다 덜 나오면 우울이나 불안에 시달린다. 그러니까 청소년들의 감정이 쉽게 불안정하고 기복이 심한 것이다.

이처럼 청소년의 뇌를 이해하면 청소년의 변덕스러운 감정을 이해할 수 있다. 부모는 사춘기의 아이가 세로토닌이 절대적으로 부족해 자주 짜증과 신경질을 내고 화를 내거나 우울해한다는 점을 이해하고, 감정적으로 편안해질 수 있도록 도와주어야 한다. 그러려면 아이의 변덕스러운 감정을 적극적으로 받아들이고 공감해 주어야 한다. 어른들이 봤을 때 별것 아닌 일로 심하게 짜증을 부려도 "넌 왜 별것도 아닌 일로 신경질이야." 하고 말하는 것은 아무 소용이 없고 다툼만 일어난다. 사춘기 청소년의 입장에선 변덕스럽고 감정이 격한 것이 정상이다. 이를 인정해 주면 감정적으로 편안해지고, 감정적으로 편해지면 감정의 뇌가 안정이 되면서 시간이 흐르면서 전두엽이 활성화될 수 있다.

4) 남학생과 여학생은 감정을 표출하는 방식이 다르다

일반적으로 남학생이 여학생보다 공격적이고 충동적이다. 왜 그럴까? 이 역시 뇌와 호르몬과 관련이 있다. 감정의 뇌인 변연계에는 '편도체'라는 것이 있는데, 이는 감정을 조절하고 공포를 기억하는 역할을 한다. 남학생이 더 공격적인 것은 바로 이 편도체가 여학생보다 발달해 있기 때문이다. 편도체는 격한 감정이 일어나는 상황을 아주 극단적인 위기 상황으로 받아들인다. 그러면 뇌 속의 피가 파충류의 뇌로 쏠리면서 본능적으로 전투 태세에 들어간다. 편도체는 인간을 싸우거나 도피하거나 위축되게 만든다. 점차 성인이 되면서 전두엽이 발달하게 되고 생각과 이성으로 극단적이고 지나친 감정이나 행동을 조절할 수 있게 된다.

또한 청소년은 기분을 좋게 만드는 세로토닌이 적게 나오는데, 남학생은 여학생보다 세로토닌 분비량이 더 적다. 그런데다 공격성 및 충동성과 연결되는 남성 호르몬인 테스토스테론은 남학생이 여학생보다 10배는 더 많이 나오니, 남학생이 더 공격적이고 충동적일 수밖에 없다.

사춘기 여학생도 공격적이고 충동적인 것은 남학생과 비슷하지만 표현하는 방식에서 차이가 있다. 주로 여학생들은 뒷담화나 수다로 공격성을 표출하거나 화가 나면 울어 버리는 형태로 표현한다. 성별의 차이를 이해하는 것도 양육에 도움이 될 것이다.

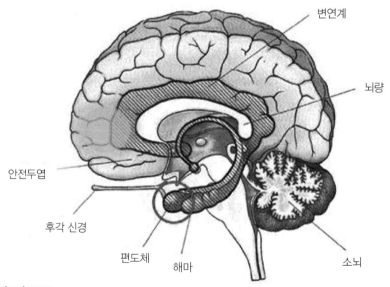

출처: 김종성(2005)

5) 청소년기는 아동이나 성인보다 더 많은 잠이 필요하다

청소년에게 있어 잠은 아주 중요하다. 하지만 부모와 사춘기 아이들이 가장 많이 부딪히는 문제 중의 하나가 '잠'이다. 학교에 아주 일찍 가야 하고 학교가 끝나면 다시 학원으로 갔다가 밤 10시가 넘어서 집에 도착하는 아이들은 잠잘 시간이 턱없이 부족하다. 이런 모습을 보는 부모의 마음은 편치 않다. 학교에서의 문제는 더 심각하다. 중고등학교의 수업 시간에 꾸벅꾸벅 조는 아이들이 너무나 많다. 아예 대놓고 엎드려 자는 아이도 적지 않다. 심지어 선생님들도 통제하기 어렵다.

연구 결과에 따르면, 사춘기 청소년들은 하루 평균 9시간 15분은 자야 정상적인 뇌활동이 가능하다. 영유아기 때 잠이 많이 필요했던 것처럼 사춘기에도 아동이나 성인에 비해 수면이 더 필요한 것이다. 뇌가 제대로 성숙하려면 잠을 충분히 자야 하는데, 잠을 제대로 못 자는 것은 뇌의 발달을 방해할 수 있고 신경질이나 짜증을 더 내게 만들 수도 있다.

잠이 부족하면 우울해지고 짜증이 나며 만사가 귀찮아진다. 또한 스트레스도 잘 받고 감정 조절도 더 안 된다. 게다가 청소년은 세로토닌이 부족해 감정의 기복이 심한데, 잠까지 부족하니 별것 아닌 일에도 쉽게 짜증을 내거나 화를 낼 수밖에 없다.

또한 부모들의 가장 큰 고민! 청소년들은 아침잠이 특히 많다. 밤에는 아주 말똥말똥하고 쌩쌩하던 아이들이 학교에 가야 하는 아침에는 일어나지를 못한다! 전 세계의 청소년들을 대상으로 '청소년들의 수면 생체 리듬'을 연구한 결과, 청소년들은 우리 성인들과는 수면 패턴이 아주 다르다는 것이 밝혀졌다. 연구를 할 때 햇빛을 완전히 차단하고 시간 변화도 느끼지 못하도록 한 뒤 자고 싶을 때 자고 일어나고 싶을 때 일어나도록 했다. 그 결과, 대부분의 청소년이 '새벽 3시'에 잠이 들었고 '낮 12시'에 일어났다고 한다. 이러한 연구 결과들은 청소년들이 가장 자연스럽게 느끼는 수면 주기가 새벽 3시부터 낮 12시일 수도 있다는 것을 말해 주는 것일 수 있다.

다행히도 성인이 되면 수면 주기는 정상으로 돌아온다. 청소년들이 아침잠이 많은 것은 그 시기 특유의 정상적인 신체 리듬으로 봐야 한다. 청소년들이 이 시기에 잠을 많이 자야 하고, 특히 아침잠이 많다는 점을 이해하면 그들을 이해하는 데 도움이 된다.

이렇게 잠이 많고 아침에 잘 일어나지 못하는 아이들에게 우리 부모는 흔히 다음과 같이 말한다.

"너 어젯밤에 또 늦게까지 핸드폰 보고 잤지?"

"밤에 일찍 자야 아침에 일찍 일어날 수 있지. 도대체 몇 번을 이야기해야 알아듣니?"

"대체 넌 언제 철들래?"

"그러니까 일찍 들어와서 자."

이런 말을 한다고 해서 다음 날 일찍 일어나는 청소년은 거의 없다. 스스로 일찍 일어나서 열심히 해야지 하는 마음이 들기 전까지는 이렇게 늦게 일어나는 행동은 계속될 것이다.

그러니까 이렇게 늦게 일어나는 아이들에게는 오히려 다음과 같이 말해 주는 것이 더 좋은 방법일 것이다.

"많이 피곤하지?"

"더 자고 싶지? 엄마도 너만 할 때는 잠이 너무 많아 늘 고민이었어."

이와 같이 말해 준다면, 아이의 마음이 한결 누그러지고 편안해질 것이다. 어쩌면 이렇게 마음이 편안해지고 풀어지면 내일은 좀 일찍 일어나야겠다고 마음먹을지 모르겠다. 하지만 마음과 몸은 따로 놀아서 다음 날 아침 일어나기가 쉽지 않을 것이다.

6) 청소년기는 몸으로 직접 부딪치면서 배우면 가장 효과적이다

청소년들은 전두엽이 공사 중인 상태라 이성적인 설명이나 대화는 싫어하고 잘 받아들이지 못한다. 어떤 것이든 일단 감정의 뇌를 통해 전두엽에 전달되도록 도와주어야 한다. 그러려면 몸으로 직접 부딪치면서 확실히 느끼면서 깨닫는 것이 가장 효과적이다.

경험이 많은 어른들은 무엇이 옳고 그른지, 어떤 문제가 생겼을 때 어떻게 해결할 수 있는지, 선택의 기로에 놓여 있을 때 어느 방향으로 가는 것이 좋을지 어느 정도 미리 알 수 있다. 그러니까 아이가 잘못된 길로 접어들 때 어떻게 해서든 말리고 싶어 한다. 하지만 아무리 진심을 다해 이야기를 해 주어도 아이들은 듣지 않는다. 듣지 않는다기보다는 청소년 뇌의 특성상 듣지 못한다고 보는 것이 더 맞을 것이다. 청소년의 아이들을 보면 스스로 직접 경험을 해 보고서야 잘못되고 해로운 일임을 깨닫고 다시는 하지 말아야겠다고 마음먹는 경우가 많다. 아무리 말을 해도 소용이 없다. 하지만 직접 경험해 보고 깨달으면 변화가 쉽게 일어난다. 다음의 예는 청소년에게 경험이 얼마나 중요한지 알려 준다.

미국에서 신생아의 3분의 1 정도가 미혼 여성들에게서 태어난다고 한다. 미혼모 출산을 막기 위한 여러 가지 방법을 실시했지만 별 효과가 없었다. 그런데 청소년들에게 직접 아이를 키워 보는 체험을 하게 했더니 효과가 나타났다고 한다.

청소년들은 아기 때문에 잠도 못 자고, 수업 시간에 아이가 울어 수업도 못 듣는 등 고생을 해 보고 나서야 아기 키우는 일이 보통 힘든 게 아님을 실감했다. 어른들이 아무리 미혼모로 사는 것이 얼마나 힘든지 말해 줘도 듣지 않던 아이들이 한 번 비슷한 체험을 하면 실감이 나고 무슨 말인지 제대로 알아듣게 된다. 사실 청소년이나 어른이나 직접 경험해 보고 느껴 봐야 가장 뼈저리게 학습하게 된다.

7) 청소년기에는 즐겁고 다양한 경험이 필요하다

아이들은 모든 경험을 감정적으로 기억한다. 다양한 경험을 하다 보면 좋은 느낌으로 기억되는 것들도 있고, 다시는 생각하고 싶지도 않을 만큼 좋지 않은 느낌으로 기억되는 것들도 있다. 어른이 된 후에도 하고 싶은 것들은 대부분 좋은 느낌으로 기억되는 경험이다.

좋은 느낌으로 기억된 경험은 거의 평생을 간다. 청소년기의 즐겁고 좋았던 체험은 평생 기억 속에서 자신을 좋게 지지해 주는 원천이다. 따라서 아이들이 즐겁고 좋은 경험을 많이 할 수 있도록 도와주는 것이 중요하다.

8) 아이에게 지시하는 감독자가 아닌 함께하는 코치가 되어 준다

요즘 부모들은 아이가 혼자서 판단하고 움직이는 것을 불안해하고, 학업은 물론 건강과 친구관계까지 다 관리하고 싶어 한다. 이런 부모들은 아이들에게 수많은 레이더망을 설치하고 감독하려고 한다. 하지만 이런 방식은 오래가지 못하고 아이와 갈등만 커진다. 사춘기 때는 아이를 존중하고, 아이가 힘들어하는 것을 충분히 들어 주고, 좋은 방향으로 이끌어 주는 코치가 되는 것이 더 좋다. 어떻게 코칭을 할 수 있는지 알아보자.

(1) 아이의 인격을 존중한다

꼭 사춘기가 아니더라도 아이의 인격을 존중하는 것은 매우 중요하다. 하지만 아이에 대해 사랑이 아닌 집착으로 지시하고 간섭하면 사춘기 청소년들은 자아가 특히 강하기 때문에 참지 못하고 폭발한다. 사춘기의 이와 같은 특성 때문에 어느 발달 시기보다도 10대의 아이들을 더욱 존중해야 한다는 의미이다. 아이가 잘못된 행동을 했을 때도 아이의 감정은 받아 주면서 행동에 초점을 맞추어 무엇이 잘못되었는지를 짚어 주면 아이가 덜 상처를 받고 행동을 고칠 가능성이 더 커진다.

(2) 아이의 사생활을 인정한다

어수선한 뇌를 가진 청소년에게 누군가 자꾸 이것저것 간섭하고 지시하면 기분이 상한다. 사춘기 아이들이 자꾸 자기만의 공간에 숨고 싶어 하는 것도 이런 맥락으로 이해할 수 있다. 부모들은 아이들이 자꾸 혼자 있으려고 하면 아이가 무엇을 하는지, 혹시 뭔가 나쁜 짓을 하다가 무엇을 감추려는 것인지, 잘못된 일을 하는 것은 아닌지 불안해져서 끊임없이 확인하고 싶어 한다.

하지만 그럴수록 아이와의 관계는 멀어진다. 아이의 휴대전화 문자를 몰래 훔쳐보거나 가방 속을 뒤져 보거나 통화할 때 무슨 말을 하는지 엿듣는 행위는 부모라면 몇 번쯤은 다 해 보았을 것이다. 이러한 행동을 하면서 부모 자신도 내가 왜 이렇게까지 해야 하나 하는 생각을 하면서 비참해지기도 하고, 결국 이러한 행동들은 아이를 화나게 하고 문제 해결이나 좋은 관계에 하나도 도움이 되지 않는다는 것을 또다시 깨달을 뿐이다.

(3) 아이의 결정을 존중한다

부모는 코치로서 아이가 어떻게 하면 좋다고 말해 줄 수는 있지만 결정까지 내려 주고 그렇게 하라고 강요할 수는 없다. 부모는 행동의 한계를 분명히 해 준 다음, 그 한계 내에서의 선택과 결정은 아이에게 남겨 두는 것이 좋다. 자신과 남에게 해가 되지 않는 선에서 아이가 스스로 결정할 수 있도록 도와주고, 아이가 내린 결정을 존중해 주어야 한다.

물론 아이는 아직 경험이 부족하고 전두엽이 완성되지 않아 잘못된 결정을 할 수도 있다. 잘못된 결정이나 행동으로 아이가 시행착오를 겪거나 엄청난 실패를 해도 그것 또한 아이가 성장하는 데 필요하다는 생각을 갖는 것이 중요하다. 사실 아이들을 기르다 보면 아이들이 엄청 잘못된 행동을 하고 나서 나름 힘들고 어려운 대가를 치르고 난 후에야 비로소 다시는 하지 말아야겠다는 생각이 들고, 그런 일이 있은 후에 한층 더 의젓하고 성숙해지는 것을 경험할 수 있다. 오늘 아이가 나쁜 행동이나 잘못된 행동을 했다면 부모의 마음은 너무나 힘들고 어지럽지만, 아이가 그런 경험으로 인해 내일은 조금 더 나아질 것이라고 생각해 보는 마음의 여유가 필요하다.

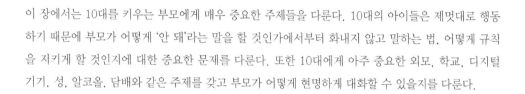

Chapter 8

10대와 잘 소통하기 위한
방법

이 장에서는 10대를 키우는 부모에게 매우 중요한 주제들을 다룬다. 10대의 아이들은 제멋대로 행동하기 때문에 부모가 어떻게 '안 돼'라는 말을 할 것인가에서부터 화내지 않고 말하는 법, 어떻게 규칙을 지키게 할 것인지에 대한 중요한 문제를 다룬다. 또한 10대에게 아주 중요한 외모, 학교, 디지털 기기, 성, 알코올, 담배와 같은 주제를 갖고 부모가 어떻게 현명하게 대화할 수 있을지를 다룬다.

주요 내용

1. 10대의 심리: 내 아이는 지금 어떤 상태인가?
2. 10대에게 '안 돼'를 효과적으로 하는 방법
3. 10대에게 끝까지 화내지 않고 말하는 법
4. '엄격한 부모'이면서 '친구 같은 부모'
5. 10대에게 규칙이란?
6. 10대의 달라지는 성격: 외모에 신경 쓰고 수시로 짜증내는 10대
7. 10대에게 학교란?
8. 10대와 가족
9. 10대와 디지털 기기: 위험하지만 필요한 것
10. 10대와 성
11. 흡연 그리고 알코올: 아이 스스로 하지 않게 하려면?

주요 질문

1. 나는 엄격한 부모인가? 친구 같은 부모인가?
2. 외모에 지나치게 신경 쓰는 우리 아이를 어떻게 대하면 좋을까?
3. 디지털 기기, 어떤 교육이 필요할까?
4. 10대에게 학교란 어떻게 인식시키면 좋을까?
5. 규칙을 우습게 여기는 아이를 어떻게 대하면 좋을까?
6. 담배 피우는 아이와는 어떻게 대화할까?
7. 성교육은 어떻게 하는 것이 좋을까?

1. 10대의 심리: 내 아이는 지금 어떤 상태인가?

> "10대의 아이를 양육할 때 벌을 주지 않는 것이 정말 옳은 건가요?"
>
> "이 작은 악마들의 말도 안 되는 불쾌한 행동과 말대꾸들을 어떻게 해야 할까요?"

다행히도 때때로 불쾌하게 만드는 10대의 건방지고 무례한 행동은 그렇게 심각하게 나쁜 것만은 아니다. 10대의 건방진 행동은 사춘기의 주된 특성이다. 건방지고 충동적인 10대와의 싸움도 몇 년 지나면 극적으로 줄어든다.

사춘기에 접어든 아이는 심리적으로 큰 변화를 겪는다. 그중 가장 대표적인 것이 부모를 싫어하게 된다는 것이다. 아주 슬픈 일이다. 이제까지 끔찍한 사랑으로 자신을 보호해 준 부모라는 존재가 더 이상 좋게 느껴지지 않는다. 그래서 10대에게 부모라는 존재는 불편한 감정을 일으킬 수밖에 없다. 어떤 부모는 애초에 버릇을 잘 들여야 한다며 아이가 반항할 기미를 보이는 즉시 엄하게 응징한다. 하지만 그때 말을 듣는다고 부모를 좋아하고 사춘기를 아무 탈 없이 무사히 넘기는 것은 아니다. 부모 앞에서는 말을 잘 듣는 척하지만 부모가 보지 않을 때에 억압해 두었던 자신이 하고 싶었던 일들을 몰래 하는 아이들도 많이 있고 꾹 참고 있다가 나중에 예상치 못한 더 심한 아픔을 드러내기도 한다.

그렇다면 매번 속이 뒤집어질 정도로 말을 듣지 않는 아이들과 그래도 잘 지내려면 어떻게 해야 할까?

가장 먼저 해야 할 일은 아이와 좀 더 나은 대화를 하려고 노력하는 것이다. 부모들은 너무 많은 가르침을 한꺼번에 주려고 한다. 10대의 아이들은 자신들만의 특유의 비속어를 아주 많이 사용한다. 아이가 "오늘 학교에서 존나 열받았어."라고 말하면 '존나' 같은 말에 신경이 쓰여서 그 말을 지적하면서 아이를 더 열받게 한다. 그래서 아이가 '왜 화가 났는지'에 대해서는 알 길이 없다. 이때는 아이가 마음속 이야기를 편하게 할 수 있도록 최대한 적극적으로 들어 주는 것이 중요하다. 부모가 말끝마다 자신의 생각이나 판단을 이야기하면서 야단을 친다면 아이는 자신의 이야기를 다시는 털어놓지 않을 것이다. 그러나 이런 일들은 너무나 흔하게 일어난다.

사춘기 부모들은 아이를 자신의 뜻대로 움직일 수 있다는 생각을 버려야 한다. 부모는 두 가지 역할을 하는 것이 필요하다. 하나는 아이에게 하면 안 되는 일을 알게 하고 무분별한 행동을 통제하는 '공적 부모'의 역할이고, 다른 하나는 무조건적인 사랑을 베푸는 '양육적 부모'의 역할이다. 부모들은 가능한 한 평화적으로 서로 둘 다에게 좋은 윈윈하는 방법으로 공적 부모의 역할을 할 수 있는 방법을 알고 있어야 한다.

아이들은 고쳐야 할 점이 너무 많은 미성숙한 상태이고 시간은 너무나 빨리 지나간 다는 느낌이다. 부모의 입장에서는 아이가 어른이 될 때까지 좋은 습관과 책임감, 예의를 다 가르칠 수 있을지, 다른 사람들과 원만하게 어울려 살아가는 사람으로 키울 수 있을지 마음속 걱정이 정말 끊이지 않는다.

'뭘 더 해야 하지? 아무리 노력해도 바뀌는 게 없는 것 같은데 무엇을 더 어떻게 가르쳐야 하지?' '이젠 정말 할 만큼 했다.' 어쩌면 아이들을 위해 무엇을 해야 한다는 생각에서 너무 많은 것을 가르치려고 하기 때문에 더 문제가 생기는 것은 아닌지 생각해 볼 필요가 있다.

오히려 너무 많은 것을 가르치려고 하지 않는 것이 좋은 양육일 수 있다. 그저 부모가 아이에게 친절하고 힘을 북돋워 주는 사람이었다면 부모 스스로 좋은 본보기가 되는 사람이었다면 그걸로 충분하다. 그런데 사실 이 정도로 이렇게만 하는 것이 더 어렵고 자제가 필요하다.

듣기 싫은 설명과 훈계보다는 부모가 자녀에게 꼭 필요한 말만 하고 하지 말아야 할 말은 참음으로써 부모와 자녀 간에 일어날 수 있는 관계의 변화를 느껴 보는 것이 의미가 있다. 이는 많은 연습이 필요하다.

1) 두 얼굴의 아이들

미국의 철학자이자 심리학자인 윌리엄 제임스(William James)는 이미 100여 년 전에 한 인간은 자신에 대한 특정한 이미지를 가지고 자신을 대해 주는 사람의 수만큼 다양한 사회적 자아를 가지고 있다는 말을 하였다. 이렇듯 우리는 각기 다른 집단에게 각각 다른 자아를 보여 준다. 부모나 교사 앞에서는 얌전하고 모범적으로 행동하는 아이가 자신의 거친 또래 친구들에게는 심한 욕설을 하고 잘난 척을 하고 으스대는 행동을 한다. 또한 부모로서 아이들의 담임 선생님을 만나러 가면 아이가 집에서 행동하는 모습과는 매우 다르게 학교에서 행동하고 있음을 알 수 있다. 대부분의 아이는 집보다 학교에서 더 나은 모습으로 행동하는 것 같다. 우리 부모들도 친한 친구에게 보여 주는 자아를 자녀에게 보여 주지는 않으며 친구들에게 보여 주는 자아를 회사 사장이나 윗사람에게 보여 주지는 않는다. 다시 말하면, 사람은 다양한 사회적 맥락에 따라 각기 다르게 행동한다는 것이다.

이와 같이 우리 모두는 맥락에 따라 매우 다양한 자아를 갖고 있지만, 크게 구별하면 두 개의 다른 자아를 가지고 있다고 할 수 있다. 어른이나 아이 모두 미성숙한 자아와 성숙한 자아를 갖고 있다. 미성숙한 자아는 가정에서 보여 주는 자아로 긴장이 풀어지고 좀 더 솔직하고 남을 의식하지 않으며 어떤 종류의 사소한 스트레스도 견디려고 하지 않는다. 미성숙한 자아는 흔히 가족들과 함께 있을 때 나타난다. 가장 안전하고 가장 편안하다고 느낄 때 나타나는 모습이다. 반면, 우리에게는 꽤 성숙한 모습도 있다. 성숙한 자아는 높은 수준의 기능을 발휘하며, 주로 집 밖의 세상에서 다른 사람들과 함께 있을 때 나타난다. 사람들과 함께 일하고, 스트레스를 견디고, 목표를 위해 많은 사소한 것을 자제하고 지연시킬 수도 있는 자아이다.

아동기 초기에는 모두 미성숙한 자아를 가지고 있다. 그러다 성숙한 자아가 나타나기 시작하고, 시간이 지남에 따라 점차 성숙한 자아의 기능을 더 잘 발휘한다. 그렇지만 어른이 되었다고 해서 성숙한 자아만 남는 것은 결코 아니다. 결국 아이든 어른이든 시간이나 장소에 따라 성숙하기도 하고 미성숙하기도 하다.

만약 우리에게 이러한 미성숙한 자아가 받아들여질 수 있는 곳이 없다면 인생은 사실 너무나 힘들 것이다. 아이들의 경우에는 더욱 그렇다. 아이들에게는 완벽하게 아이가 될 수 있는 장소가 필요하다. 그리고 미성숙 상태에 있는 '아이' 곁에 있어야 할 사람은 바로 우리 '부모'이다.

미성숙한 자아 대 성숙한 자아

성숙한 자아: 선생님 감사합니다. 선생님 덕분에 제가 많이 알게 되었고 정말 감사드립니다.

미성숙한 자아: 엄마! 학교에는 왜 온 거야. 내가 한 말 못 들었어? 짜증나게 진짜 왜 이래! 앞으로 학교에 오지 마.

2) 내 아이의 진짜 자아는 어느 쪽일까?

아마도 성숙한 자아일 것이다. 대부분의 10대는 고등학교를 졸업할 즈음 혹은 그 후로 몇 년이 지나면 다시 예의 바른 자녀로 돌아오며 사회의 훌륭한 구성원이 된다. 이러한 변화는 이미 오래전부터 늘 있어 왔던 일이다. 말대꾸하고 불안정한 10대가 지나면 부모와 주위 사람을 생각하고 의식할 수 있는 성인이 된다.

말대꾸하는 10대에서 다소 성숙한 10대로의 변화는 철없고 미성숙한 아이들을 부모가 잘 양육한 탓도 있지만 이제 청소년기의 발달단계를 지나가고 있기 때문일 수도 있다. 한 엄마는 부모의 속을 무척이나 썩였던 말썽쟁이 아들이 군대를 무사히 제대한 날 다음과 같이 말하기도 한다.

> "아, 정말 힘든 일들이 많이 있었지만 그래도 이제는 마음이 좀 놓이네요. 우리 아들이 이제 많이 달라졌어요."

청소년기가 지나면서 부모들은 끊임없이 사랑을 주고, 때로는 마음이 불편하지만 아이들이 지켜야 하는 규칙을 말하고 아이들이 싫어하는 요구를 하면서 마침내 결실을 본다. 이 모든 노력의 총합으로 10대들은 조금씩 성숙해진다.

자녀가 미성숙하게 구는 것은 자녀에게 특별히 문제가 있음을 의미하는 것이 아니다. 또한 부모의 양육 방식이 잘못되었음을 의미하는 것도 아니다. 그저 집에서 부모와 함께 있어서 안전하고 편하다고 느끼기 때문에 일어날 수 있는 행동이다.

미성숙한 자아의 가장 뚜렷한 특징은 '내가 원하는 대로 계속 우기자'이다.

아빠: 얘야, 어떻게 아빠한테 그런 식으로 말할 수 있니?

아이: 앞으론 내가 원하는 대로 살 거예요. 나도 이제 컸다고요.

아빠: 조심하는 게 좋을 거다.

아이: 왜요, 저를 때리기라도 하시게요? 아마 아빠는 그러고도 남겠죠.

아빠: 계속 지금처럼 행동한다면 매를 들 수밖에 없다.

아이: 아빠는 지금 제가 아빠 마음대로 안 되니까 화가 나시나 봐요.

아빠: 너는 어른한테 함부로 말하는구나. 그렇게 말을 함부로 해서 어떻게 사회생활을 하려고

1. 10대의 심리: 내 아이는 지금 어떤 상태인가?

그러니?

아이: "저는 잘 살 거니까 걱정 마세요. 그땐 아빠의 그 빌어먹을 허락도 필요 없을 거예요.

아빠: "너 정말 어떻게 되고 싶니?

가만히 들여다보면 여기에는 두 명의 미성숙한 자아가 있다. 어느 누구도 자신의 뜻을 굽히려 하지 않고 자기 마음대로만 하려고 한다. 아이가 비딱하게 말한다고 해서 부모도 똑같이 대응하는 것은 갈등만 커지게 한다.

그렇다면 미성숙한 자아가 나타났을 때 부모는 어떻게 해야 할까?

가장 먼저 알아야 할 것은 10대의 마음을 돌려놓을 수 있다는 생각을 버려야 한다는 것이다. 그리고 10대 자녀가 원하는 것과 부모의 뜻이 다를 때는 부모로서 해야 할 말과 해야 할 일을 하고 나서 멈추자. 어떻게든 자신의 의견을 고집하는 10대들에 맞서 싸우지 말자. 아이들은 부모의 뜻대로 할 리가 없고 아이는 더욱더 자신의 생각만을 우기면서 부모와 아이 사이는 점점 멀어지게 된다. 다시 말하자면, 부모로서 해야 할 말을 되도록 짧게 말하고 아이의 말도 안 되는 미성숙한 대꾸들에 대해서는 반응하지 말고 멈추는 연습이 필요하다.

3) 10대들의 뚜렷한 변화

10대가 비뚤어진 행동을 보이는 것은 대부분은 정상적인 발달 과정이다. 반항적인 행동은 부모를 무시하고 괴롭히려는 반응이 아니라 단지 청소년기의 특성일 뿐이다. 또한 부모가 바꿀 수 있는 것은 거의 아무것도 없다. 다행스럽게도 그 행동들을 그만두는 시기가 오지만 그 시기가 되기 전에는 결코 끝나지 않을 것이다.

청소년기는 비교적 짧은 시간 동안 발달의 주요 변화가 집중적으로 나타나는 시기이다. 우선 성적으로 극적인 발달이 일어난다. 강렬한 성적인 감정과 충동을 느끼는 시기이다. 이제 10대의 여자아이는 임신이 가능해진다. 또한 신체의 변화를 크게 겪는 10대들은 자신이 남에게 어떻게 보이는지 무척 신경을 쓰면서 자신의 외모에 대해 관심이 높아진다. 10대들은 시간과 장소를 가리지 않고 거울을 들고 자신의 외모에 관심을 가진다. 그리고 청소년기에 나타나는 또 다른 변화는 아이들이 이제 어른들과 비슷한 방식으로 세상을 이해할 수 있는 인지발달이 이루어진다는 것이다. 부모들은 이제 정말 말조심을 해야 한다. 왜냐하면 10대들은 부모가 말하는 것을 머릿속에 그대로 기억해 두었다가 사용하기 때문이다.

4) 10대의 부모 알러지

10대들이 겪는 가장 큰 심리적 변화는 부모로부터 자유로워지고 독립하고 싶은 욕구가 커진다는 점이다. '나는 더 이상 의존적인 어린아이가 아니다.'라고 생각한다. 사실 이러한 독립적인 생각들은 바람직한 것이다. 몇 년 안에 학교 밖 세상으로 나가게 될 텐데 여전히 어린아이처럼 부모에게 의존하는 마음을 가지고 있다면 사회에 적응하기 어렵기 때문이다. 따라서 자신을 독립적이고 어른스러운 존재로 인식하려는 욕구는 아이들이 보여 주는 미성숙한 행동과는 심각한 차이가 있지만 이러한 욕구 자체는 상당히 자연스럽고 필요한 것이다.

사춘기 아이들은 대부분 여전히 엄마에게 의존하고 엄마를 사랑한다. 그러나 청소년기가 되면서 엄마와 함께 있는 것이 더 이상 좋지만은 않게 되었다. 엄마의 등장은 사춘기 아이의 마음에 '불편함과 거부감'의 시작이다. 부모가 없을 때 아이들은 왠지 모르게 편안한 상태가 되지만 부모가 나타나면 왠지 모르게 거북하고 불편해한다.

다음과 같은 상황이 엄마가 분위기를 악화시키는 경우이다.

진우의 엄마는 바로 나가지 않고 나란히 자리를 잡고 앉아서 심지어 말까지 건다. 엄마는 아들의 이름을 부른다.

엄마: 진우야

진우: 왜요?

엄마: 엄마한테 그런 식으로 말하지 않았으면 좋겠다.

진우: 어떤 식으로요?

엄마: 바로 지금처럼 버릇없이 말하는 것 말이다.

진우: 제가 어떻게 말을 했다고 트집을 잡으세요?

엄마: 왜 그렇게 버릇이 없니?

이런 대화는 10대를 둔 가정에서 흔하게 일어나는 일이다. 부모는 아이와 친해지고 싶어서 말을 걸지만 그 결과는 또 혼내는 식으로 끝이 나고 차라리 말을 걸지 않는 것이 더 나을 뻔했다는 생각으로 결론이 난다. 이와 같이 10대들은 주어진 환경에서 스트레스를 참으며 예의 있게 말하는 법을 모른다.

너무나 사랑하는 엄마와 아들이 같은 공간에 있지도 못하게 된 원인은 과연 무엇인가?

대답은 간단하다. 청소년기가 시작되었기 때문이다. 청소년기에 접어든 대부분의 10대는 부모에게 일시적인 거부 반응을 보이게 된다. 그리고 부모와 관련된 모든 것에 짜증을 낸다.

어릴 적 아이들에게 마음의 안정감과 기쁨을 주었던 부모의 목소리는 이제 완전히 짜증을 불러일으키는 원천이 되었다.

아이: 엄마, 엄마는 왜 맨날 그런 식으로 말해? 정말 짜증나.

엄마: 어떤 식으로 말했다는 거니?

아이: 엄마가 말하는 방식 말이야. 엄마 자신은 몰라서 그렇지 그렇게 짜증나게 말하지 말고 다른 식으로 말할 수는 없냐고.

마지막으로, 10대의 모든 부모가 깨닫게 되는 가장 힘든 일 가운데 하나는 아이들이 사람들 앞에서 보모와 함께 있는 것을 불편하고 창피하게 여긴다는 사실이다. 10대들이 부모에게 보이는 거부 반응은 청소년기의 전형적인 특징이다. 특히 다른 사람들이 있을 때는 더욱 그렇다.

이런 상황에서 남자아이들이 선호하는 방식은 부모를 보지 않는 곳으로 사라지는 것이다. 남자아이들은 단순히 없어지는 방법을 선택한다. 그들은 집 밖으로 나가 버리든지, 아니면 방에서 문을 걸어 잠그고 나오지 않는다. 그리고 사라질 수 없을 때는 시선을 피해 버리거나 웅얼거린다. 남자아이들은 같이 있어도 마치 눈에 보이지 않는 것처럼 행동한다.

이와는 다르게 10대의 여자아이들은 '짜증과 말싸움'으로 집요하게 싸운다. 부모님이 무슨 말을 하든지 "나는 싫어." 또는 "소리를 지를 거야." 또는 "엄마를 보는 것만으로도 짜증이 나."와 같이 반응한다. 10대의 여자아이들은 매 순간 독립을 주장하면서 부모의 관심과 사랑을 불편해한다. 그런데 헷갈리는 것은 이러한 10대들의 부모에 대한 알러지 반응이 심해졌다 나아졌다를 반복한다는 것이다. 부모 입장에서 조금 나아진 듯해서 마음을 놓으면 아이들은 또다시 부모 알러지 반응을 크게 시작한다.

> "그게 나하고 무슨 상관이에요. 왜 나한테 물으세요? 엄마가 만든 음식은 다 별로고
> 내 입맛하고 맞지 않아요."

이러한 부모 알러지 반응은 답이 없다.

5) 부모와 아이 사이의 적당한 심리적 거리

부모로서 사춘기 아이를 키우면서 온전한 정신을 유지하려면 한 가지 꼭 기억할 것이 있다. 10대들이 부모를 목표로 삼고 일부러 괴롭히고 공격하는 것은 아니며 10대들이 이런 행동을 보이는 것은 그저 정상적인 심리적 발달 과정이라는 것이다. 10대 아이들이 반항하는 대상은 부모 자체가 아니라 10대의 마음속 깊은 곳에 내재해 있는 부모의 권위적이고 답답한 이미지에 대한 저항이다. 즉, 인간 자체인 당신이 아닌 '부모'라는 대상을 거부하는 것이다. 부모라는 이미지를 자신의 자유와 독립을 구속하는 이미지로 생각하는 것이다. 이제까지 자신을 어린아이처럼 보호해 주고 간섭하고 지도해 준 부모라는 대상 자체에서 벗어나고 싶은 것이다. 이는 정신적 독립을 위해서 필요한 과정이다.

10대 아이들이 가지고 있는 '부모'의 이미지는 자신은 어른이 되어 독립할 준비가 되어 있는데도 자신을 쉽게 자유롭게 놔주지 않는 부담이 되는 만만치 않은 사람들이다. 특히 아이에게 집착하고 과잉보호한 부모의 자녀일수록 부모 알러지는 더욱 심할 수밖에 없다. 부모가 아무리 관심 어린 애정에서 비롯된 표현을 해도 자녀는 자신을 아주 어린아이처럼 대한다고 느낀다.

아이: 왜 자꾸 쳐다봐요? 짜증나게 왜 자꾸 쳐다보냐고요?

부모: 얼굴 좀 보면 안 되니?

거의 모든 10대는 부모와 심리적 거리를 두고 싶어 한다. 그때 부모가 바꿀 수 있는 것은 거의 없다. 하지만 사춘기는 머지않아 끝나고 아이들은 어른이 될 것이고, 부모에

대한 알러지 반응도 그렇게 심하지는 않게 된다. 자녀들은 어린 시절의 모습을 바탕으로 약간은 성숙해진다. 그리고 부모와 자녀 간에는 그동안 겪었던 수많은 갈등과 다툼으로 적당한 심리적 거리를 형성하게 된다.

> "엄마, 쇼핑할 때 제가 입을 만한 거 있으면 하나 사다 줘요. 나한테 어울린다고 생각되는 걸로요."
>
> "엄마, 어릴 적 먹었던 미역국 좀 끓여 줘요. 엄마가 끓여 준 미역국 맛있어요."

이런 말들도 가끔 들을 수 있는 날들이 온다. 마치 옛날의 나의 아이로 돌아온 것 같은 편안함과 애틋함으로 부모를 기분 좋게 할 것이다. 아! 아이가 차차 옛날의 모습을 되찾는 건가! 아! 조금씩 성숙해 가는 건가!

유년 시절 부모에게 받은 심한 상처나 학대, 경제적·사회적 편견, 또래 집단에서 경험한 상처 등을 많이 경험한 아이들은 그들의 상처를 치유하는 데 더 오랜 시간이 필요할 것이다. 하지만 이러한 심한 외상이 없는 상태에서 나타난 10대들의 짜증, 버릇없음, 말대꾸 등은 대부분 시간이 지나면서 자연스럽게 해결된다.

아마도 부모들은 스스로에게 다음과 같은 말을 하는 것이 좋을 것 같다.

> "아이들의 말대꾸는 늘 있는 것이고, 부모에 대한 거부 반응은 일어날 수밖에 없어. 그렇지만 내 아이는 잘 자랄 것이고, 결국 괜찮은 어른이 될 거야."

그리고 자신의 아이가 '10대'를 통과하는 과정에 있다고 생각하면 좋겠다. 거쳐 가야만 하는, 그래야 삶의 어려움에 대한 면역이 생겨 심리적으로 더 건강해질 수 있는 병에 걸렸다고 생각하며 아이들을 대하면 많이 여유가 생기고 관대해질 수 있다. 결국 10대를 어떻게 바라보고 어떻게 생각하느냐가 당신의 언어 반응과 행동에도 영향을 미칠 것이다.

사춘기의 의미를 다음과 같이 생각하면 조금 편안해진다.

만일 우리 인간이 사춘기라는 과정이 없었으면 어떤 일들이 일어날까? 부모는 아이를 계속 양육하고 보살피고 계속 서로 의지하고 보호하고 그런 관계에서 벗어나지 못할 수도 있다. 사실 이런 일이 계속된다면 더 끔찍한 일일 것이다. 사춘기라는 모진 과정은 부모와 자식 둘 다 적당한 심리적 거리를 유지하고, 또 자식이 부모에게서 정신적으로 독립할 수 있도록 마련된 꼭 필요한 인생의 훈련 과정일지도 모르겠다.

10대의 부모만큼 인생에서 어렵고 힘든 역할은 없을 것이다. 부모는 아이에게 사랑을 마음껏 표현할 수도 없고 그렇다고 내버려 둘 수도 없다. 부모는 최소한 절제된 표현으로 아이들이 청소년기를 무사히 보낼 수 있도록 마음을 다해야 한다. 그리고 부모 자신도 상처받지 않기 위해 많은 준비가 필요하다. 그러면 부모들이 아이들을 기르면서 겪는 스트레스로 인한 많은 신체화 증상이나 우울 증상과 같은 것들도 줄어들 수 있을 것이다.

2. 10대에게 '안 돼'를 효과적으로 하는 방법

부모가 일단 '안 돼'라고 말하면 아이들이 관심을 갖는 것은 단 하나, '안 돼'가 정말 확실하게 안 되는 것인지, 아니면 자꾸 요구하면 들어줄 수도 있는 것인지이다. 그리고 아이들은 부모의 '안 돼'를 '알았다'로 바꾸려고 말도 안 되는 말을 끝없이 한다.

10대 자녀들에게 '안 돼'라고 말하기 어려운 것은 그 대화가 결코 "알겠어요."나 "그렇게 할게요."로 끝나지 않기 때문이다. '안 돼'를 선언한 부모들은 심신이 소진되는 경험을 하게 된다. '안 돼'라고 말하는 것은 10대의 부모로서 치러야 하는 가장 어려운 부분이다. 하지만 결코 포기해서는 안 될 가장 중요한 방식이기도 하다. 흔들리지 않는 마음과 인내가 필요하다.

> "인정하긴 싫지만, 엄마의 말씀이 충분히 이해가 돼요. 메이커 가방을 갖고 싶지만 우리 집 형편을 생각하면 너무 비싸죠. 속상하지만, 좋은 가방을 지금은 사지 못한다는 사실을 받아들이겠어요. 사실 지금 가지고 있는 가방도 아직은 쓸 만해요. 여전히 가방을 하나 새로 사고 싶은 마음은 있지만요."

만약 이렇게 대답하는 10대가 있다면 오히려 아주 특이한 경우이고, 혹시 아이의 심리 발달에 문제가 있는 것은 아닌지 생각해 볼 필요가 있다. 아니면 아주 어릴 때부터 삶의 어려운 부분을 너무나 많이 보고 자라서 슬프게도 철이 다 들어 버렸는지도 모르겠다.

정말 10대들은 지긋지긋한 싸움꾼들이다. 10대들의 뇌는 정말 자기중심적이고 사실

2. 10대에게 '안 돼'를 효과적으로 하는 방법

이 아닌 것까지도 사실로 만들어 버리는 뻔뻔함을 갖고 있다. 또한 대다수의 10대 아이는 문제의 본질을 흐트린다. 그런데 이상하게도 아이들은 부모가 문제의 본질을 흐트린다고 말한다. 우리 부모들은 문제의 본질에 대해 말하고 싶은데 10대와 이야기를 하다 보면 부모가 안 된다고 말하는 문제와 전혀 상관없는 주제에 점점 빠지게 만든다.

대략 열다섯 이전의 10대들은 두세 번 '안 돼'라는 말을 들으면 대부분 말을 듣지만, 열다섯 살이 넘은 아이들은 전혀 그렇지 않다. 그들은 부모와의 싸움에서 가장 강력한 무기를 휘두른다. 그것은 바로 한도 끝도 없이 이어지는 지루한 말도 안 되는 '고집'을 부리는 것이다. 혹은 부모 앞에서 "예." 하고 듣는 척하고 나가서는 자신이 하고 싶은 대로 해 버린다.

10대들은 하고 싶은 것을 못하게 하면 격렬한 감정이 들어 있는 폭탄을 엄청난 속도와 힘으로 터뜨려 버린다. 폭탄을 직접 맞은 희생자는 어안이 벙벙해지고 얼이 빠진다. 더욱 당황스러운 것은 그렇게 엄청난 대폭발이 일어난 직후 부모는 완전히 상처받고 기진맥진한 상태가 되지만 10대들은 아무렇지도 않다는 것이다. 상처받은 부모만 우습게 된다. 부모도 10대를 잘 이해하여 너무 심각하게 상처받고 힘 빠지지 않도록 해 보자.

1) '안 돼'라고 말할 때 그 이유를 짧게, 솔직하게 구체적으로 설명하는 것이 좋다

아이가 미성숙하게 행동해도 부모는 가능한 한 어른을 대하는 태도로 아이를 대하는 것이 좋다. 쉬운 일은 아니겠지만, 서로를 존중하는 마음과 태도를 갖는 것이 중요하다. 그러려면 우선 '안 돼'라고 말할 때 그 이유를 구체적으로 설명하는 것이 좋다. 10대들은 언제나 이유를 알고 싶어 하고 그 설명은 되도록 짧고 솔직해야 한다고 생각한다. 10대들은 길고 장황한 설명은 정말 좋아하지 않는다. 되도록 짧게 말하자.

반대하는 이유에 대해 설명해 준 다음에는 아이의 말을 경청하는 것이 중요하다. 부모가 들어 주지 않으면 10대들은 무시당했다고 느끼고, 그때부터 부모와 아이 사이에는 뛰어넘을 수 없는 벽이 생기게 된다. 먼저 10대들의 이야기를 귀 기울여 듣고, 그다음에 그들의 주장이 합리적인지 판단하자.

아무리 말도 안 되고 감정적이고 비논리적이라고 해도 부모는 아이를 존중하는 눈빛을 보내며 아이의 이야기를 경청해야 한다. 부모가 원칙을 세우고 거기에서 어긋나는 아이의 행동을 단호하게 제지하는 일은 반드시 필요하지만, 때때로 자녀가 하는 말을 듣고 부모가 마음을 바꾸는 것도 필요하다. 그러한 행동에는 두 가지 좋은 의미가 있다.

첫 번째는 부모가 아이의 말을 경청하고 있으며 그 말을 중요하게 생각한다는 것이다. 두 번째는 부모가 유연하고 융통성 있다는 사실을 아이가 알게 된다는 것이다. 대개 10대의 아이들은 부모는 꽉 막히고 변하는 게 없다고 생각한다. 그래서 대화하기 싫다고 한다. 그러나 자녀의 말이 옳다고 여겨질 때 부모가 마음을 바꾸어 들어 주는 것은 매우 바람직한 행동이다. 이때 아이는 자신의 부모가 무조건 반대하는 존재가 아니라는 것을 깨닫게 된다.

2) 가능한 한 빨리 말다툼에서 벗어난다

'안 돼'라고 말한 뒤에 분노가 머리끝까지 치밀어 오르는 것을 확실하게 느끼는 시점이 있다. 이미 뒷목이 뻣뻣해지고, 숨이 가빠지고, 가슴이 두근거리고, 몸이 떨린다. 아마 처음에는 아이와의 대화에 열중하느라 이런 증상들을 못 느낄 수도 있다. 그러나 아이와 끝이 보이지 않는 말다툼을 몇 번 하다 보면 그 말다툼이 격렬한 난장판으로 바뀌는 시점을 알아차리는 것이 그렇게 어렵지는 않다. 바로 그 순간이 당신이 벗어나야 할 때이다. 가능한 한 빨리 알아차리고 벗어나야 한다. 이것만 실행할 수 있어도 아이와의 극단적인 싸움은 피할 수 있다.

그렇다면 자연스럽게 논쟁에서 벗어날 수 있는 방법은 무엇일까? 아주 간단하다. 그 순간에 단지 입을 다물면 된다. 말을 하지 않으면 된다. 아무 말도 해서는 안 된다. 사실 심하게 상처를 주고 나쁜 말을 서로 하는 것보다 침묵이 훨씬 좋다. 그 공간에서 빨리 벗어나 자녀와 떨어져 있어야 한다.

10대들은 일단 짜증을 내기 시작하면 그들의 미성숙한 자아가 온 정신을 뒤흔들어서 앞으로 일어날 결과에 대해서는 전혀 생각하지 않는다. 만일 부모가 위협하거나 기분 나쁜 말을 하면 그들의 분노는 끝없이 치솟는다 . 이렇게 아이의 끝없이 치솟은 분노와 미성숙한 행동을 보고 나서야 부모는 대응하지 말았어야 했다는 생각이 들 것이다. 미리 생각해서 아이의 말도 안 되는 말들에 대응하지 않는 것이 가장 현명하다.

353

3) 일관성 있게 훈육하기

10대를 양육하다 보면 매일 새롭고 심각한 도전을 받게 된다. 부모를 지치게 하는 시도를 끊임없이 하고, 부모가 '안 돼'라고 말한 것을 계속해서 어기고 우기고 계속 괴롭힌다. 때때로 10대들은 성공하기도 한다. 부모들은 가끔 너무 지쳐서 자신의 의도와는 다르게 무언가를 어느새 허락하기도 한다. 그러나 이것은 아주 큰 문제가 될 수 있다. 부모의 '안 돼'가 지속적으로 효과를 보려면 한번 말한 '안 돼'는 끝까지 지켜야 한다. 10대 자녀들에게 부모는 어떤 문제에 대해서는 마음을 바꾸지 않을 것이라는 강한 의지를 보여 줄 필요가 있다. 부모의 마음이 흔들려서 일관성을 갖지 못하면 10대의 양육은 점점 힘들어지고 방향성을 잃어버린다.

4) 부모는 아이에 대해 약간 걱정되는 문제와 심각하게 걱정이 되는 문제를 구별할 필요가 있다

까다로운 아이들은 끊임없이 규칙을 어기고 부모와 다투면서 반항한다. 부모들은 10대들만큼의 열정과 에너지가 없기 때문에 자주 기진맥진해지고 결국은 져주게 된다. 가장 심각한 것은 끊임없는 싸움으로 부모와 자녀의 관계가 엉망이 된다는 것이다. 우리 부모들은 어느 누구도 자녀와의 관계를 엉망으로 만들고 싶어 하지는 않는다. 이렇게 관계가 악화되기 전에 부모는 선택을 해야 한다. 부모는 자녀가 청소년기를 겪는 동안 약간 중요한 문제와 심각하게 더 중요한 문제, 즉 약간 걱정되는 문제와 심각하게 걱정되는 문제를 구별할 필요가 있다.

다음은 심각하게 걱정되는 문제들로 부모가 강력하게 '안 돼'라고 말해야 하는 사례들이다.

> "방과 후에 남자친구를 집에 데리고 와도 돼요?"
> "휴대용 칼을 사도 돼요?"

다음은 약간 걱정되는 문제들로 상황에 따라 허락할 수도 있고 반대할 수도 있는 사례들이다.

"머리 염색해도 돼요?"

"친구네 집에서 자고와도 돼요?"

부모의 '안 돼'가 효과를 보려면 그 말이 지켜지는지 끝까지 확인하는 노력이 필요하다. 단, 너무 많이 '안 돼'라고 말하는 것은 오히려 자녀들의 반항을 부추겨서 완전히 역효과가 날 수 있다.

5) 아이에게 도저히 화가 나서 참을 수 없을 때 '재빨리 물러서자'

부모가 '안 돼'라고 말하는 상대는 충동적이고 미성숙한 자아를 가진 10대라는 점을 항상 기억해야 한다. 그리고 자신이 원하는 것을 얻기 위해서는 어떠한 장애물에도 대항하고 버티려는 것이 미성숙한 자아의 특성이라는 점도 기억해야 한다. 미성숙한 자아를 가진 10대는 어떻게 하면 부모를 지치게 하고 자신의 욕구를 채울 수 있는지 여러 번의 시행착오를 거쳐 가장 치명적이고 약삭빠른 기술을 터득한다. 시간이 지나면서 부모를 말 한 마디 못하게 만드는 방법을 아주 잘 발견한다.

다음과 같은 상황에서 부모가 어떻게 행동하는 것이 가장 좋을지 생각해 보자.

백화점에 엄마가 딸아이와 쇼핑을 하고 있는데 딸아이가 자신이 마음에 드는 옷을 사 달라고 조른다. 엄마는 사 줄 수 없다고 말했는데 딸아이는 투덜대고 포기하다가 엄마를 향해 욕을 웅얼거렸다.

이 시점에서 부모가 미성숙한 10대의 자아를 현명하게 이겨 내려면 미성숙한 자아의 화가 가라앉고 중립적인 상태가 될 때까지 기다렸다가 훈육을 해야 한다. 즉, 엄마는 시간이 좀 지나서 자신과 딸의 마음이 어느 정도 누그러졌을 때 다음과 같이 이야기를 해야 한다.

"오늘 오후에 네가 엄마에게 했던 말을 분명히 들었다. 다시는 엄마에 대해서 그런 식으로 말하는 것을 듣고 싶지 않구나."

만일 엄마가 그냥 지나치지 못하고 바로 대응하면 아마도 다음과 같은 말을 쏟아냈을 것이다.

"너 지금 엄마한테 뭐라고 했니?"

"분명히 들었다. 앞으로 엄마에게 그런 식으로 말하면 가만두지 않을 거다."

"부모한테 욕을 하다니 제정신이니. 정말 어쩌다 이 지경까지 망가진 거니. 부모에게 욕을 하는 행동은 절대 용서하지 못한다."

그렇지만 10대들은 절대 지지 않는다. 그들은 부모가 하는 모든 말에 대해 말대꾸를 하도록 준비되어 있다.

"그래요. 친구한테 전화할게요. 걔네 엄마가 저보고 와서 살아도 된다고 했거든요. 집을 나가겠어요."

이러한 예들이 아주 극단적으로 느껴질 수도 있으나 사춘기가 극심할 때 실제로 일어날 수 있는 일들이다. 10대들은 모든 것에 대응할 준비가 되어 있다. 그러므로 부모는 지루한 논쟁을 피할 때와 마찬가지로 빨리 물러서는 것이 좋다. 재빨리 물러서는 방법은 정말 10대의 양육에서 가장 중요하다. 이것은 부모를 소리 지르게 만드는 10대의 모든 무례하고 불쾌한 행동에 아무런 반응을 보이지 않는 기술로서, 인간의 본능과는 반대되는 것이므로 반드시 의식적으로 노력하고 연습해야만 한다. 하지만 이런 물러서는 방법을 실천하는 것은 정말 어렵다. 왜냐하면 부모도 아이의 무례한 행동으로 인해 극도로 분노한 상태여서 화를 끝까지 내지 않고는 견디기 어렵기 때문이다. 우리는 한 번 극심한 분노를 느끼면 끝까지 가 볼 때까지 가 보자는 심정이 될 때가 많고, 그래야 속이 시원하다는 느낌을 받을 때도 있다. 하지만 그렇게 했을 때의 결과는 아주 처참하다. 그리고 그렇게 하는 것은 명백히 아주 잘못된 방법이다. 그것은 10대 아이의 반응과 크게 다를 바가 없다. 위협이나 체벌밖에는 방법이 없다고 생각이 들면, 과거에 이성을 잃었던 쓰라린 경험을 반드시 기억하고 다시 반복하지 말자는 생각을 하면서 '빨리 물러서는 기술'을 실천한다면 성공이다. 그리고 이러한 기술을 여러 번 성공적으로 해내면서 부모와 아이의 사이는 차차 나아질 것이다.

여기서 잠깐 독자들은 정말 이렇게 물러서야 하는 걸까 하는 생각을 할 것이다. 부모가 즉각적으로 바로 훈육을 하지 않으면 10대들이 더 제멋대로 버릇없이 행동하지 않을까 걱정할 것이다. 하지만 대부분 그렇지 않다.

부모와 10대 자녀 사이에 벌어진 최악의 사건들은 대부분 부모가 좀 더 빨리 물러서기를 하지 않아서 일어나기도 한다. 좀 더 빨리 그 상황에서 물러서거나 한번 끝난 말다툼을 다시 시작하지만 않았어도 아주 극단적인 상황을 피할 수 있었을 것이다. 만약 부모가 '안 돼'라고 말한 뒤에 덧붙여 뭔가 더 긴 설명을 하려 한다면 오히려 그 말이 부모에게 불리할 수 있다. '신속하게 물러서는 것'이 모든 경우에 효과가 있다고 할 수는 없지만, 백 마디 험한 말보다 재빨리 물러서면서 침묵하고 그 상황을 인내하는 모습을 보여 주는 것이 더 현명하고 효과가 있다.

6) 10대의 말대꾸에 대한 최선의 방법은 부모가 가능한 한 '최소한의 대꾸를 하는 것'이다.

실제 상담을 해 보면 10대의 부모가 가장 힘들어하는 문제 중의 하나가 말대꾸이다. 일반적으로 부모는 무엇 때문에 다투는지 주제와 상관없이 아이의 무례한 말대꾸 때문에 힘들어한다. 또한 10대 자녀에게 무례한 말대꾸를 해서는 안 된다고 설교를 하거나 벌을 주지도 말라고 하면 결국 할 수 있는 것이 아무것도 없다는 사실에 부모는 무기력해진다. 그래서 어떤 방법으로든 아이의 무례한 말대꾸가 나쁜 행동임을 인식시키려고 한다. 부모는 자녀가 좋은 인격을 가진 성인으로 자랐으면 하는 기대감과 책임감이 있기 때문이다. 부모로서는 너무나 자연스럽고 마땅한 마음가짐이지만 일일이 설명한다고 해서 아이의 말대꾸가 나아지거나 없어지는 것은 아니다.

만약 10대 자녀가 말대꾸를 하다면 두 개 중 하나를 선택할 수 있다. 아이의 말대꾸에 즉각적으로 반응하거나 반응하지 않는 것이다. 둘 중 어느 것이 좋을까? 당연히 반응하지 않는 쪽이다.

엄마: 얘야, 식탁에 그릇들 좀 치워 줄래?

아이: 왜 나만 시켜! 특히 부엌일은 나보고 하라 그러잖아. 내가 여자라서 그래. 남녀차별이야. 내가 노예야! 왜 남자애는 안 시키고 나만 시켜.

엄마: 얘야, 무슨 말을 그렇게 하니. 그런 식으로 버릇없이 대꾸하지 마라.

이런 식의 대화에서 끝이 날까?

이런 상황에서는 아이의 말을 끝가지 들어 주되, 그 말에 대한 반응은 보이지 않는 것이 최선의 방법이다. 엄마가 식탁을 치우라는 말을 반복하고 그 외의 어떤 말도 하지 않는다면 식탁 치우는 일과 전혀 상관없는 남녀차별을 논하는 상황까지는 가지 않을 것이다. 아이는 말대꾸를 계속하겠지만 얼마 지나지 않아 자신의 빈정거림과 반항이 아무런 소용이 없음을 알게 될 것이다. 그리고 자신의 선택은 단지 두 가지뿐임을 알게 될 것이다. 즉, 식탁을 치우거나 치우지 않거나이다.

대부분의 부모는 이렇게 생각할 것이다. '아무리 그래도 버릇없고 무례하고 기분 나쁜 말대꾸를 그냥 놔두어도 될까? 그냥 놔두면 더 심각해지지는 않을까?' 그에 대한 대답은 '괜찮다'이다.

만약 아이가 부모에게는 말대꾸를 해도 다른 어른들에게는 하지 않는다면? 또 부모가 가르쳐 주지 않아도 말대꾸가 나쁜 행동이라는 사실을 알고 있다면? 그리고 아이의 말대꾸가 안전하다고 느끼는 집에서만 일어난다면 아이의 말대꾸를 무례하다고 생각만 하기보다는 조금은 다르게 생각해 볼 수 있지 않을까?

10대들은 말대꾸가 아주 잘못된 것이라고 생각하지 않는다. 그리고 아직은 부모에게 원하는 것을 강력하게 요구해도 될 만큼 자신은 어리다고 생각한다. 이것이 10대가 말대꾸를 하는 이유이다.

7) 10대의 버릇없는 행동에 대해서는 이중 잣대가 필요하다

10대 자녀의 무례한 행동에 대해서는 이중 잣대가 필요하다. 첫 번째는 비교적 관대한 기준으로, 오직 직계가족과 함께 있을 때 적용되는 기준이다. 두 번째는 좀 더 엄격한 기준으로, 아이가 집 밖에 있을 때나 직계가족이 아닌 사람들과 함께 있을 때 적용되는 기준이다. 부모들은 앞의 경우를 조금 나쁜 행동으로, 뒤의 경우는 더 나쁜 행동으로 구분해서 양육할 필요가 있다.

나쁜 행동
아빠는 아이의 학교생활이 궁금했다.

아빠: 얘야, 요즘 학교생활은 어떠니?

아이: 그런 질문 좀 하지 말아요. 무슨 대답이 나올 것 같아요. 언제나 그렇듯 재미없어요.

더 나쁜 행동
가족은 할머니 댁에 놀러 갔다.

할머니: 우리 손자, 학교생활은 어떠니?
손자: 어떨 것 같으세요? 정말 바보 같은 질문을 하시네요.

부모의 머릿속에 용납할 수 있는 일과 용납할 수 없는 일, 두 가지 다른 수준의 기준을 세우게 되면 아이도 그 차이점을 이해할 것이다. 아이는 아이대로 집에서 있을 때 좀 더 자연스럽고 편안하게 행동하고, 가족 이외의 사람들과 함께 있을 때는 좀 더 예의 바르게 행동하려고 노력할 것이다. 또한 아이들은 안전지대인 가정을 벗어나 다른 사회적 상황에서 무례하게 행동하면 매우 잘못된 행동으로 인식된다는 사실을 알게 될 것이다. 그래서 아이들은 가정이 아닌 바깥세상에서는 좀 더 조심스럽고 반듯하게 행동하려고 할 것이다.

실제 상담에서 학교 선생님의 말로는 아이가 너무나 모범적이고 어떻게 키워서 이렇게 행동을 잘하느냐고 말을 할 정도인데 정작 어머니는 집에서 아이가 너무 무례하고 미성숙하게 행동하여 걱정을 하는 경우를 본 적이 있다. 이렇게 아이가 바깥세상과 가정에서 보이는 행동이 심하게 이중적이라면 상담을 통해 어머니와 아이 사이의 의사소통의 문제나 그동안 쌓인 해결되지 않은 오랜 갈등을 전문가와 함께 풀어나가야 할 것이다.

그러나 일반적인 아이들에게는 "집에서 약간 무례한 정도는 괜찮아."라는 메시지를 준다 해도 크게 문제 되지는 않는다. 어른들도 집에 오면 긴장을 풀고 밖에서 보이지 않던 행동들을 할 때가 있다. 집이 마음놓고 편안하게 휴식할 수 있는 곳이 되는 것이 더 필요할 수 있다.

아이는 부모 앞에서 편안하고 자유롭게 행동하고 싶을 것이다. 이때 부모가 받아들일 수 있는 수준과 받아 줄 수 없는 수준을 나누는 이중 잣대를 갖는다면 아이의 말대꾸 수위를 좀 더 유연하고 융통성 있게 받아들일 수 있고 조절할 수 있을 것이다.

8) 10대에게 뭔가를 요구할 때에는 최대한 불쾌하지 않게 단호하게 요구사항을 계속해서 말하는 방법이 가장 좋다

10대들은 '나중에 할게'라는 증후군을 갖고 있다. 10대들에게 당장 무엇을 해 달라고 요구하거나 부탁을 하면 입에서 바로 자동적으로 피곤하다는 말이 나온다. 하지만 곧바로 하지 않아도 되는 일에 대해 해 달라고 하면 대개 10대들은 보통 그렇게 해 주겠다고 말한다. 10대들은 정말 마음속으로는 나중에 자신이 그 일을 할 수 있다고 생각하기 때문에 적어도 그 당시에 한 말은 진실하다고 할 수 있다. 그러나 10대가 정말 싫어하는 것은 부모가 지금 당장 부탁한 일을 바로 실천해야 하는 상황이다. 그러니까 요구를 듣고 바로 즉시 하는 것이 10대에게는 어려운 일이다.

> "지금은 못해! 말도 안 돼. 나중에 하겠다고 얘기했잖아. 도대체 왜 그래? 피곤해 죽겠어. 쉬지도 못하게 난리야. 나중에 한다니까!"

10대들은 무엇보다도 자신들에게 요구하는 것에 대해 분개한다. 그들은 자신의 삶이 얼마나 힘든지, 그리고 부모가 아니라도 학교와 친구 관계에서 얼마나 많은 신경을 써야 하고 스트레스를 받고 있는지 부모가 전혀 이해하지 못한다고 생각한다. 그래서 부모가 어떤 부탁을 하면 지나치게 자신을 몰아붙이는 것이라고 생각한다.

아이: 나도 정말 힘들다고요. 내가 얼마나 힘든지 알기나 해요. 여기저기 해야 할 것들이 너무 많아요. 스트레스도 엄청 받고요. 지금도 하고 있는 일들이 많은데 뭘 더 하라고 하냐고요?

엄마: 하지만 네가 주로 하는 것은 친구들에게 문자 메시지를 보내고 텔레비전을 보고 동영상을 보는 거밖에 없잖니?

아이: 봐요, 내 말이 딱 맞지! 엄마는 내가 어떻게 살고 있는지 전혀 모른다니까요. 정말 힘들고 스트레스 받아요! 엄마하고는 대화가 안 돼요. 우리 아예 서로 말을 하지 마요.

대다수의 10대는 부모와 함께 있는 대부분의 시간 동안 '미성숙한 자아'로 대응한다. 그리고 10대의 미성숙한 자아는 자신이 좋아하지 않는 일을 하도록 요구받았을 때 무슨 수를 써서라도 하지 않는다는 점을 기억하자.

만일 아이가 하기 싫어하는 일을 하도록 하려면 부모는 인내심과 끈기가 있어야 한다. 계속해서 처음에 말했던 요구사항을 이야기하고, 어떤 일이 있더라도 그들의 변명에 약해져서는 안 된다. 물론 무례하고 버릇없는 대화방식에 대해서도 반응해서는 안 된다. 반응을 보이면, 10대들은 부모의 요구사항에 순종할 가능성은 점점 낮아지고 불쾌한 대화를 나누다가 싸우게 될 가능성이 높아진다. 최대한 10대에게 그들을 존중하고 불쾌하지 않게 단호하게 요구사항을 끈질기게 이야기하는 것, 그 방법이 가장 좋다.

부모: 얘야, 쓰레기 버리는 것 좀 도와줄래?

아이: 싫어요.

부모: 얘야, 쓰레기 좀 같이 버려 주면 정말 고맙겠구나.

이와 같이 요구사항을 되풀이하기만 하면 된다.

물론 이렇게 말한다고 해서 10대들이 말을 듣는 것은 아니다. 다만 요구사항을 들어줄 가능성이 높아진다는 의미이고 적어도 서로 기분 나쁜 말들이 오고 가지는 않는다는 것이다.

10대들이 자신의 나쁜 행동을 정당화하기 위해 가장 많이 사용하는 방법이 있다. 엄마나 아빠에 대해서 자신을 힘들게 하고 성가시게 하는 사람으로 생각하는 것이다. 이렇게 생각하면 더 이상 부모에게 순종할 의무가 없어진다.

'엄마는 언제나 나한테 이거 해라 저거 해라야! 말을 아주 기분 나쁘게 해! 더 친절하게 말하고 배려해 주면 엄마의 말을 더 들어줬을 거야!'

이렇게 생각하는 것이 바로 10대들의 사고방식이다. 아이가 하기 싫어하는 일을 시키는 데는 인내와 노력이 요구된다.

9) 아이의 말대꾸에는 침묵한다

그런데 만일 아이가 끝까지 말대꾸를 하며 말을 안 들으면 어떻게 해야 할까?

"엄마가 그렇게 부탁을 했는데 들어주지 않았구나. 그렇게 행동하는 것은 좋지 않은 행동이다."

그러면 아이는 애써 자기 잘못이 아니라고 생각하면서도 미안함을 느낄 것이다. 어쩌면 자신의 입장을 방어하려고 할 수도 있다.

"엄마는 꼭 시간이 안 될 때 부탁을 한다니까! 엄마 마음대로만 하려고 하지 않았다면 벌써 몇 번은 더 도와줬을 거야!"

그 말에 어떤 말도 하지 않길 바란다. 그렇게 침묵함으로써 아이는 자신이 무례한 행동을 했고, 엄마가 그것을 좋아하지 않는다는 사실을 깨닫는다. 아이의 마음 속에 엄마가 자신에게 부탁을 여러 번 했는데 자신이 들어 주지 않았다는 불편함이 남아 있을 것이고, 다음에 비슷한 상황이 일어났을 때는 엄마의 부탁을 들어줄 가능성이 높아질 것이다.

10대 아이를 키우면서 이런 방법이 항상 효과가 있지는 않다는 것을 우리는 알고 있다. 솔직히 10대 아이들에게 항상 틀림없이 통하는 방법은 없다. 그러나 이러한 방법들이 다른 어떤 방법보다 조금 효과가 있을 수 있고 다툼이나 갈등을 줄이는 것만은 분명하다.

3. 10대에게 끝까지 화내지 않고 말하는 법

10대 자녀를 둔 부모는 아무리 앞날을 예측하고 대비하고 최선을 다해도 자녀가 어느 순간 벌인 많은 일을 다 통제할 수는 없다. 부모는 안타깝지만 이 사실을 받아들여야 한다.

대화는 10대 자녀와의 관계를 유지하게 하는 가장 기본적인 방법이다. 10대에게 어떤 문제가 생겼을 때 부모가 거리낌 없이 다가가 편안하게 이야기를 나눌 수 있고 아이들도 우리의 말을 귀담아 잘 들어 준다면 어떠한 일이 일어나도 대화로 해결할 수 있을 것이다. 우리는 하루 중에 자녀들과 주고받는 대화가 서로 사랑과 관심을 표현하고 재미있고 도움이 되어서 아이와의 관계가 더욱 친밀해지고 진실한 관계가 된다면 더 바랄 것이 없다.

하지만 아무리 좋은 의도로 대화를 잘하려고 애써도 아이와의 대화가 잘 이루어지지 않는 날도 너무나 많다. 먼저 10대 자녀와 원만한 의사소통을 하지 못하게 만드는 이유부터 살펴보자.

딸이 엄마의 방에 들어와 친구네 집에 갔던 일에 대해 대화를 시작한다.

딸: 엄마. 내 친구네 엄마는 무슨 이상한 냄새가 나는 음식을 가져와서 먹으라고 하는 거야.
엄마: 그래서 그 엄마한테 차려 주신 음식에 대해서 무례한 말을 한 건 아니겠지?
딸: 짜증나! 엄마하고는 무슨 대화를 할 수가 없어! 내가 무슨 말만 하면 끼어들기나 하고, 마치 내가 예의가 하나도 없는 애처럼 말하잖아요!

아이는 화가 난 채 방 밖으로 나가 버렸다.

이와 같이 10대의 자녀가 부모와 대화하는 것을 좋아하지 않는 첫 번째 이유는 부모들이 듣지 않고 가르치려 한다는 것이다.

"부모님은 말할 기회를 주지 않아요. 내 말을 가만히 듣고 있지 못하는 것 같아요. 언제나 말을 가로채요. 물론 대부분 내가 잘못했다는 내용이에요. 아니면 내가 뻔히 알고 있는 내용을 반복해서 말해요. 정말 짜증나고 화가 나요. 그래서 웬만하면 부모님과 이야기를 하지 않으려고요."

"우리 애가 다른 사람들이 듣기 싫어하는 말을 하지 않도록 주의를 주고 싶었을 뿐이에요. 제가 너무 자주 하는 이야기라는 건 알지만 이렇게 하지 않으면 그 애가 어떻게 배울 수 있겠어요? 엄마로서 그 정도 말하는 것이 그렇게 기분 나쁜 건가요?"

엄마의 말도 일리가 있다. 그러나 부모의 문제는 자신이 이런 태도를 계속 보이면 결과적으로 어떤 상황으로 가게 되는지 알아차리지를 못하는 것이다. 돌아오는 결과는 딸이 엄마와의 대화를 피하게 된다는 것이다. 부모는 아이에게 올바른 생활 태도를 가르칠 의무가 있지만, 이런 것들을 가르치기전에 아이와 대화를 편안하고 자연스럽게 이어 나가는 것이 중요하다.

앞의 사례는 아이를 기를 때 어쩌면 모든 부모가 겪는 일일 것이다. 아이가 하는 말에는 지적해 주어야 할 것들이 수두룩하다. 그래서 부모는 그 순간을 놓치지 않고 훈계를 한다. 그러나 이렇게 간섭함으로써 아이는 오히려 부모의 대화를 피하게 된다.

물론 문제는 입을 닫고 아무 말도 하지 않는 것이 부모에게는 무척 어려운 일이다. 아무 말도 하지 않는 것은 정말 훈련이 필요하고 어려운 일이다. 딸과 사이가 아주 좋지 않은 한 어머니는 필자에게 상담을 받으면서 자신의 심정을 다음과 같이 표현한 적이 있다.

> "제가 그때 아이의 말을 듣고 제 말을 하지 말고 그냥 계속 들어 주었어야 했는데,
> 그만 나도 모르게 습관적으로 내 생각을 말해 버렸어요. 그때 제가 입을 다물었어야
> 했는데 그게 정말 힘드네요."

부모의 입장에서는 가르치지 않으면 아이를 무방비 상태로 험한 세상에 내보내는 듯한 느낌이 든다. 또 부모는 아이의 잘못된 점을 모른 척할 때마다 아이가 점차 잘못된 삶으로 한 걸음씩 다가가는 것은 아닐까 두려워한다. 그런데 어쩌면 바로 이러한 책임감과 두려움에서 비롯된 수많은 지루하고 반복된 말이 아이와의 관계를 더 멀어지게 하는 함정으로 빠지게 할 수도 있다.

1) 가르쳐야 한다는 생각을 줄인다

아이와 대화를 하지 못하게 되면 부모가 잃는 것이 너무 많다. 아이와 대화를 하지 못하는 것은 그야말로 너무 슬프고 막막하고 더 불안한 일이다. 통제하려고 애쓰다가 오히려 아이에 대해 아무것도 알 수 없고 통제할 수도 없게 된다. 그러므로 아이가 하는 말에 대한 평가나 지적, 가르침 등은 반드시 필요한 경우에만 최소한 하는 것이 좋다. 부모가 말끝마다 야단을 친다면 아이는 자신의 이야기를 다시는 털어놓지 않겠다고 생각할 것이다.

또한 부모가 모든 것을 통제할 수는 없다는 사실을 받아들이는 것도 아주 중요하다. 10대 자녀를 됐다는 것은 부모가 일어나지 않기를 바라는 일들이 발생할 가능성이 아주 높아졌다는 것을 의미하는 것이다.

어느 늦은 밤 갑자기 아이가 술에 취해 들어올 수도 있다. 불량한 아이들과 어울릴 수도 있고, 그들과 놀려고 거짓말을 할 수도 있고 부모를 속일 수도 있다. 그리고 아이 자신의 힘으로는 감당하지 못할 큰 잘못을 저지를 수도 있다. 이런 일들은 부모가 아무리 훈계하고 야단쳐도 결코 완벽하게 통제되지는 않는다.

10대 자녀의 부모가 된다는 것은 부모가 아무리 미리 주의를 주고 나쁜 일이 일어나지 않도록 나름 최선을 다해도 한계가 있다는 사실을 받아들이는 일이다. 무척 두렵고 막막하고 슬픈 일이지만 이러한 사실을 그대로 받아들일 수밖에 없다. 달리 특별한 방법은 없다.

그러므로 부모는 아이와 스스럼없이 편안하고 유쾌하게 대화하는 것을 연습해야 하고 이러한 대화가 아이와 좋은 관계를 유지하는 데 무엇보다 중요하다는 것을 알아야 한다. 부모가 자녀와 대화할 때 흔히 저지를 수 있는 실수들을 살펴보고 되도록 이런 실수들을 줄이려고 노력하는 것도 도움이 될 것이다.

부적절한 대화법

아이: 엄마, 내 흰 셔츠 못 봤어?

엄마: 얘야, 네 물건은 네가 잘 챙겨야지. 평생 엄마가 곁에서 도와줄 수는 없잖아. 옷을 잘 정리해야 얼른 챙겨 입지.

아이: 됐어, 그냥 같이 찾아주면 안 돼. 앞으로는 절대 내 일에 참견 마.

적절한 대화법

아이: 엄마, 내 흰 셔츠 봤어?

엄마: 응. (또는 아니.)

부적절한 대화법

아이: 정말 쓰레기 같은 방송이야.

부모: 친구네 집에 가서 부모님과 함께 텔레비전을 볼 땐 그런 말 쓰면 안 되는 거 알지?

적절한 대화법

아이: 정말 쓰레기 같은 방송이야.

부모: 그러게. (또는 난 저 방송 괜찮던데.)

2) 아이와의 대화에서 중요하다고 생각하는 것을 부모의 말로 쉽게 바꾸어서 말한다

인본주의 상담가인 로저스는 상담을 할 때 내담자의 말을 주의 깊게 들으면서 내담자의 말 중에서 중요하다고 여겨지는 부분을 그대로 똑같이 되풀이하여 말하는 방식을 사용했다. 이런 방식은 상대방이 자신의 말에 귀 기울이고 있다는 확신을 갖게 하고 자신이 존중받고 있다는 느낌을 받을 수 있다.

물론 부모가 상담사처럼 해야 하는 것은 아니지만, 아이와 대화할 때 아이의 말을 잘 듣고 중요하다고 생각하는 말들을 단지 되풀이해서 말해 주는 것은 좋은 대화법이 될 수 있다. 즉, 아이가 한 말을 그대로 따라 하는 것이 아니라 대화에서 중요하다고 생각하는 것을 부모의 말로 쉽게 바꾸어서 말하면 된다.

다시 말해, 특별한 이야기를 하지 않더라도 부모가 대화에 참여할 수 있다는 것이다. 사소한 대화가 자연스러워지면 차차 아이의 진로문제 같은 진지한 주제들로 대화로 풀어 갈 수 있을 것이다. 대개 사소한 대화는 중요하지 않다고 생각해서 할 필요가 없다고 생각한다. 사소한 대화를 편안하게 잘 할 수 있어야 진지한 대화도 할 수 있다.

3) 무뚝뚝하고 기분 나쁜 아이의 반응에 대해 바로 지적하거나 반격하지 않는다

10대 자녀, 특히 아들의 경우에 가장 견디기 힘든 슬픈 일은 한때 그토록 재잘재잘거리면서 유쾌하게 말을 하던 아이가 불분명하고 무뚝뚝한 대답만 하는 10대 소년이된다는 것이다. 아들이 입을 여는 경우는 "몰라." "왜." "싫어."라고 대답할 때뿐이다. 게다가 부모가 어디에 있든 그들은 부모를 애써 피하려고 한다.

그러나 다행히 이러한 알러지 반응은 일시적이다. 어느 한 시기를 넘기면 다시 부모와 대화하기 시작한다. 부모는 그때까지 기다려야 한다. 그럼 지금 당장은 어떻게 해야할까? 우선 무엇을 해서는 안 되는지부터 아는 것이 좋겠다. 아이의 이런 무뚝뚝하고기분 나쁜 반응에 대해 바로 지적하고 반격하면 안 된다.

간혹 어떤 부모들은 이 시기에 아이들과 헤어져 있는 것이 차라리 낫겠다는 생각들을 한다. 너무나 견디기 힘들어서 차라리 떨어져서 지내는 것이 더 좋은 관계를 유지할 것 같아서이다. 하지만 아이들이 부모와 함께하기를 원하지 않는다고 해서 부모가 반드시 뒤로 물러날 필요는 없다. 오히려 그 반대로 해야 할지도 모른다. 그들이 원하지 않는다고 해도 부모와의 관계는 필요하다.

중요한 것은 낙담하지 말고 계속 대화를 시도하라는 것이다. 아이들과 대화할 수 있는 기회가 오면 무엇이든 대화하는 것이 좋다. 차 안에 아이와 단둘이 있는 경우가 대개 대화하기 좋은 기회이다. 아이는 부모를 직접 쳐다보지 않아도 되고, 집에 있을 때보다 주의가 덜 분산되기 때문이다. 아니면 방에 단둘이 있는 경우에도 대화를 시도할 수 있다.

> "새로 오신 선생님은 어때?"
> "점심은 누구와 같이 먹니?"
> "혹시 신경 쓰이는 일은 없니?"

4) 아이가 부모의 말을 무시할 때 바로 화내지 말고 침착하게 타이른다

아이가 무뚝뚝한 수준을 넘어 부모의 말을 무시하는 정도라면 어떻게 해야 할까?
10대들은 청각에는 아무런 문제가 없다. 단지 그들이 듣고 싶은 내용만 들을 뿐이다.

> "그래, 이 녀석, 내 말을 잘 들을 때까지 휴대전화 없이 한번 살아 봐."

그러나 이런 방법을 좋지 않다. 이 방법을 써서 아이가 일시적으로 마지못해서 부모가 원하는 행동을 보일 수는 있다. 하지만 아이들에게 분한 마음을 심어 줄 수 있고 오히려 아이를 다루기가 점점 더 힘들어질 수 있다. 반발심이 생긴 아이한테는 다음과 같은 말을 해 볼 수 있다.

> "얘야, 엄마를 무시하지 말고 내가 무슨 말을 하거나 부탁을 했을 때 예의 바른 태도로 한 번에 대답을 해 주면 고맙겠구나. 너에게 소리치면 엄마도 화나고 너도 기분

이 좋지 않잖니. 한 번에 대답을 하면 상황이 훨씬 더 좋아질 거야."

한 번의 타이름이 극적인 변화를 가져오지는 않는다. 그러나 화내지 않고 말을 한다면 아이는 부모의 말을 들을 테고, 그 말이 사실임을 알게 될 것이다. 그러면 약간의 부담감이나 불편감을 느끼면서 조금씩 부모의 말에 귀 기울이기 시작할 것이다.

5) 예민한 10대에겐 좋은 반응을 기대하지 말고 조언한다

10대에게 조언을 할 때는 아이가 부모가 한 말에 좋게 반응할 것이라고 기대하지 않고 하는 것이 좋다. 사실 이러한 마음가짐은 10대뿐만 아니라 모든 연령의 아이를 대할 때도 중요하다. 10대는 유독 예민하고 까다롭기 때문에 조언을 할 때 더욱 명심해야 할 것이다. 만일 부모가 자녀들을 위해 그들의 삶이 더 나아질 수 있는 좋은 조언을 하려면 아무 조건 없이 해야 한다는 것이다. 단지 부모는 조언을 할 때 그 좋은 말들이 아이에게 준 작은 점토 인형이라고 생각하면 좋겠다. 그것은 그냥 부모가 아이에게 좋은 의도로 주는 것이다. 아이는 그것이 마음에 들지 않아서 얼굴을 찡그릴 수도 있고, 욕할 수도 있고, 집어 던질 수도 있고, 부서 버릴 수도 있다. 또는 그것을 책상 위에 잘 올려놓고 소중하게 오랫동안 간직할 수도 있다. 그러니까 만일 부모가 조언을 한다면 아이들은 거기에 어떤 식으로 반응해도 된다는 말이다. 아이가 부모의 적절한 조언을 따르지 않는다고 해서 집요하게 설명을 하거나 기분 나빠 하거나 상처받지 않길 바란다.

6) 다툼을 멈추게 하는 부모의 말: "그렇게 느꼈다면 미안하다."

부모와 아이는 처음에 좋은 감정으로 대화를 하다가도 어떤 말투나 태도 때문에 갑자기 싸움이 일어나고 상처받고 나쁜 감정이 휘몰아칠 때가 있다. 처음에 악의 없이 시작했던 대화가 언제 말다툼으로 바뀌었는지 알 수조차 없다. 특히 10대들과 대화를 할 때는 말다툼이 흔하게 일어난다. 그들은 매우 민감해서 부모가 어떤 말을 해도 자신을 못마땅하게 여긴다는 생각을 하기 때문이다.

다음의 대화가 그런 예이다.

딸과 엄마는 쇼핑을 하고 집으로 돌아오고 있었다. 차 안에서 엄마와 딸의 대화이다.

엄마: 차가 막히네.

딸: 그래서 어쩌라고요?

엄마: 얘야, 너보고 어떻게 하라는 게 아니야. 그냥 차가 막힌다고 이야기했을 뿐이야.

딸: 아니에요. 분명히 나한테 불평한 거잖아요.

엄마: 불평하는 게 아니라 그냥 이야기를 한 거라니까.

딸: 아니. 엄마는 불평했어요. 언제나 그러잖아요.

엄마: 내가 어떤 말을 한다고 해서 그게 항상 불평은 아니야.

딸: 아니라니까요. 엄마는 본인 목소리를 못 들어서 그래요. 항상 짜증을 내잖아요.

엄마: 그건 사실이 아니야. 내가 언제 항상 짜증을 내니?

딸: 항상 자신은 그러지 않았다고 한다니까.

엄마: 얘야, 진짜 부정적으로 말하는 사람은 바로 너야!

딸: 이것 보라고. 엄마는 모든 것에 대해 불평을 하잖아요! 그중에서도 특히 나를 못마땅하게 여기잖아요.

엄마: 얘야. 처음부터 너에게 불평하지 않았다니까!

딸: 아니라니까요. 엄만 거짓말을 하고 있어요! 바로 지금도 불평하고 있잖아요!

이렇게 말도 안 되게 꼬인 대화를 더 이상 꼬이지 않게 하려면 어떻게 해야 할까?

이때는 대화를 멈추는 것이 가장 좋다. 그러나 실제로 대화를 멈추는 것은 생각만큼 쉽지 않다. 부모는 대화 중에 아이의 말도 안 되는 심한 말대꾸에 온몸으로 분노를 느끼기 때문에 더 이상 침착하고 합리적으로 생각하기 어렵게 된다.

'나는 지금 의미 없는 말싸움을 하고 있어.'

'여기서 빠져나가야 해!'

'아, 이 말도 안 되는 상황에서 어떻게 하는 것이 가장 좋을까?'

특히 10대들과 대화를 할 때는 말다툼이 어이없이 일어난다. 그들은 매우 민감해서 부모가 어떤 말을 해도 자신에 대한 비판으로 받아들이기 때문이다. 부모가 하는 말이 10대 아이에게 어떻게 받아들여질지도 정확하게 예측할 수 있는 것은 아니다. 다시 말해, 10대와 갑자기 일어나는 말싸움을 미리 대비할 수는 없다. 10대들하고 대화할 때는 말도 안 되고 의미도 없는 말싸움이 늘 일어날 수 있고 예측하기도 어렵다.

이런 경우에 가장 효과적인 방법이 있지만 많은 부모가 그것을 실천하는 것을 아주 힘들어한다. 지금까지 아이의 행동이나 태도로 인해 힘들고 불쾌한 상황을 만든 것은 아이인데 왜 내가 아이에게 미안하다는 말까지 해야 하는지에 대한 생각이 들기 때문이다. 하지만 아이와의 의미 없는 말다툼에서 빠져나올 수 있는 방법으로는 이 방법이 가장 효과적이다. 바로 부모가 먼저 부분적으로 사과하는 것이다.

"네가 그렇게 생각한다면 미안하다."

부모가 먼저 이렇게 미안하다는 말을 하면 아이도 더 이상 말다툼할 이유가 없어지게 된다. 이러한 부모의 사과는 부모 자신이 항상 옳다고 주장하지 않으면서도 아이에게 어떤 깨달음을 줄 수 있고, 부모 자신의 생각이나 감정을 솔직하게 표현하면서 아이도 자기 행동에 대해 생각해 보는 시간을 갖게 할 수 있다. 자녀와의 끝도 없고 의미도 없는 다툼을 부모가 끝내는 것은 지혜로운 일이다. 사춘기의 자녀들이 사과할 가능성은 거의 없다. 부모가 항상 마지막 말을 장식할 필요는 없다.

자녀에게 미안하다는 말을 하는 것은 일시적인 말다툼뿐만 아니라 오랜 세월 알게 모르게 쌓여 온 만성적인 갈등이나 상처를 치유하는 데도 아주 효과적이다. 다음의 사례는 부모가 성장하고 있는 자녀들과 관계를 잘 유지하고 더 좋은 관계로 나아가는데 '네가 그렇게 느꼈다면 미안하다' 기법이 얼마나 효과적이고 도움이 될 수 있는지를 보여 준다.

매우 강압적이고 자기주장이 세지만 자녀들을 위해 헌신한 엄마

자신의 생각이 아주 옳다고 믿고 아이들을 잘 키울 욕심으로 매우 헌신한 엄마는 이제 안절부절못하고 불안하고 밤에는 잠도 오지 않는다. 아이들이 어렸을 때는 엄마의 말도 잘 들어 주었고 엄마의 기대대로 잘 따라 주었다. 하지만 아이들이 점점 커 가면서 엄마의 독단적이고 자기중심적인 양육방식이 자신들의 독립이나 자율을 방해하는 것을 느끼면서 반항하기 시작했다. 아이들은 이제 예전처럼 엄마의 말을 고분고분 듣는 아이들이 아니다. 아이들이 이제 엄청난 반기를 들기 시작하였다. 이제는 아이들이 엄마의 고집과 생각에 대항할 수 없다고 여기면서 최후의 수단으로 집을 나가고 연락을 끊고 엄마의 마음을 후벼 파는 말들을 거침없이 해댄다. 아이들은 아이들대로 엄마의 독단적이고 이기적인 행동들로 인해 자신들의 삶이 너무 힘들었다고 호소하고, 엄마는 여전히 자신은 옳고 아이들은 버릇이 없고 잘못된 길을 가고 있다고 믿는다. 아이들에게서 물러서고 싶은 생각은 없다. 하지만 문득 아이들이 보고 싶고 정말 사랑하는 아이들과 관계를 잘 유지하고 싶다. 이제 어떻게 할 것인가? 엄마는 완전히 궁지에 몰려 있다.

엄마는 엄마대로 자식을 위해 자기 나름대로 헌신했다고 생각하고, 아이들은 이제 더 이상 엄마의 기대대로 살아갈 수는 없다고 대항한다. 이 사례는 실제로 필자가 상담한 사례로 '너희들이 그렇게 느꼈다면 엄마가 정말 미안하다' 기법으로 새로운 관계를 시작할 수 있는 문을 열어 준 사례이다.

상담을 하면서 엄마는 계속해서 자신이 옳고 아이들이 고쳐야 한다는 것을 주장했지만, 아이와 잘 지내고 싶고 아이들을 계속 보고 싶어 하는 마음을 그녀의 눈에 맺힌 눈물을 보고 알 수 있었다. 그래서 필자는 아이들은 이제 성장하여 더 이상 엄마의 기대대로 움직일 수는 없으며 자식의 입장에서는 크게 아쉬울 것이 없다는 것이 현실임을 인지시켜 주었다. 지금의 갈등 상태를 끌어안고 새로운 시작을 하려면 엄마의 진심 어린 사과가 필요함을 인식시켜 주고 "엄마가 정말 미안하다."라는 말을 할 때라는 것을 조심스럽게 꺼냈다. 그녀는 처음에 완강히 반대하였고 그런 말을 절대로 하지 못한다고 계속해서 말했지만 부모의 마음은 역시 자녀에 대한 사랑으로 흐르고 결국 관계를 좋게 맺고자 하는 본질적인 마음으로 향하였다.

그녀에게는 너무나 낯선 말이다.

"얘들아, 엄마가 정말 미안하다."

그녀는 이런 말이 너무 생소하고 해 본 적이 없기 때문에 그 말을 하고 싶었으나 입에서 떨어지지 않는 듯 보였다. 그녀는 어떻게 말을 해야 할지 난감한 것 같았다. 하지만 드디어 이 말을 해야겠다고 결심이 섰는지 종이 위에 그것을 기억하기 위해 써 내려갔다. 엄마의 절박한 마음이다. 아마도 마음속 한편에는 아이들에게 너무 강하게 요구하고 힘들게 했던 것에 대한 미안함도 분명히 있었을 것이고, 이 말들을 잘 기억하고 진심으로 말해서 아이들과 관계를 회복하고 싶었을 것이다.

그래서 필자는 그녀와 함께 자신에게 가장 자연스럽고 적절한 말을 계속해서 연습하였다.

"얘들아, 엄마가 너무 미안하다."
"얘들아, 내가 너희들을 너무 힘들게 해서 정말 미안하다."
"얘들아, 엄마가 정말 미안하다."

그리고 아이들에게 이래라저래라 하는 많은 말 때문에 관계가 많이 안 좋아졌기 때문에 아이들이 집에 왔을 때 대폭 말수를 줄이는 것도 함께 실천하기로 했다.

드디어 그녀는 아이들이 집에 다 함께 오기로 한 날, 현관문에서 아이들을 맞이하면서 그렇게 하고 싶었던 말을 바로 해냈다.

"얘들아, 엄마가 정말 미안하다. 내가 너희들을 힘들게 해서."

자녀들은 깜짝 놀랐고, 엄마의 이런 말 한마디로 가족의 분위기는 완전 새로운 국면으로 들어섰고 식사를 같이 하고 함께 있는 시간 내내 엄마의 부쩍 준 말수에도 또 한번 새로운 변화를 느꼈다고 한다.

이제 이 가족은 이러한 마술적인 말 한마디로 너무나 오래 묵은 상처와 갈등을 치유할 수 있는 문을 연 것이다. 엄마의 진심 어린 말 한마디로 관계를 회복할 수 있는 좋은 시작을 할 수 있게 되었다.

4. '엄격한 부모'이면서 '친구 같은 부모'

아이들이 말도 안 되는 감당하기 어려운 심술을 부리기 시작했을 때 그 심술을 가라앉힐 수 있는 이성적이고 논리적인 말은 없다. 때때로 작은 악마처럼 변하기도 하는 10대들을 잠재우는 방법은 수많은 이성적인 말을 하는 것 보다는 나쁜 기분에서 벗어날 수 있는 '좋은 기분'을 심어 주는 것이다.

10대의 황당한 행동들과 암울한 분위기를 감돌게 하는 크고 작은 사건들이 늘 있지만, 그러한 와중에도 어떻게든 부모와 10대 자녀가 건강하고 친밀한 관계로 발전할 가능성은 여전히 있다. 10대들이 우울하고 까다롭게 굴기도 하지만 재미있고 유쾌하고 영리하고 때때로 애정이 넘칠 때도 있다. 하지만 부모와 10대 자녀는 다음과 같은 이유들 때문에 친밀하게 지내기 어려울 때가 있다.

첫 번째는 부모와 아이가 항상 좋은 관계를 유지할 수는 없다는 사실이다. 아이가 하고 싶어 하는 일에 "안 돼."라고 말해야 할 때가 있다. 부모의 입장에서 아이의 요구를 허락할 수 없는 순간들이 있게 마련이다.

두 번째 걸림돌은 부모가 하는 말이나 행동에 대해서 무조건 화를 내고 거부하는 10대들의 부모 알레르기 반응이다.

세 번째 걸림돌은 부모도 평범한 한 인간이라는 것이다. 부모라고 해서 언제나 이성적이고 자제하고 침착한 태도를 유지할 수는 없다. 변덕스럽고 충동적인 10대 자녀를 보며 하루에도 몇 번씩 화가 치밀어 올라서 괴로울 때가 있을 것이다. 특히 공공장소나 다른 사람들과 있을 때 아이가 예의 없고 철딱서니 없고 버릇없게 행동하면 부모는 감정적이 될 수밖에 없다.

10대 자녀와 좋은 관계를 맺고, 그 관계를 아이가 성인이 될 때까지 오래도록 유지하려면 어떻게 해야 할까?

1) 공적인 부모와 양육하는 부모

부모와 10대 자녀 간의 관계는 부모가 어떤 역할을 선택하느냐에 따라 달라질 수 있다. 첫 번째 역할은 '공적 부모'라고 할 수 있다. 공적 부모는 교사와 같은 역할이다. 아이가 싫어한다 하더라도 아이에게 도움이 되는 것이면 따르게 해야 하고 아이가 좋아하는 일이라도 바람직하지 않으면 되도록 하지 않도록 유도해야 한다. 공적 부모는 아이에게 의무감과 책임감을 심어 주고 사회적 규칙을 잘 따르며 적응할 수 있게 가르치는 부모이다.

또 다른 역할은 '양육하는 부모'이다. 양육하는 부모는 부모 자체이다. 끝없는 사랑으로 아이를 돌봐 주고 보호하는 역할이다. 공적 부모로서 활약하지 않는 나머지 모든 시간에 우리는 양육하는 부모가 된다.

부모로서 자녀에게 어떤 역할을 하든 가장 중요한 것은 공적인 부모와 양육하는 부모의 역할을 뒤섞지 말아야 한다는 것이다.

> "우리 예쁜 딸, 그건 안 된단다. 엄마는 네가 늦게까지 친구네 집에서 노는 것이 마음에 안 드는구나. 허락할 수 없어. 그렇지만 이건 잊지 말고 기억해 주렴. 엄마는 너를 무척 사랑한다. 짜증내지 말고 엄마한테 활짝 웃어 주겠니?"

공적 부모와 양육하는 부모의 역할을 함께 하려는 것은 어울리지 않는다. 공적인 역할을 할 때가 있고 무조건 사랑을 주어야 할 때가 있다.

부모는 사실 언제나 사랑하는 마음으로 자녀들과 좋은 시간을 보내고 싶어 한다. 하지만 이것은 부모의 생각일 뿐이다. 10대 자녀는 부모와 생각이 완전 다르다. 달라도 너무 다를 수 있다.

> '나도 이제 성인이 되어 가는데 왜 부모님과 함께 시간을 보내야지? 친구들과 함께 있는 것이 훨씬 더 즐거운데.'

이것이 10대들의 생각이다.

2) 아이의 심술에는 유머와 친절로

아이들이 너무 말을 안 듣고 무례하게 굴고 짜증을 부리면 우리는 한번쯤 다음과 같이 말한다.

> "꼭 너도 너 같은 자식 낳아서 길러 봐라. 그럼 그때 가서 알게 될 거다."

부모는 10대 자녀와 아침 식사를 하면서 즐거운 시간을 보내고 싶어 하지만 아이는 그럴 생각이 없다.

> "내가 왜 아빠하고 즐거운 시간을 보내야 하는데요? 나는 아빠하고 있는 게 싫어요. 그리고 아빠가 말하는 건 모두 짜증나요."

부모는 이제 10대 자녀들이 싫어하는 공적인 부모 역할이라는 악역을 하게 되고, 10대 자녀들은 부모를 피하고 싶은 존재로 생각하게 된다. 그렇다면 언제 부모는 아이와 즐겁게 함께 있을 수 있을까?

10대의 자녀들과 함께하려면 그들이 부모에 대한 거부 반응을 보이더라도 부모는 불쾌하게 여기지 말고 그들에게 반응을 보이지 않아야 한다. 10대 특유의 '심술'에 대처하는 방법이란 아이의 시무룩하고 뚱한 표현과 행동에 똑같이 반응하지 않고 부모의 좋은 기분을 유지하고 전염시키는 것이다.

변호사도 서러울 만큼 말을 유창하게 잘하고 말도 안 되는 고집을 수시로 부리고 때때로 악마처럼 변하는 10대들과 잘 지낼 수 있는 방법은 그들이 나쁜 기분에서 벗어날 수 있도록 '좋은 기분'을 심어 주는 것이다. 아이들이 불쾌하게 행동할 때 똑같이 부모가 야단치고 고압적이고 부정적으로 대응하면 결국 관계는 파국으로 치닫고 집안은 다시 암울해진다.

10대의 기분은 부모가 어떻게 대응하느냐에 따라 수시로 변한다.

아이: 우리 거실 텔레비전 새로 사면 안 돼요? 이 구닥다리 텔레비전 정말 짜증나요.

아빠: 그렇구나. 아빠는 이 텔레비전 정말 좋은데. 사실 이 텔레비전을 보면 좋은 추억이 많거든. 처음 이 텔레비전을 샀을 때 우리 아들이 유치원에 다녔던 것도 생각나고. 많은 사건과 함께했던 오래된 것이기 때문에 바꾸기보다는 오래오래 잘 쓰고 싶구나.

아빠가 이렇게 말하면 아이는 대충 다음과 같이 말한다.

"아빠는 정말 특이해요."

만일 아빠가 아이의 말에 부정적으로 대꾸하고 경제적인 문제를 들먹거린다든지 아이의 기분 나쁜 말투를 걸고 넘어지면서 대화를 했다면 어떻게 되었을까? 별것도 아닌 텔레비전에 대한 이야기 때문에 집안의 분위기가 엄청 험악해지고 온 집안의 분위기는 암울해진다. 하지만 아빠가 아이의 짜증스러운 말투에 똑같이 반응하지 않고 텔레비전에 대한 자신의 생각이나 느낌에 대해 솔직하게 이야기하면서 대화는 다른 국면으로 들어서게 된다. 어쩌면 아이는 여전히 무뚝뚝하고 못마땅하게 여기지만 크게 나쁘지 않는 말투로 반응하게 된다.

3) 부모 알러지 치료법

사랑하는 아이가 부모에게 알러지 반응을 보이는 것은 부모로서 정말 불쾌한 일이다. 때때로 부모는 그것 때문에 큰 상처를 받기도 한다. 하지만 어쩌겠는가. 계속 강조해서 말했지만 알러지 반응은 10대 아이들의 일반적인 특징이다. 그러니 부모가 할 수 있는 일은 상처받지 않기 위해 노력하는 것이다. 자신의 상처 때문에 아이를 미워하게 되는 일이 없도록 말이다. 사실 아이를 키우면서 내 자식이기 때문에 미워할 일은 없을 것이라고 생각하지만 수시로 많은 상처를 받으면 순간적으로 엄청 미워지기도 한다. 그러면 그렇게 자식을 미워하기까지 하는 자신의 마음 때문에 부모는 또 힘들다.

이런 악순환에서 벗어나려면 부모는 아이의 행동을 판단할 때 중립적이거나 다소 긍정적인 관점을 가져 볼 필요가 있다. 많은 부모는 아이들이 자신을 싫어하고 거부한다고 느낄 때 자신이 뭔가를 크게 잘못해서 그런 거 아닌가 하는 자책감을 갖기도 한다.

> 엄마: 얘야, 엄마가 너한테 딱 한 가지만 말하고 싶다. 너는 왜 그렇게 엄마를 미워하니? 네가 견딜 수 없는 게 도대체 뭐니? 뭐 때문에 엄마가 그렇게 끔찍하게 싫은 거니? 엄마는 정말 궁금하다. 말해 주면 엄마가 고칠게.
>
> 아이: 엄마요. 엄마의 전부 다가 그래요.
>
> 엄마: 좀 더 자세하고 구체적으로 말해 보렴. 엄마가 잘못한 것이 있으면 고치려고 노력할게.

어쩌면 10대의 아이를 키우면서 이와 비슷한 대화를 한 번쯤은 했을 것이다. 아이가 엄마와 함께 있는 것에 대해서 느끼는 문제는 엄마가 바꿀 수 있는 것이 아니다. 아이의 문제는 그녀가 아이의 엄마라는 것이다. 엄마 개인에 관한 것이 아니다. 그것은 단지 10대의 일반적인 부모 알러지 반응이다. 10대들은 부모를 미워하는 것이 아니다. 그저 그 나이 때에는 엄마나 아빠가 그렇게 보일 뿐이다.

10대 자녀가 가정에서 시꺼먼 먹구름처럼 뿜어대는 심술궂은 행동에서 부모가 온전한 정신으로 꿋꿋하게 존재하려면 다음과 같은 생각이 도움이 될 수 있다.

'네가 엄마 아빠를 불편해한다는 거 알아. 심지어 같은 방에 있는 것조차 싫어한다는 것도. 슬프지만 상처받진 않아. 이 힘든 시기가 지나면 훨씬 괜찮아질 거란 걸 아니까. 넌 단지 정상적인 발달 과정을 겪고 있을 뿐이야. 감정적으로 심하게 영향받을 일은 아니지. 몇 년이 지나면 다시 편안하게 엄마 아빠를 좋아하고 대화할 거야. 그리고 네가 엄마 아빠를 인간적으로 공격하는 게 아니란 것도 알아. 우리가 잘못해서 벌어지는 일이 아니라는 것도. 우리는 너를 정말 사랑한다. 네가 아무리 부정적인 말을 쏟아내도 너를 변함없이 사랑한단다. 우리는 너와 함께 있는 게 좋을 뿐이야. 함께 있을 수 있는 것에 대해서 감사하게 생각해야 해.'

하지만 아무리 마음을 챙겨서 상냥하게 말을 걸고 다시 잘 지내려고 노력해도 아이는 시큰둥하고 심술궂게 반응할 때가 많다. 부모와의 대화를 싫어하고 끝없이 투덜댄다. 그러나 그것은 아이의 본심이 아니다. 그들은 겉으로 뚱한 표정을 짓고 말도 안 되는 불평을 늘어놓지만, 그래도 부모에게 변하지 않는 사랑을 받고 있음을 느끼고 안정감을 느낀다.

10대의 아이를 둔 부모가 알아야 할 것은 이제 더 이상 아이들이 '부모님과 함께 있어서 정말 좋아'라고 생각하는 일은 없다는 것이다. 그저 그들은 '부모님은 나를 정말 사랑하는 것 같기는 해. 하지만 왜 저렇게 짜증나게 말을 시키는지 모르겠어.'라고 생각한다는 것이다.

또 한 가지 부모가 할 수 있는 치유의 방법은 아이를 끌어안는 것이다. 여전히 사랑한다는 것을 꼭 끌어 안아주면서 표현할 수 있다. 그렇지만 10대들은 부모가 안아 주는 것을 싫어한다. 확실히 겉으로는 별로 좋아하는 것 같지는 않아 보인다. 그러나 마음속 한편으로는 좋아하기도 한다. 진심으로 꼭 안아 주되 짧게 해야 한다.

'아빠는 나를 사랑하는구나.'
'엄마는 나를 무척 위해 주는구나.'
'엄마 아빠는 확실히 좋으신 분들이야.'

10대는 끌어안는 것을 싫어하지만, 동시에 매우 좋아하기도 한다. 모순된 말이지만 부모와의 신체적 접촉이 그리 좋지만은 않지만 안아 주는 행위에 담겨 있는 사랑한다는 메시지는 매우 좋아한다는 의미이다.

> '우리 아빠는 왜 저렇게 나를 짜증나게 하는 거야. 그렇지만 아빠는 나를 사랑해. 내가 가끔 아빠한테 못되게 굴지만, 어쨌든 아빠는 나를 사랑해. 아빠는 항상 나를 기다려 줄 거고, 언제나 나를 특별하다고 생각해. 내가 무슨 짓을 해도 나를 계속 사랑해 줄 거야.'

10대의 아이를 끌어안아 주는 것은 사실 쉽지 않다. 거의 매일 아이와 말다툼을 하고 불편하고 막막한 분위기에서 아이를 안아 준다는 것은 어쩌면 이러한 현실을 뛰어넘는 초월적인 행위이다. 이러한 초월적 행위는 너무나 반복적이고 지속적으로 고통스러울 때 마지막으로 할 수 있는 것이기도 하다. 숨을 들이쉬면서 나의 사랑하는 자녀가 살아서 내 품 안에 안겨 있음을 느끼고, 숨을 내쉬면서 이 아이는 참으로 나에게 소중한 사람이라고 느끼면서 한순간 진짜로 존재해 보자. 이와 같은 껴안기 명상(hugging meditation)은 도저히 끝나지 않을 것 같은 10대 자녀의 짜증과 심술, 부정적인 생각이나 행동들을 뛰어넘어 부모가 초월할 수 있다는 것을 보여 주는 것이다. 그리고 아이에 대한 부모의 사랑은 매우 크고 확고해서 지금의 갈등이나 불화 정도로 너와 나의 사랑이 결코 깨지지는 않을 것이라는 것을 보여 주는 관대하고 아름다운 행위이다.

4) 조건 없는 존중을 베풀자

부모가 아이의 마음을 움직일 수 있는 가장 확실한 방법이 하나 있다. 그것은 아이에게 '조건 없는 존중'을 해 주는 것이다. 아이가 성적이 떨어졌다거나 혹은 문제를 일으켰다고 늘 주던 용돈을 깎는다든지 생일 선물을 안 준다고 하면서 아이를 기분 나쁘게 하지 말라는 것이다. 그러면 아이는 '행동을 좀 더 잘 해야지.'가 아니라 '부모님은 결과로만 날 평가해. 날 진정으로 사랑하지 않아.'라고 불안한 마음이 생길 것이다.

대부분의 10대는 엄마 아빠가 조건 없는 존중을 베풀었을 때 부모를 얕보거나 바보 같다고 생각하지는 않는다.

> '진짜 알 수 없는 일이야. 엄마 아빠는 답답하고 짜증나. 하지만 내가 아무리 잘못

해도 언제나 잘해 줘. 내가 갖고 싶어 했던 것도 잊지 않고 선물해 주고. 내가 엄마 아빠 자식이니까 무조건 사랑해 주는 것 같아. 정말 고마운 분들이야.'

이렇게 자신이 잘했건 못했건 부모에게 변하지 않는 사랑을 받고 있다고 생각한다. 그렇게 부모에게 조건 없는 존중을 받은 아이들은 스스로 최대한 성장할 수 있는 방향으로 나아갈 수 있게 되고 자기 자신은 물론 다른 사람들을 존중하고 관대해질 가능성이 높아질 것이다.

5) 아이가 부모의 결점을 들추기 시작할 때 쿨하게 자신의 결점을 인정하자

10대 자녀들은 이제 부모의 결점을 살살 들추기 시작한다. 아마 어쩌면 이러한 일들은 당연한 결과일 수 있다. 우리 부모들은 아이가 어릴 적부터 내내 아이의 결점들을 지적하고 고치라고 해 왔다. 이제 아이가 10대가 되면서 어쩌면 부모가 자신에게 지적들을 해 왔던 것처럼 자신들도 부모에게 자연스럽게 하고 있는 것이다. 이제 부모로서 변화가 필요한데, 가장 먼저 부모 자신이 결점을 가진 존재라는 사실을 인정하는 것이다.

10대들은 부모의 결점을 지적할 때 정말 잔인하고 무례하다. 자녀들이 하는 말은 그냥 듣고 흘려보내기에는 강도가 너무 세서 부모로서 견디기 힘들고 가혹한 시간을 보내야만 한다. 그런데 자녀들이 부모에게 하는 지적들은 너무나 예리하고 정확하고 맞는 것들이다. 그래서 부모는 더욱더 처참하고 마음 상태를 온전하게 하기 어려운 지경에 이르게 된다.

어릴 적 아이들은 부모가 자신을 보호해 주는 아주 지혜롭고 존경할 만한 어른이라고 생각했다. 어릴 적 세상에서 가장 좋아하고 존경하는 사람이 누구냐고 하면 부모라고 대답하는 아이들이 많다. 모든 것을 부모에게 의존했기 때문에 부모를 현명하고 강한 사람이라고 받아들인 것이다. 또한 어릴 때는 문제가 생길 때면 안전함과 편안함을 주는 부모에게 언제나 돌아왔다.

그런데 아이가 커 가면서 이 세상에서 하늘만큼 땅만큼 사랑하고 존경했던 부모는 어디에 있고 무슨 일이 생긴 걸까? 아이들은 이제 성인이 되어 가고 자기 스스로 인생을 헤쳐 나가야 한다고 생각을 한다. 아마도 앞으로 자신의 인생에서 일어날 엄청난 일들이 두렵기도 할 것이다. 엄마 아빠는 아주 잘 해내는 것 같고 자신만 문제인 것 같다가도 엄마 아빠도 잘못하고 있는 것이 많을 것 같다는 생각이 들기도 한다. 그러면서 어쩌면 아이들은 다행이라는 생각을 할 수도 있고 이 세상을 살아가기 위해 그렇게 완벽할 필요는 없다고 여길 수도 있을 것이다.

이것이 10대 자녀가 세상의 어른들, 특히 부모가 결점을 가지고 있다는 사실을 알게 되었을 때 유난히 지적하고 흥분하는 이유일 수도 있다. 부모의 잘못된 점을 예리하고 신랄하게 쏘아붙이는 10대 자녀와 어떻게 하면 좋은 관계를 유지할 수 있을까?

10대 자녀가 부모의 결점을 계속해서 트집 잡을 때 어떻게 하는 것이 좋을까? 부모는 자녀가 자신의 결함을 자꾸 들추어내면 자신도 모르게 "너나 똑바로 해라."라는 말이 자동적으로 나오게 마련이다. 이렇게 자신을 방어하든가 똑같이 자녀의 결점을 들추어내면서 서로 이득도 없는 끝없는 말싸움으로 그날 하루는 처참하고 힘겨운 날이 된다. 이럴 때 10대들은 작은 악마처럼 느껴진다.

가장 바람직한 반응은 부모가 솔직하고 편안하게 자신의 결점을 인정하는 것이다. 그러려면 부모가 자기수용을 하고 강하면서도 유연해져야 한다. 즉, 자신의 수많은 결점을 받아들이면서도 자신감을 잃지 않는 것이다.

심리학에서는 이와 같은 특성을 자기수용이라고 부른다. 진정한 자기수용이란 자신의 장점뿐만 아니라 단점까지도 수용하는 것이다. 자신의 결점을 수용할 때 우리는 다른 사람에게 관대해질 수 있고 성숙으로 나아갈 수 있다. 10대의 부모는 자기수용 능력을 높이는 연습이 많이 필요하다.

부모에게는 아이 앞에서 자신의 결점을 인정하는 것이 어색하지만, 오히려 결점을 인정하는 태도를 보이는 것이 아이로 하여금 부모를 더 가깝게 여기고 존경할 수 있는 계기가 되기도 한다. 10대의 아이들은 세상에 완벽한 사람이란 없다는 것을 알고 있다. 그러면서도 한편으로는 자신이 완벽하고 능력 있는 사람이 되지 못할까 봐 두려워한다. 그런 아이들에게 부모가 결점을 인정하면서도 유연하게 자신감이 흔들리지 않는 모습까지 보여 줄 수 있다면 가장 바람직할 것이다. 이렇게 하면 10대들과 좀 더 가까워질 수 있다.

10대들은 모든 것을 알고 있다고 생각하는 어른을 가장 싫어하고 참을 수 없어 한다. 부모가 결점을 인정한다면, 10대 자녀들은 부모를 더 친근하게 여길 것이고 어쩌면 더 존경하게 될 것이다.

엄마는 아들에게 높은 성취를 기대하고 많은 도움을 주면서 엄마로서 최선을 다한다는 행복한 마음으로 살았다. 하지만 아들이 고등학교에 들어가면서부터 자신이 계속 학업성취를 우수하게 유지하는 것이 버거워지면서 반항은 시작되었다. 엄마에게 자신을 잘못 길러 왔다고 한다든지 엄마 때문에 자신의 인생이 완전히 망쳐졌다고 소리소리 지르면서 자신의 마음이 불편할 때마다 분풀이를 하였다. 처음에 엄마는 이런 일들이 일어날 때는 어떻게 해서든지 환경을 바꿔 준다든지 또 다른 식으로 자신이 선생님을 만나 임시적으로 해결하는 식으로 버텨 왔다. 엄마는 지금까지 늘 그랬듯이 계속해서 자신이 뭔가를 해결해 주는 방식으로 나아갔다. 그러나 아들은 좋아지지 않았고 급기야는 학교를 자퇴하고 완전히 집에서 칩거하는 상황이 되어 버렸다. 그리고 아들은 엄마에 대해 잔인하고 집요하고 무례한 독설을 퍼붓기 시작했다. 그러면서도 한편으로는 엄마에 대한 자신의 잘못된 행동으로 자책하고 괴로워했다. 그런 아들을 보면서 엄마는 너무나 불안해서 필자에게 상담을 받기 시작했다. 그녀는 아들이 자신에게 하는 말들이 너무나 맞는 말이고 자신이 잘못 해 왔다는 것은 알겠는데 이제 어떻게 해야 할지 도무지 모르겠다는 것이었다. 이미 그녀는 삶에 대한 의욕도 사라지고 무기력해져서 자신을 해치는 행위를 한 적도 있다. 정말 어떻게 할 수 없는 지옥과 같은 상황에 놓여 있었다. 그녀는 상담을 하면서 여러 가지 방법들을 익히고 집에서 아들에게 적용해 보고 처음에는 이러한 방법들이 조금 되는 듯하다가 또 실망하게 되는 과정을 수없이 거쳤다. 필자는 그녀에게 아들이 엄마의 단점을 잔인하게 들추고 공격을 할 때 똑같이 반응하지 말고 다음과 같이 말하기를 권유하였다.

"그래 네가 그렇게 느꼈다면 정말 미안하다."
"엄마도 그런 방법이 최선인 줄 알았어. 그런데 이제는 그렇게 생각하지 않아. 정말 엄마가 너무 잘못한 점이 많은 것 같아. 미안하다."
"엄마도 바꾸려고 하는데 습관이 되어서 힘이 드는구나."

너무나 절박하고 지푸라기라도 잡고 싶은 심정으로 그녀는 "선생님 한번 해 볼게요." 하면서 전쟁에서 처참하게 진 패잔병의 힘없는 모습으로 상담실을 나갔고, 그다음 상담 시간에 그녀는 자신의 결점을 스스로 인정하고 아이에게 그런 것들을 인정하니까 아이도 덜 공격적이게 되고 뭔가 다른 새롭고 희망적인 분위기를 느꼈다고 오랜만에 환하게 웃으면서 말하였다.

물론 그 이후에도 아이의 반항은 오랫동안 지속되었지만 그녀는 아이가 자신의 정체 감을 찾고 자율적으로 살아가고자 발버둥치는 과정에서 엄마의 결점을 들추어내어 공 격할 수밖에 없음을 충분히 이해하였다. 아마도 그녀는 이러한 기법 외에도 있는 그대로 받아들이고 내려놓는 마음챙김 연습을 꾸준히 해 나가야 할 것이다. 어쩌면 모든 엄마가 그녀와 비슷한 괴로운 상황에 놓여 있는지도 모른다. 어릴 적 자식을 위해 부모 자신이 좋다고 생각하는 것을 애써서 강요하고 지적하면서 자식들을 잘 기르려고 애썼으나 부 모의 기대는 너무 높아서 이루어지기는 어렵고 자식으로부터 자신의 수많은 결점을 공 격당하는 처참한 상황에 놓이게 된 것이다. 어쩌면 이 세상에 모든 어머니나 아버지의 숙명이고 아이를 키우는 과정에서 비롯되는 일일 것이다. 정도의 차이는 있겠지만 부모 는 자식을 낳고 자식이 커 가면서 이러한 비슷한 스펙트럼상에 놓여 있게 마련이다.

이제 부모는 아이가 컸음을 인식하고 아이의 문제는 스스로 해결할 수 있도록 거리 를 둘 필요가 있다. 부모는 이제 지금까지 자식을 위해 애쓴 애절함과 노력에 대해 스 스로 연민을 갖고 관대하고 너그럽게 자신의 단점을 인정하고 이제는 정말 자신을 돌 보아야 할 때가 온 것이다.

6) 친구 같은 부모가 된다는 것

부모가 자녀와 친구가 된다는 것은 부모가 10대 자녀와 시간을 함께 보낼 수 있다는 것을 의미한다. 차를 같이 타고, 취미와 운동을 즐기고, 부엌에서 음식을 같이 먹고 편 안하게 차를 마시는 것 등을 함께 하는 것이다. 이와 같이 활동을 함께 하면서 대화도 자연스럽게 이루어져야 한다는 점이다. 하지만 대화의 내용이 학교 과제, 진로문제, 미 래를 위한 계획 또는 아이가 지켜야 할 규칙 등 아이들이 부담스러워하는 주제에 대한 것이라면 대화는 자주 끊길 수밖에 없다. 대화를 할 때마다 그런 심각하고 무거운 대화 들을 하다 보면 아이는 분명 부모와의 대화를 피하려고 할 것이다. 이런 주제보다는 서 로의 경험을 이야기하고 농담하고 웃을 수 있는 대화를 나눠야 한다. 부모들이 좋아하 는 사람들을 만나 유쾌하고 재미있는 시간을 보내는 것처럼 말이다. 그런데 이것은 정 말이지 쉬운 일이 아니다. 이상하게도 부모는 아이들과 어쩌다 시간을 함께하게 되면 꼭 심각하고 중요한 말을 하게 된다. 그래서 대화를 망치게 된다.

부모와 10대 자녀가 친구와 같은 사이가 된다는 것은 노력이 필요하고 아이의 성장에는 분명히 긍정적인 영향을 줄 것이다. 그러나 부모는 부모로서 해야 할 일들이 있다.

첫째, 때로는 부모는 부모 역할을 해야 한다. 10대 아이를 키우다 보면 아이는 싫어하지만 '안 돼'라고 분명히 말해야 하는 경우가 생긴다. 분명히 부모와 아이 모두 아주 불편하고 직면하고 싶지 않은 순간이다. 친구처럼 다정하게 지냈던 시간은 어디론가 사라지고 불편한 말들이 오고 가고 그 팽팽한 신경전을 서로 견뎌 내야 한다. 하지만 부모는 이러한 심리적인 불편감과 긴장 그리고 긴 논쟁의 시간을 견디고 또 견디면서 아이가 싫어하지만 분명히 말해야 하는 것은 말해야 하는 것이다.

둘째, 친밀한 '친구'와 같은 관계를 망치고 싶지 않아 부모의 역할을 자꾸 미루면 안 된다. 특히 부모가 수용적이고 집안의 말다툼이나 싸움을 견디지 못하고 항상 평화적이기를 희망하면 '안 돼'라고 말하는 것이 매우 힘든 일이다. 하지만 부모가 '안 돼'라고 말하는 것을 주저하고 아이가 해야 할 일을 요구하지 못하고 자주 미룰 때 오히려 아이는 부모와 멀어질 수 있다. 그리고 아이는 혼돈 속으로 들어간다.

마지막으로, 부모와 아이가 모든 비밀을 공유해야 한다는 생각은 현실적이지 않다. 10대의 아이들이 비밀로 하는 부분에 대해서 부모가 알려고 하지 않으면서 존중하는 것이 필요하다. 부모는 아이의 비밀을 존중해야 한다는 것을 머리로는 이해하지만 어느덧 비밀을 캐고 있다. 아마도 부모의 불안 때문일 것이다. 부모는 아이들의 비밀에 대해서 존중하고 더 이상 캐지 않는 자제력을 연습하고 불확실함을 안고 살아가는 연습이 필요하다. 그리고 부모 역시 아이들에게 너무 개인적이고 노골적인 이야기들은 자제할 필요가 있다.

> "엄마는 너무 우울해. 살고 싶지 않아. 네 아빠는 경제적으로 너무 무능해. 나 혼자 감당하기가 너무 버거워. 사는 것이 너무 힘들다."

엄마는 자신의 고통이나 감정을 어느 누구와도 나눌 수가 없어서 아이에게 이런 말들을 하기도 한다. 내 아이니까 나의 감정을 말해도 된다고 생각한다. 특히 아이가 하나일 때에는 엄마가 그 아이에게 심리적으로 의존하면서 자신의 깊은 상처나 우울한 감정들을 여과하지 않고 있는 그대로 표현하기 쉽다. 아이들이 어릴 때는 천진하고 순진하여 예쁘고 슬픈 눈을 하면서 엄마를 어른처럼 위로하고 들어 주지만, 사춘기가 되고 아이가 커 가면서 어린 시절에 자주 들었던 부모의 우울하고 슬픈 이야기들은 자신의 심리적인 짐이 되고 엄마와 똑같이 우울해지거나 그보다 더 심한 우울을 토해 내면서 힘들어할 수 있다. 실제로 상담을 하면서 필자는 이런 예들을 보곤 한다. 부모가 매일 한숨을 쉬면서 푸념하고 한탄하는 말을 아이에게 하면 아이는 부모가 생각하는 것보다 훨씬 더 큰 불안감과 우울감을 느끼면서 비관주의가 되고 삶에 흥미를 느끼지 못하고 미래에 대해 절망하게 된다. 그리고 엄마를 돌봐야 한다는 책임감에 짓눌리거나, 암울한 미래와 부정적인 생각 때문에 엄마보다 더 심각한 우울증에 빠지거나, 아니면 엄마 곁을 떠나기도 하는 슬픈 선택을 하게 된다.

물론 부모 자신의 고민을 가벼운 수준에서 아이와 함께 나누는 것은 괜찮다. 하지만 아이가 이해할 수도 없고 해결할 수도 없는 삶의 무거운 고민을 들어 달라고 하는 것은 아이를 아주 힘들게 하는 일이다. 부모는 아이들에게 '우리 부모님은 나름대로 인생을 잘 헤쳐 나가고 있어.'라고 느끼게 해 주는 것이 바람직하다. 부모가 편안하고 안정적일 때 10대들은 가족을 걱정하지 않고 자유롭게 적응해 나갈 수 있다. 그리고 나중에 부모에게 도움을 줄 수 있을 정도로 단단하게 자랄 것이다. 부모는 어른의 고통과 아픔에서 아이를 보호할 의무가 있다. 아이들은 너무도 쉽게 어른의 고통에 압도될 수 있기 때문이다. 그것은 아이들을 극도로 불안하게 만들고, 심하게 스트레스를 받게 하며, 우울하고 절망하게 만든다. 따라서 부모는 아이들에게 자신의 현재와 미래에 대해서 진지하게 생각하고 희망을 갖고 갈등하고 도전하는 자유를 줄 수 있어야 한다.

7) 인생이 힘든 것은 꼭 아이 탓만은 아니다

"어떻게 하면 이렇게 게으르고 무책임하게 살 수 있는 거니? 내가 너를 위해서 얼마나 열심히 애쓰고 있는데, 너는 그런 모습이 하나도 보이질 않는 거니? 이런 상태를 견뎌 내는 것이 얼마나 비참하고 힘든 일인 줄 아니? 돈을 벌어도 보람이 없어. 넌 아빠 엄마를 도와줄 생각은 눈곱만큼도 없잖아. 내 인생이 너무 엉망진창이 되었어!"

10대 자녀들은 때로 너무도 배려 없고 이기적이다. 어떤 때는 무모하고 잔인해 보이기도 하고 정말 아무 생각 없어 보이기도 한다. 부모는 10대들의 부주의, 무심함, 차고 냉정한 말투가 자신을 얼마나 아프게 하는지 말하고 싶어 한다. 사실 많은 부모가 아이의 잘못된 말이나 행동을 야단치다가 자신의 인생의 고통을 한탄하면서 비참함에 빠지고 자주 본질에서 벗어난다.

그러나 가만히 깊게 생각해 보면 인생에서 우리가 겪는 수많은 고통과 상처들은 결코 하나의 원인으로 생겨나는 것이 아니며 완벽하게 해결되지도 않는다. 우리가 겪는 고통은 특정한 누군가의 잘못 때문에 일어난 것이 아닐 때도 많다. 어쩌면 모든 사람이 다 겪는 자기 특유의 시련인 것이다. 그런데 우리는 인생에서 무언가 잘못되고 있다고 느낄 때 배우자 때문이고 자식 때문이라는 핑계거리를 찾는다.

10대 자녀들이 생각 없이 하는 행동들에 대해서 부모가 느끼는 것을 정확하고 구체적으로 말하는 것은 필요하다. 아이가 고쳐야 할 문제라면 화를 내도 괜찮다. 얼마나 화가 났는지 말해 주고, 앞으로 아이가 개선해야 할 행동이 무엇인지에 대해서 알려 주는 것도 필요할 것이다.

하지만 아이를 야단칠 때 부모가 느끼는 인생의 고통을 함께 섞어서 이야기하는 것은 자제해야 한다. 잘못한 행동 하나를 꾸짖으면 아이는 무엇을 고쳐야 하는지 알게 된다. 그러나 아이는 아직 어리기 때문에 자신의 잘못으로 엄마가 얼마나 고통스러운지에 대해서 이해하기 어렵다. 부모의 푸념이나 한탄은 역효과만 일으킬 뿐이다. 아이에게 적개심과 분노, 무력감과 우울감을 안겨 줄 뿐이다.

8) 감정을 자제하지 못하고 아이에게 상처를 주었다면 바로 사과하는 것이 좋다

아이의 마음에 상처를 남기는 것은 너무 화를 격렬하게 내면서 거친 말을 심하게 쏟아 낼 때이다. 아이에게 상처가 되는 말들을 했다면 바로 사과하는 것이 가장 좋다. 서로 감정을 추스를 때까지 기다리는 것이 좋지만 시간을 너무 오래 끌기보다는 빨리 사과하는 것이 좋다. 사과는 빠르면 빠를수록 좋다. 심하게 행동한 그날에 사과하면 더 좋고, 늦어도 그다음 날에는 하는 것이 좋다. 그리고 직접 말로 사과하는 것이 가장 좋다. 또한 아무리 감정이 솟구치더라도 결코 아이를 때려서는 안 된다. 그것은 돌이킬 수 없는 불행이 된다. 그리고 폭력은 아이에게 상처를 남기고 슬픔을 남긴다. 무슨 일이 있어도 폭력은 안 된다.

9) '부모를 힘들게 하는 10대의 말들'에 대한 대처법

"엄마, 아빠가 제일 싫어!"

너무나 사랑스럽고 아끼는 자녀가 이런 말을 하면 가슴이 아프다. 하지만 이런 말을 듣고 너무 슬퍼하지 말자. 이렇게 말한다는 것은 그 말 속에 오히려 강한 감정이 있다는 것이다. 사랑과 증오는 함께한다. 부모와 자식은 계속 사랑만 할 수 있는 관계는 아니다. 부모와 자식은 수많은 애증의 관계 속에서 함께한다. 너무 좋을 때도 있지만 가장 싫을 때도 있게 마련이다. 아이가 이런 말을 할 때 너무 심각하게 받아들여서 상처받지 말도록 하자.

"내가 노예야?"

강압적인 말투로 아이에게 이래라저래라 하면 아이는 반항하게 된다. 아무리 아이가 말도 안 되는 행동을 해도 최대한 침착하게 말해야 한다. 그리고 부모는 말하고자 하는 주제에서 벗어나지 않도록 해야 한다. 이것은 쉬운 일이 아니다. 정신을 똑바로 차리고 지금 이야기하고 있는 주제만을 이야기하는 것이 필요하다. 부모 자신이 이야기를 하다가 주제에서 벗어난 이야기를 하고 있다는 것을 알아차리는 순간, 잠시 대화를 멈추거나 원래의 주제로 빨리 돌아오는 것이 좋다.

"몸이 너무 안 좋아. 피곤해."

이런 말을 들으면 부모는 마음이 불편하고 안절부절못하게 된다. 아이에게 걱정이 되어서 너무 많은 말을 하고 만다. 하지만 이런 말을 들어도 너무 심각하게 반응하지 않길 바란다. 부모가 염려하고 불안해하는 큰 질병이 있을 가능성은 거의 없다. 단지 다음과 같이 말하면 된다.

"몸이 안 좋아서 어떡하니! 그래도 약속한 것은 해야지."

"엄마 아빠 때문에 내 인생 되는 게 하나도 없어."

"안 돼, 친구 집에서 밤새고 오는 건 절대 안 돼."

10대 아이들이 생각하기에 부모가 자신의 인생을 엉망으로 만드는 순간은 '안 돼'라고 말할 때이다. 부모가 하지 말라고 하는 많은 일은 아이들의 기분을 상하게 한다. 잘못을 지적할 때는 더욱 기분이 상한다. 그러나 부모는 필요한 순간에 '안 돼'라는 말을 꼭 해야 한다.

"엄마 아빠는 한번도……."

"엄마 아빠는 한 번도……." "엄마 아빠는 맨날……." 이런 말을 들으면 부모는 기가 막힌다. 자녀들의 말이 사실이 아니라는 것을 확실히 알려 주기 위해서 열심히 반증의 예를 찾아서 말하기 시작한다. 그러나 아이들은 잘 듣지도 않는다. 왜냐하면 10대들은 '완벽하게 자신에게 유리한 기억'을 하기 때문이다. 이럴 때는 단지 듣고 있으면서 침묵하는 것이 최선이다.

"불공평해."

공평성을 가지고 논쟁을 벌이는 일은 피하는 것이 좋다. 부모로서 아이에게 분명히 공평하지 못하게 대할 때가 있을 수 있기 때문이다. 되도록 공평하게 아이들을 대하려고 노력하되 항상 공평할 수는 없다는 사실을 그냥 인정하자.

"안 그래도 스트레스 받아서 죽고 싶다고!"

이 말은 10대들이 어떤 압력이나 요구를 받을 때 가장 자주 사용하는 우울한 말이며, 이 말을 들은 부모는 가슴이 철렁 내려앉는다. 이 말 속에는 지금 자신을 계속 건드리면 감당할 수 없고 자신이 어떤 스트레스를 받고 있는지 줄줄이 말하겠다는 협박이 은근히 들어 있다. 그냥 가만히 듣고 조용히 넘기자.

"다른 부모님들은 다 해 주는데?"

아이에게 이런 말을 들을 때마다 어떤 부모들이 그렇게 다 해 주는지 정말 궁금하다. 아이가 말하는 이 부모들은 도대체 누구인가? 이 세상에 어느 부모가 다 해 준다는 말인가?

어떤 부모들이 허락했는지에 대해 계속 캐물어 보고 피곤한 논쟁을 벌일 필요는 없다. 왜냐하면 10대들은 자기 부모가 보수적이고 답답한 사람이라고 하면서 부모가 잘못되었다는 느낌을 주기 위해 말도 안 되는 말을 막 해대기 때문이다. 이때 부모들은 다음과 같은 생각을 하면 된다.

> '내가 옳은지 아닌지 정확하게는 나도 모르겠어. 하지만 난 부모야. 이게 자식을 위해 내가 옳다고 생각하는 판단이고, 나는 내 아이의 인생이 잘못되지 않도록 노력하는 거야.'

"하지만 왜 안 돼요?"

이 말만큼 아이들이 자주 쓰는 말도 없을 것이다. 아이들이 질문을 던지기 시작하면 그 말에 대해 길게 설명하기보다는 아이들에게서 최대한 멀리 떨어지는 것이 최선이다. '안 돼'라고 말하고 그다음 반응은 되도록 적게 하자.

10) 매일 짧게 마음을 담아 사랑을 표현한다

10대 자녀들에게 애정이 듬뿍 담긴 말을 매일 규칙적으로 표현하라. 매일 하자. 하루에 한 번 이상 짧지만 애정을 담긴 대화나 신체적 접촉을 하는 것이 좋다. 일종의 삶의 의식처럼 습관적으로 사랑을 표현하면 좋다. 이런 사랑스럽고 친절한 대화는 10대 자녀와 힘든 시간을 보내는 데 도움이 된다.

10대 자녀는 이러한 부모의 애정이 담긴 말들에 좋게 대하기도 하고 그렇지 않기도 한다. 그런 반응들이 그렇게 중요하지는 않다. 중요한 것은 부모가 아이에게 관심을 보이고 규칙적으로 짧지만 애정 어린 접촉을 한다는 것이다. 부모인 내가 마음을 담아 사랑을 표현했는데 아이의 반응이 시큰둥하다고 서운해하지 말자. 어쩌면 그럴 수 있냐고, 왜 그런 뚱한 표정을 짓느냐고 묻지도 말자. 그냥 부모인 내가 사랑을 표현하면 그걸로 충분하다고 생각하자.

5. 10대에게 규칙이란?

1) 규칙을 만드는 기준

자유분방하고 충동적인 10대에게는 규칙이 필요하다. 따라서 10대 아이를 둔 부모들에게 규칙 만들기는 필수이다. 그럼 어떤 규칙을 만들어야 할까? 열다섯 살짜리 아들에게 어떤 친구와 어울려야 한다고 계속 강조해서 말해야 하나? 열두 살 된 딸아이가 화장을 진하게 하는 걸 계속 지적해야 할까? 고등학생이 되어도 잠자는 시간을 정해 놓아야 할까? 고등학생의 아이에게 귀가 시간은 몇 시가 적당할까? 10대 아이의 사생활을 존중하면서도 아이를 좋은 방향으로 이끌 수 있는 규칙은 어떻게 결정해야 할까?

이런 경우 좀 더 현실적인 규칙을 정하기 위해서 10대 자녀를 둔 다른 부모들과 대화를 해 보는 것이 도움이 된다. 다른 부모들은 어떤 규칙을 만들었으며, 어떤 규칙이 잘 지켜지고 어떤 규칙이 잘 안 지켜지는지 대화를 해 보면 보다 현실적이고 도움이 되는 규칙들을 만들 수 있다. 하지만 기억해야 하는 것은 내 아이가 어떤 기질이나 성격을 갖고 있느냐에 따라 그리고 부모 자신의 가치관에 따라 융통성이나 유연함이 필요하다는 것이다. 그리고 부모만큼 자신의 아이를 잘 아는 사람은 없다는 자신감도 필요하다.

부모의 마음속 어딘가에는 다음과 같은 생각이 필요하다.

'내 결정이 반드시 옳다고 확신할 수는 없다. 나도 가끔은 판단을 잘못 내릴 수 있다. 그러나 나는 내 아이를 위해 판단을 하고 결정을 해야 하는 유일한 사람이며 가장 좋은 결정을 내릴 수 있는 확실한 사람이다.'

그러나 아이의 입장에서는 부모가 자신을 위하여 의사결정을 할 수 있는 사람이 아니라고 판단할지도 모른다.

엄마: 안 돼, 아들아. 내일 밤 콘서트는 갈 수 없어. 평일에는 콘서트에 가지 않는 것이 규칙이잖니.

아들: 하지만 엄마, 그럴 수는 없어요! 그 공연은 그때밖에는 볼 수가 없어요. 이번이 마지막 기회라고요! 말도 안돼요!

엄마: 안 된다. 규칙이잖니? 아들.

    10대 아이가 가족의 규칙을 못마땅하게 여기고 공격할 때 부모가 저지르는 가장 큰 실수는 자신이 무조건 '옳다'고 주장하는 것이다. 부모의 생각이 늘 옳을 수는 없다. 다만 부모로서 안심할 수 있고 아이에게도 더 좋다고 느끼기 때문에 그렇게 판단하는 것이다. 그런데 부모가 옳다는 것을 내세우며 부모로서의 권한을 주장하면 아이들에게 끝없이 추궁당할 수밖에 없는 상황이 발생한다. 부모가 옳다는 것을 계속 우기면 아이의 반발심만 계속 커져 간다. 그리고 아이는 부모의 판단이 옳지 않다는 것을 증명하기 위해 근거들을 대고 계속 따지고 들 것이다.

    만일 그러한 근거들이 정말 맞다면 부모도 다시 한 번 생각을 해 볼 필요가 있다. 어떤 상황에서든 아이들의 말을 귀담아들은 후에 충분히 그럴 만해서 마음을 바꾸는 것은 좋은 자세이다. 그렇다고 해서 부모의 위치가 낮아지는 것은 아니다. 그러나 처음의 결정을 계속 지킬 생각이라면 흔들리는 모습을 보여서는 안 된다. 부모가 반드시 옳기 때문이 아니라 아이를 생각하며 내린 부모의 결정이기 때문에 옳은 것이다.

    그렇다면 부모의 결정이 변하지 않는다는 것을 알게 하려면 무엇을 해야 할까? 어떤 말을 해야 할까? 규칙을 말해 주고 그 이유도 말해 주라. 이유를 말할 때는 간결하고, 명확하고, 솔직해야 한다.

엄마: 안 돼! 아들, 주중의 늦은 밤에는 밖으로 나가지 않는 게 규칙이잖아. 다음 날 학교도 가야 하고, 그렇게 늦은 시간까지 밖에 있기에 너는 너무 어려.
        주중에는 해야 할 일들에 충실하고 주말에 네가 하고 싶은 것을 하렴.
아들: 이런 식으로 엄마 마음대로 규칙을 만들어도 돼요?

여기에서 규칙을 만들 권리가 부모 자신에게 있다는 말은 하지 않도록 한다.

엄마: 아들, 주중에는 그렇게 늦게까지 밖에 있지 않았으면 해. 꼭 하고 싶으면 주말에 하렴.
아들: 왜 꼭 그렇게 해야 해요. 다른 친구들 엄마들은 그런 거 신경도 안 써요. 엄마만 그런다고요.

    그다음에는 입을 다문다. 아이가 있든 없든, 가족의 수가 많든 적든 세상 모든 가정에는 자신들의 행복을 지키기 위한 나름의 규칙이 존재한다. 그런데 10대의 아이를 키우는 집에서는 이러한 규칙을 지키기 위해서 정말 고단하고 힘든 전쟁을 해야 한다.

물론 부모들의 규칙이 옳을 수도 있고 아닐 수도 있다. 공평할 수도 있고 그렇지 않을 수도 있다. 그러나 부모가 옳기 때문에 규칙이 만들어진 게 아니라 부모가 옳다고 믿는 것들이 규칙일 수 있다. 그러므로 아이의 말을 들어 보고 규칙을 조금 바꾸는 것이 더 좋겠다고 판단이 들 때에는 규칙을 바꿀 수도 있는 것이다.

2) 10대는 가슴을 졸이며 규칙을 깬다

규칙이 정해졌다. 이제 무슨 일들이 벌어질까?

열여섯 살의 아들의 귀가 시간은 밤 12시이다. 만약 이 시간까지 집에 돌아오지 못하는 상황이 생기면 집에 전화를 해야 한다. 그게 규칙이었다. 그런데 12시 반이 될 때까지 아들은 귀가하지 않았고 전화도 없었다. 엄마는 걱정이 되어 여러 번 전화를 해 봤지만 "연결이 되지 않습니다."라는 기계음만 야속하게 들릴 뿐이다. 엄마가 카톡으로 여러 번 문자 메시지를 보내도 아들은 읽지도 않는다.

엄마는 애써 진정하고 침착함을 유지하려고 노력한다. 어디에 있는지는 몰라도 친구들과 놀고 있을 가능성이 크다는 생각을 해 본다. 엄마는 걱정은 되지만 심각한 상황이라는 생각은 들지 않았다. 아들도 귀가 시간을 한참 지난 것을 알고 있을 테고, 서둘러 집에 와야 한다는 압박감을 느끼고 있으리라고 생각했다. 하지만 새벽 1시가 되자 엄마는 다시 불안해지기 시작했고, 시간이 늦어지면서 마음이 심하게 다급해지면서 불안이 더욱 심해졌다. 아들의 친구에게라도 전화해서 어떤 상황인지 확인하려는 순간 아들에게서 전화가 왔다.

아들: 엄마, 저예요.

아들: 엄마, 너무 늦어서 친구네 집에서 자고 가야 할 것 같아요. 걱정하지 말고 자요. 알아서 갈게요.

엄마: 누구네 집에서 자는데?

아들: 엄마는 말해도 몰라요. 어쨌든 걱정하지 마세요.

벌써 1시 30분이었다. 마음 같아서는 당장 차로 아들을 데리고 오고 싶었다. 하지만 계속 이런 식으로 할 수도 없는 일이고 아들과 통화는 되었고 안전하게 있다니 조금 안심은 되었고 그걸로 위안을 삼았다.

아들은 술을 조금 마시다 때를 놓쳤고 허겁지겁 집에 가느니 그냥 놀기로 한 것이었다. 그리고 많이 마시지는 않았지만 자신의 음주 사실을 엄마에게 숨기고 싶은 마음도 컸다. 혼나는 것은 싫었다.

이런 식으로 10대들은 규칙을 어긴다. 규칙을 어길 뿐만 아니라 어긴 것을 들키면 최대한 잔머리를 굴려서 어떻게든 빠져나가려고 한다. 몰래 빠져나갈 뿐만 아니라 규칙을 어겼는지 눈치채지도 못할 정도로 기막히게 거짓말을 하기도 한다.

왜 10대들은 규칙을 어길까? 많은 사람은 그 이유가 10대들의 반항에 있다고 본다. 하지만 다른 이유들도 있다. 반항보다 더 단순한 이유가 있다.

무엇보다 가장 큰 이유는 어떤 규칙이든 자기의 자유를 구속하고 삶을 답답하고 재미없게 만든다고 생각하기 때문이다. '멍청한 규칙 때문에 다른 친구들보다 집에 일찍 들어가야 하고, 재미있는 것들도 못하잖아.' 또는 '담배쯤 조금 피운다고 인생이 엉망이 되지는 않거든.' 10대들은 현재 이 즐거운 상황을 즐기자는 생각밖에는 못하므로 규칙을 깬다. 안타깝게도 나중에 어떤 일이 일어나든 규칙을 깬다.

'지금 얼마나 재미있게 놀고 있는데. 이러다가 부모님한테 혼은 나겠지만 지금은 그런 걸 신경 쓰고 싶지 않아.'

3) 규칙을 깬 아이에게 해야 할 말

아이들이 규칙을 깰 때 우리는 무엇을 해야 할까? 아이들은 언제나 규칙을 깨기위한 수많은 핑계거리를 가지고 있다. 아이들은 항상 변명하고 둘러댄다. 규칙은 아이가 깼는데 대화를 하다 보면 부모의 목소리보다 아이의 목소리가 점점 더 커지고 이야기는 결국 이상하게 부모의 잘못으로 흘러간다.

아이들은 전혀 논리적이지 않고 황당하고 말도 안 되는 터무니없는 소리를 해댄다. 어쨌든 아이들은 매우 열심히 자기를 변호한다. 아이들이 이렇게 터무니없이 지껄이는 이야기에 에너지를 쏟으면서 반응하면 절대 안 된다. 단지 다음과 같이 말하면 된다.

엄마: 아들, 12시까지 집에 오기로 했잖아. 그런데 넌 오지 않았어. 만약 시간을 지키지 못할 상황에는 반드시 전화를 하면 좋겠다.

아들: 그렇지만 엄마, 친구가…….

엄마: 아들, 다시는 그러지 마라.

아들: 그렇지만…….

그리고 엄마는 방을 나간다. 할 말을 한 뒤에 엄마는 뭔가 특별한 조치를 취해야 했던 것은 아닐까? 이것만으로는 뭔가 부족해 보인다. 그래서 우리 부모는 이 이상으로 오랜 시간 설교를 하고 지적을 하게 된다. 하지만 이렇게 하면 할수록 뭔가 또 크게 어긋났음을 깨닫는다. 더 이상 그런 악순환은 반복하지 말자.

이 대화에서 아들이 규칙을 어겼음을 지적했고 잘못했다는 것을 확실히 말했다. 가장 중요한 것은 규칙이 아직 유효하다는 점이다. 부모들은 대부분 규칙이 그 존재 자체만으로도 힘이 있다는 사실을 잘 인식하지 못한다. 대개 아이들이 규칙을 깨면 부모는 규칙이 깨졌다고만 생각한다. 아니다. 규칙은 규칙의 존재만으로도 힘이 있다.

4) 규칙의 은근한 힘

대부분 규칙은 지켜진다. 부모가 규칙을 만들고 규칙의 필요성에 대해 정확히 전달했다면 그때부터 규칙은 작동한다. 그리고 아이들의 행동에 좋은 영향을 준다. 규칙을 정한다고 다 지켜지는 않지만 규칙이 전혀 없을 때보다는 있을 때 훨씬 더 잘 지켜진다.

그런데 아이가 규칙을 지키지 않았다는 사실을 알게 되었다면, 우선 아이와 대화가 필요하다. 아이의 계획과는 달리 규칙을 어겼다는 사실을 알려 주고, 그래서는 안 된다는 것을 알려야 한다.

"애야, 내가 집에 없을 땐 친구를 데리고 오지 말라고 했는데 지키지 않았더구나. 나는 네가 규칙을 지킬 거라 생각했어."

이런 식으로 규칙이 여전히 살아 있음을 알린다.

"다시는 이런 일이 없기를 바란다."

이런 말이 무슨 소용이 있냐고 생각힐 수 있다. 아이는 이렇게 말해도 계속 규칙을 지키지 않는데……. 하지만 규칙은 여전히 있다는 사실을 알린다면 규칙은 계속 힘을 지니게 된다. 엄마가 없을 때 친구를 데리고 집으로 가려는 상황에서 아이는 엄마에게 들었던 규칙이 머릿속 한 구석에서 떠오를 것이다. 비록 규칙을 또 어기고 엄마가 없을 때 친구들을 데리고 왔다 하더라도 마음 한 구석이 불편하고 꺼림칙함이 있을 것이다. 규칙을 어겼으니까 아이도 마음이 편할 리 없다. 이렇게 규칙은 한 번에 지켜지는 것은 아니지만 규칙이 존재하는 한 지켜 가는 쪽으로 은근히 힘을 발휘하게 된다. 이와 같이 규칙에는 무시 못할 힘이 있다. 규칙이 있다는 것 그 자체가 규칙을 지킬 가능성을 높여 준다.

10대들은 대부분 집안에서 형편없는 무법자가 되기를 바라지 않는다. 규칙을 싫어하고 그 규칙이 얼마나 불공평하고 말도 안 된다고 악담을 퍼붓지만, 마음속 한편으로는 가족이라는 체제 안에서 은근히 부모의 보호를 받으면서 살아가기를 원한다. 자신이 너무나 엉망이 되고 혼란스럽게 될 정도로 안 좋은 존재가 될 생각은 없다. 때로는 가족에게 기대어 안전하고 평화로운 기분을 느끼고 싶어 한다. 여전히 자기가 하고 싶은 대로 하기를 원하지만 가족에게서 소외당하는 것을 원하지는 않는다. 그래서 부모와 갈등과 다툼이 있을 때는 겉으로는 아무렇지도 않은 척 허세를 부리기도 하지만 아이들도 마음속으로는 걱정하고 불안해한다.

5) 10대 자녀에 대해 완전한 통제를 꿈꾸지 말자

10대를 다루는 양육 기술은 그 어떠한 양육 기술도 완벽하게 효과적이지는 못하다. 그래도 만족스럽지는 않지만 규칙은 작동한다.

부모: 얘야, 지금 몇 시니?

아이: 몰라요.

부모: 11시 47분이야. 몇 시까지 들어와야 하니?

아이: 어…… 모르겠는데요.

부모: 잘 알 텐데. 귀가 시간은 11시 30분이야.

이 대화에는 중요한 핵심이 있다. 11시 30분 귀가 시간은 지켜지지 않았다. 여러 번 아이는 귀가 시간을 어겼다. 그래도 귀가 시간에 대한 규칙은 작동하고 있다. 그래서 아이가 집에 들어온 것이다. 부모가 원하는 시간은 아니지만 11시 30분 귀가 시간이 아이를 11시 47분에 집으로 오게 하였다. 이런 식으로 규칙은 10대에게 어느 정도 영향을 줄 수 있다. 아이들은 나름 규칙을 지킨다. 규칙을 철저히 무시한 것이 아니라 부모가 원하는 대로 정확히 따르지 않았을 뿐이다. 규칙은 여전히 살아 있고 작동하고 있다. 단지 정확하고 완벽하지 않을 뿐이다.

이 대화에서 부모는 적절하게 대처했다. 그러나 많은 부모가 너무 융통성이 없는 생각들을 한다. 정확하게 지키지 않으면 규칙이 실패했다고 믿는 것이다. 그래서 대부분의 부모는 아이들이 조금만 말을 안 들어도 통제력을 상실했다고 느끼고 실패한 규칙을 다시 지키게 하려고 안간힘을 쓴다. 완전한 통제력을 되찾으려고 점점 강도 높은 잔소리와 악담을 퍼붓게 된다. 이렇게 하면 완전 실패이다.

"2주 동안 외출 금지를 했는데도 안 돼? 한 달은 어떤지 한번 보자."

그러나 먹히지 않을 것이다. 그 옛날 어릴 적 부모의 순조로웠던 완벽한 통제력을 이제는 다시 찾을 수 없다. 완벽하게 통제하려는 부모 때문에 아이가 청소년기 내내 대들고 서로 다툰다면 점점 더 힘들어질 뿐이다. 그러면 부모는 이제까지 조금은 통제력을 갖고 있다고 생각해 왔던 것들도 어느 날 완전히 통제력을 잃어버리게 될 수 있다.

부모들의 통제는 결국 불완전하다. 그러나 아이들이 규칙을 지키지 않을 때 대화를 시도하고 규칙이 아직 살아 있음을 알린다면 이미 만신창이가 된 규칙이라도 근근이 유지된다. 규칙을 이용한 통제는 불완전하다는 사실을 알아야 하며, 잘 지켜지지 않더라도 규칙을 계속 유지해야 한다. 통제가 되지 않는 아이들을 떠올리면 뭔가 영원히 해결되지 않는 문제덩어리를 앉고 사는 기분이 들기도 하지만, 그럼에도 불구하고 아이들은 여전히 어느 정도 부모의 통제권 안에 있다. 그리고 부모가 포기하지 않고 아이들을 통제하려고 노력하는 것이야말로 아이들의 삶에서 매우 중요하다.

부모: 앞으로는 항상 귀가 시간을 정확하게 지켜야 할 거다!

아이: 항상은 불가능해요!

말은 이렇게 하지만 결국 규칙에 가까운 수준에서 복종한다. 아니, 복종 비슷한 것을 한다.

"겨우 20분 좀 늦게 들어왔다고요."

"버스가 늦게 와서 조금 늦었어요."

"일주일에 한 번 안 지켰을 뿐인데 너무 심한 거 아니에요?"

규칙을 계속 유지하는 한 대부분의 10대에게 규칙은 어느 정도 효과가 있다. 아이들이 규칙을 완벽하게 지키지는 않지만 규칙을 지키는 날이 더 많고 비슷하게라도 지킨다고 생각이 들면 그래도 그 정도 지키는 것이 다행이라는 생각을 하면서 눈감아 주자.

10대들은 대부분 대놓고 부모가 정한 규칙을 어기지 않는다. 대신 눈치를 보면서 요리조리 피해 다니고 걸핏하면 거짓말을 한다. 공부를 잘하고 영리한 아이, 영리하지 못한 아이, 착한 아이, 착하지 못한 아이, 반항적인 아이, 반항적이지 못한 아이, 모든 10대는 거짓말을 자주 한다. 자기 일에 부모가 간섭하고 참견하는 것이 싫어서 그냥 거짓말을 한다. 사실대로 말하면 골치 아파지고 많은 잔소리를 들어야 하니까 거짓말을 한다. 그러나 이러한 거짓말들에 대해 너무 걱정하지 않아도 된다. 그래도 대부분의 10대는 정상적인 성인으로 자란다. 부모인 우리처럼. 10대 시절에 부모에게 거짓말을 많이 했다고 해서 비정상적이고 문제가 많은 성인이 될 것이라는 생각은 지나친 걱정이고 비합리적인 생각이다.

안타깝게도 아이들의 거짓말을 멈추게 할 방법은 없다. 거짓말을 했는지 안 했는지를 밝혀내는 데 에너지를 너무 많이 쓸 필요도 없다. 아이가 부모 앞에서 "앞으로 다시는 거짓말하지 않을게요."라고 말한다면 그 말도 분명히 거짓말이다. 그보다는 아이의 말 속에서 무엇이 잘못된 행동인지를 정확하게 알려 주는 것이 훨씬 효과적이다.

6) 부모가 통제력을 상실했다면 다른 전문가에게 도움을 구하자

전혀 통제가 안 되는 10대들에게는 앞에서 말한 규칙과 같은 이야기는 해당되지 않는다. 매일 규칙을 어기고 집에서든 학교에서든 심각한 문제를 일으키며 가족을 힘들게 하고 스스로를 위험에 빠뜨리는 아이들이 있다.

그러나 이미 통제할 수 없는 상태에 있는 10대들은 어떠한 노력을 해도 쉽게 변화시킬 수 없다. 특히 통제가 안 되는 10대들은 부모의 말을 잘 듣지 않는다. 이럴 때에는 부모 외에 다른 전문가나 도움이 되는 멘토가 필요하다. 심하게 행동하는 10대들도 부모의 말은 전혀 듣지 않아도 간혹 다른 사람의 말은 듣는 경우가 있다.

부모는 아이를 변함없이 사랑한다는 것을 표현하고, 아이를 바로잡고 관여하고 통제하는 것은 전문가나 멘토에게 맡기는 것이 바람직하다. 그것이 자신이나 타인에게 해를 끼치는 10대들과 함께할 가장 좋은 방법일 수 있다. 그렇게 하는 것이 매우 어려울 수 있지만 그렇게 하는 것이 최선이다. 부모의 말은 하나도 듣지 않는 10대도 제삼자인 전문가나 다른 멘토의 말은 들을 수 있다. 실제로 정말 많은 문제를 일으킨 아이들도 다른 사람들의 도움을 통해 변화하는 예들이 있다.

6. 10대의 달라지는 성격: 외모에 신경 쓰고 수시로 짜증내는 10대

부모에게 아이는 가장 마음이 쓰이는 존재이다. 그래서 하나라도 더 가르치려고 하고 잔소리도 많이 하게 된다. 특히 함께 생활하는 시간이 많은 엄마들은 지나치게 가르치려 한다. 하지만 그럴수록 변화는 항상 더디게 일어나고, 때로는 더 좋지 않은 결과를 낳기도 한다. 어쩌면 부모가 아이의 잘못된 행동에 대해 바로잡으려고 안절부절못하지 않아도 어느 정도의 세월이 흐르면 아이들은 자연스럽게 부모가 가르친 대로 어른이 된다. 부모가 올바른 삶의 방식을 알려 주려고 노력했고 나름 좋은 본보기를 보여 주었다면 그것으로 충분하다.

10대들은 수많은 문제행동을 보인다. 아이가 어릴 때는 나름대로 잘 자라고 있다고 생각했지만 열세 살 혹은 열다섯 살이 된 후부터 모든 게 예전보다도 못하거나 원점으로 돌아가는 것같이 느껴진다.

1) 눈에 보이는 것이 전부는 아니다

수많은 10대를 자세히 살펴보면 눈에 보이는 것이 전부가 아님을 알 수 있다. 겉으로 보기에는 형편없이 말을 내뱉고 옷차림도 엉망이고 뭔가 온전해 보이지 않지만 겉으로 보이는 것이 항상 다는 아니다. 그렇게 형편없이 보이는 10대에게도 마음속 어딘가에 성숙한 어떤 부분이 존재한다. 10대들의 변화는 느닷없이 온다. 항상 그런 것은 아니고, 모든 아이가 그런 것도 아니다. 하지만 대부분 그렇다. 아이들에게 심어 주려고 하는 좋은 성격 특성들은 이미 아이 안에 있다. 단지 부모가 그것을 기다려 주지 않고 보려 하지 않는다는 것이 문제이다. 그러나 결국에는 대부분 10대들은 자신들의 장점을 발휘하면서 변화하기 시작한다.

15살 난 아들

부모: 얘야 어디 가니?

아들: 내 방에요.

부모: 오늘 함께 해야 할 일이 있지 않니?

아들: 오늘은 너무 피곤해요.

18살 난 아들

부모: 뭐 하는 거니?

아들: 밥 차려 먹으려고요.

부모: 밥을 차려먹는다고? 집에서는 잘 먹지도 않더니?

아들: 왜 그래요. 이제 집에서 먹는 밥이 더 좋아요.

2) '나는 특별해.'라고 생각하는 10대

10대의 자녀가 자신은 특별하니까 원하는 것은 무엇이든 가져야 하고 다른 사람을 불편하게 해서라도 하고 싶은 일은 다 해야 직성이 풀린다면, 부모가 뭔가 잘못했을 가능성이 크다. 대개는 세 가지 원인이 있다.

첫 번째는 너무 자주 아이가 원하는 것을 들어준 경우이다. 아이의 집요함이나, 성가신 말대꾸 등에 너무 쉽게 넘어가는 것은 아닌가.

두 번째는 아이들이 보는 앞에서 부모가 다른 사람을 차별하거나 무시하는 행동을 보인 경우이다. 사소하게라도 아이가 보는 앞에서 누군가를 험담하고 비웃은 적이 없는가? 자신보다 낮은 위치에 있는 사람을 함부로 대한 적은?

세 번째는 아동기에 일반적인 요구들이 받아들여지지 않아 떼를 써야만 원하는 것을 얻은 경험이 많았던 경우이다.

10대 아이가 '나는 특별하다'는 감정 때문에 다른 사람들보다 더 나은 대우를 받아야 한다고 생각하거나 다른 사람들을 불편하게 만들면서도 자신의 욕구를 채워야 한다고 생각한다면 잘못된 것이다. 부모가 대화를 통해 그리고 본받을 만한 행동을 통해 바로 잡아 주어야 한다.

3) 비싸고 새롭고 유행에 집착하는 아이들

10대 아이들의 가장 잘못된 생각 가운데 하나가 부모의 돈을 쉽게 생각한다는 것이다. 어떤 아이들은 원하는 것은 무엇이든 손에 넣고 싶어 하며, 가장 유행하는 최신 상품을 누구보다 먼저 갖고 싶어 한다. 그리고 그것을 당연하게 여긴다. 또 어떤 아이들은 자신의 욕구가 채워지지 않으면 좌절하고 안절부절못한다.

아이가 물질에 집착하고 유행에 휩쓸리고 욕구를 채우기에 급급해 지는 걸 바라지 않는다면 다음과 같이 양육하는 것이 바람직하다.

첫째, 아이가 원하는 물건을 사줄 수 있는 여건이 되더라도 필요 없는 물건을 사 달라고 떼를 쓰면 들어주지 않는 것이 아이를 위해 좋다.

둘째, 아이가 원한다고 해서 쉽게 주기보다는 스스로 성취해서 얻게 하는 것이 바람직하다. 세상에 나아가 스스로 노력해서 얻게 하는 것이 좋다. 그래야 적극적이고 주도적이고 유능한 삶을 살아나갈 수 있다.

마지막으로, 좋은 물건을 가질 수 있을 정도로 많이 풍족한 아이는 세상에는 가난한 사람도 많다는 사실을 알고 있어야 하고 최소한 미안하거나 다소 불편한 마음을 가져야 한다.

4) 부모는 전혀 생각도 안 하는 10대

가장 마음을 불편하게 하는 10대의 특성 가운데 하나는 세상이 자기중심적으로, 자기가 원하는 대로 돌아가지 않는다는 점을 이해하지 못하는 것이다. 10대에게 부모가 해 달라는 대로 다 해 주는 사람이 아니라는 것을 보여 주는 일은 중요하다. 하지만 부모가 아이의 감정을 이해하고 있다는 것을 보여 주는 것은 중요하다. 그동안 부모가 교양 있고 사려 깊게 아이를 대했다면 아이의 마음속에는 배려하는 마음이 한구석에 자리 잡고 있을 것이다. 비록 부모에게는 여전히 이기적이고 미성숙한 어린아이처럼 행동할지라도 믿고 인내하고 기다려 준다면 어린아이 때만큼 감동적이고 순수한 느낌은 아니지만 조금은 철이 들은 것 같다는 느낌을 받는 날들이 올 것이다.

5) 자기 편한 대로 기억하는 10대

10대는 부모를 자신의 요구를 들어주는 대상 이상으로 보지 않을 뿐만 아니라 이따금 부분적으로 기억이 상실된 것처럼 행동한다. 아니, 그들은 자신에게 유리하게 기억의 조각들을 재구성하는 존재들처럼 보인다. 자신의 이기적이고 충동적인 행동 때문에 가족들의 여행이나 식사 시간이 엉망진창이 되었다는 사실을 전혀 기억하지 못하며, 자신이 던진 말도 안 되는 심한 말들로 부모가 얼마나 상처를 받았는지 도무지 알지 못한다. 마치 자신에게 불리한 장면들을 모조리 편집한 영화처럼……. 자신이 잘못한 일은 한 번도 일어나지 않았던 것처럼 자신에게 불리한 장면은 10대의 기억 속에 없다.

이렇게 자신에게 유리한 대로 기억하는 존재들에게 부모가 하지 말아야 할 것은 아이에게 자백을 받아 내려고 에너지를 소모하는 일이다. 아이들 스스로 진실을 말하게 하려는 시도는 성공할 수가 없다. 대신 심한 말만 오고 가고 남는 건 에너지만 빼앗는 쓸데없는 행동을 했다는 것이다.

> 엄마: 아들, 너 너무 심하게 화를 냈어. 네 뜻대로 안 된다고 엄마한테 욕도 했고.
>
> 아들: 화낸 적 없어요. 엄마는 항상 나쁘게만 생각한다니까요.
>
> 엄마: 아니, 넌 아까 부모에게 하지 말아야 할 수준을 넘었어.

아들: 심하게 한 것은 내가 아니라 엄마예요. 나한테 먼저 고래고래 소리 질렀잖아요.

엄마: 아니, 네가 소리 지르고 욕을 했지.

아들: 내가 좀 화가 나긴 했어요. 엄마의 말이 화나게 해요. 그냥 그게 다예요. 엄마 혼자서 오해한 거라고요.

엄마: 내가 오해한 게 아니라 네가 그렇게 행동했잖니.

아이들에게 이렇게 자백을 받아 내려고 애쓰기보다는 목격했던 상황을 단순히 있는 그대로 말하는 편이 훨씬 낫다.

엄마: 아들, 아까 오전에 네가 했던 그 행동은 좋지 않았던 것 같다.

아들: 어떤 행동요?

엄마: 아까 심하게 화를 냈던 거 말이다. 친구를 집에 못 오게 한다고 엄마한테 심한 말을 했잖아. 무슨 욕도 들린 것 같은데…….

아들: 그런 적 없어요. 진짜 오버하지 좀 마요!

엄마: 앞으로 그런 행동은 하지 않았으면 좋겠다.

아들: 어떤 행동이요? 난 아무 짓도 안 했다고요.

엄마는 이제 아무 말도 하지 않으면 된다.

"엄마는 내 말을 안 듣고 있잖아요. 난 화를 낸 적이 없어요. 오버하지 마요. 내가 화낸 것도 아닌데 엄마는 화냈다고 생각하고 있잖아요."

엄마는 아들이 스스로를 변명하고 방어하기 위해 하는 말에 일일이 반응하지 않으면서 자신의 생각을 분명하게 말했다. 아들은 분명 엄마가 한 말을 들었다. 아들은 여전히 자기는 잘못이 없다고 생각할 지 모른다. 하지만 적어도 반복해서 말다툼이 일어날 가능성은 줄어들 것이다. 어느 시점에서 부모가 입을 다무는 것은 정말 필요하다. 이는 연습해야 할 수 있다.

아마도 아이의 머릿속은 다음과 같을 것이다.

401

'아! 모르겠어. 내가 소리 지르고 욕을 한 것 같은데 정확히 생각나지 않아. 엄마한 테 한 것은 아니고 그냥 나온 소리야. 정말 모르겠어. 기억 안 나.'

6) 잘못을 인정하지 않는 10대

10대들이 자기 편한 대로 기억하긴 하지만 뭔가를 기억하긴 한다. 그러나 그것을 자기 잘못으로 인정하지 않는다. 10대에게 자기 잘못이란 도무지 없다.

10대들은 부모의 분노를 피하려고 잘못을 인정하지 않을 뿐만 아니라 자신에게 쏟아질지도 모르는 비난을 피하기 위해 그냥 모른 척한다. 양심의 가책을 느끼게 되는 것이 싫은 것이다. 죄책감은 기분 나쁜 감정이며, 자신의 죄책감을 인정한다는 말은 앞으로 자신의 행동을 바꿀 필요가 있다는 뜻이기 때문에 더욱 인정하지 않는다.

10대들은 대부분 어떤 잘못이라도 그 잘못에 대해 인정하지 않고 부정하려 한다. 그리고 그 과정에서 아마 자신들이 저질렀을지도 모르는 일에 대해 집중하고 싶어 하지 않는다. 아마도 마음속으로는 다른 누군가를 비난하거나 환경을 탓할 것이다.

"엄마 때문이에요."
"선생님 때문이에요."
"학교 때문이에요."
"기분 때문이야."
"날씨 때문이야."

10대는 남 탓, 상황 탓을 많이 한다. 10대는 미성숙의 끝이다.

부모는 이런 상황에서 아이가 자신의 행동에 대해 자책감을 갖고 행동을 개선하기를 원한다. 10대의 아이들에게 거는 기대가 분명 너무 크다고 할 수 있다. 불행히도 이런 부모의 마음은 뜻하지 않게 잘못된 방향으로 흐른다. 특히 지나치게 많은 시간과 노력을 들여 아이들로 하여금 잘못을 인정하게 만들려고 할 때 그렇다. 부모들은 아이들에게 잘못을 인정하라는 압박을 지나치게 많이 하고, 잘못했다는 말을 지나치게 자주 들으려 한다. 아이가 그렇게 잘못을 인정하면 잘못된 행동을 고칠 것 같아서인가?

아이에게 문을 잘 닫고 다니라고 말을 할 때 다음과 같이 말한다.

"엄마는 진짜 바보 같아. 내 말은 하나도 안 믿어. 문을 고쳐야지. 매번 문을 꽉 닫는 게 얼마나 힘든데. 문이 이상해. 문이 잘 닫히지가 않아. 내 탓이 아니야."

아이는 혼이 날수록 더 남 탓을 하고 방어적이 되고 자신의 행동을 돌아볼 생각은 더하지 않는다. 특히 자기를 혼내는 사람이 잘못된 사람이라는 공식이 생기면 자신의 행동에 대한 책임은 절대 지지 않으려고 한다. 다 그 사람 때문에 더 하기 싫은 것이 된다.

아이에게 잘못을 인정하게 하느라 에너지를 소진하지 말자. 부모가 아무리 설득하려고 해도 아이는 자기 행동에 대한 책임감을 배우지 않는다. 대부분 자신이 저지른 행동의 결과를 쓰라리게 직접 경험해야 배울 수 있다. 그러니까 가장 중요한 양육 기술은 바로 말을 아껴야 할 때와 말을 하지 않고 입을 다물 때를 아는 것이다.

7) 왜 그토록 입에서 부정적인 말만 나올까

"제가 무슨 말만 하면 짜증을 내요. 친척 집에 가서도 재미있게 놀거든요. 그런데 나중에 제가 물으면 재미없었다고 해요. 입만 열면 불평불만이에요. 선생님, 문제가 뭘까요?"

10대라는 것이 문제이다. 10대 시기가 끝날 때까지 아이들은 모든 일에 대놓고 극단적이다. 아주 흥분해서 신나거나 매우 짜증나거나 극단을 왔다 갔다 한다.

또한 10대들은 부정적인 말을 하면서 스트레스를 해소한다. 어른들도 마찬가지겠지만 10대들은 가족과 있을 때 자신의 스트레스를 더 쉽게 표현한다. 스트레스를 왜 받았는지는 정확히 말하지 않지만 부정적이고 심각한 말들을 입에서 내뱉으면서 스트레스를 푼다. 부정적인 말은 청소년기 아이들의 주된 특징이다. 뭔가 정신적으로 문제가 있어서라든지 적응에 어려움이 있어서 그런 것은 아니다. 10대의 부정적인 말을 일일이 수정해 주려고 애쓰지 말고 편하게 받아 주는 것이 좋다. 그러면 아이는 그냥 계속 뭔가를 말할 것이다. 부모를 일부러 괴롭히려는 것도, 진짜 불평을 하려는 것도 아니다. 그냥 대화를 하려는 것이다. 10대의 부정적인 말에 상처받지 말고 단지 10대의 대화하는 방식이라 여기면서 쿨하게 넘기자.

8) 10대를 우울하게 만드는 것

10대로 산다는 것은 긴장되고 힘들고 괴로운 좌절의 연속이다. 대부분의 아이는 크게 문제 되지는 않는 정도의 우울감을 느낀다. 청소년기의 다른 발달과업을 수행하듯이 의기소침하고 우울한 기분도 잘 헤쳐 나간다. 하지만 그렇지 않은 아이들도 있다. 그들은 자신이 지금 감당하기 힘든 우울을 겪고 있다는 신호를 보낸다.

성적이나 수업 태도, 무단결석 때문에 학교에서 지적받았는가?

친구와 어울리는 횟수가 줄었거나 친한 친구를 잃지는 않았는가?

식사나 수면에 문제는 없는가(지나치게 많거나 또는 지나치게 적거나)?

불행한 표정을 짓고 있지는 않은가?

걸핏하면 죽고 싶다는 말을 하는가?

이처럼 우울한 아이들은 명백한 문제행동을 보이기도 하지만 일부는 드러나지 않게 우울을 보이기도 한다. 겉으로는 모범적으로 행동하고 학교에서도 전혀 문제행동을 보이지 않지만 내면적으로는 아주 심하게 우울한 아이들도 있다. 집에 와서는 죽고 싶다고 말하거나 부정적인 말들을 심하게 많이 한다면 반드시 눈여겨보아야 할 것이다. 다음은 필자의 상담 사례이다.

 사례: 매우 영리하고 똑똑한 중학교 1학년 여자아이의 사례

이 여자아이는 학교에서는 매우 모범적이고 성숙하게 행동을 하면서 집에서는 거의 매일 죽고 싶다고 호소를 했다. 공부를 잘해서 학교에서 친구들이 모르는 것을 친절하게 가르쳐 주고 선생님 말을 너무나 잘 듣고 알아서 척척 행동하여 선생님은 엄마와 상담을 할 때 어떻게 양육을 했냐고 물을 정도였다. 하지만 학교에서 정기적으로 하는 심리검사에서 우울 지수가 매우 높게 나온 것을 보고 담임 선생님이 너무 놀라 상담을 받을 것을 권유하였다. 엄마는 아이가 우울한 것을 알고 있었는데 집에만 오면 심하게 부정적인 말을 하고 죽고 싶다고 하고 희망이 없다고 거의 매일같이 말하기 때문에 도저히 견딜 수가 없어서 상담을 받기로 결정하였다.

필자는 상담을 통해 아이가 어린 시절 엄마의 부정적이고 불행한 넋두리를 다 받아주면서 성장한 것을 알 수 있었다. 엄마는 경제적 어려움, 남편의 무능함, 신체적 고통 등을 어린 딸에게 푸념하듯이 말하였고, 어린 딸은 엄마의 마음을 이해하고 들어 주는 것 같았지만 이제 사춘기가 되어 이런 상황을 감당하기가 어려웠던 것이다. 엄마의 부정적인 말들은 딸을 불안하게 만들었고 자기 자신, 세상, 미래에 대해 다 부정적이고 희망이 없다는 사고를 갖도록 부추겼던 것 같았다. 상담을 통해 어린 딸은 비관주의적인 사고를 낙관주의적 사고로 바꾸는 인지 훈련을 꾸준히 받았고, 엄마는 부모교육을 받으면서 사고나 대화가 개선되면서 서서히 좋아지는 과정으로 나아갈 수 있었다.

만일 아이가 자신이나 다른 주변 사람에게 해를 가할 것이 염려되는 상황이라면 가능한 한 빨리 전문가와 면담을 해야 한다. 나쁜 일이 생기지만 않으면 된다는 생각을 가지고 수동적으로 마냥 지켜보기만 해서는 안 된다.

부모가 할 수 있는 선에서 아이의 절망적인 상황을 함께 극복할 수 있는 두 가지 방법이 있다. 하나는 아이와 자주 대화를 나누는 것이다. 하지만 이미 부모가 아이와의 대화방법에서 많이 어긋나고 아이가 부모와 대화하기 싫어한다면 이 또한 불가능할 것이다. 이럴 경우 아이와 어떻게 하면 대화를 순조롭게 할 것인가에 대해 반드시 전문가의 도움을 받아야 할 것이다.

다른 한 가지 방법은 아이가 가정을 가장 편한 장소로 느낄 수 있게 만드는 것이다. 아무리 괴로운 상황에서도 가정은 안전하고, 편안하고, 기댈 수 있는 좋은 곳으로 인식되어야 한다. 청소년기 아이들이 당장은 행복감을 느끼지 못하더라도, 따뜻하고 안전한 장소가 자신이 원하기만 하면 언제든 있다는 믿음은 힘든 시기를 겪고 있는 아이들에게 안정감을 준다. 그리고 이러한 환경은 아이들의 인생에 중요한 영향을 미칠 수 있다.

'내 인생은 지금 너무 엉망진창이야. 계속 이런 식일지, 아니면 좀 나아질지는 모르겠어. 하지만 최소한 편하게 쉴 수 있는 내 방이 있어. 부모님도 날 비난하지 않아. 날 사랑하시는 분들이라는 것도 알아. 사실 크게 위안이 되지는 않지만 말이야. 집에 오면 그렇게 나쁘진 않아. 내 인생에서 제일 좋은 게 내 방에 있는 시간이야.'

9) 당신의 아이는 당신이 꿈꾸던 완벽한 아이가 아니라 단지 당신의 아이이다

공부를 잘하든 못하든, 버릇이 있든 없든, 잘생겼든 못생겼든 그 아이는 여전히 당신의 아이이다. 그 이유만으로 충분히 사랑받을 자격이 있다. 그럼에도 부모는 여전히 기대를 걸고 자신의 가치의 조건에 맞지 않으면 끊임없이 잔소리를 한다. 기대를 버릴 수 없어서……. 부모가 아이에게 어느 정도 기대를 거는 것은 당연하다. 아이가 뭔가를 잘 못했을 때 실망하는 것도 당연하다. 다른 부모나 친척이 자식 자랑을 할 때는 더욱 그런 마음이 들 것이다. 하지만 당신의 아이는 당신이 꿈꾸던 완벽한 아이가 아니라 그냥 당신의 아이이다. 그 이유만으로도 충분히 사랑하자.

이제는 마음속에 스스로 규칙을 정하자. '한 달에 몇 번만 훈계를 하자. 나머지 시간에는 아이를 사랑하고 지지하는 부모가 되자.' 그러면 결국 아이는 서서히 변할 수도 있을 것이다. 물론 그렇지 않을 수도 있다. 부모는 순수하고 긍정적인 기대와 자신의 개인적인 욕심을 구별할 필요가 있다. 정말 할 수만 있다면 로저스의 말대로 아이를 조건 없이 사랑하는 것이다.

10) 더디게 느껴지지만 반드시 오는 '성숙의 기적'

부모는 아이를 예의 바르고 반듯한 아이로 키우고 싶어 한다. 그러나 10대들에게 예의란 불필요한 겉치레처럼 여겨지고 아이들의 눈에는 깍듯하게 예절을 지키는 것이 가식적인 행동으로 보이는 것 같다. 그래서 10대는 예의 바르게 행동하는 것을 쓸데없는 일이라고 생각하기도 한다. 그래도 부모가 아이들에게 예의를 가르칠 필요는 있다. 예의는 유행을 타지 않는다. 아이가 기본적이고 상식적인 예절을 습관화하도록 도울 필요가 있다. 예를 들면, '안녕하세요, 감사합니다, 수고하세요'와 같은 말은 해야 하고, 상대를 쳐다보며 적절한 톤으로 말하는 것, 식당에서 같이 온 사람들의 음식이 다 나올 때까지 기다리는 것 등이다.

아이들은 미성숙하고 단점들을 수두룩하게 보이지만 그래도 시간은 지나간다. 어른이 될 때까지 책임감과 예의를 다 가르칠 수 있을지, 다른 사람들과 어울려 원만하게 살아가는 사람으로 키울 수 있을지 부모는 걱정이 많다.

부모가 아이에게 힘을 북돋워 주고, 부모 스스로 아이에게 좋은 모습을 보여 주는 사람이면 그걸로 충분하다. 부모가 보여 주는 모습은 언젠가 아이들의 일부가 된다. 마음에 안 드는 면이 있더라도 아이를 지나치게 건드릴 필요가 없다.

그래도 뭔가 확실하게 아이를 가르치고 싶다면 스스로 책임감을 갖게 하는 것이 가장 좋은 방법이다. 아이들은 자신의 행동을 혼자 책임져야 할 때에 그 행동의 결과를 직접 체험하면서 무엇인가를 깨닫는다. 경험해서 터득한 것이 가장 효과적이다.

모든 것을 억지로 할 필요는 없다. 오히려 너무 다그치다 보면 아이에게 상처와 부담감만 안겨 준다. 아이들은 시간이 흐르면서 조금씩 성인이 되어 간다. 그리고 대부분의 아이는 성숙해진다.

7. 10대에게 학교란?

"가라고 하니까 갈 뿐이에요."
"정말 재미없어요."

내일도
학교 와야 해요?

모레도
학교 와야 되나요?

옷자락 붙잡고
재잘재잘
1학년 저 철부지들을
무슨 수로
이해시키나요

10년도 넘게

다녀야 할 학교를

너희들은
이제 고작
열흘이라고.

−공재동, 『공재동 동시선집』(2015)−

이 시에서처럼 학교를 왜 다녀야 하는지를 무슨 수로 이해시킬 수 있을까?
아이들은 압력을 받으면 스트레스를 받지 않으려고 아무 말이나 둘러댄다.

아이: 학교는 왜 다니는데요? 학교에서 배운 것들은 앞으로 쓸 일도 없을 거예요.
부모: 그렇지 않아. 배워 두면 다 필요하게 된단다.

겉으로는 아무래도 상관없는 듯 아무 말을 막하지만 아이들은 마음속으로 학교의 중요성을 잘 알고 있다. 어른들이 하는 말들을 잘 알고 있다.

"학교에서 공부를 잘하면 앞으로 큰 도움이 된다."
"학교생활을 잘하면 나중에 원하는 직업을 가질 기회가 많아지고 돈도 많이 벌 수 있게 된다."

계속 말도 안 되는 딴소리를 늘어놓지만 10대들은 이런 말들을 어느 정도 믿고 있다. 그리고 숙제를 잘 해내면 성적도 좋아지고, 부모님도 잔소리를 덜 하게 될 것이라는 것을 안다. 자신이 스스로 알아서 공부를 하면 기본적으로 해야 할 것을 하고 있다는 기분을 느낄 것이다. 하지만 숙제를 하지 않거나 공부를 등한시하면 해야 할 일을 하지 않고 있기 때문에 스스로 불편감을 가질 것이다.

1) 남자아이와 여자아이의 차이

10대 소년은 해야 할 일을 하지 않았을 때 마음속에 일어나는 불안감이나 불편감을 느끼지 않는 척하는 기술이 10대 소녀보다 훨씬 뛰어나다. 10대 남자아이들의 일부는 이런 불안감을 덮어놓고 무시하고 괜찮다고 허세까지 부린다. 반면, 여자아이들은 불안을 통해 스스로 동기화된다. 일부 10대 여자아이는 불안한 마음이 들면 마치 전쟁을 준비하는 전사처럼 결연한 자세로 더 잘하기 위해 전략을 짜고 노력을 한다. 물론 10대 소년이라고 다 불안감을 감추고 허세를 부리는 것도 아니고 10대 소녀도 불안하다고 해서 다 열심히 뭔가를 대비하는 것은 아니다. 다만 평균적으로 10대 소년과 10대 소녀가 차이가 있다는 것이다. 따라서 다 같은 10대 아이라 해도, 또 남매라고 해도 남자아이와 여자아이에게 공부를 시킬 때는 각각 다른 접근법이 필요하다.

2) 지혜롭게 10대의 숙제를 도와주는 법

아이가 숙제나 다른 과제를 제대로 하지 않을 때 부모가 도와줘도 될까? 원칙적으로 부모는 아이의 숙제에 직접적으로 관여해서는 안 된다. 필요한 시간과 필요한 노력을 들이지 않았을 때 어떤 일이 생기는지 아이들은 직접 경험하면서 감당해 보아야 한다. 하지만 부모는 입시제도와 관련하여 아이가 숙제하기를 힘들어하면 자신이 해 주어서라도 점수를 얻게 하고 싶은 마음에서 숙제를 해 주기도 한다. 아이가 숙제를 못해서 점수를 얻지 못했을 때의 불이익을 감수하도록 내버려 두기는 쉽지 않다. 약간 도와주어서라도 혹은 부모 자신이 다 해 주어서라도 잘 해결되기를 바란다.

실제로 상담을 하면서 필자는 자녀들의 숙제를 자신의 일보다 더 중요하게 여기면서 직접 해 주는 엄마를 본 적이 있다. 그녀는 아이가 공부할 양이 너무나 많아서 숙제 정도는 자신이 해 주고 싶었다고 한다. 하지만 그녀는 이제 많은 후회를 하는데 아들과 딸이 자신들이 직접 겪으면서 숙제를 해내지 않고 능력 있는 엄마의 도움을 많이 받다 보니 스스로 하는 능력이 많이 부족해졌다는 것이었다. 그리고 특별히 무엇을 스스로 찾아서 열심히 해 보려는 동기가 많이 부족하다고 하면서 엄마는 자신이 많이 잘못한 것 같다고 후회된다는 말을 들은 적이 있다.

이 사례처럼 부모가 자녀의 숙제를 대신 해 주는 일들은 명백히 잘못된 일들이다. 숙제를 제대로 하지 않았을 때 또는 점수를 얻지 못했을 때, 어떤 아이들은 좀 더 성실하게 책임을 다해야겠다는 마음이 들 수도 있다. 하지만 여전히 자신의 숙제를 제대로 하지도 않고도 행동을 개선하지 않는 10대들도 많다. 사실 10대들은 자신의 잘못된 행동으로 인해 어떤 대가를 치르더라도 잘못된 행동을 개선하는 데는 매우 더디다.

하지만 아이의 능력에 넘치는 너무 어려운 일을 무조건 혼자서 해내라고 요구하면 무력감과 좌절감을 느낄 수밖에 없다. 천천히 아이가 해낼 수 있는 일을 맡기고 그것을 끝까지 마무리 짓는 경험을 쌓게 하는 것이 훨씬 좋다. 그러다 아이가 혼자서 해낼 수 있다고 말하면 그다음부터는 간섭하지 않는 것이 좋다. 엄마가 도와줄 때와는 비교도 할 수 없을 만큼 서툴겠지만 잘하든 못하든, 결과가 좋든 나쁘든 여유와 인내심을 가지고 지켜볼 필요가 있다.

3) 10대의 공부 스트레스

몇몇 아이는 스스로 알아서 공부를 열심히 하는 반면, 다른 수많은 아이는 사실 재미없는 공부에 도무지 관심이 없다.

부모: 숙제 있잖아. 숙제해야 하지 않니?

아이: 숙제 필요 없어요. 난 그냥 아르바이트나 하면서 살 거예요.

부모: 얘야, 아르바이트를 해서 어떻게 살겠다는 거니?

아이: 살 수 있어요. 이런 하기 싫은 숙제는 하지 않아도 되니까. 좋은 직업 구하기는 정말 어렵다고요. 내가 원하는 대로 그냥 살 거니까 내버려 두어요.

부모: 얘야, 지금은 숙제를 하는 것이 중요해.

아이: 말했잖아요. 아르바이트 해서 돈을 벌 거예요.

많은 아이가 이렇게 허세를 부리면서 말은 하지만 마음 한구석에서는 공부를 해야 하고 더 잘해야 한다는 스트레스를 받는다. 때로 이러한 스트레스는 아이들을 심한 불안과 강박으로 시달리게 만들 수 있다.

"모든 걸 잘 해내야 해. 초등학교 다닐 때만 해도 이렇게까지는 아니었어. 근데 지금은 다 잘해야 할 것 같아. 실수하면 안 돼. 금세 뒤처질 거야."

"다른 사람들은 내가 공부를 잘하는 줄 알아."

부모가 압박감을 주지 않더라도 아이 스스로 스트레스에 시달리고 지나친 경쟁의식을 갖기도 한다. 특히 공부를 열심히 하여 전교 10등 안에 들 정도로 잘 하는 아이들인 경우에도 무력감이나 좌절감이 더 심할 수도 있다. 지나친 경쟁의식과 성적이 떨어지면 안 된다는 강박감과 불안은 아이의 학습동기를 어느 순간에 떨어뜨릴 수도 있다. 지금까지 공부를 계속 잘 해 오다가 어느 순간 성적이 떨어졌을 때 좌절감이나 무력감을 느끼고 공부에 대한 흥미를 잃고 힘들어하는 사례를 본 적이 있다.

학교 공부와 성적은 물론 중요하다. 하지만 공부할 것이 지나치게 많으면 압박감 때문에 학습에 대한 동기를 잃을 수 있다. 학교나 학원에서 내주는 해야 할 과제는 끝이 없다. 숙제를 하나 마치면 그다음 날에 또 새로운 숙제가 생긴다. 해야 할 일에 치이다 보면 서서히 과제들을 하고 싶지 않고 스스로 하고자 하는 내재적 학습동기가 사라진다. 부모는 아이의 스트레스가 의욕을 적당히 자극하는 좋은 원동력인지, 의욕을 저하시키는지 세심하게 관찰할 필요가 있다.

4) 학교에서 문제를 일으켰을 때

아이들이 문제를 일으키는 상황은 다양하다. 다만 문제 상황이 발생했을 때 즉각적으로 지나치게 아이 입장에서 자신의 아이를 보호하려는 태도를 보이지 않는 것이 좋다. 아이는 머지않아 스스로 살아가야 할 것이다. 그러므로 책임이 따르지 않는 행동은 없고 어떤 행동을 하든 그 결과에서 자유로울 수 없다는 생각을 갖게 할 필요가 있다. 이런 모든 것이 마음 아프고 불편한 일이지만 아이를 위해서는 그게 최선이다. 아마도 다음과 같이 말하는 것이 적절할 수 있다.

> "애야, 내가 잘못 생각했을 수도 있지만 네가 전부 옳다는 생각도 들지 않는구나. 네 입장에서는 억울한 면도 있겠지만 앞으로는 이런 일이 벌어지지 않게 하려면 어떻게 해야 할지 스스로 생각해 보길 바란다."

8. 10대와 가족

10대들은 부모와의 거래에서 상당히 약삭빠른 편이다. 엄격한 부모와 상대할 필요가 없다는 것을 아이가 알게 될 때 가족의 규칙은 힘을 잃는다. 아이는 늘 엄격하고 원칙적인 부모를 피하려 하기 때문이다. 그리고 마음이 약하고 너그러운 부모 쪽에 붙어서 자신이 원하는 것을 얻어 낸다.

> '엄마가 안 된다고 해도 아빠는 된다고 할 수 있잖아.'
> '아빠한테 물으면 어쩌면 해 줄지도 몰라.'
> '엄마는 늘 안 된다고 해. 아빠는 마음이 약해서 해 줄 거야.'

1) 부모는 마음속으로 의견이 달라도 먼저 뭔가를 결정한 사람의 의견을 존중해 주는 것이 아이를 위해서 좋다

보통 가정에서 10대를 키울 때 가장 큰 문제는 엄마와 아빠의 훈육방식이 서로 일치하지 않는다는 것이다. 이는 많은 가정에서 흔히 일어나는 자연스러운 일이며, 피할 수 없는 일이기도 하다. 부모는 매일 생겨나는 사소한 문제들에서조차도 의견이 서로 다르다. 더 큰 문제들에서도 그렇다. 규칙을 정하거나 말대꾸에 대해서도 서로 엄격한 정도가 다르다. 이런 불일치는 부부싸움의 원인이 되기도 하고, 심하면 부부관계를 돌이킬 수 없을 만큼 악화시키기도 한다.

이와 같은 양육 상황에서 부부가 심각하게 충돌하지 않을 수 있는 간단한 원칙이 있다. 바로 아이와 처음 대화를 시작한 사람이 어떤 결정을 하면 다른 부모는 무조건 배우자 편을 들어 주는 것이다. 생각이 완전히 다르다 해도 일단은 편을 들어 주어야 한다. 사실 이 규칙을 지킨다는 것이 쉽지 않다. 보통 엄마가 아이와 대화하여 어떤 것을 다소 엄격하게 결정하여도 아빠가 그 결정이 마음에 들지 않거나 부부 사이가 좋지 않으면 그 자리에서 서로 의견이 다른 모습을 보이기도 하고 어느 한편을 나무라기도 하는 모습을 흔히들 많이 보인다. 이런 모습을 보이면 아이는 어느 편이 자신한테 유리한가를 약삭빠르게 생각하기 마련이다. 부모는 마음속으로 의견이 다르다 하더라도 먼저 뭔가를 결정한 사람의 의견을 존중해 주는 것이 아이를 위해서 좋다.

이렇게 부부가 의견이 다르더라도 서로를 지지해 주면 큰 이득이 생긴다. 아이가 둘 중 더 엄격한 부모의 규칙을 따르게 되기 때문에 심각한 일탈행동을 할 가능성이 그만큼 작아진다. 또한 부부가 서로를 존중하는 모습은 아이와 부모의 관계를 더 나은 방향으로 발전시킨다. 엄격한 부모와 상대할 필요가 없다는 것을 아이가 알게 될 때 가족의 규칙은 효력을 잃는다. 아이는 늘 엄격한 부모를 피하려 하기 때문이다. 그리고 마음이 약한 부모 쪽에 붙어서 원하는 것을 얻어 낸다.

부부라고 해서 교육관이 완전히 일치할 수 없고 또 그럴 필요도 없다. 중요한 것은 둘 중 한 사람이 의사결정을 내렸을 때 나머지 한 사람이 그 의견을 존중해 주어야 한다는 것이다. 그 결정이 싫다는 이유로 아이 앞에서 끼어들어 반박해서는 안 된다.

'아이 엄마는 아이가 자기를 조종하려 드는 걸 알지 못해. 이제 아이는 아빠인 나를 존중할 필요가 없다는 걸 배울 거야. 그뿐이겠어? 이 여자도 날 존중하지 않아. 정말 기분 나빠.'

그렇다면 아이의 엄마는 그냥 입을 다물고만 있어야 할까? 때에 따라서는 그렇다. 그러나 정말 관여해야 할 문제라면 나중에 개인적으로 남편과 이야기를 나누어야 한다. 남편의 의견을 바꾸기 위해서가 아니라 앞으로 같은 상황이 발생할 때 어떻게 하면 좋을지, 엄마로서 어떤 생각을 가지고 있는지 의논하기 위해서이다.

그런데 사실 아이를 키우다 보면 상대 배우자의 양육방식이 마음에 들지 않을 때 아이 앞에서 서로 다투는 경우가 허다하게 많다. 나중에 교육방식에 대해 이야기한다든지, 그 자리에서는 우선 상대의 방식을 존중한다든지 하는 바람직한 태도는 쉽게 이루어지지 않는다. 아이를 위해서 많은 자제와 연습이 필요하다.

앞의 사례인 경우 다음과 같은 대화로 이어지면 좋았을 것이다.

아이: 엄마, 아빠가 일주일 동안 외출 금지래요. 말도 안 돼요. 친구의 집에 초대받았는데 거기도 못 가게 생겼어요. 난 잘못한 거 없다고요!

엄마: 그건 너와 아빠하고 이야기한 거야. 아빠가 그렇게 한 데는 이유가 있겠지. 아빠에게 다시 잘 말해 보렴.

즉, 상황을 바꾸려고 하지 않고 그대로 둔다. 아내 입장에서 남편의 결정이 지나치게 엄격하다 싶으면 나중에 남편과 따로 이야기를 나누어야 한다. 아이가 없는 곳에서……

그런데 남편이 너무 지나치게 화를 내면서 아이를 심하게 몰아세우면서 상황이 마무리되는 일이 자주 발생하여 아이가 너무 심하게 스트레스를 받는다고 여겨지면, 엄마로서 아들의 기분에 공감해 주는 것도 필요하다. 아이와 함께 남편을 비난하라는 말이 아니다. 아이가 힘들 수 있다는 사실을 알아주라는 것이다. 최고의 방법은 다음과 같이 말하는 것일지도 모른다.

아이: 엄마, 아빠는 정말 생각이 꽉 막힌 것 같아요. 융통성이 하나도 없어요. 다 아빠 잘못이에요. 난 특별히 잘못한 것도 없다고요.

엄마: 네가 아빠를 너무 엄격하다고 생각하는 거 알아. 그것 때문에 힘들어한다는 것도.

엄마가 아이에게 이렇게 말하면 아이는 엄마가 자신의 감정을 이해하고 있음을 알게 된다. 엄마는 아빠가 잘못했다고 말하지 않았다. 하지만 위와 같이 말해 주면 아이는 힘든 상황에서 엄마가 자신의 마음을 이해하고 있고 적어도 혼자는 아니라는 느낌을 가질 수 있다.

"그렇지만 얘야, 매번 아빠하고 싸우지만 말고 되도록 아빠가 말하는 대로 하면 우리 모두가 훨씬 더 화목하게 지낼 수 있을 것 같아. 아빠가 너한테 해로운 일을 시키는 건 아니잖니?"

엄마의 말 속에는 아들이 자기 행동에 전혀 책임을 지지 않아도 된다는 말은 없다. 이렇게 말하는 것으로 충분하다. 더 이상 다른 말은 하지 않아도 된다.

2) 부모의 이혼 그리고 남겨진 아이들의 혼란

"아이가 몇 살쯤 되면 부모의 이혼을 이해하면서 받아들일 수 있을까요?"

명백히 그런 나이란 없다. 아이가 성인이 되어도 부모의 이혼을 받아들이는 일은 매우 힘들다. 각 가정마다, 아이마다 정도의 차이는 있겠지만 힘든 것은 마찬가지이다. 특히 10대들에게는 주어진 환경과 개인의 성향에 따라 다양한 문제가 생겨난다.

(1) 이제 난 어떻게 되는 거지?

부모의 이혼은 10대의 불안을 극대화시킨다. 그들은 인생이 송두리째 흔들리는 듯한 느낌을 받는다. 그러므로 부모는 이혼 결정을 내렸다면 앞으로 어떤 일이 생길지 아이에게 가능한 한 정직하고 구체적으로 자세하게 설명해야 한다. 엄마와 아빠가 각자 어디에서 살게 되고 양육은 앞으로 누가 책임질 것인지, 함께 살지 않는 부모를 얼마나 자주 만날 수 있는지 등 아이가 알고 싶어 하는 이야기를 모두 정확하고 자세하게 알려 주어야 한다. 우선 10대들에게 앞으로 어디에서 살게 될지를 알려 주는 일은 매우 중요하다. 만약 이사를 가거나 학교를 옮겨야 한다면 전학과 관련된 내용을 가장 중요하게 여기면서 대화를 해야 할 것이다.

'이제 어떻게 되는 거지?'

'누구와 함께 살게 되는 거지?'

'난 어디에 살게 될까?'

'학교를 꼭 옮겨야 하나?'

'갑자기 돈 걱정을 하면서 살게 되면 어쩌지?'

10대들에게는 분명 이 모든 것이 다 걱정이다. 이때 아이들의 마음을 안정시키기 위한 가장 좋은 방법은 대화하는 것이다. 아이들의 질문에 확실하게 대답을 못할 상황이면 솔직하게 현재로서는 아직 확실하지 않다고 말해 주는 것이 좋다. 가능한 한 최대한 솔직해야 한다.

"엄마와 여기서 살게 될 거야. 아빠는 정기적으로 볼 수 있을 거고, 얼마나 자주 볼지는 아직 정해지지 않아서 몰라. 아빠도 결정을 해야 해. 아직 이사에 대한 계획은 없어. 확실한 건, 현재로서는 크게 바뀌는 게 없다는 거야. 만약 바뀌는 게 있으면 바로 알려 줄게. 그리고 궁금한 게 있으면 언제든 엄마한테 물어봐. 그리고 이전만큼 돈을 쓸 수는 없을 거야. 앞으로는 많이 절약하면서 살아야 할지도 몰라."

"모든 일이 확실히 결정되면 그때가서 한꺼번에 이야기할게."라고 말하기보다는 수시로 그때마다 구체적인 정보를 주는 것이 좋다. 앞으로 어떻게 될지 아이들이 알면 알수록 자신들의 삶에 닥친 갑작스러운 대혼란과 그에 따른 불안감을 어느정도 다스릴 준비를 할 수 있기 때문이다.

(2) 아빠 말이 맞을까, 엄마 말이 맞을까?

이혼하는 부부는 대부분 아이가 다른 배우자를 증오하거나 원망하는 일이 없기를 바란다. 진심으로 양쪽 모두와 가까운 관계를 유지하며 좋게 지내기를 원한다. 자신은 전 배우자에게 안 좋은 마음을 갖고 헤어졌지만 자신의 아이까지 그러기를 원하지는 않는다. 하지만 이성적으로는 좋은 해결을 바라지만 문제는 마음과는 달리 나쁜 감정을 숨기기가 무척 힘들다는 데 있다.

(3) 행복했든 아니든 과거를 그리워하는 아이들

가족이 화목했든 그렇지 않았든 대부분의 10대는 부모의 이혼을 진심으로 슬퍼한다. 물론 예외는 있다. 게다가 많은 아이는 부모가 다시 합칠지도 모른다는 희망이나 환상을 마음속에 품기도 한다.

"엄마 아빠가 이혼한 것 때문에 가끔 너무 힘들 때가 있니?"

아이들은 모른 척하거나 당황하며 발뺌하거나 아무 대답도 안 할 수 있고, 의외로 솔직하게 속마음을 털어놓을 수도 있다. 혹시 말을 하고 나서 아이들이 힘들어하더라도 나쁜 일은 아니다. 슬프긴 하지만 그것을 견뎌 내야 하는 상황이 있음을 아는 것은 중요하다. 그리고 자신의 슬픔을 부모가 알고 있고 이해한다는 믿음을 갖는 것은 더 중요하다.

3) 재혼 부부를 위한 조언

앞으로의 우리 사회는 이혼도 점점 많아지겠지만 그에 따라 재혼도 점점 많아지는 사회에 살게 될 것이다. 이혼한 사람들은 각자의 아이들을 데리고 재혼을 한다. 정답은 어디에도 없겠지만 그래도 다음과 같은 원칙을 알고 대처하면 분명 도움은 될 것이다. 다시 가족을 만들어 행복해지려는 소망을 갖고 만났는데 갈등을 잘 대처하지 못하면 또다시 헤어져야 하는 아픔을 겪게 될 것이다. 사실 상담을 하다 보면 아이들이 상대편 배우자와 잘 지내지 못하거나 아이들 간의 갈등이 심해서 또다시 어려움을 겪는 경우를 보기도 한다. 심지어는 이런 갈등으로 다시 이혼을 하는 사례도 필자는 본 적이 있다.

첫째, 배우자가 아이들의 양육에 대해 어떤 결정을 내리면 일단 지지하라. 아이 앞에서 새로운 배우자가 세운 규칙을 무시하면 아이가 새로운 배우자를 존중하기 어렵고 아이와 새로운 배우자는 친해지기 어렵다. 새 배우자의 행동이 마음에 들지 않는다면 나중에 그 행동에 대해 따로 이야기를 나누는 것이 좋다.

둘째, 새 부모는 아이에게 규칙을 지키라고 말할 권리가 있지만 전반적인 양육의 원칙, 예컨대 귀가 시간, 잠자는 시간, 친구에 대한 규제 등은 새 부모가 아닌 원래의 부모, 즉 생물학적인 부모가 결정하는 것이 좋다. 이것은 10대에게 매우 중요한 일이다. 아이는 자신의 삶의 중요한 부분들을 결정하는 권리는 자신의 진짜 부모만이 가지고 있다고 생각할 수 있다. 규칙 결정에 대한 사실상의 최종 권리는 생물학적 부모에게 있다.

셋째, 아이가 새 부모에게 무례하게 굴면 새 부모를 존중해야 한다는 것을 알려 주어야 한다. 아이가 새 부모에게 가진 생각과는 상관없이 존중하는 태도로 새 부모를 대하도록 해야 한다.

넷째, 새로운 가족과의 생활을 불편해하는 아이의 마음을 당신이 이해하고 있음을 꾸준히 표현하는 것이 중요하다.

아빠: 새엄마와 한 집에서 살다 보면 가끔 불편하고 힘든 점이 많을 거야.

딸: 아니, 가끔이 아니라 항상 그래.

아빠: 네가 힘들어한다는 거 알아. 아빠는 너를 무척 사랑한단다. 그리고 내 딸이 행복해질 수 있도록 최선을 다해서 도와줄 거야.

딸: 그래요. 그러면 그 아줌마와 헤어지세요.

아무것도 바뀌지 않더라도 이런 대화를 나눈다는 것 자체로 10대들에게는 큰 의미가 있다. 새로운 부모를 무시하는 아이에게는 아이가 새엄마를 무시할 때마다 아빠가 그 사실을 모두 알고 있다는 것을 알려주는 것은 도움이 된다.

이렇게 한다고 갑자기 존중하는 마음이 생기는 것은 아니다. 그러나 간혹 조금은 생긴다. 딸에게는 아빠가 새엄마에 대한 딸의 마음은 이해하지만 존중하지 않는 것까지 받아 줄 수는 없다는 아빠의 메시지가 전달된다. 만약 딸이 아빠와 새엄마가 어떤 대화를 나누든 아빠를 자기편으로 만들고 싶다면 존중하는 태도만큼은 받아들여야 할 것이다. 여기서 아빠는 딸이 새엄마에게 갖는 안 좋은 감정을 이해하지만 나쁜 말을 하는 것은 용납하지 않겠다고 선언하는 것이다. 그러면 대부분의 10대는 불평을 하면서도 받아들이게 된다. 아이들은 마음속으로 다음과 같이 생각할는지 모른다.

'난 저 아줌마가 싫어. 진짜 싫어. 하지만 아빠하고는 잘 지내고 싶어. 물론 아빠도 마음에 들지 않지만 일단은 아줌마하고 잘 지내 봐야지 어쩌겠어.'

그리고 나서 새 배우자에게는 앞으로 존중하는 마음을 가지라는 말을 아이에게 전했다고 하면 된다.

"당신 말을 따르라고 했고, 무례한 태도로 말하면 안 된다고 했어."

아빠가 자기 딸에게 벌을 주지 않아도 새엄마는 진정이 된다. 아빠가 이미 새엄마의 편을 들어 주었기 때문이다. 장황한 말이 필요한 것이 아니다. 화내거나 흥분하지 않고 하지 말아야 할 것과 해야 할 것을 간단하게 이야기하면 된다.

9. 10대와 디지털 기기: 위험하지만 필요한 것

디지털 기기는 정보뿐만 아니라 사람과 사람을 연결시켜 준다. 아이들은 휴대전화와 컴퓨터로 자기가 좋아하는 사람, 자신과 연결된 모든 사람과 보이지 않는 접속을 한다. 그때만큼은 혼자가 아니라고 느낀다. 지루하지도 않다.

부모가 고민해야 할 것은 허용 시기와 사용 규칙이다. 도처에 위험이 도사리고 있는 사이버 세상에서 내 아이를 어떻게 지킬 것인가에 대해 생각해 보자.

10대들은 온라인상에서 자신들이 하는 일들 중에 해로운 것은 없다고 늘 말한다. 그 말이 사실이라면 얼마나 좋을까? 그러나 이런 말과 달리 많은 10대는 넘지 않으면 좋을

선을 넘는다. 10대들이 생각하는 위험과 부모가 생각하는 위험은 그 정도가 매우 다르다. 그래서 부모들은 걱정이 많다.

1) 디지털 기기의 잠재적 위험

10대 자녀를 둔 부모는 아이들이 디지털 기기를 갖고 뭔가를 할 때 근심 걱정이 끊이질 않는다. 사실 디지털 기기를 너무 많이 하면 다음과 같은 위험에 빠질 확률이 높아진다.

• 디지털 기기에 빠져서 숙제나 수면, 가족과의 대화 같은 중요한 일상 활동을 소홀히 한다.
• 사생활 침해를 당한다.
• 사이버 왕따 문제로 고통을 겪을 수 있다.
• 사회적으로 일탈행동을 할 위험에 노출되거나 실제 참여할 가능성이 높아진다.
• 성에 대한 잘못된 인식을 갖거나 흡연, 음주, 비행 등을 저지를 수 있다.
• 범죄자의 표적이 될 수 있다.

아이들이 이런 위험에 노출되지 않게 하기 위해 부모로서 할 수 있는 일들에 무엇이 있는지 알아보자.

2) 사생활 보호의 중요성

디지털 기기를 통해 전달되는 것은 무엇이든 영원히 저장되어 잘못 사용될 수 있다. 사생활이나 사생활 침해의 개념을 잘 모르고 사생활 노출에 무감각한 10대 초반의 아이들일수록 이런 일에 어떻게 대처해야 할지 잘 모른다. 디지털 기기에 대한 과도한 집착과 근거 없는 믿음을 줄이고 의심도 하며, 사생활을 보호할 수 있는 장치를 마련하게 하려면 부모의 다소 엄격하고 반복된 설명이 필요하다.

"인터넷에서 만난 사람에게 너와 가족에 관한 정보를 주면 안 돼. 학교 이름도 마찬가지야. 너와 관련된 어떤 정보도 노출해서는 안 돼. 채팅방에서는 실제 이름이나 이니셜을 암시하는 아이디를 절대 사용하면 안 돼. 글을 쓰거나 사진을 보내기 전에 그것들이 잘못된 의도로 악용될 수도 있다는 생각을 꼭 해야 해."

'사생활 보호'라는 개념이 아이들 머릿속에 단단히 각인될 수 있도록 지속적으로 확인하는 것이 좋다. 아이들이 디지털 기기를 사용하는 한 의식적으로 자신의 정보나 사생활이 남에게 노출된다는 것에 대해 늘 신경을 써야 한다. 끊임없이 남을 의심하는 것은 슬프지만 그것이 현실이며 반드시 인식해야 하는 일이다. 우리가 온라인상에서 하는 수많은 대화는 영원히 기록에 남는다. 휴대전화나 인터넷을 통해 전달되는 모든 글과 사진들이 온라인을 떠돌고 있다는 사실을 기억하자. 그 정보들이 언제가 우리를 따라다니며 괴롭힐 수도 있다. 우리 아이들은 이 사실을 반드시 알아야 한다.

3) 아이들만의 위험한 비밀

청소년기만큼 비밀이 많은 시기도 없을 것이다. 특히 부모에게 비밀이 많다. 그런데 자신이나 다른 친구에게 해를 가하는 아이에 대한 이야기를 꼭꼭 숨길 경우, 10대의 비밀유지는 비극적으로 끝이 난다. 10대들은 자기들끼리 한 약속이 사회적 정의나 일반적 사회규범보다 더 중요하다는 생각을 한다. 10대들은 자기네끼리 의리를 지킨다고 생각한다. 부모는 심각한 문제가 발생할 수 있는 일이라면 어른에게 말을 해야 한다고 평소에 대화 속에서 꾸준히 알려 주어야 한다. 어떤 곤경에 빠져서 부모에게 말하면 혼날게 뻔한 경우라도 말을 해야 도움을 받을 수 있음을 알려 주어야 한다. 또 다른 친구들이 위험에 빠졌을 때도 부모가 알면 골치 아파질까봐 숨기거나 침묵하지 말고 말해야 한다는 것도 얘기해 주어야 한다. 부모가 그렇게 말한다고 해서 10대들이 솔직하게 말을 하지는 않겠지만, 그래도 너무 위험한 일에 닥쳤을 때는 평소에 부모가 한 말이 기억이 나서 도움을 청하기도 할 것이다.

"혹시라도 엄마나 아빠에게 말하기 힘든 잘못한 일을 했어도 엄마 아빠에게 솔직하게 털어놓으면 어떤 해결책이 생길 수 있고 곤경에 덜 빠질 수가 있어. 네 스스로 어떤 큰 잘못을 저질렀을 때 우리에게 말하기 힘들겠지만 그렇다고 숨기면 더욱 힘들어질 수 있단다. 뭔가 크게 일이 잘못되어도 혼날까봐 너무 두려워하지 말고 꼭 우리와 상의하길 바란다."

"너를 걱정시키는 말이나 힘든 일이나 공포감을 주는 말을 들었다면 엄마나 아빠에게 말해 줘야 해. 우리가 도와줄 수 있어. 엄마나 아빠한테는 비밀로 하지 마. 우리한테 말하면 나쁜 일이 일어날 가능성을 줄일 수 있어. 그런 일이 있으면 꼭 말해 주길 바란다."

4) 사이버 왕따를 당했을 때

사이버 왕따는 일정 대상을 협박하거나 모욕감을 주는 사진, 괴롭히는 문자 메시지를 계속해서 보내는 행동이다. 나쁜 의도를 갖고 하는 경우도 있지만 재미로 하는 경우도 많다. 또 당하는 아이가 얼마나 심하게 상처를 받을지 진정으로 깊게 이해하지 못해 일어나기도 한다. 어떤 경우든 심각한 문제가 발생한다. 특히 인터넷을 통해 이렇게 괴롭힘을 당할 때 가장 현명한 방법은 우선 인터넷이나 문자 메시지 자체를 끊는 것이다.

아이가 사이버 왕따의 대상이 되었다면 부모에게 도움을 청하라고 가르쳐야 한다. 그리고 부모는 문제의 근원을 적극적으로 제거해야 한다. 학교에 알려 가해자의 부모와 상의하거나 법적 조치를 취할 수도 있다. 또한 아이 스스로 할 수 있는 일은 없는지 대화를 나누어 보는 것도 좋다. 이 사건을 어떻게 바라보아야 할지, 이 사건에 대해 어떤 태도를 분명히 가져야 할지 아이와 이야기를 나누는 것만으로도 아이의 혼란을 줄일 수 있다. 너는 혼자가 아니다, 언제나 네 옆에는 부모가 있다, 우리는 확실히 너의 어려움을 함께 해결할 것이다, 우리는 너의 편이다, 네가 지금 어떤 기분인지 충분히 이해한다는 것을 아이로 하여금 느끼게 하는 것이 중요하다.

아이의 인생에서 일어난 나쁜 사건들을 해결하기 위해 아무리 좋은 해결책을 생각해 내려고 해도 잘 되지 않을 때가 있다. 특히 시간이 필요한 문제들이 많다. 시간이 필요한 문제들은 해결방법을 찾는 데 지나치게 많은 노력을 할 필요가 없다. 그냥 아이 옆에 있어 주기만 해도 시간이 흐르면 상황은 점차로 좋아진다.

집단 따돌림 현상이 끔찍한 것은 말로든, 문자로든, 인터넷상으로든 따돌림을 당하는 아이들이 너무나 고통스럽다는 것이다. 10대의 특성상 충동적으로 자살을 생각한다는 점에서 따돌림은 아주 위험하다. 또한 아동기나 청소년기에 따돌림을 당한 경험이 있는 아이들은 성인이 되어서도 그때의 일을 잊기 어렵고 트라우마가 되어 현재의 인간관계에도 영향을 미칠 수 있다. 따돌림은 우리가 생각하는 것 이상으로 아주 오랫동안 심한 상처를 주고 현재나 미래의 인간관계를 위축시키고 자존감을 떨어뜨린다.

5) 10대 가해자

우리 아이들이 언제나 피해자의 입장에만 있는 것은 아니다. 때로는 부모들이 하지 않았으면 하는 바로 그런 나쁜 행동을 저지르기도 한다. 그러므로 디지털 기기를 사용할 때 아이가 하지 않았으면 하는 일들을 단호하게 말해 주는 것이 좋다.

> "어느 누구에게도 해를 가하거나 협박을 하면 안 돼."
> "상처를 주는 말은 절대 하지 마. 누군가에 대해 나쁜 소문을 퍼뜨리는 것도 안 돼. 성적인 동영상이나 사진을 다른 사람에게 보여 줘서도 안 돼. 그건 잘못된 행동이야. 그런 행동을 하면 모두 끔찍한 곤경에 빠지게 되고 심지어는 법적으로 문제가 되는 행동으로 아주 불행하게 될 수도 있어. 꼭 기억하렴."

마지막으로 성적인 문자 메시지를 주고받는 것도 주의시켜야 한다. 특히 남자아이들은 절대로 성적인 내용을 담은 메시지를 보내서는 안 된다. 여자아이들도 마찬가지이다. 성적인 메시지에 공격성이 없다고 해도 안 된다. 예를 들어 보자.

> '넌 다리가 예뻐.'

만약 여자아이가 이런 문자를 받았다면 어른들에게 알리고, 문자를 보낸 남자아이가 확실하게 경고를 받도록 조치해야 한다. 성희롱으로 처벌받을 수 있는 일이다.

> "성희롱이 뭔지 몰랐다고 해도 네가 보낸 문자에 성적인 것으로 간주될 만한 내용이 있다면 보내면 안 돼. 별 뜻 없는 장난이었다는 건 너 혼자만의 생각이야. 상대는 그렇게 생각하지 않을 수도 있어. 그런 행동은 상대방의 기분을 아주 상하게 할 수도 있거든. 이런 일이 계속된다면 성희롱으로 심각한 곤경에 빠지게 될 거야."

6) 음란 채팅과 동영상

앞으로도 계속 골칫거리로 남을 더 큰 문제가 음란 채팅이다. 10대들 사이에서 노골적으로 성적인 자료를 주고받는 행위가 퍼지고 있다. 문제를 더 복잡하게 만드는 것은 누구나 디지털 기기를 꺼내 원하는 곳에 렌즈를 들이대 사진을 찍고 동영상을 촬영하는 것이 너무나 쉽다는 데 있다.

싫든 좋든 10대는 성적인 존재들이다. 이제는 정보 기술 덕분에 언제 어디서든 노골적으로 성적인 글이나 사진을 주고받기가 매우 몹시 쉬워졌다. 현재 곳곳에 광범위하게 퍼져 있고 아마도 앞으로 영원히 사라지지 않을 골칫거리이다.

부모로서 할 수 있는 최선의 방법은 상황을 지켜보고, 그런 메시지를 보내고 받는 것이 어떤 위험이 있는지를 아이들에게 계속 말해 주려고 노력하는 것이다. 또한 성과 관련된 영상들을 어디서든 너무 쉽게 볼 수 있으므로 충동이 잘 제어되지 않는 10대들을 자극할 수 있다. 이런 것들이 너무나 걱정이 되는 부모라면 아이와 대화를 나누고 부모가 무엇에 대해 걱정하는지 말해 준다. 부모와 나누었던 말들이 아이의 머릿속을 맴돌며 어려움에 빠뜨릴 충동적인 실수를 막아 줄지 확신할 수는 없지만, 위험을 계속해서 알려 주는 것이 최선이다.

7) 10대와 온라인 게임

아이가 게임에 중독되기 전에 부모가 엄격한 규칙으로 아이의 게임 시간을 조절해야 한다. 할 수 있는 한 간섭하는 것이 바람직하다.

그러나 부모는 아이가 게임에 빠지지 않도록 온갖 노력을 하지만 대부분 그렇게 효과적이지는 못하다. 아이들은 게임을 하는 중에는 마치 귀머거리가 된 것처럼 부모의 어떠한 말도 들리지 않고 아주 못되게 굴고 충동적이고 공격적으로 심하게 대든다. 아이가 규칙을 지키지 않고 계속 게임에 빠져들면, 부모는 게임으로 일어날 수 있는 나쁜 결과들의 스토리와 나쁜 판단들이 머릿속에 휘몰아치면서 결국은 참다 참다 문을 열고 소리를 지르고 한바탕 전쟁이 시작된다. 그 결과는 처참하다.

아이는 소리를 지르고 과격한 행동을 하고 어쩌면 집을 나가 버릴 수도 있다. 아니면 집에서 몸싸움과 공격적인 행동들로 인해 물건들이 부서지고 어떠한 대참사가 일어날지 알 수 없게 된다. 사실 이러한 일이 아주 문제가 많은 집에서만 일어나는 것은 아니다. 집집마다 10대 아이를 둔 집에서는 문이 부서져 있거나 뭔가 성하지 않은 물건들이 있게 마련이다. 분노나 두려움을 참지 못한 것에 따른 처참한 결과의 부산물들이다.

이러한 순간에 바로 마음을 챙길 필요가 있다. 바로 멈춤의 기술이 필요하다. 우선, 부모는 격렬한 분노와 두려움을 가라앉히기 위해 호흡부터 시작할 수 있다. 분노와 두려움으로 인해 가빠지고 거친 호흡부터 알아차리고 호흡에 집중한다. 그리고 이러한 멈춤이 더 나은 대화법을 가져올 것이고 아이들과 잘 지내는 데 도움이 될 거라고 마음을 다진다.

그러나 잠시 이러한 노력을 해 보다가도 분노로 가슴이 답답해지고 숨이 가빠진다. 어깨에 힘이 들어가고 열이 오른다. 이렇게 참지 말고 바로 문을 열고 분노를 표출하는 것이 차라리 낫겠다는 생각이 들기도 한다. 하지만 자신의 분노와 두려움으로 인한 몸의 감각을 알아차리면서 '내버려 두기'를 하면 감각들이 서서히 변하는 것을 느낄 수 있다. 마치 분노로 폭발할 것 같은 가슴은 시간이 지나면서 슬픔으로 바뀌고 마침내 자신의 진짜 감정은 두려움이라는 것을 깨닫게 된다.

424

'아이가 게임만 하다가 인생에 실패해서 아무것도 이루지 못하고 결국은 불행해질까 봐 두려워. 아이가 뭔가 이런 게임에 중독된 것은 내가 양육을 잘 하지 못해서야.'

이런 생각을 하다가 또 다른 생각들이 머릿속에 일어나기 시작한다.

'나는 부모로서 이제까지 할 만큼 했어. 규칙을 정하고 아이의 행동을 인내하려고 노력했어. 끊임없이 말을 듣지 않는 것은 그 아이의 문제야.'

다시 분노가 일면서 문을 열고 끝장을 내고 싶은 마음으로 숨이 가빠지고 머리와 가슴에 통증이 극심해짐을 알아차린다. 이러한 몸의 변화를 인식하면서 눈에 눈물이 쏟아진다. 가득 찬 슬픔에 마음이 열리면서 마음속에 있는 비난의 스토리가 점차로 줄어드는 것을 느낀다. 문을 열고 한바탕 한들 해결되는 것은 하나도 없고 또 다른 비극이 생길 것이다. 무엇보다 아이와 관계를 좋게 하는 것이 가장 중요한 것이고 여전히 너무나 아이를 사랑하고 있음을 다시금 깨닫게 된다. 이제 다시 마음을 가다듬고 엄마로서 아이와 부드럽고 수용적인 마음으로 만나고 싶어진다. 점점 그렇게 하는 것이 최선의 길임을 확신한다.

이제 침착하게 아이의 방으로 들어가서 단지 쳐다보고 있으면 아이는 다음과 같이 말할지 모른다.

"엄마, 이제 게임이 곧 끝나요. 게임 끝나고 숙제할 거예요. 알아서 해요."

이제 엄마는 함께 정한 규칙이나 숙제에 대해 간단하게 말할 수 있을 것이다. 말하면서 자신의 호흡, 자세 등을 의식하고 아이가 자신에게 유리한 말만 할 때 자신의 얼굴이 어떻게 변하는지 알아차린다. 그러면서 다시 부드럽고 단호하게 아이가 말하는 것을 계속 들어 준다. 들다 보니 아이가 얼마나 게임이 재미있는지도 알게 된다. 무조건 불끄고 자라는 말도 아이에게는 얼마나 의미가 없는지도 새삼 느끼게 된다.

이와 같이 아이가 게임에 빠져 있을 때 생기는 분노와 두려움을 일으키는 스토리를 알아차리고 몸의 변화를 알아차리는 것이 아이를 이해하고 존중하면서 대화하는 것을 가능하게 해 준다. 자신이 갖고 있는 생각이나 판단이 어떤 정서를 일으키는지 깨닫고 자신의 몸의 변화를 알아차림으로써 보다 유연하고 부드럽고 관대하게 아이를 대할 수 있다.

이러한 마음챙김 훈련은 사실 쉽지 않다. 의식적으로 비판단적으로 현재에 집중하는 훈련이다. 마음챙김 연습이 결코 쉽지 않지만 부정적인 사건들에 직면할 때마다 호흡하고, 자신의 생각을 의도적으로 비판단적으로 바라보고, 자신의 몸의 감각을 알아차릴 때 유연하고 부드러운 삶의 태도를 가질 수 있고 몸과 마음의 건강도 함께 유지할 수 있을 것이다.

8) 디지털 기기는 완전히 나쁜 것일까?

사실 아이들에게 디지털 기기를 사용하지 못하게 하는 것은 불가능하다. 디지털 기기는 아이들이 살아가야 할 세상의 필수품이고 앞으로의 세계는 더욱더 그러할 것이기 때문이다. 아이들은 앞으로 학교에서조차도 공부를 하기 위해서 누구보다 그 기기들을 잘 다뤄야 하고 빠르게 습득해야 한다. 하지만 아이들의 생활이 디지털 기기로만 이루어지지 않도록 신경을 써야 한다. 아이들의 정서적인 면들이 발전할 수 있도록 시간을 투자해야 한다. 청소년기는 호기심과 상상력이 아주 높은 시기이므로 되도록 다양한 자극을 접하게 해 주고 인터넷 접속 외에도 많은 다양한 문화가 있음을 알려 주고 자신에게 도움이 되는 취미생활을 균형 있게 가질 수 있도록 기회를 자주 만들어 주어야 한다.

9) 휴대전화로 세상과 연결하는 아이들

디지털 기기는 정보뿐만 아니라 사람과 사람을 연결시켜 주는 도구이다. 아이들은 휴대전화를 통해 좋아하는 친구뿐만 아니라 좋아하는 사람들, 세상에 인기 있는 사람들과 연결된다. 그리고 지금 이 세상이 어떻게 돌아가는지 파악한다. 아이들은 휴대전화를 가지고 다니거나 컴퓨터 모니터 앞에 앉아서 자신이 좋아하고, 자기와 연결된 모든 사람과 보이지 않는 접속을 끝없이 한다. 그때만큼은 혼자가 아니라고 느낀다. 인간은 완전히 혼자라고 느낄 때 많이 약해진다. 휴대전화와 인터넷은 확실히 아이들에게 이러한 고립감이나 외로움을 잊게 해 준다. 혼자 있을 때 불안해지고 나약해지는 느낌을 극복하기 위해 기계로 누군가와 연결되기를 원하는 것은 잘못된 것도, 나쁜 것도 아니다. 하지만 인생을 사는 동안 항상 누군가와 함께 있을 수는 없다. 때로는 휴대전화나 컴퓨터를 하지 않고도 혼자서 좋은 시간을 보내는 것을 경험하게 할 필요가 있다. 스스로 알아서 휴대전화를 꺼 놓고 인터넷 접속을 자제하는 시간을 갖는 것이 얼마나 중요한지도 배워 나가야 할 것이다. 혼자 시간을 견디고 보내는 연습도 매우 중요함을 일깨워 줄 필요가 있다. 때로는 오로지 혼자 존재하면서 자신만의 생각을 가꾸어 가고 자신의 삶에 대해 생각하고 창의적인 활동을 할 수 있는 사람이 되는 것도 함께 배워 나가야 할 것이다.

10) 디지털 기기에 대한 제한

10대들과 디지털 기기, 아이들은 지금 무엇을 보고 있으며 누구와 대화를 하고 어디로 가고 있을까? 그리고 부모는 무엇을 어떻게 해야 하는가?

부모로서 아이들과 사이버 세계 사이에서 벌어지는 수많은 일을 알 수도 없고 통제할 수도 없을 것이다. 하지만 부모는 아이들의 삶에 중요한 사람으로서 역할을 계속해야 한다. 대화하고 사랑을 표현하고 아이가 어려움에 처했거나 힘들어할 때 같이 해결법을 찾으며 항상 그들의 곁에서 함께해야 한다.

엄마: 얘야, 누구와 토크를 하는 거니?
아이: 엄마는 모르는 애예요.
엄마: 엄마도 너의 친구들이 누구인지 좀 알고 살면 좋을 것 같은데.
아이: 한두 명도 아니고 어떻게 엄마가 다 알 수 있어요.

아이들의 사이버 세계는 알 길이 없다.

그래도 부모가 할 수 있는 가장 현실적이고 좋은 방법은 규칙을 정하는 것이다. 아이들이 디지털 기기를 사용하는 데 시간 제한을 두는 것이다. 이 방법은 말을 듣지 않는 10대들에게 어느 정도 효과적이다. 물론 전혀 효과가 없는 경우들도 있지만. 이 규칙을 아이에게 계속 말해 주고 부모가 일관성을 유지한다면 아이들은 부모의 말에 담긴 단호함과 엄격함을 느낄 수 있다. 사실 아이들도 자신들이 너무 오랜 시간 디지털 기기를 사용하면 좋을 것이 없다는 것을 스스로 잘 알고 있다. 또 부모의 이런 행동이 옳다는 사실을 마음속 깊이 느끼기 때문에 대개는 규칙을 지키려고 한다. 자신이 마음먹은 대로 자제하기가 힘들어서 그렇지, 아이들도 디지털 기기를 적당히 하고 자신이 해야 할 일을 하고 싶어 한다. 물론 끝까지 반항하는 아이들도 있지만 침착하게 흥분하지 말고 계속 규칙을 알려 주어야 한다. 이렇게 아이를 규제하기가 매우 힘겨울 수 있지만 그렇다고 완전히 포기하고 물러설 수는 없는 일이다.

10. 10대와 성

"몇 살쯤 성관계에 대한 이야기를 하면 좋을까요?"

고등학생이라면 반드시 필요한 시기이다. 성에 대해 조숙한 아이라면 열세 살 정도에 시도하는 것이 좋다. 만약 아이나 아이의 친구들이 데이트를 하고 있다면 지금이라도 당장 적극적으로 많이 말하는 것이 좋다.

거의 모든 부모가 감당하기 어렵고 아주 마음 불편한 10대의 문제가 하나 있다. 바로 10대들은 쾌락을 엄청 추구하고, 자신들의 놀고 즐길 권리를 끊임없이 대놓고 주장하고 요구한다는 것이다.

"재밌고 즐겁게 살고 싶어. 그게 나빠?"
"난 다른 것보다 재미있고 즐겁게 사는 것이 제일 중요해!"
"난 이렇게 산 것에 대해 절대 후회하지 않아."

사실 우리 부모도 그렇게 재미있고 즐겁게 살고 싶은 것은 똑같다. 되도록 아이들의 욕구를 이해하면서 말해 본다.

"재밌게 살고 싶은 건 누구나 원하는 거지. 그게 나쁜 건 아니지."
"후회라는 마음이 지금은 전혀 느껴지지 않아도 먼 훗날 느껴지기도 해."

그러나 문제는 아이들이 우리 부모가 생각하는 수준으로 단순히 재미를 추구하지 않는다는 것이다. 아이들은 과도하게 엄청난 재미를 추구한다. 때로는 아주 위험한 쾌락을 즐기기도 한다.

"진짜 재밌게 살고 싶어. 조금 재미있는 게 아니라 엄청 신나게 재밌는 거 말이야."

아이의 입에서 불쑥불쑥 튀어나오는 이런 불편한 말들을 듣는 순간 불쌍한 부모들은 가슴이 두근두근하고 걱정이 되기 시작한다. 부모들의 머리 한구석에 걱정과 근심이 쌓이기 시작한다. 문제는 아이들이 부모가 생각하는 '나이에 어울리고 적절한' 것 이상의 재미를 찾는다는 데 있다.

아이: 엄마, 나 오늘 밤에 나갈 거예요. 진짜 신나게 놀고 싶어요.
엄마: 뭐 할 건데?
아이: 아이들과 밤새 술도 마셔 보고 클럽에도 가 볼 거예요. 아, 진짜 신나게 놀 거야.

이런 말을 들은 엄마는 아이를 못 나가게 할 수도 없고 밤새 잠도 못 자면서 죽도록 걱정하다 날이 샌다.

1) 위기의 10대들

10대들이 가장 재미있게 여기는 것은 대부분 친구들과 놀러 다니는 일이다. 친구들과 함께 어울리다 보면 아이들은 종종 더 많은 쾌락을 찾아 나선다. 담배나 술을 즐길 기회가 많아지고 성적 호기심이 많은 나이라면 더 강한 성적 자극을 찾게 된다. 불행히도 10대들이 누리고 싶어 하는 최고의 짜릿함, 재미, 즐거움을 얻으려는 많은 활동은 대부분 위험한 행동이다. 때로는 이런 쾌락적인 행동들을 하다가 정신적으로 또는 신체적으로 자신이 심각한 손상을 입기도 하고 다른 사람에게 손상을 주기도 해서 법적 문제를 일으키기도 하며, 심할 경우 자신의 잘못된 행동의 대가로 많은 곤혹을 치를 수도 있다.

10대들이 계속 위험한 행동을 하는 가장 큰 이유는 짜릿한 재미나 쾌락 때문이다. 흔히 말하는 또래들의 압력 때문이 아니다. 그저 스릴이 주는 재미, 못하게 막는 일을 자신이 했다는 짜릿함이 마음을 부추기는 것이다. 10대 자녀를 둔 부모라면 흡연, 음주, 음란물 보기 등은 마음속에 계속 꺼림칙하게 남아 있는 문제들이다.

2) 10대의 성적 호기심

10대들의 부모 알려지는 상당 부분 성적인 것과 관련이 있다. 10대들은 부모에게 성 문제에 관한 이야기를 절대 하지 않는다.

10대들은 성적 욕구가 넘치는 성적 존재들이다. 부모가 인정하든 안 하든 성적 행동들은 이제 10대들의 삶의 일부분이다. 그냥 그런 시기가 되었다. 부모는 아이가 해맑고 순수하고 재롱을 부리던 시절을 생각하면 이런 현실이 막막하기만 하고 슬프기도 하고 두렵기도 하다. 하지만 어쩌겠는가? 이제 그런 시기가 된 것이다. 아이가 커 가면서 일어나는 변화를 인내하고 적응하고 묵묵히 견뎌 나가야 한다.

10대들은 성적 호기심을 자극하는 수많은 매체에 노출되어 있다. 그중 대부분은 영화나 텔레비전 같은 대중적 매체를 통해서 전달된다. 또 하나의 중요한 공급 매체는 인터넷이다. 인터넷에서는 아주 쉽게 선정적인 사진과 동영상에 접근할 수 있다.

우리가 사는 사회의 현실이 이런 상황에 있다 보니 요즘 아이들은 성교육을 제대로 받기도 전에 성에 대한 부정적이고 왜곡된 이미지부터 갖게 된다. 부모로서 기억해야 할 것은 성에 대한 기초 지식이 많은 아이일수록 위험한 성관계에 기담할 확률도 낮아진다는 사실이다. 성에 대한 제대로 된 지식과 성에 대해 자주 대화하는 것이 위험한 성행위를 낮추는 데 중요하다.

3) 충동적 성경험의 위험

미숙한 10대는 성생활을 하면서 다음과 같은 여러 문제를 일으킬 수 있다.

- 임신을 하거나 임신을 시킨다.
- 성병에 걸린다.
- 여자아이의 경우 '헤프다'고 놀림을 받을 수 있고, 성적 행위나 학대의 희생자가 될 수 있다.
- 남자아이의 경우 여자아이에게 원하지 않는 성관계를 강요하거나 성적 학대를 할 수 있다. 물론 남자아이도 원치 않는 성관계나 성적 학대를 당할 수 있지만 여자아이만큼은 아니다.
- 성적 경험이 혼란을 가져올 수 있다. 예를 들어, 성적 행위를 한 뒤 부끄러움이나 창피함을 느껴 어른이 된 후 성생활에도 악영향을 끼칠 수 있다.

성경험은 청소년의 삶에 중요한 부분을 차지하게 된다. 준비가 되었든 안 되었든 10대 아이들은 더욱더 성적인 존재가 되어 간다. 따라서 잠재적인 문제에 노출될 위험도 높아진다. 10대들은 언제, 어디서, 왜 성관계를 가질까?

설문조사 결과를 보면 대부분의 10대가 자신의 집이나 친구 집 또는 파티 장소에서 주변에 어른이 없을 때, 적어도 자신들을 지켜보는 어른이 없을 때 성경험을 한다. 언제? 할 수 있을 때면 언제든 한다. 이 세상 대부분의 아이에게는 어른들 눈에 띄지 않는 시간이 많고, 주변에 어른이 없을 때도 많다. 맞벌이 가정이 많은 데다 10대는 혼자 있어도 안전할 나이라고 생각하는 부모들이 많기 때문이다.

만약 부모가 10대 자녀의 충동적 성경험을 통제하고 싶다면, 가장 좋은 방법은 성적 행위들이 일어나지 않을 만한 환경을 만드는 것이다. 아이들이 어디 있는지, 무엇을 하는지 최선을 다해 눈여겨보는 것도 도움이 된다. 그러나 완벽한 감시는 어려울 뿐만 아니라 아이에게 스트레스를 줄 수도 있다. 또 만약 아이가 성경험을 해 보겠다고 결심했다면 부모가 막는 것은 완전 역부족일 것이다. 그러므로 감시보다 먼저 아이 스스로 성에 대한 올바른 인식을 가질 수 있도록 꾸준히 대화하고 가르쳐야 한다.

4) 10대 자녀와 성에 관해 대화하기

성에 대한 대화는 10대의 성생활을 자제시키는 데 도움이 된다. 10대의 충동적인 성생활을 완전히 통제하기는 어렵지만 아이들이 이성적 판단을 내리는 데 아주 중요한 역할을 한다. 하지만 매번 너무 강력하게 "무조건 안 된다." "그렇게 하면 큰일 난다."와 같이 거부감을 주는 말은 하지 않는 것이 좋다. 아이가 신중하게 자신의 인생에서 스스로 이롭게 판단할 수 있도록 도와주는 방향으로 말하는 것이 좋다. "엄마 아빠는 네가 성경험을 너무 일찍 하지 않길 바란다."라고 말하면서 그 이유도 친절하고 설득력 있게 설명해 주면 좋다. 부모가 지나치게 금욕을 강요한다든지 너무 성에 대해 겁을 먹은 태도로 불편하게 몰아치지만 않는다면, 이런 대화를 통해 아이는 확실히 성에 대해 어느 정도 자제해야겠다는 생각을 가질 수 있다. 부모와 성에 대한 대화를 자연스럽게 해 왔고 그 내용들을 기억하기 때문에 아이는 성을 대하는 태도에서 훨씬 사려 깊고 자제하게 되고, 위험한 상황들을 줄일 수 있다.

다음은 엄마가 성관계에 대한 비유적인 이야기를 통해 딸에게 성에 대해 교육을 시키는 대화이다. 이와 같이 비유적인 이야기를 통해 어떤 선택이 더 미래에 도움이 되는지를 판단하게 하는 대화를 하면 아이도 거부감을 덜 느끼면서 이해하기도 쉬울 것이다.

엄마: 어떤 사람이 "네가 원한다면 지금 당장 놀이공원에서 놀 수 있도록 해 줄게. 하지만 여름방학까지 기다리면 네가 가고 싶어 했던 해외여행을 보낼 줄 수 있어. 둘 중에 하나를 선택하렴."이라고 제안한다면, 너는 어떤 것을 선택하겠니?

딸: 당연히 여름방학 때 해외여행을 가는 거지요.

엄마: 물론이지. 그게 훨씬 더 좋은 선택이니까. 하지만 넌 여름까지 기다려야 하고 지금 당장 놀이공원을 가지 못하는데도 괜찮을까?

딸: 그럼요! 저는 기다려도 좋으니 나중에 여름방학 때 해외여행을 갈래요.

엄마: 성관계도 그것과 비슷하단다. 여름방학까지 기다리면 놀이공원과는 비교도 할 수 없는 해외여행을 갈 수 있는 것처럼 결혼할 때까지 기다리면 성관계는 훨씬 더 좋고 특별한 것이 되니까. 그리고 진심으로 사랑하는지 확신하지도 못하는 사람과 충동적으로 성관계를 하는 것은 지금 당장 놀이공원에 가는 것과 같다고 볼 수 있어. 놀이공원에 가면 당장은 재미있기도 하겠지만 더 좋은 경험을 쌓을 수 있는 해외여행은 가지 못하게 돼. 그때그때마다 자신에게 더 좋은 선택을 해야 인생이 좋아질 수 있단다.

이 대화에서 놀이공원과 여름방학의 해외여행으로 대비시켜 말하였지만 아이에 따라 아이가 가치 있게 생각하는 주제로 융통성 있게 바꾸어서 대화를 하면 더 효과가 클 것이다.

또한 성에 대해 너무 편협하게 쾌락이나 즐거움으로만 생각한다든지 아니면 성에 대해 심하게 부정적으로 생각하는 아이들에게는 성교육을 두 가지 방법으로 시킬 수 있다.

첫 번째는 성에 대해 '방향 바꾸기'라고 하는데, 이는 '성적인 생각'을 '행복한 결혼과 아름다운 헌신적인 성에 대한 기대'로 바꾸는 것이다. 즉, "자극적인 것을 보고 흥분이 되는 것은 나중에 정말 사랑하는 사람을 만나 성관계를 하게 되면 매우 좋은 느낌을 갖게 될 것임을 미리 알게 해 주는 것이야."라는 식으로 바꿔 주는 것이다.

두 번째는 '통합하기'인데, 이는 의식적으로 '성'을 '사랑'이라는 더 큰 맥락에서 바라보는 것이다. 말하자면 "사랑하는 사람을 만나 결혼하게 되면 육체적인 성관계는 사랑을 표현하는 많은 방법 중에 하나란다."라고 설명하는 것이다.

두 가지 방법 모두 아이가 성에 대해 좀 더 폭넓고 균형 있게 생각하는 데 도움을 줄 수 있고, 성에 대해 생각하는 것이 지극히 자연스럽고 정상적이라는 것을 알려 줄 수 있다. 이런 식으로 대화를 하면 아이가 성적인 생각 때문에 고민하기보다는 '성이 아름답고 보편적인 것'이며 좀 더 긍정적인 맥락에서 넓게 통합할 수 있도록 도와줄 수 있다.

부모가 대화를 통해 아이에게 '성이란 아름답고 경이로운 것'이라는 인식을 심어 주었다면 아이는 성을 긍정적으로 생각할 수 있게 되고 사춘기를 좀 더 편안하게 맞이할 수 있을 것이다.

다음과 같은 아빠의 질문이나 설명은 아이가 성을 긍정적으로 인식하는 데 도움을 줄 것이다.

"사춘기가 되면 성에 대한 생각이 불쑥 많이 떠오른단다. 잠잘 때 꿈에서도 성적인 생각이 날 수도 있고 낮에도 그럴 수 있어."

"성적인 생각이 떠오르는 건 지극히 정상이란다. 누구나 그렇거든. 사실상 성적인 생각을 아예 안 하는 게 이상한 거지. 게다가 성적인 생각을 억지로 없애려고 하면 더 많이 떠오를 수도 있어. 우리가 어떤 것을 하지 않으려고 생각하면 할수록 더 하고 싶어질 수 있지. 성에 대한 생각도 마찬가지야. 성에 관한 생각이 떠오르면 그 생각을 갑자기 없애기는 어려워. 하지만 그 생각의 방향을 바꾸는 것은 가능하지. 예를 들어, 네가 우연히 본 음란물 때문에 성에 대한 충동적인 생각이 떠오르거나 어떤 여자애와 성관계를 하고 싶은 생각이 떠오른다고 해 보자. 이 생각을 없애려고 하기보다는 언젠가 네가 사랑하는 사람과 결혼해서 아름답고 멋진 성관계를 하는 것으로 생각의 방향을 바꾸어 보는 거야. 이런 식으로 빨리 생각을 바꾼 후에 지금 해야 할 일에 집중하는 거지. 이해가 되니?"

"엄마와 아빠는 너를 정말 많이 사랑한단다. 그리고 이런 이야기를 나눌 수 있어서 기쁘고 네가 잘 이해해 주어서 고맙다. 다른 사람이 어떻게 생각하든지 넌 성관계를 앞으로 만나게 될 특별하고 소중한 사람에게 사랑을 보여 주는 것으로 생각하면 된단다."

사실 이러한 대화는 실제로 자연스럽게 이루어지기 매우 어렵지만 성에 대한 대화를 이런 형태로도 할 수 있다는 예를 제시하고자 한다. 아이나 부모의 특성에 따라 융통성과 유연함을 갖고 앞의 예와 비슷하게 대화를 해 나갈 수 있을 것이다. 성에 대한 대화를 전혀 하지 않는 것보다는 훨씬 낫다.

또한 기초적인 성교육 수준을 뛰어넘는 이야기들은 어떻게 꺼내야 할지 막막할 것이다. 어떤 부모들은 놀랄 만큼 개방적이고 침착한 태도로 아이와 스스럼없이 대화를 나누지만 대다수의 부모는 그렇지 못할 것이다. 민망하고 어색해도 일단 그냥 시작하자. 대화를 멋지게 하든 웃기게 하든 서로 이야기를 많이 할수록 좋다. 부모의 일방적인 설명이 되더라도 괜찮다. 핵심은 아이들이 들어야 할 무엇인가를 부모로부터 듣고 부모와 함께 생각을 나누었다는 것이다. 아이가 불편해서 대화를 피하고 듣기 싫어서 도망다닐지도 모른다. 그래도 몇 번은 쫓아가서 계속 대화하고 포기하지 않길 바란다.

필자가 본 어떤 영화에서 대학을 갓 들어간 딸이 남자친구가 군대에 가게 되었으니 오늘 외박을 할 수 있게 해 달라고 부모에게 전화를 하는 장면이 나온다. 엄마는 두려워서 무조건 안 된다고 서둘러서 앙칼지게 말린다. 옆에 있던 아빠가 전화를 바꿔달라고 하면서 딸에게 전화로 말하는 장면이 있다.

> "얘야, 전화 끊지 말고 아빠와 5분만 이야기하자. 지금 네가 남자친구와 함께 있고 싶어 하는 것 너무나 이해가 된다. 지금 당장은 남자친구와 함께 시간을 보내고 싶지만, 오늘 네가 남자친구와 함께 시간을 보낸 것을 나중에 몇 년 후에는 좀 더 신중하게 생각할 걸 하고 후회할 수도 있단다. 결정은 네가 해야 하고 네가 선택을 잘하길 바란다."

영화에서 딸은 밤늦게 현관문을 열고 들어온다. 아빠의 말이 딸이 좋은 선택을 하는데 영향을 준 것일까? 필자는 그렇게 생각한다. 영화니까 가능하다고 말할 수도 있겠지만 매번 일상에서 아이들이 성적 행동을 위한 선택들을 할 때 평소에 부모와 나누었던 대화가 매우 중요하게 작용할 수 있다고 여겨진다.

만약 아이에게 전화로 말하는 것에 실패를 하면 카톡으로 문자 메시지를 보내도 좋을 것이다. 사람의 마음은 어떤 글 하나로 어떻게 변할지 모르는 일이다.

또한 성에 대해 여자아이와 남자아이가 서로 생각하는 것이 다르다. 남자아이와 여자아이는 생물학적으로 차이가 많고 성에 대한 생각에서도 차이가 많다. 다음과 같은 내용들은 참고할 만하다(곽윤정, 김호연 역, 2013).

여자아이를 위한 조언

- 성관계가 관계를 더 친밀하게 만들지는 않는다. 남자와 성관계를 가진다고 해서 이전보다 더 가까워지지 않는다는 것이다. 오히려 남자들은 '이제 그 여자애와 성관계를 또 가질 수 있겠구나.'라고 생각한다.
- 관계가 극도로 친밀했을 때 남자의 말은 진심일 수 있다. 그렇지만 시간이 지나도 같은 감정일 것이라는 생각은 하지 않는 것이 좋다. 시간이 지나면 변한다. 성행위에 따르는 친밀감은 감정에 강한 영향을 미친다. 그러나 그런 신체적 친밀감이 끝나면 그런 감정들도 함께 끝날 수 있다.
- 성관계를 나눈 사실이 알려지지 않을 것이라는 생각은 하지 말라. 지난밤 일, 심지어 방금 전 일까지도 인터넷을 통해 즉각적으로 빠르게 퍼질 수 있다.

- 여자아이와 남자아이가 단둘이 술을 마시면 성적 행동들이 일어날 가능성이 매우 높아진다. 또한 다툼도 심해질 수 있다.
- 남자친구가 질투가 심하고 구속하려 한다면 계속 만나는 것을 신중하게 고려해야 한다. 너무 심한 집착과 질투는 정신적으로 건강하지 못함을 의미하고 다툼과 불행으로 끝나기 쉽다.
- 남자친구가 어떤 형태로든 폭력을 행사하려고 한다면 맞서지 말고 즉각 그 자리를 피하라. 그리고 친구들과 어른들에게 말하라. 그 사실을 혼자만 알고 있으면 안 된다. 폭력은 한 번으로 끝나지 않는다. 한번 시작된 폭력은 대개 점점 더 심해지고 습관이 되기 쉽다.
- 어떤 식으로든 성적 행동들이 일어날 것 같은 상황을 어느 정도 예상할 수 있다면 그 전에 얼마나 자신을 허용할지 미리 생각해 두는 것이 좋다.

남자아이를 위한 조언

- 여자의 '싫어'는 절대적으로 '싫어'를 의미한다. 강압적 행위는 절대로 안 된다.
- '싫어'라고 말할 수 없는 상태에 있는 누군가와 성관계를 해서는 안 된다. 상대가 술에 취했거나 다른 장애가 있는 경우가 해당된다.
- 여성이 술을 마셔서 상황이 화기애애한 분위기라 하더라도 그것이 성행위를 허락한다는 의미는 아니다.
- 성관계는 남자와 여자 사이의 개인적인 일이다. 남들에게 자랑할 일이 아니다.
- 콘돔 없이 절대 성관계를 갖지 않는다. 남자와 여자 모두에게 위험하다.
- 여성의 신체를 놀린다든지 비하하는 말을 해서는 절대 안 된다.

또한 다음과 같은 행동들은 학대에 해당한다. 어떤 상황에서도 절대 해서는 안 되는 행동들이다.

남자아이가 해서는 안 되는 행동-폭력과 학대

- 절대 여성을 때려서는 안 된다.
- 여성의 신체를 세게 잡지 않는다.
- 화가 난 상태라면 여성과 거리를 두라. 화가 난 남성이 가까이 서 있는 것 자체가 여성에게는 매우 무서운 일이다. 상대 여성을 때릴 마음이 없더라도 말이다.
- 술을 마신 상태에서 말다툼이 시작되면 자리를 떠나라. 음주 상태는 잠재적으로 매우 위험한 상황이다. 가장 심각한 학대가 일어날 수 있다.

- 여성에게 상처 주는 말을 하지 않는다. 예를 들어 뚱뚱하다고 놀리거나 신체의 일부분을 비하하는 말을 하지 않는다. 남자아이들은 종종 이런 말을 별 의미 없는 농담이라고 생각한다. 그러나 이런 말을 하는 것도 명백히 학대이다.

신체적 손상을 떠나서 남성이 여자친구를 학대하는 또 하나의 방식이 구속과 통제이다. 남자아이들은 타인의 독립성을 인정하는 관계를 만드는 것이 어렵다. 하지만 자기 마음대로 통제하려는 행동은 절대 용납할 수 없는 나쁜 짓이다.

남자아이가 해서는 안 되는 행동－구속과 통제

- 여자친구가 현재 어디에 있는지 계속 알고 싶어 하고 확인하려 한다. 낮이든 밤이든 상관없이 전화와 문자를 많이 한다.
- 여자친구가 다른 친구들과 어울리는 것을 용납하지 않는다.
- 단순한 친구 사이라도 다른 남자와 대화 나누는 꼴을 보지 못한다.
- 어떤 옷을 입으라고 심하게 지시하고 간섭한다.
- 여자친구가 바람을 피우거나 마음에 안 드는 행동을 했을 때 복수하거나 협박을 한다.

여자친구가 자신의 심기를 불편하게 하거나 불쾌하게 만든다고 해서 구속하는 행동이 용납되지는 않는다. 여성이 남성에게 어떤 행동을 하든지 그것이 학대받을 이유는 될 수 없다.

부모를 위한 조언

- 어떤 것이든 아이들에게 질문을 하라. 성에 대한 지식이 많을수록 충동이 아닌 지식에 기초해서 결정을 한다.
- 피임에 대해서도 가르치라. 직접 하기 불편하다면 의사를 통해 가르치라. 피임법은 원치 않는 임신과 성병을 막아 준다.
- 부모들이 자주 하는 질문이 있다. "엄마와 아빠 중 누가 대화를 시도하는 것이 좋은가요?" 대체로 같은 성별의 부모가 대화를 시도하는 것이 부모나 아이 모두에게 더 편할 것 같다. 그러나 아빠와 딸, 엄마와 아들도 성에 대해 대화를 나눌 수 있다. 다른 성별이라도 어떻게 말하느냐에 달려 있다.

이 조언들이 지나치게 극단적이라는 생각을 할지도 모른다. 내 아이에게는 해당되는 것이 아니라고 생각할 수도 있다. 하지만 어떤 행동이 잘못된 행동인지 미리 알려 주고 인식시키는 것은 매우 중요하다. 여전히 많은 10대는 부모가 생각하는 것보다 자신의 행동에서 무엇이 잘못된 것인지 모르고 있다. 10대는 자신들이 많은 것을 부모보다 잘 알고 있다고 허세를 부릴 뿐이다.

5) 10대의 사랑

10대 아이들이 이성 친구를 만나며 그저 성적 감정만 느끼는 것은 아니다. 사랑도 느낀다. 10대가 된 아이는 이성에게 강렬한 성적 감정을 느끼고 이제 의존해 왔던 부모에게서 떨어져 나가 가족이 아닌 이성에게 강한 감정을 갖기 시작할 수 있다. 이제 10대들은 사랑을 시작한다. 10대의 사랑을 가볍게 여겨서는 안 된다. 실제로 10대 아이들의 사랑은 매우 열정적이다. 실제로 주변에도 10대 때 사랑했던 사람과 여전히 함께 살고 있고 그때를 후회하지 않고 좋은 추억으로 간직하는 사람들도 드물게 있다.

하지만 10대의 사랑은 부모를 당황시킨다. 공부를 하고 미래를 준비해야 하는 시기에 매우 무모하고 충동적이고 열정적인 감정에만 몰두하는 것처럼 보이기 때문이다. 아이가 어린 시절 부모와 맺은 강한 애착은 다른 누군가와의 새롭고 강한 애착으로 옮겨진다. 그리고 여기에는 강렬한 성적 욕망이 함께한다. 이것은 지극히 자연스러운 성장 과정이다. 이제 아이들도 자신이 아닌 남을 사랑하는 법을 배우는 것이다. 그렇다면 이 모든 과정을 모른 척 지켜봐야 할까? 언제나 그렇듯이 '항상'은 아니다. 무엇이든 지나치면 문제가 된다.

성적이 떨어지고, 친구들과 만나는 횟수가 줄어들고, 기분이 안 좋거나 불안한 성격으로 바뀌는 등 어두운 면이 보이면 부모가 개입해야 한다. 10대가 경험하는 사랑의 관계는 긍정적인 것이어야 한다. 그것이 아이의 삶을 불행하게 만들어서는 안 된다. 부모가 반드시 아이의 애정관계를 끝낼 수는 없을지라도 아이가 그런 이성 친구를 만나는 시간을 제한할 수는 있다.

6) 아이가 동성애자라면?

아주 흔한 일은 아니지만 가끔 이성애적 사랑이 아닌 동성애적 사랑을 원하는 아이들이 있다. 부모는 이러한 사실을 알았을 때 너무나 황당하고 막막하여 어쩔 줄을 몰라 한다.

> "선생님, 어쩌다 이런 일이 일어났는지 정말 난감합니다. 학교에 적응이 안 된다든지 하는 문제라면 어떤 식으로라도 견디겠는데 이런 문제들은 어떻게 해야 할지 정말 모르겠어요."

이렇게 부모가 어쩌다 알게 되는 경우도 있지만 사실 부모가 모르는 경우도 많을 것이다. 어떤 이유에서건 많은 10대 동성애자는 자신의 성적 취향을 밝히고 싶어 하지 않는다. 커밍아웃을 했을 경우 부모의 반응을 감당할 자신이 없기 때문이다. 그렇지 않아도 심리적으로 힘든 상황인데 그런 스트레스까지 감당하기는 너무 어려운 일일 것이다.

직접적으로 캐묻는 것보다 더 좋은 방법은 아이가 밝힐지 말지 그리고 언제 밝힐지를 스스로 결정하게 두는 것이다. 우선 아이가 동성애자라고 하더라도 부모의 뜻대로 성적 취향을 바꿀 수는 없다. 바꾸려 한다고 되는 일은 아니다. 아이가 선택할 수 있는 것도 아니며, 아이가 만들어 낼 수 있는 것도 아니다. 동성애 문화에 대한 우리 사회의 시선이 많이 관대해졌다고 해도 10대 아이들에게는 동성애가 여전히 힘들고 어려운 문제이다.

그런 상황에서 만약 정말로 아이가 남다른 성적 취향을 가졌다면 부모는 어떤 도움을 줄 수 있을까? 아마 부모들이 지금껏 해 왔던 방법들, 즉 수용의 태도를 보여 주고 단지 성적 취향의 문제일 뿐이라는 태도를 가져야 한다. 창피함이나 수치심을 느끼게 해서는 안 된다. 성적 취향에 상관없이 사람은 누구나 자기답게 존재할 수 있는 가치가 있다는 것을 말해 주어야 할 것이다.

최근에 미국의 어떤 판사가 죽음을 앞두고 동성애자인 딸이 자신의 결혼을 허락해 달라고 해서 자신의 삶의 마지막에 허락을 해 주고 세상을 떠났다는 기사를 읽은 적이 있다. 동성애자인 딸을 둔 아버지의 수용적이고 관대한 결정과 태도를 보고 매 순간 부모의 역할은 예측하기 어렵고 정말 힘들다는 생각을 한 적이 있다.

아이가 동성애자인 것 같을 때 부모로서 어떻게 대처해야 할지에 대한 가장 현실적이고 합리적인 답은 아이가 동성애자인지 아닌지 확인하려 들지 말라는 것이다. 대신 수용적인 태도로 지금까지처럼 아이를 대하고 지켜보고 커밍아웃을 해도 자신의 성적 지향성과 삶의 방식을 부모가 받아 줄 것이라는 믿음을 주는 것이 바람직하다. 아마도 이런 방법이 가장 나은 방법일 것이다.

11. 흡연 그리고 알코올: 아이 스스로 하지 않게 하려면?

위험에 빠진 10대들이 몸에 해로운 물질을 사용하는 것을 예방하거나 줄이는 데 가장 강력한 영향을 미치는 것은 무엇일까? 그것은 아이가 자신의 미래를 얼마나 소중하게 여기는가이다. 자신의 미래를 소중하게 여기고 자신에게 긍정적이고 희망적인 미래가 있다는 생각이나 가치관이 심각한 흡연과 음주를 어느 정도 막을 수 있을 것이다.

1) 10대는 흡연을 어떻게 시작하는 것일까?

10대는 흡연을 어떤 계기로 시작하게 되는 것일까? 아마도 보다 어른스럽게 되고 싶은 욕구, 또래 집단과 하나가 되고 싶은 욕구, 스트레스 해소와 같은 요인들이 복합적으로 작용할 것이다.

10대가 흡연을 하는 것이 또래의 압력 때문이라고 보는 견해에 대해서 심리학자 신시아 라이트풋(Cynthia Lightfoot, 1992)은 또래 압력이란 발상은 '터무니없는 소리'라고 일축한다. 그녀는 "친구들의 압력은 미미한 수준이다. 더 강한 동기는 집단 정체성과 관련된 경험에 동참하려는 욕구이다"라고 말한다. 10대 아이들은 또래 집단의 압력이 아니라 오히려 집단 안에서 같은 경험을 공유하면서 정체성을 가지려는 욕구 때문에 흡연을 할 가능성이 높다.

흡연은 학교에서 자신이 나름 자유분방하고 개성이 있는 특정한 또래 집단에 속해 있음을 나타내는 표시이며, 다른 모범생이나 어리숙한 아이들과는 뭔가 다르다는 것을 보여 주고 싶은 행위이고, 자신이 권위적인 사람들의 지시나 명령에 상관하지 않고 표현할 수 있음을 보여 주는 방식일지도 모른다.

10대의 흡연 여부를 예측하는 가장 강력한 단서는 친구들의 흡연 여부이다. 이 지표는 부모가 담배를 피우는지의 여부보다 더 높은 관련성을 보인다. 그리고 담배를 피우는 아이들은 술을 마시고, 마약을 하고, 부분별한 성행위를 하고, 수업을 빼먹고, 학교를 자퇴하고, 법을 어기는 문제행동도 저지를 가능성이 높다. 이런 아이들은 그런 행동들이 정상이라고 여기는 또래 집단에 속해 있기 때문에 자신의 문제행동을 고쳐야 한다고 인식하기 어렵다.

2) 흡연의 중독성

흡연은 복잡한 문제이다. 중독성과 관련이 있다. 코카인과 니코틴과 같은 중독성 물질을 접하는 방식이나 이런 물질에 대한 민감성의 수준은 사람마다 차이가 있고, 그 차이는 유전적 요인과 관련이 있다. 흡연이 성격 특질의 유전과 유사한 패턴을 따른다는 점은 이미 밝혀졌다.

애리조나 대학의 행동유전학자 로와 동료들(Rowe, Rodgers, & Scheseck-Bushey, 1992)은 흡연에 미치는 환경과 유전의 영향을 분석하였다. 먼저, 환경적 요인으로 강력한 것은 친구들이 담배를 피우면 그 아이도 담배를 피운다는 것이다. 유전자는 두 가지 방식으로 영향을 미칠 수 있는데, 먼저 아이가 순간적 자극을 추구하는 성향이 강하면 담배를 피우는 또래 집단에 소속될 가능성이 커지고, 그다음으로 니코틴에 더 쉽게 중독될지의 여부는 유전적 특성의 영향을 받을 수 있다고 본다.

즉, 아이가 담배를 입에 댈 것인지는 담배를 피우는 또래들과 접촉하느냐에 달려 있다. 그리고 앞으로 담배에 중독될지는 유전자가 결정한다고 볼 수 있다. 안타까운 것은 유전자에 관해서 우리가 할 수 있는 일은 거의 없으므로 아이가 담배에 중독되지 않도록 하는 유일한 방법은 담배를 애초에 입에 대지 않도록 예방하는 것이다.

우리 아이들이 담배 피는 또래 집단에 들어가지 않고, 아이의 유전인자가 담배에 중독될 가능성이 적고, 아이들이 담배를 전혀 입에도 되지 않을 가능성은 과연 얼마나 될까? 너무 암울한 이야기이다. 그럼에도 불구하고 우리 부모는 흡연에 대해 어떤 양육을 해야 할 것인지 생각해 보자.

3) 흡연에 대한 양육

10대는 완전히 진짜 어리석은 짓을 한다. 담뱃갑에 적힌 무시무시한 경고문과 얼굴 반쪽이 담배 연기에 그을려져 마치 화상을 입은 얼굴이 되어 버린 여성의 무시무시한 그림을 보면서도 이 모든 것을 무시한다. 어느 가정에서나 아주 어릴 때부터 아이들에게 담배는 몸에 해롭다고 말해 주고 절대 피면 안 되고 암에 걸린다고 공포감을 주어도 결국은 다 쓸데없는 짓이 되고 만다.

10대 아이에게 담배를 피우면 암에 걸리고 일찍 죽을 수 있다고 건강상 위험을 강조하고 피우지 말라고 해도 대개는 소용없다. 그건 어른의 생각이고 논리이다. 오히려 어른이 흡연을 금지하기 때문에, 흡연은 위험하고 용납되지 못하는 행위이기 때문에, 바로 그 이유로 10대 아이들은 담배를 피우고 싶은 것일 수도 있다. 어른들이 그렇게 하지 말라는 역겨운 것이 담배이므로 어른과 대립하는 10대에게는 흡연이 오히려 더 하고 싶은 도전적이고 매력적인 행동으로 보일 수 있다.

심지어는 10대가 담배를 구하기 어렵게 만들어도 효과를 보지는 못했다. 매사추세츠의 몇몇 도시에서는 미성년자에게 담배를 팔지 못하도록 강한 조치를 취했지만 10대 흡연율은 줄지 않았다(Rigotti et al., 1997). 어쩌면 담배를 구하기 어렵다는 그 사실이 오히려 흡연을 더 하고 싶게 만들었을 수도 있을 것이다.

이렇듯 미성년자의 담배 구입을 금지하고 담배 선전을 하는 매스컴을 통제한다 하더라도 여전히 흡연은 계속될지도 모른다.

결국 한 가지 남아 있는 희망은 스스로 좋은 가치를 마음속에 두고 자신의 미래를 소중히 여기면서 이제 흡연을 그만해야겠다는 마음가짐을 갖고 실행하는 것이다. 추상적이고 어려운 일이지만 결국 머릿속에 좋은 미래를 위해 해로운 행동은 하지 않겠다는 이성과 자제력을 발휘해야 할 것이다. 어른들의 세계에 반항하고 또래 집단과 함께하는 것보다도 더 강력한 가치 있는 생각이 10대에게 있을 때 흡연이나 음주를 그만둘 가능성이 커질 것이다.

4) 10대의 음주

10대 자녀를 둔 많은 부모가 아이들의 음주를 허용하지 않는다. 만약 음주 사실을 알게 되면 강력하게 제지한다. 그러나 강력하게 반대하지 않는 부모도 꽤 있다.

'아이들도 언젠가는 술을 마실 거야. 게다가 청소년기는 호기심이 왕성할 때잖아. 술을 좀 마신다고 얼마나 나쁘겠어? 술보다 나쁜 게 얼마나 많은데. 내가 어떻게 다 감당하지? 고등학교 내내 방에 가두어 둘 순 없잖아. 꽤 많은 고등학생이 술을 마시지만 모두 중독자가 되는 건 아니야. 몇 번 술을 마셨다고 해서 아이가 잘못되지는 않을 거야.'

하지만 음주는 10대에게 잘못된 선택을 하게 만들 확률을 높인다. 사실 술을 마시고 잘못된 선택을 할 확률이 높아지는 것은 누구나에게 다 해당되는 일이다. 특히 10대인 경우는 충동적이어서 술에 취하지 않았더라면 일어나지 않았을 일을 저지르기도 하고, 인생을 뒤흔들고 돌이키기 어려울 정도로 심각한 문제들을 일으킬 수도 있다.

상상해 볼 수 있는 예들은 너무나 많다.

- 몸싸움을 하여 누군가에게 심한 상처를 입힐 수 있다.
- 술에 취한 10대는 충동적인 성관계를 할 가능성이 높다.
- 임신을 한다거나 누군가를 임신시킬 수 있다.
- 법을 어기는 일을 저지른다.
- 자살 위험이 높아진다. 감정이 불안정한 10대들은 술을 자주 마신 후 우울증이 심해져 자살을 시도할 위험이 있다.

10대가 말하는 가장 큰 음주 이유는 스트레스 해소라고 한다. 스트레스 해소 전략으로 인생 초반에 선택한 방법으로는 결코 좋은 습관이 아니다. 음주를 통해 얻는 것은 스트레스 해소가 아니라 단지 술 먹는 습관일 뿐이고 몸을 서서히 상하게 하는 것임을 아이들은 자각하지 못한다. 또한 10대들은 자신이 결코 중독자가 될 리 없다고 자신만만하게 믿지만 알코올은 우리의 뇌를 중독시킬 만큼 매우 강력한 힘을 갖고 있다. 많은 사람이 스스로 술을 통제할 수 있다고 믿다가 인생을 다 망가뜨린 뒤에야 후회한다. 그리고 그것으로 생을 마감하기도 한다.

5) 부모가 할 수 있는 일

어느 부모나 아이가 술과 담배를 하지 않길 바랄 것이다. 그래서 어떤 부모들은 아이가 어디에 있는지, 무엇을 하고 어떤 친구들과 어울리는지 아이의 행적을 살피고 따져 묻는다. 부모로서는 조금 안심이 되는 방법일 수 있지만 아주 효과적인 방법이라고 볼 수는 없다. 아이의 일거수일투족을 감시한다는 건 불가능할뿐더러 아이가 부모의 눈을 속이기 위해 더 심한 거짓말을 하게 될 수도 있기 때문이다.

청소년기를 마치기 전에 술, 담배, 불법 약물 등을 끊은 10대들은 대부분 부모들의 감시 때문이 아니라 자신의 의지로 그 선택을 한다. 그 과정에서 부모가 할 수 있는 일은 대화를 통해 아이에게 의미 있는 영향을 미치는 것이다.

대부분의 부모는 이런 주제를 꺼낼 때 무섭고 화난 눈빛으로 미래에 대해 악담을 하면서 경고를 한다.

> "넌 아직 어려. 벌써부터 술을 마시면 나중에 알코올 중독자가 될 거야. 그렇게 되고 싶니? 정신 좀 차려라."

처음에는 마음을 열고 친근하게 대화를 시도한다 해도 결국 긴 설교로 끝나는 경우가 대부분이다. 하지만 10대에게 설교는 소용이 없다. 특히 음주나 흡연에 관련된 대화일수록 최대한 개방적이고 솔직한 태도를 유지해야 한다는 걸 꼭 기억해야 한다.

중요한 점은 대화 내내 분위기는 개방적이고, 얘기하는 내용은 솔직하고, 부모는 성숙한 자세를 유지하는 것이다. 실제로 이런 대화를 나눌 수 있다면 아이가 어떤 이야기든 솔직하게 말해도 되겠다는 생각을 갖게 되고, 엄마 아빠의 애절하고 진정한 말도 한마디쯤은 머릿속에 남겨 둘 것이다.

6) 부모가 자제해야 할 말

부모가 아이들의 술이나 담배에 대해 대화를 할 때 자제해야 하는 말은 비난, 판단, 설교이다. 비난하고 판단하고 설교하기 시작하면 아이는 마음에 두었던 솔직한 이야기를 하지 않게 되고 기분만 상하게 된다.

딸: 엄마, 왜 내가 담배를 피우게 됐는지 알아요?

엄마: 왜 피우게 되었니?

딸: 스트레스 때문이에요. 이렇게라도 하지 않으면 힘들어서 피웠어요.

엄마: 스트레스가 쌓인다고 그런 나쁜 담배를 피우는 것이 올바른 행동이니? 더 많은 스트레스가 쌓이겠다. 생각을 좀 해 봐라.

엄마는 사실 흡연을 하는 아이가 이렇게 저돌적으로 나오면 어이가 없을 것이다. 그러다 보니 아이의 이야기를 진심으로 들어 주려는 마음보다는 아이가 흡연을 해서 몸이 상할지도 모른다는 극심한 두려움과 스트레스 대처방식으로 흡연을 택했다는 아이의 말에 화가 날 것이다. 그래서 판단과 설교를 시작하게 되고 대화는 끝이 나게 된다. 오히려 엄마는 다음과 같이 말하는 것이 더 바람직했을 것이다.

"음, 스트레스가 많았구나."
"엄마는 네가 몸이 상할까 봐 걱정이다. 스트레스를 푸는 다른 방식도 있으니까 한 번 생각해 보자. 스트레스를 좀 더 건설적으로 푸는 게 좋을 것 같다."

또한 아이가 학교생활이 걱정되는 말을 꺼낸다 해도 몰아붙이면 안 된다.

아이: 이름은 말 못하지만, 내 친구 ○○○는 술을 엄청 마셔요. 지난 주말엔 부모님한테 혼나서 가출도 했대요.

엄마: 어머, 너 걔랑 친하니? 같이 술 마신 적이 있는 거야? 네 나이 때 술 마시면…….

딸은 바로 방을 나갔다. 차라리 대답하지 않거나 무심한 듯 대꾸하는 것이 나았다.

"그래? 네 친구는 술을 얼마나 먹는데?"

이 말은 딸의 입을 열어 주고 대화는 이어진다.
딸이 말했고 대화는 이어진다.

7) 자신을 솔직하게 개방하라

솔직하고 개방적인 대화는 부모의 경험에서 뭔가를 가르치기 위해 하는 것이 아니다. 그보다는 대화를 한다는 것 자체에 의미가 있다. 지나치게 어른의 권위를 내세우며 통제하거나 말조심을 하게 되면 아이와 거리감만 생기고 대화는 점점 사라진다.

이렇게 걱정하는 부모들도 있을 것이다. "우리가 아이와 평등한 입장에서 이야기를 나누면 아이들이 부모를 무시하지 않을까요?" 걱정할 필요 없다. 이런 상황에서는 공적 부모보다는 친구가 되는 것이 더 효과적이다. 아이와 눈높이를 맞추면 음주나 흡연 같은 껄끄러운 주제도 대화의 소재가 된다. 아이는 부모가 10대 시절에 음주나 흡연을 했든 안 했든 그런 이야기를 하는 것만으로 동질감을 느끼고 이해받고 있다고 생각한다.

8) 자신의 미래를 소중하게 여기는 아이는 비뚤어지지 않는다

위험에 빠진 10대들이 나쁜 물질을 사용하는 것을 막아 주는 중요한 요소는 미래를 소중하게 여기는 생각이다. '나에게 긍정적 미래가 있다?'라는 생각이 심각한 흡연과 음주를 막을 수 있다. 너무 막연한 이야기일 수도 있지만 미래를 희망적으로 가치 있게 여긴다면 자신에게 해로운 행동이나 습관을 하기는 어렵다. 호기심에 경험을 해 볼 수는 있겠지만 그것이 해롭다는 것을 깨닫게 되고 하지 않는 쪽을 선택할 가능성이 커진다.

따라서 자신에게 긍정적인 미래가 있다고 생각하는 10대와 미래가 없다고 생각하는 10대 사이에는 큰 차이가 있다. 학교생활에 큰 어려움을 겪거나 가정의 심리적·경제적 문제 때문에 약속된 미래가 없다고 생각하는 아이들은 심각한 유해물질에 의존하기 쉽다. 이 아이들은 미래에 희망이 없고 아무것도 바꿀 수 없다고 생각한다.

'내 인생은 망했어, 미래도 없고. 조심할 게 뭐 있어? 더 잃을 거나 있겠어?'

자신이 행복한 미래를 가질 가능성이 있다고 믿는 10대들 역시 위험을 감수한 채 재미를 찾기도 하지만, 대부분은 어느 정도까지만 즐기고 그만둔다. 이 아이들의 마음 한 구석에는 다음과 같은 생각이 자리하고 있다.

'이제 너무 위험한 일은 안 하고 싶어. 내 미래를 망치는 일은 하지 않을 거야. 지금 쯤 그만두는 것이 좋겠어.'

이러한 10대 자녀를 둔 부모의 입장에서 볼 때 이 말은 무엇을 의미할까? 아이 스스로 옳은 선택을 할 수 있게 하려면 긍정적이고 가치 있는 미래에 대해 대화를 해야 한다. 아이들이 잠재적으로 심각한 문제에 노출되어 있다면 희망이 있고 가능성 있는 미래가 기다리고 있음을 알려 주고, 설령 심하게 이탈되어 있다 하더라도 여전히 기회가 있음을 알려 주어야 한다.

"얘야, 너는 앞으로 잘 될 수 있는 잠재력이 아주 많은 아이야."
"지금이라도 열심히 미래를 준비하면 시간은 충분하단다."
"네 자신을 소중히 여기길 바란다. 점점 더 나아질 테니까."

446

이 책을 끝내면서

· · ·

10대를 지나 돌아온 나의 아이

아이가 태어나서 부모의 보살핌을 받고 의지하다가 어느새 부모로부터 멀어지고 독립을 말하는 성인이 되기까지 이런저런 수많은 일을 겪지만, 어릴 적 아이들은 정말 얼마나 사랑스럽고 귀여웠던가? 부모이니까 기억할 수 있는 사랑이 넘쳤던 아이와의 대화를 기억해 본다.

세 살 난 아들이 말한다.

"엄마 아빠, 나는 엄마 아빠가 이 세상에서 제일 좋아요."
"얼마만큼 좋은데?"
"하늘만큼 땅만큼."

초등학교 1학년 아들의 학교 복도 게시판에 걸려 있는 카드에 적혀 있던 문구도 기분 좋게 기억난다.

"세상에서 가장 존경하는 사람은 엄마 아빠."

중학생이 되었을 때 아들이 말한다.

"엄마, 왜 제 방에 있는 거예요."
"엄마, 따로 걸어가면 안 돼요."
"엄마 아빠하고는 대화가 안 돼요."

시간이 지나 고등학생이 된 아들은 이제 어릴 적 엄마를 기분 좋게 했던 비슷한 말을 하기도 한다.

"엄마, 나 공부하러 가는데 장조림하고 계란말이 그리고 맛있는 과일 좀 도시락으로 싸 주세요. 밖에서 사 먹는 것보다 나아서요."
"그리고 엄마 옷 살 때 제 옷도 좀 사다 주세요."

엄마는 잠시 옛날의 유쾌하고 붙임성 있고 귀여운 어린 아들이 돌아온 것 같은 기분이 든다.

그리고 이제 성인이 되어 친구들과의 여행에서 돌아온 아들은 거실에다 자신이 엄마 아빠를 위해 사 온 선물들을 내놓는다. 나름 아빠가 좋아하는 것과 엄마가 좋아하는 것을 제법 생각해서 사 온 선물들이다. 부모에 대한 관심과 배려가 느껴지는 순간이다.

다른 시선으로 부모를 보기 시작하는 아이

정말 끝이 보이지 않을 것 같은 청소년기도 언젠가 끝이 난다. 아이 때문에 힘들어하고 울고 속상해했던 시간도 어느덧 지나가고 아이들의 무례하고 버릇없는 말투와 행동도 어느 정도 줄어든다.

그리고 가끔은 엄마 아빠를 이해한다는 느낌을 주는 말들을 한다.

"엄마, 아빠는 정말 대단한 사람이에요. 나 같은 아들을 참아 주다니. 나라면 못 견뎠을 거예요. 정말 대단해요."

그리고 농담도 한다.

"엄마, 난 결혼 안 할 거예요. 나 같은 아들 낳을까 봐 겁나요."

아이들은 이제 더 이상 예전처럼 자기중심적이고 철없는 10대의 눈으로 부모를 보지는 않는다. 철이 약간 든 것이다.

이제 서로에 대해 새로운 시각이 필요하다

어느덧 아이도 성인이 되고 부모도 이런저런 기쁘고 힘든 일들을 이겨 내면서 이제 부모와 아이 모두 예전과는 무척 다른 사람이 되어 있다. 이제 분명한 것은 부모와 자녀 둘 다 힘든 과정을 거쳐 각각 달라졌으며 인생의 새로운 장을 열어야 한다는 것이다. 세월은 흘러 이제 성인과 성인의 관계이다. 남자아이든 여자아이든 그들의 인생 드라마를 부모가 다 볼 수는 없다. 이제 남은 시간 동안은 서로가 서로를 믿고 인내하고 거리를 두고 각자의 생활의 대부분을 스스로 해결하면서 숙고와 배려로써 함께해야 한다.

449

고혜민 역(2013). 10대 자녀와 소통하는 기술(Russell A. Barkley & Arthur L. Robin 저). 서울: 에르디아.

공재동 저(2015). 공재동 동시 선집. 서울: 지식을만드는지식.

곽금주(2016). 발달심리학. 서울: 학지사.

곽윤정, 김호현 역(2013). 아이가 열 살이 넘으면 하지 말아야 할 말 해야 할 말(Anthony E. Wolf 저). 서울: 걷는 나무.

김순미, 박충선, 현상진, 김미화 역(2015). 지혜로운 부모 되기(Tracy Tresidder, Margaret Loftus, & Jacqui Pollack 저). 서울: 연경문화사.

김종성(2005). 춤추는 뇌. 서울: 사이언스 북스.

신홍민 역(2003). 부모와 아이사이(Haim G, Ginott 저). 서울: 양철북.

안진환 역(2004). 위대한 가족을 만드는 7가지 원칙(Phillip C. McGraw 저). 서울: 시공사.

윤영삼 역(2006). 가족의 심리학(Tony Humphreys 저). 서울: 다산초당.

이자영 역(1998). 우리 아이 성교육에 대해 꼭 알아야 할 50가지(Linda Eyre & Richard Eyre 저). 서울: 원앤원 스타일.

...

이지윤 역(2018). 지적인 낙관주의자(Jens Weidner 저). 서울: 다산북스.

이현주 역(2019). 지금 이 순간이 나의 집입니다(Thich Nhat Hanh 저). 서울: 불광출판사.

이환 역(2018). 팡세(Blaise Pascal 저). 서울: 민음사.

이훈구 역(2002). 부모역할훈련(Thomas Gordon 저). 서울: 양철북.

이희경, 윤인, 이해리, 조한일 공역(2006). 신경증적 갈등에 대한 카렌 호나이의 정신분석(Karen Horney 저). 서울: 학지사.

전현민 역(2003). 이상심리학(Alan Carr 저). 서울: 시그마프레스.

정명숙, 손영숙, 양혜영, 정현희 공역(2002). 아동이상심리학(Rita Wicks-Nelson & Allen C. Israel 저). 서울: 시그마프레스.

조수철, 이영식(1990). 한국형 소아 우울척도의 개발. 신경정신의학, 29, 943-956.

권준수 외 역(2015). 진단 및 통계 편람(APA 저, 제5판). 서울: 학지사.

최수근 역(2017). 양육가설(Judith Rich Harris 저). 서울: 도서출판 이김.

최승자 역(2017). 침묵의 세계(Max Picard 저). 서울: 까치.

홍석영 역(2005). 니코마코스 윤리학(Aristoteles 저). 서울: 풀빛.

Ainsworth, M. D. S. (1973, March). *Anxious attachment and defensive reactions in a strange situation and their relationship to behavior at home.* In biennial meeting of the society for Research in Child Development, Philadelphia.

Beardslee, W. R., & Podorefsky, D. (1988). Resilient adolescents whose parents have serious affective and other psychiatric disorders: Importance of self-understanding and relationships. *American Journal of Psychiatry, 145*, 63-69.

Boivin, M., & Hymel, S. (1997). Peer experiences and social self-perceptions: A sequential model. *Developmental Psychology, 33*, 135-145.

Bowlby, J. (1969). *Attachment and loss: Vol. 1. Attachment.* New York: Basic Books.

Bowlby, J. (1973). *Attachment and loss: Vol. 2. Attachment.* New York: Basic Books.

Burack, & Zigler, E. (Eds). *Issues in the developmental approach to mental retardation.* New

York: Cambridge University Press.

Carver, C. S. & Scheier, M. F.(2001). *on the self-regulation of behavior*, Cambridge University Press.

Cicchetti, D. & Schneider -Rosen, K. (1986). An organizational approach to childhood depression. In M. Rutter, C. Izard, & P. Read (Eds.), *Depression in young people: Clinical and developmental perspectives*. New York: Guilford.

Compas, B. E., Hinden, B. R., & Gerhardt, C. (1995). Adolescent development: Pathways and Processes of Risk and Resilience. *Annual Review of Psychology*, vol. 46:265-293.

Dekovic, M. & Janssens, A. M. (1992). Parents' childrearing style and child's sociometric status. *Developmental Psychology, 28*, 925-932.

Dunn, J. & McGuire, S. (1992). Sibling and peer relationships in childhood. *Journal of Child Psychology and Psychiatry, 33*, 67-105.

Else-Quest, N. M., Hyde, J. S., Goldsmith, H. H., & Van Hulle, C. A. (2006). Gender differences in temperament: A meta-analysis. *Psychological Bulletin, 132*, 33-72.

Garmezy, N., & Masten, A. S. (1994). Chronic adversities. In M. Rutter, E. Taylor, & L. Hersov (Eds.), *Child and adolescent psychiatry*. Modern approaches. Cambridge, MA: Blackwell Scientific.

Hinshaw, S.(1994). *Attention Deficits and Hyperactivity in Children*. Thousand Oaks, CA: Sage

Isaacowitz, D. M., Vaillant, G. E., & Seligman, Martin E. P.(2003). Strengths and Satisfaction across the Adult Lifespan, *International Journal of Aging and Human Development, 57*, 181-201

Kerns, K. A., Klepac, L., & Cole, A.(1996). Peer relationships and preadolescents' perceptions of security in the child-mother relationship. *Developmental Psychology, 32*(3), 457-466.

Levitt, M. J., Guacci-Franco, N., & Levitt, J. L. (1993). Convoys of social support in childhood and early adolescence: Structure and function. *Developmental Psychology, 29*, 811-818.

Linda Eyre & Richard Eyre(1998). How to talk to your child about sex. New York: Values

Parenting.

Luthar, S. S. (1993). Annotation: Methodological and conceptual issues in research on childhood resilience. *Journal of Child Psychology and Psychiatry, 34,* 441–453.

Masten, A. S., & Coatsworth, J. D.(1998). The development of competence in favorable and unfavorable environments: Lessons from research on successful c hildren. *American Psychologist, 53,* 205–220.

Olino, J. M., Durbin, C. E., Klein, D. N., Hayden, E. P., & Dyson, M. W. (2013). Gender differences in young children's temperament traits: Comparison across observational and parent-report methods. *Journal of Personality, 81*(2), 119–129.

Parker, J. G., & Asher, S. R.(1987). Peer relations and later personal adjustment: Are low-accepted children at risk? *psychological Bulletin, 102*(3), 357–389.

Rigotti, N. A., DiFranza, J. R., Chang, Y., Tisdale, T., Kemp, B., & Singer, D. E. (1997, October 9). The effect of enforcing tobacco-sales laws on adolescents' access to tobacco and smoking behavior. *New England Journal of Medicine, 337,* 1044–1051.

Rowe, D. C., Rodgers, J. L., ScMeseck-Bushey, S. (1992). Sibling deliquency and the family environment: Shared and unshared influences. *Child Development, 63,* 59–67.

Rutter, M. (1987). Psychosocial resilience and protective mechanisms. *American Journal of Orthopsychiatry, 57,* 316–331.

Santostefano, S. (1978). *A biodevelopmental approach to clinical child psychology.* New York: Wiley-Interscience.

Scheier, H. F. & Carver C. S.(1992). Effects of optimism on psychological and physical well-being: Theoretical overview and empirical update, *Cognitive Therapy and Research, 16,* 201–228.

Thomas Gordon(2000). *Parent Effectiveness Training: The Proven Program for Raising Responsible Children,* New York: Three Rivers Press.

Tracy Tresidder, Margaret Loftus, & Jacqui Pollock(2014). *Knowing Me, Knowing Them:*

참고문헌

Understand Your Parenting Personality by Discovering the Enneagram, Melbourne: Monterey Press.

Werner, E. E., & Smith, R. S. (1982). *Vulnerable but invincible*. New York: McGraw-Hill.

Whitehurst, G. J., & Valdez-Menchaca, M. C. (1988). What is the role of reinforcement in early language acquisition? *Child Development, 59*, 430-440.

455

458

459

찾아보기

저자 소개

전현민(Jun Hyunmin)

이화여자대학교 교육심리학과 학사
이화여자대학교 대학원 심리학과 석사
이화여자대학교 대학원 심리학과 박사
임상심리전문가(한국심리학회)
정신보건임상심리사 1급(보건복지부)
현 이화심리상담센터 센터장
　　광운대학교 산업심리학과 겸임교수
　　경희사이버대학교 상담심리학과 겸임교수
　　한국예술인복지재단 예술인심리상담전문가
　　(사)한국EAP협회 상담사

역서
이상심리학(시그마프레스, 2003)

부모상담
-아픔을 딛고 자유와 성숙으로-
Parent Counseling

2019년 10월 15일 1판 1쇄 발행
2023년 1월 20일 1판 3쇄 발행

지은이 • 전 현 민
펴낸이 • 김 진 환
펴낸곳 • (주) **학 지 사**
　　　　04031 서울특별시 마포구 양화로 15길 20 마인드월드빌딩 5층

대표전화 • 02) 330-5114　　　팩스 • 02) 324-2345
등록번호 • 제313-2006-000265호

홈페이지 • http://www.hakjisa.co.kr
페이스북 • https://www.facebook.com/hakjisabook

ISBN 978-89-997-1957-8　93180

정가 **20,000**원

▌ 출판미디어기업 **학 지 사**

간호보건의학출판 **학지사메디컬** www.hakjisamd.co.kr
심리검사연구소 **인싸이트** www.inpsyt.co.kr
학술논문서비스 **뉴논문** www.newnonmun.com
원격교육연수원 **카운피아** www.counpia.com